वीरेन्द्र यादव

5 मार्च, 1950 को जौनपुर, उत्तर प्रदेश में जन्म। लखनऊ विश्वविद्यालय से राजनीतिशास्त्र में एम.ए.।

उपन्यास आलोचना में विशिष्ट योगदान। सांस्कृतिक-साहित्यिक मुद्दों पर लगातार हस्तक्षेपकारी लेखन। 'प्रेमचन्द' और '1857' पर मौलिक दृष्टि के साथ लेखन के लिए चर्चित। अंग्रेजी और उर्दू में भी कई आलोचनात्मक लेख अनूदित और प्रकाशित। नवें दशक में 'प्रयोजन' पत्रिका का सम्पादन। प्रगतिशील लेखक संघ की राष्ट्रीय कार्यकारिणी के सदस्य। 'प्रगतिशीलता के पक्ष में', 'उपन्यास और वर्चस्व की सत्ता', 'उपन्यास और देस', 'विवाद नहीं हस्तक्षेप' प्रमुख प्रकाशित पुस्तकें। 'नवें दशक के औपन्यासिक परिदृश्य' पर विनिबन्ध प्रकाशित। जॉन हर्सी की पुस्तक 'हिरोशिमा' का अंग्रेजी से हिन्दी में अनुवाद। अंग्रेजी में पुस्तिका 'दि रिवोल्यूशन-मिथ एंड रियलिटी' प्रकाशित। मार्कंडेय की सम्पूर्ण और चुनी हुई कहानियों का सम्पादन और भूमिका लेखन। यशपाल के 'विप्लव' की भूमिका।

'देवीशंकर अवस्थी सम्मान' उ.प्र. हिन्दी संस्थान के 'साहित्य भूषण सम्मान', 'बाबू गुलाबराय सम्मान', 'शमशेर सम्मान' व 'मुद्राराक्षस सम्मान' से सम्मानित।

ई-मेल : virendralitt@gmail.com

उपन्यास और वर्चस्व की सत्ता

एक सबाल्टर्न प्रस्तावना

वीरेन्द्र यादव

राजकमल पेपरबैक्स

पहली बार 2009 में प्रकाशित

पहला पेपरबैक्स संस्करण : 2017
दूसरा संस्करण : 2023

राजकमल पेपरबैक्स : उत्कृष्ट साहित्य के जनसुलभ संस्करण

राजकमल प्रकाशन प्रा.लि.
1-बी, नेताजी सुभाष मार्ग, दरियागंज
नई दिल्ली-110 002
द्वारा प्रकाशित

शाखाएँ : अशोक राजपथ, साइंस कॉलेज के सामने, पटना-800 006
पहली मंजिल, दरबारी बिल्डिंग, महात्मा गांधी मार्ग, प्रयागराज-211 001
1, अनमोल सोराबजी संतुक लेन, धोबी तलाव, मरीन लाइंस, मुम्बई-400 002
वेबसाइट : www.rajkamalprakashan.com
ई-मेल : info@rajkamalprakashan.com

बी.के. ऑफसेट
नवीन शाहदरा, दिल्ली-110 032
द्वारा मुद्रित

मूल्य : ₹ 399

UPANYAS AUR VARCHASWA KI SATTA
Criticism by Virendra Yadav

ISBN : 978-81-19835-60-7

पिताजी और नील
के लिए

अनुक्रम

हिन्दी उपन्यास—एक 'सबाल्टर्न' प्रस्तावना

हिन्दी उपन्यास के सन्दर्भ में आंचलिकता की चर्चा प्रायः ग्राम्यांचल के किसी हिस्से की लोकसंस्कृति, रीति-रिवाज, बोली-बानी व सामुदायिक जीवन के चित्रण तक सीमित होकर रह जाती है। आंचलिकता को शुद्ध प्रकृतवाद में घटाकर देखने का ही परिणाम है कि 'मैला आँचल' एवं 'आधा गाँव' सरीखे श्रेष्ठ उपन्यासों को भी अपने देशकाल में वृहत्तर सरोकारों से काटकर महज उसके रूपवादी ढाँचे एवं भाषायी कौशल की आस्वादपरक बहस तक केन्द्रित कर दिया जाता है। यह विलक्षण ही है कि जिस 'आंचलिकता' और 'प्रकृतवाद' को ठहराव एवं गतिहीनता का पर्याय बनाकर नकारात्मक प्रवृत्ति के रूप में चिह्नित किया जाता है, उसी में अक्सर अन्तर्गुम्फित होती है समाज की परिचालक शक्तियों की पहचान एवं गतिशील तत्त्वों की पकड़। दरअसल आंचलिकता के रूपबन्ध में सन्निहित वृहत एवं सूक्ष्म का सामंजस्य ही आंचलिकता की सीमाओं का अतिक्रमण करके उसे नई अर्थवत्ता प्रदान करता है लेकिन इस अर्थवत्ता की तलाश के लिए जरूरी है—आंचलिकता का एक भिन्न-पाठ वरना 'मैला आँचल' को मिथिलांचल के जीवन्त वर्णन, 'आधा गाँव' को शिया-समुदाय के रीति-रिवाजों, 'डूब' व 'इदन्नमम्' को बुन्देलखंड की बोली-बानी व 'मुखड़ा क्या देखे' को अल्ली चूड़ीहार की कहानी के रूप में प्रस्तुत किया जाता रहेगा।

आंचलिक उपन्यासों का भिन्न-पाठ जरूरी इसलिए भी है कि प्रायः इनमें किन्हीं विशेष चरित्रों, स्थितियों या समस्याओं का उद्घाटन न होकर एक सम्पूर्ण कालखंड अंचल के बहाने, उद्घाटित होता है। 'नदी के द्वीप' की तर्ज पर न तो इनमें रेखा, भुवन व चन्द्रमाधव सरीखे पात्रों की केन्द्रीयता होती है और न 'मुझे चाँद चाहिए' की तर्ज पर वर्षा वशिष्ठ जैसे पात्रों की 'सिंथेटिक' तराश। यहाँ नायकत्व कुछ पात्रों का न होकर 'समय' विशेष का होता है। शायद इसीलिए राही मासूम रजा 'आधा गाँव' को 'गंगौली' से गुजरने वाले 'समय' की कहानी कहते हैं।

तो क्या होगा, भिन्न-पाठ समय की इस कहानी का? शायद वही जो नायकत्व से विहीन इतिहास का होता है और जिसे अब इतिहास अध्ययन की 'सबाल्टर्न'

(निम्नवर्गीय प्रसंग) पद्धति के रूप में जाना जाता है। इटली के मार्क्सवादी विचारक एंतोनियो ग्राम्शी ने जब प्रभुत्वकारी वर्ग के समानान्तर 'सबाल्टर्न' की परिकल्पना की थी तो शायद ही सोचा होगा कि उत्तर-आधुनिक समय में यह एक उत्तर-मार्क्सवादी अध्ययन पद्धति सिद्ध होगी। भारत जैसे पारम्परिक एवं बहुलवादी संरचना वाले समाज को समझने में यह दृष्टि अधिक कारगर इसलिए है कि यह अभिजन और निम्नजन को दो अलग-अलग पटरियों पर न ढकेलकर उन दोनों के पारस्परिक सम्बन्ध, आश्रय और द्वन्द्व के माध्यम से सामाजिक विकास की प्रक्रिया को दर्ज करती है। यह पद्धति अभिजन के दायरे से बाहर जाकर आम जनता, गरीब किसान, कामगार मजदूर, दलित जातियों, स्त्री-समाज आदि की जैविक आवश्यकताओं तक ही सीमित न रहकर, वृहत्तर समाज से उनकी वैचारिक आवाजाही और टकराहट को भी दर्ज करती है।

भारतीय सामाजिक सन्दर्भ में 'सबाल्टर्न' पद्धति से गुजरते हुए 'मैला आँचल' (फणीश्वरनाथ 'रेणु') एवं 'आधा गाँव' (राही मासूम रजा) के साथ-साथ 'अलग-अलग वैतरणी' (शिवप्रसाद सिंह), 'डूब' (वीरेन्द्र जैन), 'इदन्नमम्' (मैत्रेयी पुष्पा) व 'मुखड़ा क्या देखे' (अब्दुल बिस्मिल्लाह) विशेष रूप से याद आते हैं। यूँ तो उपन्यास और भी हैं लेकिन यह चर्चा उन्हीं उपन्यासों पर केन्द्रित है जिनमें इतिहास व समाज के 'निम्नवर्गीय प्रसंग' (सबाल्टर्न) वृहत्तर समाज के साथ सीधे-सीधे मुठभेड़ की मुद्रा न अपनाकर भी अपनी चेतना के बदलाव की प्रक्रिया को उद्‌घाटित करते हैं, लेकिन यह प्रक्रिया हमेशा ऊर्ध्वगामी ही न होकर, अक्सर अधोगामी भी होती है। लेनिन का 'एक कदम आगे, दो कदम पीछे' का सिद्धान्त यहाँ बखूबी लागू होता है। संयोग नहीं है कि यहाँ सन्दर्भित सारे उपन्यास ग्राम केन्द्रित हैं क्योंकि भारतीय समाज का कोई भी अध्ययन विशेषकर 'सबाल्टर्न' अध्ययन ग्राम केन्द्रित हुए बिना पूर्ण नहीं हो सकता। आखिर वर्णों में बँटे भारतीय समाज एवं 'पाँचवें वर्ण' की नियति को प्राप्त स्त्री की दशा एवं दुर्दशा की चर्चा ग्रामीण समाज के बिना कैसे सम्भव है!

सम्भवतः इसीलिए सुविख्यात समाजशास्त्री एम.आर. श्रीनिवास को 'यादों से रचा गाँव' एवं श्यामाचरण दुबे को 'भारतीय गाँव' जैसे समाजशास्त्रीय अध्ययन करने पड़े। अपने गाँव की पुनर्खोज के बहाने पत्रकार अरविन्द एन.दास ने 'चंगेल' शीर्षक से अंग्रेजी में आज के बदलते गाँव की एक तस्वीर पेश की है; लेकिन इन सारे समाजशास्त्रीय अध्ययनों की तुलना में हिन्दी के ये पूर्व सन्दर्भित उपन्यास अधिक प्रासंगिक लगते हैं। इस सन्दर्भ में समाजशास्त्री श्यामाचरण दुबे की यह स्वीकारोक्ति यहाँ उल्लेखनीय है कि "...रेणु के उपन्यास समाज वैज्ञानिक दस्तावेज नहीं हैं, पर ग्रामीण जीवन को जिस सूक्ष्मता से उन्होंने देखा है, बहुत से समाजशास्त्रियों के लिए कठिन है।" शायद इसका कारण यह है कि सर्वेक्षणों, आँकड़ों एवं सैद्धान्तिक

निष्पत्तियों का सहारा लेकर समाजशास्त्री जिस सामाजिक रूप का मानकीकरण करता है, अक्सर उसका व्यावहारिक रूप भिन्न होता है। उपन्यासकार हाड़-मांस के चरित्रों के माध्यम से सहज-बोध का सहारा लेकर वास्तविक जीवन-स्थितियों का पुनः सृजन करता है, जो भले ही प्रतिनिधिक यथार्थ न हो, लेकिन समाज की दर्पण-छवि अवश्य होता है। इसलिए समाजशास्त्रीय अध्ययन की तुलना में यह अधिक प्रामाणिक एवं विश्वसनीय लगता है।

लेकिन, फिर भी डॉ. रामविलास शर्मा 'मैला आँचल' को खारिज करते हैं तो क्यों? इसलिए कि "जनता और उसकी राजनीतिक कार्यवाही में उसकी ('मैला आँचल' के लेखक की) आस्था नहीं है। उसे लोकसंस्कृति प्रिय है किन्तु इस संस्कृति के रचनेवालों में उसे कहीं प्रकाश की किरणें नहीं दिखाई देतीं...('मैला आँचल' में) जनता के अन्धविश्वासों को बढ़ा-चढ़ाकर दिखाया गया है, जमींदार के अत्याचारों को कम करके पेश किया गया है, राजनीतिक पार्टियों के दोषों को अतिरंजित और गुणों को नजरअन्दाज किया गया है..." ('आस्था और सौन्दर्य', पृ. 124) डॉ. रामविलास शर्मा के 'मैला आँचल' के सम्बन्ध में ये निष्कर्ष कठोर ही नहीं बल्कि अतार्किक और उपन्यास के कुपाठ का ही परिणाम हैं। यहाँ बाल्जाक के सम्बन्ध में एंगेल्स द्वारा कही गई यह बात याद आती है कि "यथार्थवाद लेखक के विचारों के बावजूद प्रकट हो सकता है।" यहीं साँचे-ढली वर्गीय समझ नाकाफी लगती है और समाज-अध्ययन की 'सबाल्टर्न' पद्धति मददगार सिद्ध होती है।

विचारणीय प्रश्न यह है कि जिसे डॉ. रामविलास शर्मा लेखक की दृष्टिहीनता या दृष्टि की सीमा करार देते हैं, कहीं वह भारतीय ग्राम्य समाज की अपनी सीमा तो नहीं है। यहाँ 'मैला आँचल' का सहदेव मिसिर व फुलिया प्रसंग और 'आधा गाँव' का सुलैमान व झंगटिया बो प्रसंग द्रष्टव्य है। सहदेव मिसिर फुलिया चमाइन के घर में एक रात चमार टोली में पकड़े जाते हैं। भरी पंचायत में फुलिया कहती है "हमको कुछ नहीं मालूम, जब आँगन में हल्ला होने लगा तब मेरी आँख खुली।" फुलिया के पिता महँगूदास का वक्तव्य भी सहदेव मिसिर का बचाव ही करता है। क्यों? इसलिए कि "सहदेव मिसिर के पास महँगूदास के अँगूठे का टीप है—सादा कागज पर। महँगू की टीक (चुटिया) सहदेव के हाथ में है। सहदेव जो चाहे कर सकता है। दोनों गायें और चारों बाछें कल ही खूँटे से खोलकर ले जाएगा। इसके अलावा साल भर का खर्चा भी तो सहदेव ने ही चला दिया है। एक आदमी की मजदूरी से तो एक आदमी का भी पेट नहीं भरता है...लेकिन अब फुलिया के हाथ में ही सहदेव मिसिर की इज्जत और अपने बाप की दुनियाँ है, उसकी बोली में ज़रा भी हेर-फेर हुआ कि सहदेव की इज्जत धूल में मिल जाएगी और उसके बाप की दुनियाँ भी उजड़ जाएगी।" ('मैला आँचल', पृ. 116)

इसी क्रम में 'आधा गाँव' में सुलैमान और झंगटिया बो का यह प्रसंग "...वह झंगटिया बो ही कही जाती थी। झंगटिया से जब उसका ब्याह हुआ था, तो वह अठारह साल की थी और वह पाँच साल का। फिर ऐसा हुआ कि चेचक निकल आई और वह बेवा हो गई—और सुलैमान चा ने उसे अपने घर में डाल लिया। कहते हैं चमार चढ़ आए थे। और यह भी कहते हैं कि फुन्नन मियाँ ने बड़ी मुश्किल से उन्हें समझा-बुझाकर और कुछ दे-दिलाकर वापस किया था।" (पृ. 42) इसी तरह शिवप्रसाद सिंह के उपन्यास 'अलग-अलग वैतरणी' में सुगनी चमाइन और ठाकुर सुरजू सिंह प्रसंग जिसमें चमार ठाकुर सुरजू सिंह को सुगनी की कोठरी में घेर लेते हैं लेकिन जब सुरजू सिंह कोठरी से बाहर निकलते हैं तो, "कोई कुछ न बोला। एक चुप्पी सब जगह छाई थी। अब तक सभी जिसे देखने के लिए हो-हल्ला मचाए थे, चीख-चिल्लाहट थी, अब वही सामने था, तो सभी खामोश थे। लगता था जैसे भीड़ की ताकत को अपनी बेशर्मी से सुरजू सिंह ने सोख लिया है और सुरजू सिंह की शरम और ग्लानि को भीड़ ने अपने ऊपर ओढ़ लिया है।"('अलग-अलग वैतरणी', पृ. 519)

'मैला आँचल', 'आधा गाँव' और 'अलग-अलग वैतरणी' के इन उद्धृत प्रसंगों को लेकर डॉ. रामविलास शर्मा की तर्ज पर यह प्रश्न उठाया जा सकता है कि दलित और उसकी राजनीतिक चेतना में इन उपन्यासकारों की आस्था नहीं है। लेकिन जो चेतना सामाजिक यथार्थ का स्थायी हिस्सा नहीं है, उसे पैबन्द के रूप में रचना पर क्यों मढ़ा जाए! ग्राम्शी का सबाल्टर्न विमर्श यहाँ इस रूप में सहायक है कि वे सामुदायिक समझ को मतवाद से निर्देशित करने के बजाय, परिस्थिति विशेष में व्यक्ति और समुदाय के सहज बोध को महत्त्व देते हैं जिसका प्रतिफलन कभी प्रतिरोधी चेतना में होता है तो कभी यथास्थिति के परिस्थितिजन्य स्वीकार में। यद्यपि रेणु, राही और शिवप्रसाद सिंह तीनों ने ही अपने उपन्यासों में प्रतिरोध की संगठित चेतना को अभिव्यक्ति दी है। 'मैला आँचल' में 'राम किरपाल काका के गुहाल में गाय मरी पड़ी है। चमार लोगों ने उठाने से इनकार कर दिया है।' (पृ. 181) 'अलग-अलग वैतरणी' के करैता गाँव के चमारों ने दिहाड़ी लिए बिना काम करने से मना कर दिया है। दलितों की प्रतिरोधी चेतना को सिलिया चमारिन और मातादीन-प्रसंग में प्रेमचन्द ने 'गोदान' में सिलिया के बाप हरखू के इस कथन में व्यक्त किया है—"हम आज या तो मातादीन को चमार बना के छोड़ेंगे या उनका और अपना रक्त एक कर देंगे।...तुम हमें ब्राह्मण नहीं बना सकते, मुदा हम तुम्हें चमार बना सकते हैं। हमें ब्राह्मण बना दो, हमारी सारी बिरादरी बनने को तैयार है। जब यह समरथ नहीं है तो फिर तुम भी चमार बनो।...इतना सुनना था कि दो चमारों ने लपककर मातादीन के हाथ पकड़ लिए, तीसरे ने झपटकर उसका जनेऊ तोड़ डाला

और इसके पहले कि दातादीन और झिंगुरी सिंह अपनी-अपनी लाठी सँभाल सके, दो चमारों ने मातादीन के मुँह में एक बड़ी-सी हड्डी का टुकड़ा डाल दिया..." ('गोदान', पृ. 209)

लेकिन अन्ततः प्रेमचन्द की इस अनुगामी चेतना एवं प्रगतिशील विचारधारा पर विजय होती है बदरंग यथार्थ की और सिलिया चमाइन स्वयं को फुलिया, झंगटिया बो एवं सुगनी की नियति से अलग नहीं कर पाती और यह सब होता है प्रेम के प्रपंच की आड़ में। प्रेम के इस पाखंड का सवर्णवादी रूप उद्घाटित करते हैं 'अलग-अलग वैतरणी' के सरूप भगत, "(जो) जानते हैं कि 'परेम' कोई बुरी चीज नहीं। मगर ई कैसा 'परेम' भाई! आज तक किसी रजपूत-बामन की लड़की के साथ चमार दुसाध का परेम काहे नहीं हुआ?"...('अलग-अलग वैतरणी', पृ. 513)

सच तो यह है कि पुरुष के इस सवर्णवादी प्रेम-प्रपंच के पीछे उसकी नियत है दलित नारी को भोग्या एवं रखैल बनाने की। भोग्या भी ऐसी कि जिसके साथ कुलशील पुरुष सो तो सकता है, बच्चे भी पैदा कर सकता है लेकिन पानी नहीं पी सकता। सिलिया की माँ का मातादीन से यह कहना कि "तुम बड़े नेमी-धरमी हो उसके साथ सोओगे लेकिन उसके हाथ का पानी न पियोगे"--इस प्रेम-प्रपंच को उघाड़कर रख देता है। इस्लाम धर्म के शेख-सैयद भी इस मामले में पीछे नहीं हैं। 'आधा गाँव' के सैयद सुलैमान चमारिन झंगटिया बो को अपने घर में डाल तो लेते हैं, "...मगर एक परेशानी भी खड़ी हो गई। सुलैमान चा मजहबी आदमी थे, इसलिए वह झंगटिया बो की छुई हुई कोई गीली चीज इस्तेमाल नहीं कर सकते थे। इसलिए घर में एक औरत के आ जाने के बाद भी सुलैमान चा को अपना खाना खुद ही पकाना पड़ता था।" (पृ. 43)

धार्मिक पाखंड को तार-तार करती सवर्णों द्वारा दलित नारी के दैहिक शोषण की यह सुदीर्घ यातना परम्परा यद्यपि 'मैला आँचल', 'आधा गाँव' एवं 'अलग-अलग वैतरणी' के मुख्य कथानक का हिस्सा नहीं है, फिर भी यह जिस प्रकार से इन उपन्यासों के नेरेटिव में विन्यस्त होकर आता है, वह आंचलिक उपन्यासों की सामर्थ्य को ही उजागर करता है। यह अनायास नहीं है कि भारतीय समाज के सभी ज्वलन्त विमर्श, चाहे वे दलित व सामाजिक न्याय सम्बन्धी विमर्श हों, साम्प्रदायिकता या आजाद भारत में मुस्लिम अस्मिता का सवाल हो या फिर नारी-विमर्श, ये सारे प्रश्न आंचलिक कहे जानेवाले इन उपन्यासों में पूरी गम्भीरता के साथ आए हैं।

यूँ तो 'मैला आँचल' और 'आधा गाँव' इन दोनों उपन्यासों का ही कालखंड आजादी के एक दशक पूर्व से लेकर बाद के कुछ वर्षों तक का है। 'अलग-अलग वैतरणी' थोड़ा बाद के कालखंड को समेटे हुए है। 'डूब', 'इदन्नमम्' और 'मुखड़ा क्या देखे' आजादी के बाद से लेकर हाल के वर्षों तक का विस्तार लिए हुए हैं लेकिन

ये सारे उपन्यास अपनी सम्पूर्णता में भारत के ग्रामीण परिदृश्य की जो मुकम्मिल तस्वीर प्रस्तुत करते हैं, वह किसी भी समाजशास्त्रीय अध्ययन से कहीं अधिक प्रामाणिक एवं प्रासंगिक है और पठनीय एवं आत्मीय तो यह है ही।

आज का बिहार, मंडल के बाद का बिहार, सामाजिक न्याय व जाति-चेतना से ओत-प्रोत बिहार एवं मध्यवर्गीय जातियों के राजनीतिक उभार का बिहार भले ही कुछ लोगों को आज इतिहास का व्यतिक्रम नजर आता हो, लेकिन 1954 में प्रकाशित फणीश्वरनाथ रेणु का 'मैला आँचल' तो इस बिहार का कालपात्र सरीखा लगता है। 'मैला आँचल' का मेरीगंज बिहार का ही नहीं, उत्तर भारत का वह प्रतिनिधि गाँव है, जहाँ 'बारहों बरन' के लोग रहते हैं...गाँव में तीन प्रमुख दल हैं। कायस्थ, राजपूत और यादव। ब्राह्मण लोग अभी भी तृतीय शक्ति हैं। गाँव के अन्य लोग भी सुविधानुसार इन्हीं तीनों दलों में बँटे हैं।...यादवों का दल नया है। इसके मुखिया राम खेलावन यादव को दस बरस पहले तक लोगों ने भैंस चराते देखा है।...खेलावन सिंह यादव को लोग नया मातबर कहते हैं, लेकिन यादव क्षत्रिय टोली को अब 'गुअर टोली' कहने की हिम्मत कोई नहीं करता।...('मैला आँचल', पृ. 18)

लेकिन वर्णाश्रम में बँटे भारतीय समाज में मध्य जातियों की ऊर्ध्वगामी गतिशीलता (अपवर्ड मोबिलिटी) की सहज स्वीकृति कैसे सम्भव है? इसलिए तहसीलदार के बेटे हरगौरी सिंह का क्रोध स्वाभाविक है कि...''ग्वाला होकर लीडरी...?'' (पृ. 21) समाजशास्त्री एम.आर. श्रीनिवास की 'संस्कृतीकरण' की अवधारणा की पुष्टि करते हुए मेरीगंज के यादव जनेऊ तो धारण कर लेते हैं लेकिन राजपूतों द्वारा यदुवंशी क्षत्रिय की मान्यता से वंचित रह जाते हैं। उलटे उन्हें व्यंग्य विद्रूप के इन बाणों से घायल होना पड़ता है, ''अरे भाई, सभी काशी चले जाओगे? पत्तल चाटने के लिए भी तो कुछ लोग रह जाओ...'' (पृ. 20)

दरअसल यही है गर्भ-गृह सामाजिक न्याय की उस अवधारणा का जो जाति-भेद को जाति-चेतना में रूपान्तरित करती हुई मंडल को एक कवच के रूप में इस्तेमाल करती है। लेकिन मंडल के कवच का भेदन जिस मन्दिर कार्ड से आज हो रहा है रेणु ने 'मैला आँचल' में उसके संकेत अर्धशताब्दी पूर्व ही ढूँढ़ लिए थे। मध्यजातियों के उभार को रोकने हेतु सवर्ण कही जानेवाली उच्च जातियों की एकता की रणनीति किस प्रकार राष्ट्रीय स्वयंसेवक संघ का आश्रय लेती है, इसका खुलासा रेणु द्वारा 'मैला आँचल' में कुछ इस प्रकार किया गया है—

''हरगौरी ठीक कहता था—यदि यही हालत रही तो पाँच साल बाद ग्वाले बेटी माँगेंगे। तब काली कुर्तीवालों के बारे में जो हरगौरी कहता था, उन लोगों को बुला लिया जाए? लाठी-भाला सिखानेवाला मास्टर आवेगा। संजोजक जी या सनचालक जी, क्या कहता था, सो आवेंगे। हिन्दू राज महाराना प्रताप और शिवाजी का राज

होगा...उनके टोले में कटिहार से काली टोपी वाला दल के संजोजक जी आए हैं। लाठी-भाला टरैनि देते हैं। छोटी जाति के लोगों की सभा में वो नहीं जा सकते...

लाठी, भाला और तलवार हाथ में लेते ही खून गरम हो जाता है, राजपूत नौजवानों का। उस दिन हरगौरी कह रहा था–संयोजक जी, यवनों पर मुझे क्रोध नहीं आता। यवनों का पक्ष लेनेवाले हिन्दुओं की तो गरदन उड़ा देने को जी चाहता है।" (पृ. 127)

'मैला आँचल' के मेरीगंज का यह दृश्य 'आधा गाँव' के गंगौली की हलचल से गुजरे बिना पूरा नहीं होता क्योंकि इन दोनों ही उपन्यासों का देशकाल समान है और मेरीगंज और गंगौली मिलकर ही पूरा गाँव बनते हैं। जिन दिनों रेणु के मेरीगंज में राष्ट्रीय स्वयंसेवक संघ के संयोजक जी आग उगल रहे थे उंन दिनों राही मासूम रजा की गंगौली में अलीगढ़ से आए मुस्लिम लीग के कार्यकर्त्ता कुछ यूँ तकरीर कर रहे थे–

"हम ऐसे मुल्क में रहते हैं जिसमें हमारी हैसियत दाल में नमक से ज्यादा नहीं है। एक बार अंग्रेजों का साया हटा तो ये हिन्दू हमें खा जाएँगे। इसलिए हिन्दुस्तानी मुसलमानों को एक ऐसी जगह की जरूरत है जहाँ वे इज्जत से जी सकें।...अल्लाह की रस्सी को मजबूती से पकड़िए। आज उस रस्सी का नाम मुहम्मद अली जिन्ना है। आप अल्लाह की ताकत हैं। उठिए और कहिए कि आप पाकिस्तान बनाना चाहते हैं।" (पृ. 260)

रेणु और राही आर.एस.एस. और मुस्लिम लीग द्वारा भारतीय समाज की साझी एवं सामासिक संस्कृति को छिन्न-भिन्न करने के षड्यन्त्र और धार्मिक कट्टरवाद की विध्वंसकारी भूमिका को साम्प्रदायिक मेल-जोल के भारतीय मिजाज से बेमेल पाते हैं। राही मासूम रजा ने इसे अत्यन्त ही बेलाग ढंग से अनवारुल हसन और फुन्नन मियाँ के बीच पाकिस्तान निर्माण को लेकर हुए इस संवाद के माध्यम से व्यक्त किया है–

"काहे भैया, तोरे पाकिस्तान का का हाल है?"

"वह तो बन रहा है।"

"काहे न बनिहे, भैय्या, तूँ कहि रइयो तो जरूर बनिये। बाकी ई गंगौली पाकिस्तान में जा रहे कि हिन्दुस्तान में रइहे?"

"ई तो हिन्दुस्तान में रहेगी। पाकिस्तान में तो सूबा सरहद, पंजाब, सिन्ध और बंगाल होगा; और कोशिश कर रहे हम लोग कि मुस्लिम यूनिवर्सिटी भी पाकिस्तान में हो जाए।"

"गंगौली के वास्ते ना न करिहयो कोशिश?"

"गंगौली का क्या सवाल है?"

"सवाल न है त हम्में पाकिस्तान बनने या न बनने से का?"

"एक इस्लामी हुकूमत बन जाएगी।"

"कहीं इस्लामू है कि हुकुमतै बन जहिए। ऐ भाई, बाप-दादा की कबर हियाँ है, चौक-इमामबाड़ा हियाँ है, खेत-बाड़ी हियाँ है। हम कोनो बुरबक हैं कि तोरे पाकिस्तान जिन्दाबाद में फँस जाएँ।"

"अंग्रेजों के जाने के बाद यहाँ हिन्दुओं का राज होगा।"

"हाँ-हाँ, त हुये बा। तू त ऐसा हिन्दू कहि रहियो जैसे हिन्दुवा सब भुकाऊँ हैं कि काट लीहयन। अरे, ठाकुर कुँअरपाल सिंह त हिन्दुए रहे। झिंगुरिया हिन्दू है। ए भाई, ओ परसरमुआ हिन्दुए न है कि जब शहर में सुन्नी लोग हरमजदगी कीहन कि हम हजरत अली का ताबूत न उठे देंगे, कहो को कि ऊ में शीआ लोग तबर्रा पढ़त हएं त परसरमुआ ऊधम मचा दीहन कि ई ताबूत उट्ठी और ऊ ताबूत उठा। तोरे जिन्ना साहब हमारा ताबूत उठवाए न आए!" (पृ. 163)

'आधा गाँव' के अनवारुल हसन और फुन्नन मियाँ का यह संवाद भारतीय समाज में हिन्दू और मुस्लिम सम्प्रदाय के बीच सामुदायिक जीवन के स्तर पर सदियों से चले आ रहे साम्प्रदायिक सौहार्द को चिह्नित करता है। सामुदायिक जीवन से उपजी सांस्कृतिक सहभागिता की यह अन्तर्धारा ही भारतीय समाज की वह शक्ति है जो धार्मिक कट्टरवाद को समाज की नियामक शक्ति बनने से रोकती है लेकिन इसके मूल में है जनसाधारण का वह सहज बोध जिसे राही मासूम रजा ने पैनी निगाह और गहरी अन्तर्दृष्टि के साथ 'आधा गाँव' में व्यक्त किया है। 'आधा गाँव' के एक पात्र कमालुद्दीन (कम्मो) और गाँव के एक चमार के बीच का यह संवाद दृष्टव्य है—"का बात हौ, मियाँ" उसने पूछा। "ई लोग अलीगढ़ से हम्में ई बताए आए हैं कि जब हिन्दुस्तान आजाद हो जाइहे त तूँ लोग हमरे लोगन की माँ-बहिन को निकाल ले जइहो।" कम्मो ने बात बता दी। "अरे, राम-राम!" चमार बिलकुल घबरा गया। वह अलीगढ़ वालों की तरफ मुड़ा, "आप लोग त लिक्खल-पढ़ल बुझाताड़ी। तनी सोची की हमनी के जीयत कोई मियाँ लोगन की बहिन-मतारी तरफ देख सकेला?" (पृ. 252)।

यही है निम्न-जन का वह सहज बोध जो 'अलग-अलग वैतरणी' के खलील मियाँ को पाकिस्तान में रह रहे अपने बेटे को यह खत लिखने को बाध्य करता है कि "तुम्हारे पाकिस्तान पर मैं लानत भेजता हूँ। साले तू दोगला है। काफिरों के बीच अपना दर्जनों पुश्त गल गया।...मैंने दसमी नहीं मनाई कि दीवाली के दीये नहीं जलाए?...आज तक खलील मियाँ की बेटी-बहू को या उनके किसी पुश्त में खानदान की किसी लड़की को कभी हिन्दुओं ने अपनी बेटी-बहू से अलग नहीं माना। तो बेटा! तुम्हीं बताओ कि मैं कैसे मान लूँ कि मैं काफिरों के बीच हूँ या कि दुश्मनों के बीच हूँ।" ('अलग-अलग वैतरणी', पृ. 241)।

ग्राम्शी की तर्ज पर भारतीय कृषक की यह 'सबाल्टर्न' चेतना ही भारतीय राष्ट्र-राज्य के धर्मनिरपेक्ष ढाँचे को सारे झंझावातों से बचाती है और उसे एक आदर्श के रूप में प्रस्तुत करती है लेकिन खड़े और पड़े दोनों ही धरातलों पर वर्णों, जातियों एवं छोटे-छोटे समुदायों में बँटे भारतीय समाज का यह सह-अस्तित्व कुछ अपनी अलग ही विलक्षणता लिये हुए है। अब्दुल बिस्मिल्लाह के उपन्यास 'मुखड़ा क्या देखे' में पं. सृष्टि नारायण पांडे के घर का एक दृश्य इसे यूँ प्रस्तुत करता है—''कथा के शुरू होते-होते सहन में अच्छी-खासी भीड़ भर गई थी। सत्तार को अलग से एक दरी पर बैठाया गया था। उसी के आसपास बलापुर और चक के अन्य मुसलमान भी बैठे थे। चमरौटी और पसियाने के लोग चबूतरे के नीचे एक तरफ इस प्रकार सिकुड़े हुए पड़े थे, जैसे कोलहउड़ में ऊख की खोइया पड़ी रहती है।'' (पृ. 143) लेकिन इसके बावजूद पंडित सृष्टि नारायण इस बात की अनदेखी कैसे कर सकते हैं कि तोते पासी की बिटिया बुधुवा चुड़िहार के साथ इश्कबाजी करे क्योंकि, ''मामला ई हिन्दू-मुसलमान का है,...पासी हैं तो क्या हुआ, आखिर हैं तो हिन्दू ही...'' (पृ. 143)।

भारतीय समाज में जातिगत वर्गीकरण धर्म की हदों के पार चला गया है। 'मैला आँचल' और 'आधा गाँव' में जो जातिगत विभाजन हिन्दू और इस्लाम धर्म तक सीमित था, अब्दुल बिस्मिल्लाह के उपन्यास 'मुखड़ा क्या देखे' में वह ईसाई धर्म तक विस्तृत हो गया है। ईसाई धर्म अपना चुके पतरस की बीवी का अली अहमद से यह सम्भाषण यहाँ उल्लेखनीय है—''देखो, अली अहमद, अब तुम्हीं फैसला करो। ये दुधनिया में मरियम के लिए जो लड़का ठीक करके आए हैं न, उसका बाप पहले कोल था। मैं उस अंतोनी को खूब अच्छी तरह जानती हूँ, जो अभी पन्द्रह बरस पहले तक भुलवा कोल था। मेरे देखते-देखते वह भुलवा से अंतोनी हुआ है। वह अपने बेटे का ब्याह रूपसिंह गोड़ की लड़की से करेगा? तुम्हारे पतरस भाई तो असल में रूपसिंह गोड़ है न। उसकी यह मजाल? हमने धरम बदला है, जात नहीं।'' (पृ. 63)

यह विडम्बना ही है कि भारत के बदलते आर्थिक, सामाजिक स्वरूप के चलते जातियों का पेशागत विभाजन जहाँ दिनों-दिन अनुत्पादक और अर्थहीन होता जा रहा है, उतनी ही जाति-व्यवस्था की रूढ़िग्रस्त जकड़न जोर पकड़ती जा रही है। अल्ली चुड़िहार के माध्यम से 'मुखड़ा क्या देखे' उपन्यास में यह स्थिति अब्दुल बिस्मिल्लाह कुछ इस तरह रेखांकित करते हैं—

''शहर में नए-नए फैशन की चूड़ियाँ भरी हुई हैं। अब गाँव-गँवई की स्त्रियाँ अपनी चुड़िहाइन का इन्तजार नहीं करतीं। वे सुबह-सबेरे सज-बजकर घर से निकलती हैं और टेम्पो पर बैठकर सीधे गऊघाट। तीन से छै सिनेमा देखने के बाद, खरीदारी करती हुई नए फैशन की चूड़ियाँ पहनकर रात को आठ-नौ बजते-बजते वापस अपने घर। रनिया की भौंकी देखकर वे मुँह बिचकाती हैं और भीतर की तरफ

मुँह करके अपनी सास को आवाज देती हैं, "अरे अइया, चुड़िहाइन आई हैं, चूड़ी पहनना है क्या?" रनिया की चूड़ियाँ सिर्फ सधवा सासों और अम्माओं के काम की ही रह गई हैं। हालाँकि विधवाएँ भी अब रबड़ की चूड़ियाँ पहनने लगी हैं...('मुखड़ा क्या देखे', पृ. 133)। यह परिदृश्य है संक्रमणकालीन दौर से गुजरते हुए उस भारतीय गाँव का जहाँ बहुत कुछ टूट तो रहा है लेकिन निर्माण की प्रक्रिया अभी धीमी है।

और जहाँ परिवर्तन और विकास की प्रक्रिया बहुत तेज है, वहाँ तो परिणाम और भी विध्वंसक हुए हैं जैसे वीरेन्द्र जैन के उपन्यास 'डूब' के लरैई सरीखे जाने कितने गाँवों में। 'मुखड़ा क्या देखे' के अल्ली चुड़िहार की तरह 'डूब' के माते अहीर भी संकल्पबद्ध हैं कि वे गाँव में रहकर ही अपने अस्तित्व के लिए संघर्ष करेंगे। 'डूब' राजघाट गाँव परियोजना की छाया में डूब क्षेत्र के सैकड़ों गाँव के उजड़ने का एक ऐसा कथा-वृत्तान्त है जो सामन्ती उत्पादन सम्बन्धों की जड़ता और गाँव के विकलांग विकास को एकसाथ रेखांकित करता है। हिन्दी उपन्यास के आंचलिक कथा-संसार में 'डूब' एक नई थीम जोड़ता है। आंचलिकता के सन्दर्भ में इस उपन्यास का एक अतिरिक्त महत्त्व यह भी है कि रेणु, राही मासूम रजा, शिवप्रसाद सिंह और अब्दुल बिस्मिल्लाह के उपन्यास जहाँ उत्तर भारत के ग्राम्यांचल विशेषकर मैथिली और भोजपुरी भाषी क्षेत्रों को अपने रचना संसार का केन्द्र मानते हैं, वहीं वीरेन्द्र जैन इसका विस्तार मध्यभारत के बेतवा एवं नर्मदा के आसपास बसे विन्ध्य और बुन्देली इलाके तक करते हैं। सामन्ती उत्पादन सम्बन्धों की मार, धार्मिक-दैहिक शोषण और जातिगत भेद यहाँ भी है। चमारटोली पर ठाकुर साहब का कहर बदस्तूर यहाँ भी जारी है। हाँ, यहाँ सूदखोरी का नया परिप्रेक्ष्य जरूर उजागर होता है, जो 'गोदान' की दुलारी सहुआईन से भिन्न सुनियोजित एवं व्यावसायिक स्तर पर है क्योंकि यहाँ जमीन से बेदखली, मुआवजा आदि का दुष्चक्र भी जुड़ा हुआ है। अपनी सम्पूर्णता में 'डूब' भारतीय कृषक समाज का एक ऐसा रूपक गढ़ता है, जहाँ इतिहास, अर्थशास्त्र, राजनीति एवं नृतत्वशास्त्र की आवाजाही है। 'मैला आँचल' और 'आधा गाँव' की ही तरह इस उपन्यास में भी तथ्यों व स्थितियों की प्रामाणिकता एवं पात्रों का सहजबोध निर्विवाद है।

यह सुखद ही है कि 'डूब' के साथ हिन्दी के आंचलिक उपन्यासों के 'लोकेल' का जो विस्तार मध्यभारत तक हुआ, उससे एक नई शुरुआत हुई। इस शृंखला की एक और अत्यन्त समर्थ कड़ी है मैत्रेयी पुष्पा का महत्त्वपूर्ण उपन्यास 'इदन्नमम्'। आजादी के बाद की तीन पीढ़ियों—बऊ, प्रेमा और मंदा—के इर्द-गिर्द रचे-बुने इस उपन्यास में 'नारी चेतना' की एक ऐसी 'सबाल्टर्न' अन्तर्धारा है, जो पुरुषवादी समाज से टकराकर लहूलुहान होते हुए एक नई दिशा की तलाश में है। विन्ध्य और

बुन्देलखंड के लोक-जीवन, बोली-बानी और रूप-रस-गंध को त्रासद व दारुण जीवन-स्थितियों के साथ रच-पग कर 'इदन्नमम्' का जो कथा-वितान मैत्रेयी पुष्पा ने गढ़ा है, वह निश्चित रूप से एक उपलब्धि है। सामन्ती भाव-भूमि पर केन्द्रित पिछड़े कृषक समाज की मध्यजाति के जीवन को आधार बनाकर जो नारी-विमर्श मैत्रेयी पुष्पा ने इस उपन्यास में प्रस्तुत किया है वह पिछड़े हुए भारतीय समाज की कई गुत्थियों एवं रूढ़ियों से टकराता है। निःसन्देह 'इदन्नमम्' आंचलिक पृष्ठभूमि में प्रस्तुत एक ऐसा नारी आख्यान है जो इसके पूर्व हिन्दी उपन्यास में उपलब्ध नहीं था लेकिन यह महज नारी-आख्यान नहीं है; विकास, विस्थापन, भूमि से बेदखली के प्रश्नों का विस्तार 'डूब' की ही तरह यहाँ भी है। उपन्यास की केन्द्रीय भूमिका में मंदा का व्यक्तित्वांतरण एक ऐसे संघर्षशील नारी पात्र के रूप में होता है, जो स्त्री-यातना को सहते हुए शोषितों एवं वंचितों की पीड़ा से एकात्म हो जाती है। घर, परिवार की देहरी लाँघकर वह समाज की उस धुरी पर खड़ी होती है, जहाँ स्त्री-चेतना व दलित चेतना एकाकार होकर जनतन्त्र और विकास के सवालों से टकराने लगती है; लेकिन मंदा की यह भूमिका थोपी हुई क्रान्तिकारी चेतना न होकर भारतीय समाज की नई दिशाओं को तलाशती एक ऐसी स्वतः स्फूर्त चेतना है, जो मेधा पाटकर, बाबा आम्टे, बाबा हजारे और बी.डी. शर्मा के संघर्षों का स्मरण कराती है। मंदा के इस संघर्ष-पथ पर धर्म और अध्यात्म की भूमिका 'लिबरेशन थियोलॉजी' के सादृश्य भी उपस्थित करती है। बुन्देलखंड का रूप-रस-गंध यदि मैत्रेयी पुष्पा की रूढ़ि न बन गया तो कोई आश्चर्य नहीं यदि वे उन गवाक्षों को खोलने में समर्थ हों, जिसके पार का संसार अभी तक हिन्दी उपन्यास के लिए अबूझ और अनजाना हो।

सबाल्टर्न प्रसंग के बहाने आंचलिकता और हिन्दी उपन्यास का यह विमर्श यह तो सिद्ध करता ही है कि भारतीय समाज के वृहत्तर प्रश्न औपन्यासिक विजन के सहारे इन उपन्यासों में पूरी गम्भीरता के साथ प्रस्तुत हुए हैं। यह भी सच है कि आंचलिकता इन उपन्यासों की रूढ़ि और सीमा न होकर एक व्यापक औपन्यासिक व्योम की तलाश का माध्यम है। किसान जीवन की महागाथा को आधार बनाकर प्रेमचन्द ने 'गोदान' के माध्यम से जिस भारतीय उपन्यास की पूर्व-पीठिका तैयार की थी, 'मैला आँचल' और 'आधा गाँव' जैसे उपन्यासों ने उसे नए सन्दर्भ दिए। बहुत कुछ नया न जोड़ने के बावजूद 'अलग-अलग वैतरणी' भी इस दिशा में एक सार्थक प्रयास है। 'डूब' और 'इदन्नमम्' अपनी कथावस्तु में नया अंचल ही नहीं तलाशते हैं बल्कि नई जमीन भी तोड़ते हैं। इन दोनों ही उपन्यासों में आज के बदलते गाँव का जो नया परिदृश्य उभरता है, वह अब्दुल बिस्मिल्लाह के नवीनतम उपन्यास 'मुखड़ा क्या देखे' में एक सम्पूर्णता ग्रहण करता है। काश यह उपन्यास अपने कथ्य को कुछ और विस्तार दे सका होता!

यह विडम्बना ही तो है कि एक 'मैला आँचल' को छोड़ंकर इस चर्चा में शामिल 'आधा गाँव' सहित अन्य सभी उपन्यास हिन्दी आलोचना के कुलीन तन्त्र से बहिष्कृत हैं। शायद यह अभिजनवादी कलात्मक दृष्टिकोण का ही परिणाम है, वरना कोई कारण नहीं कि हिन्दी उपन्यासों की जिस सूची में 'कसप' और 'नौकर की कमीज' शामिल हो, 'आधा गाँव' उस सूची में नदारद हो। जरूरत है नए 'कैनन फारमेशन' की। आज जब 'दलित' और 'स्त्री' विमर्श साहित्यिक और बौद्धिक विमर्श का एक एजेंडा तय कर रहे हों, तब तो यह और भी जरूरी है। इन सन्दर्भों में 'सबाल्टर्न' अध्ययन-पद्धति प्रासंगिक ही नहीं बल्कि अनिवार्य भी है।

औपनिवेशिकता, सांस्कृतिक राष्ट्रवाद और भारतीय किसान : सन्दर्भ 'गोदान'

"यह तो पाँच ही हैं मालिक।"

"पाँच, नहीं, दस हैं। घर जाकर गिनना।"

"नहीं सरकार, पाँच हैं।"

"एक रुपया नजराने का हुआ कि नहीं?"

"हाँ, सरकार?"

"एक तहरीर का?"

"हाँ, सरकार!"

"एक कागद का?"

"हाँ, सरकार!"

"एक दस्तूरी का!"

"हाँ, सरकार।"

"एक सूद का!"

"हाँ, सरकार!"

"पाँच नगद, दस हुए कि नहीं?"

"हाँ, सरकार! अब यह पाँचों भी मेरी ओर से रख लीजिए।"

"कैसा पागल है?"

"नहीं, सरकार, एक रुपया छोटी ठकुराइन का नजराना है, एक रुपया बड़ी ठकुराइन का। एक रुपया छोटी ठकुराइन के पान खाने को, एक बड़ी ठकुराइन के पान खाने को। बाकी बचा एक, वह आपके क्रिया-करम के लिए।" ('गोदान', पृ. 182)

उपरोक्त ठाकुर-किसान संवाद प्रेमचन्द के उपन्यास 'गोदान' के उन किसानों के सताए हुए दिलों का काल्पनिक प्रतिशोध है जिनकी नियति है कि "मेहनत करके अनाज पैदा करो और जो रुपए मिलें, वह दूसरों को दे दो"...जिनके "घर में अनाज नहीं है, देह पर कपड़े नहीं हैं, गाँठ में पैसे नहीं हैं।" जिस होरी के दरवाजे पर होली

का यह प्रहसन आयोजित है, वह अब ''दातादीन की मजदूरी करने लगा है। किसान नहीं, मजूर है। दातादीन से अब उसका पुरोहित-जजमान का नाता नहीं, मालिक-मजदूर का नाता है।'' ('गोदान', पृ. 170)

अंग्रेजी औपनिवेशिक शासनकाल में राष्ट्रीय आन्दोलन के प्रथम चरण के दौरान अवध के दुखी किसानों का प्रतिनिधित्व करते होरी की यन्त्रणा के स्रोत कहाँ हैं?

अंग्रेजी उपनिवेशवाद में, हिन्दू धर्म की वर्णाश्रमी सत्ता संरचना में, महज कर्ज की समस्या में या इन सबके समुच्चय में।

बकौल निर्मल वर्मा, ''प्रेमचन्द के नायक होरी की यातना यह नहीं है कि आर्थिक व्यवस्था ने उसे कितना कुचल डाला है, बल्कि यह कि उस व्यवस्था में वह अपने उन दायित्वों को सम्पन्न नहीं कर पाता जो उसके 'धर्म' के निकष और कसौटी हैं।...इससे बढ़कर और क्या यातना हो सकती है कि होरी मरते क्षण गोदान के लिए भी पैसे नहीं जुटा पाता, जो उसकी आत्मा को इस लोक में न सही, परलोक में शान्ति दे सके।'' ('भारत और यूरोप : प्रतिश्रुति के क्षेत्र', पृ. 70) रुपर्ट स्नेल की दृष्टि में, ''गोदान में होरी नामक एक ऐसे किसान की कहानी कही गई है, जो कर्ज से छुटकारा प्राप्त कर सम्मानजनक जीवन बिताना चाहता है। उसके जीवन की सबसे बड़ी आकांक्षा ब्राह्मण को गोदान करने की है जो हमेशा-हमेशा के लिए उसकी सामर्थ्य से परे है।'' ('ट्रैवलर्स लिटरेरी कम्पेनियन', पृ. 141) डॉ. रामविलास शर्मा के अनुसार, ''प्रेमचन्द ने जब 'गोदान' लिखा था, तब वह खुद भी कर्ज के बोझ से दबे हुए थे। 'गोदान' की मूल समस्या ऋण की समस्या है। इस उपन्यास में किसानों के साथ मानो वह आपबीती भी कह रहे थे।'' ('प्रेमचन्द और उनका युग', पृ. 101)

'गोदान' को लेकर निर्मल वर्मा, रुपर्ट स्नेल व डॉ. रामविलास शर्मा के उपरोक्त निष्कर्ष जहाँ हमें 'गोदान' के पुनर्पाठ के लिए उकसाते हैं, वहीं उस आलोचनात्मक हिचक की पड़ताल के लिए भी बाध्य करते हैं, जो 'गोदान' के मुकम्मल पाठ से संकोच करती है। 'गोदान' का यह पुनर्पाठ तब और भी जरूरी हो जाता है, जब उत्तर आधुनिक कुतर्क के चलते कुछ लोगों को 'प्रेमचन्द के गाँव अचानक झूठे लगने लगते' हों और जब आस्वादपरक आलोचकों को प्रेमचन्द की परम्परा के समानान्तर साहित्य की कई परम्पराएँ दिखाई देने लगती हों। वर्तमान समाज व साहित्य के दलित व नारी-विमर्श सरीखे ज्वलन्त मुद्दों की निशानदेही भी यदि 'गोदान' के माध्यम से की जा सकती हो तो यह पुनर्पाठ और भी प्रासंगिक हो जाता है। जानना यह भी दिलचस्प है कि इतिहास और राष्ट्रीय विमर्श से बेदखल अतीत के जिन निम्नवर्गीय प्रसंगों को इतिहास की 'सबाल्टर्न' धारा ने इस दौर में सहेजने व रेखांकित करने का कार्य किया है, वह 'गोदान' में सहज रूप से स्वयमेव उपस्थित क्यों है?

प्रेमचन्द और 'गोदान' को लेकर निर्मल वर्मा का चिन्तन सर्वाधिक मौलिक, पूर्व निर्धारित व चौंकानेवाला है। निर्मल वर्मा का यह मौलिक भाष्य 'गोदान' की अन्तर्वस्तु या प्रेमचन्द की कथा दृष्टि से निःसृत न होकर उनकी अपनी उस वैचारिक स्थिति का परिणाम है जो यह मानती है कि "धर्म की हिन्दू अवधारणा समूची राष्ट्रीय परम्परा में गुँथी थी, जिसे बनाने में अन्य सम्प्रदायों का उतना ही गहरा योग था, जितना हिन्दुओं का।" ('भारत और यूरोप : प्रतिश्रुति के क्षेत्र', पृ. 19) हिन्दू धर्म का यह राष्ट्रीयकरण ही वह सांस्कृतिक विरासत है जो प्रेमचन्द के किसान में 'आध्यात्मिक विरासत' की तलाश करता है और निर्मल वर्मा की निराशा का कारण बनता है, उन्हीं के शब्दों में, "अंग्रेजी राज ने इस (आध्यात्मिक) विरासत को जिस तरह आहत किया था, उसकी पीड़ा का आयाम प्रेमचन्द के उपन्यासों में नहीं दिखाई देता—उनके लेखन में...'आध्यात्मिक अन्तर्द्वन्द्व' नहीं मिलता जो सामाजिक यथार्थ से उत्पन्न होकर भी महज 'सामाजिकता' में नहीं चुक जाता।" ('ढलान से उतरते हुए', पृ. 54)

अध्यात्म का 'निर्मल'-वाद बतर्ज टी. एस. इलियट

प्रेमचन्द के उपन्यासों में 'आध्यात्मिक अन्तर्द्वन्द्व' तलाशती निर्मल वर्मा की धार्मिक दृष्टि भले ही हिन्दी साहित्य में मौलिक हो लेकिन विश्व साहित्य के लिए यह एक पुराना नुस्खा है। टी.एस. इलियट ने 1935 में 'रिलीजन एंड लिटरेचर' शीर्षक अपने निबन्ध में साहित्य की धार्मिक व आध्यात्मिक व्याख्या पर बल देते हुए साहित्य के 'सेक्युलर' होने पर चिन्ता प्रकट की थी। इलियट के ही शब्दों में, "सम्पूर्ण आधुनिक साहित्य 'सेक्युलेरिज्म' से भ्रष्ट हो चुका है, यह लौकिक पर पारलौकिक के आधिपत्य से अनजान व इसके निहितार्थ को समझने में असमर्थ है।" ('टी.एस. इलियट : सेलेक्टेड एस्सेज', पृ. 398) और यह भी कि "साहित्यिक आलोचना निश्चित धार्मिक व नैतिक मानदंडों द्वारा निर्धारित होनी चाहिए...साहित्य की महानता मात्र साहित्यिक निकष पर नहीं तय की जा सकती।" (वही, पृ. 388)

यहाँ यह तथ्य दिलचस्प है कि टी.एस. इलियट की ही तर्ज पर निर्मल वर्मा भी सेक्युलेरिज्म को आधुनिक भारतीय समाज का अभिशाप मानते हैं, उन्हीं के शब्दों में, "धर्म का पवित्र स्रोत सूखने के कारण लोग अपनी आध्यात्मिक प्यास बुझाने के लिए सिर्फ गँदले नाले के पास ही जा सकते हैं, जो सेक्युलर समाज के रेगिस्तान के बीचों-बीच बहता है।" ('ढलान से उतरते हुए', पृ. 97) निर्मल वर्मा की यह अवधारणा भी है कि "भारतीय चरित्र के लिए 'धर्मनिरपेक्षता' या सेक्युलेरिज्म असहज और आरोपित है।" (वही)

टी. एस. इलियट के 'सेक्युलेरिज्म बनाम ईसाईवाद' के चिन्तन की ही तर्ज पर निर्मल वर्मा भी सेक्युलेरिज्म बनाम भारतीय (हिन्दू) संस्कृति की बहस करते हुए इस

निष्कर्ष पर पहुँचते हैं कि "भारतीय संस्कृति की एकता को भारत देश की भौगोलिक अखंडता से जोड़ने के लिए एक हिन्दू उनसे (सिख और मुसलमान) अधिक सतर्क और चिन्तित दिखाई देता है।" (वही, पृ. 25) यही है वह सांस्कृतिक राष्ट्रवाद जिसका पूर्वानुमान करते हुए प्रेमचन्द ने 1935 में अपने 'साम्प्रदायिकता और संस्कृति' शीर्षक लेख में यह स्थापना की थी कि "साम्प्रदायिकता सदैव संस्कृति की दुहाई दिया करती है, उसे अपने असली रूप में निकलते शायद लज्जा आती है इसलिए वह...संस्कृति की खाल ओढ़कर आती है...वे यह भूल गए हैं कि अब न कहीं मुस्लिम संस्कृति है, न कहीं हिन्दू संस्कृति, अब संसार में केवल एक संस्कृति है और वह है आर्थिक संस्कृति।" यह मात्र संयोग नहीं है कि जिन दिनों प्रेमचन्द 'आर्थिक संस्कृति' की बात कर रहे थे, उन्हीं दिनों टी.एस. इलियट इस तथ्य पर गमगीन थे कि "आज दुनिया में काफी बड़ी संख्या ऐसे लोगों की है, जो यह मानते हैं कि सारी बुराइयों के मूल में मूलतः आर्थिक कारण है। इनमें से कुछ का कहना है कि आर्थिक परिवर्तनों द्वारा दुनिया ठीक की जा सकती है तो कुछ दूसरे लोग मूलभूत सामाजिक परिवर्तन की माँग करते हैं लेकिन इन परिवर्तनों की माँग करने एवं कुछ स्थानों पर इनका क्रियान्वयन करनेवालों में एक जो बात समान है, वह यह है कि वे 'सेक्युलेरिज्म' की धारणा के बारे में एकमत हैं।" (वही, पृ. 400)

दरअसल उपरोक्त विरोधी मन्तव्यों के साथ प्रेमचन्द और इलियट दो भिन्न विश्व दृष्टियों का प्रतिनिधित्व करते हैं। निर्मल वर्मा की कठिनाई यह है कि वे इलियट की आध्यात्मिक भाव भूमि पर खड़े होकर प्रेमचन्द की व्याख्या करते हैं लेकिन अपने आध्यात्मिक एजेंडा को 'हिडेन' (प्रच्छन्न) रखना चाहते हैं। इसी 'हिडेन एजेंडा' के अन्तर्गत वे 'गोदान' की आध्यात्मिक व धार्मिक व्याख्या करते हुए होरी की गाय की लालसा को गोदान की लालसा में बदल देते हैं क्योंकि गाय की लालसा जहाँ भौतिक व आर्थिक समृद्धि से जुड़ी हुई है, वहीं गोदान की लालसा के मूल में धार्मिक व आध्यात्मिक सन्तुष्टि है। यहाँ इस तथ्य को रेखांकित करना जरूरी है कि प्रेमचन्द होरी की गाय की लालसा को गोदान की लालसा में कुपाठ करने की रंच मात्र भी गुंजाइश 'गोदान' की अन्तर्वस्तु में नहीं छोड़ते। निम्न उद्धरणों द्वारा यह स्वतः स्पष्ट है :

"हर एक गृहस्थ की भाँति होरी के मन में भी गऊ की लालसा चिर काल से संचित चली आती थी। यही उसके जीवन का सबसे बड़ा स्वप्न, सबसे बड़ी साध थी।" ('गोदान', पृ. 8) "गऊ उसके (होरी) लिए केवल भक्ति और श्रद्धा की वस्तु नहीं, सजीव सम्पत्ति भी थी।" (पृ. 33) क्योंकि "कुछ नहीं तो चार-पाँच सेर दूध होगा। गोबर दूध के लिए तरस-तरसकर रह जाता है। इस उमिर में न खाया-पिया तो फिर कब खाएगा! साल भर भी दूध पी ले तो देखने लायक हो जाए। बछवे भी अच्छे बैल निकलेंगे। दो सौ से कम की गोई न होगी। फिर, गऊ से ही तो द्वार की

शोभा है।'' (पृ. 8) गाय की अपनी इस लालसा की पूर्ति के लिए होरी आजीवन संघर्ष करता है, मृत्यु पूर्व के अन्तिम कुछ दिनों में भी वह ''आठ आने रोज पर खुदाई करने लगा, अगर यह काम दो महीने भी टिक गया तो गाय-भर के रुपए मिल जाएँगे। दिन-भर लू और धूप में काम करने के बाद वह घर आता तो बिलकुल भरा हुआ, अवसाद का नाम नहीं। उसी उत्साह से दूसरे दिन काम करने जाता। रात को खाना खाकर डिब्बी के सामने बैठ जाता और सुतली कातता। कहीं बारह एक बजे सोने जाता। धनिया भी पगला गई थी, उसे इतनी मेहनत करने से रोकने के बदले खुद उसके साथ बैठी-बैठी सुतली कातती। गाय तो लेनी ही है''...('गोदान', पृ. 297) और फिर मरते क्षण होरी की धनिया से यह अन्तिम बात, ''मेरा कहा-सुना माफ करना धनिया! अब जाता हूँ। गाय की लालसा मन में ही रह गई। अब तो यहाँ के रुपए क्रिया-करम में जाएँगे।'' (वही, पृ. 300)

'गोदान' की अन्तर्वस्तु में विन्यस्त उपरोक्त स्पष्ट कथनों के बावजूद निर्मल वर्मा और रुपर्ट स्नेल यदि होरी की यातना 'गोदान के लिए भी पैसे न जुटा पाना' और उसकी सबसे बड़ी आकांक्षा 'ब्राह्मण को गोदान' करने के रूप में विश्लेषित करते हैं तो वे 'गोदान' का कुपाठ ही नहीं करते बल्कि अपने पूर्वाग्रहों एवं मनोगत निष्कर्षों को प्रेमचन्द पर थोपते हुए 'गोदान' के पाठ के बाहर चले जाते हैं। सच तो यह है कि अध्यात्म, हिन्दू अस्मिता और सांस्कृतिक राष्ट्रवाद की जिस जमीन पर खड़े होकर निर्मल वर्मा 'गोदान' का पाठ करते हैं, वह भारतीय किसान के सकारात्मक अनुभव के बाहर है और भारतीय ग्राम्य जीवन के जिस आन्तरिक द्रष्टा (इनसाइडर) के रूप में प्रेमचन्द भारतीय किसान की रचना करते हैं, वह निर्मल वर्मा के अनुभव से बाहर है। यही कारण है कि निर्मल वर्मा होरी की गाय की लालसा को 'ओरियंटल कंस्ट्रक्ट' (प्राच्य संरचना) के रूप में ग्रहण करते हुए गोदान की लालसा के रूप में प्रस्तुत करते हैं। यह करते हुए निर्मल वर्मा प्रेमचन्द के किसान को सामाजिक व आर्थिक विमर्श के बाहर निकालकर धार्मिक व आध्यात्मिक विमर्श में उसी तरह डालते हैं जैसा कि इलियट ने तत्कालीन अंग्रेज समाज को ईसाई विमर्श में डाला था; लेकिन यहाँ वे ईसाइयत की समरस धार्मिकता वाले अंग्रेजी समाज और भिन्न धार्मिकताओं व वर्णाश्रमी व्यवस्था में विभक्त भारतीय समाज के मूलभूत अन्तर की अनदेखी करते हैं।

प्रेमचन्द द्वारा भारतीय समाज के विभिन्न स्तरों, विशिष्टताओं एवं विषमताओं की साहित्यिक अभिव्यक्ति से निर्मल वर्मा का बुनियादी विरोध है क्योंकि उनके अनुसार, ''प्रेमचन्द के आग्रह सामाजिक विषमताओं को अवश्य व्यक्त करते थे, उस गहरे सांस्कृतिक संकट को नहीं, जिसके भीतर से समूची भारतीय संस्कृति गुजर रही थी।'' ('भारत व यूरोप : प्रतिश्रुति', पृ. 72) और सांस्कृतिक संकट को वे ''आधुनिक

औद्योगीकरण की चोट से उस संस्कृति का विशृंखलित हो जाना'' मानते हैं, ''जो एक समय में समाज के आत्मबिम्बों को संयोजित करती थी। ये 'आत्मबिम्ब' कहना न होगा कि मनुष्य के आन्तरिक लगावों से अनुप्राणित होते हैं। इनमें से तीन लगाव प्रमुख थे–प्रकृति से लगाव, परम्परा से लगाव और अन्त में अपने आत्म से लगाव। आज जब प्रकृति स्वयं उपभोग की वस्तु बनकर तहस-नहस हो चुकी है और परम्परा वर्तमान से खंडित होकर केवल अतीत की वस्तु, तो आश्चर्य नहीं कि व्यक्ति का 'आत्म' भी केवल उसके अकेले और निराश्रित 'अहम्' में सिकुड़कर सीमित हो जाए। आधुनिक सभ्यता के इस अकेलेपन में कलाकार का अकेलापन शायद सबसे अधिक यातनामय है।'' (वही, पृ. 73)

निर्मल वर्मा की कठिनाई यह है कि वे विकसित औद्योगिक समाज के जिस 'सांस्कृतिक संकट' को भारतीय समाज और लेखक पर प्रतिस्थापित करना चाहते हैं वह न तो भारतीय समाज का संकट है न भारतीय लेखक का। इलियट से प्रेरणा प्राप्त कर वे जिस यूरोपीय सांस्कृतिक संकट का वैश्वीकरण करते हैं, 'गोदान' के समाज को उसकी खबर तक नहीं है। और कलाकार के 'अकेलेपन' की जिस यातना से निर्मल वर्मा गुजर रहे थे, उसका सम्बन्ध प्रेमचन्द तो दूर निर्मल वर्मा के उनके अपने महाश्वेता देवी एवं अरुंधती राय सरीखे समकालीनों से भी नहीं था। 'गोदान' का समाज यूरोपीय सांस्कृतिक संकट को अपनी भौतिक स्थिति पर प्रतिस्थापित न करके, अपनी दारुण भौतिक स्थिति को सांस्कृतिक अभिव्यक्ति प्रदान करते हुए सामूहिकता का वरण करता है। गोदान के समाज में ''होली के एक महीना पहले से एक महीना बाद तक फाग उड़ती है; आषाढ़ लगते ही आल्हा शुरू हो जाता है और सावन-भादों में कजलियाँ होती हैं। कजलियों के बाद रामायण गान होने लगता है। सेमरी भी अपवाद नहीं है। महाजन की धमकियाँ और कारिन्दे की बोलियाँ इस समारोह में बाधा नहीं डाल सकतीं। घर में अनाज नहीं है, देह पर कपड़े नहीं हैं, गाँठ में पैसे नहीं हैं, कोई परवाह नहीं। जीवन की आनन्दवृत्ति तो दबाई नहीं जा सकती, हँसे बिना तो जिया नहीं जा सकता।'' ('गोदान', पृ. 181) दैन्य व अभाव के बीच हास-परिहास की सामूहिकता में प्रकृति को अबलम्ब बनाते इन निम्नजनों को लक्षित करते हुए प्रेमचन्द लिखते हैं, ''विनोद में दुख उड़ गया। वही उसकी दवा है।...होरी आम के बागों में पहुँचा तो वृक्षों के नीचे तारे से खिले थे। उसका व्यथित निराश मन भी इस व्यापक शोभा और स्फूर्ति में आकर गाने लगा :

हिया जरत रहत दिन रैन।
आम की डरिया कोयल बोले
तनिक न आवत चैन।''

('गोदान', पृ. 204)

अब न बसूँ इहि गाउँ गोसाईं

भारतीय किसान के भौतिक दुख दैन्य व अभावों का दार्शनिकीकरण करते हुए निर्मल वर्मा यह प्रश्न उठाते हैं कि "क्या प्रेमचन्द ने भारतीय आत्मा के बीच खिंची खाई, खाई के अँधेरे और इस अँधेरे में पनपने वाले अन्तर्विरोधों को देखा था?" ('ढलान से उतरते हुए', पृ. 52) उनका यह भी कहना है कि "प्रेमचन्द के उपन्यास में भी पहली बार किसान के दर्शन होते हैं–किन्तु वह 'औपनिवेशिक किसान' था, उसके नीचे दबे भारतीय किसान का मूल चरित्र, संस्कृति, धार्मिक आस्था, मनुष्य, प्रकृति और ईश्वर के बारे में उसके परम्परागत विश्वास–उनके सृजन की रोशनी में ऊपर नहीं आते। प्रेमचन्द ने भारतीय किसानों की 'ऐतिहासिक विकृति' को देखा था–किन्तु उस चीज का मूल सांस्कृतिक टेक्सचर अपने गैर ऐतिहासिक रूप में क्या था–जो विकृत हुआ था, उसकी अन्तर्दृष्टि प्रेमचन्द में नहीं मिलती।" (वही, पृ. 54)

यहाँ यह उल्लेखनीय है कि 'औपनिवेशिक किसान' व 'ऐतिहासिक विकृति' सरीखे पद निर्मल वर्मा के अपने न होकर कार्ल मार्क्स के हैं जो उन्होंने 1853 में भारतीय समाज पर अपनी टिप्पणियों में प्रयुक्त किए थे। निर्मल वर्मा इन पदों का इस्तेमाल भारतीय अतीत के महिमामंडन के लिए करते हैं जबकि मार्क्स ने स्पष्ट कहा था कि "मैं उन लोगों की राय से सहमत नहीं हूँ जो हिन्दुस्तान के स्वर्ण युग के बारे में विश्वास करते हैं।" मार्क्स ने प्राक पूँजीवादी भारतीय समाज को 'ओरियंटल डेस्पाटिज्म' (पूरब की निरंकुशता) का ठोस आधार बताया था जबकि निर्मल वर्मा इसे 'सभ्यता बोध के धर्म मर्यादित पारम्परिक ढाँचे' के रूप में महिमामंडित करते हैं।

प्रेमचन्द के किसान को 'औपनिवेशिक किसान' और उसकी दुर्दशा को 'ऐतिहासिक विकृति' के परिणाम तक सीमित करके निर्मल वर्मा भारतीय ग्राम्य समाज को गौरवान्वित करने की उस 'स्वर्ण युगवादी' अनैतिहासिक ग्रामीण दृष्टि को अपनाते हैं, जो अन्ततः 'रामराज्य' की वापसी तक जाती है। भारतीय ग्राम्य समाज के 'स्वर्ण युग' की समाप्ति के बारे में उनका कहना है कि "डेढ़ सौ वर्षों के अंग्रेजी राज ने युग-युग से चली आती किसानों की आत्मनिर्धारित मर्यादाओं, रिश्तों को जोड़नेवाली धार्मिक कड़ियों को छिन्न-भिन्न कर डाला था।" ('ढलान से उतरते हुए', पृ. 54) यहाँ निर्मल वर्मा 'अंग्रेज बनाम भारतीय' का जो विमर्श तैयार करते हैं, उसमें भारतीय ग्राम्य समाज के धर्म-आधारित शोषण एवं वर्णाश्रमी विभाजन को नजरअन्दाज ही नहीं किया गया है बल्कि हमारे अपने भारतीय समाज की बुराइयों को भी अंग्रेजों के खाते में डाल दिया गया है।

दरअसल 'अंग्रेज बनाम भारतीय' ऐसा महावृत्तान्त है, जिसमें किसान, दलित व नारी आदि सरीखे बहुत से उपवृत्तान्त तिरोहित हो जाते हैं। यही कारण है कि

'गोदान' की व्याख्या करते हुए डॉ. रामविलास शर्मा भी भारतीय किसान के संकट को अंग्रेजी उपनिवेशवाद तक सीमित करके यह सरलीकरण करते हैं कि "प्रेमचन्द चाहते थे अंग्रेज का झंडा बाहर जाए लेकिन जिस विलायती मशीन के नीचे किसान पिस रहा है, वह मशीन भी बाहर जाए।" ('प्रेमचन्द और उनका युग', पृ. 103) निश्चित रूप से प्रेमचन्द अंग्रेजों के साथ-साथ विलायती तन्त्र को भी उखाड़ फेंकना चाहते थे लेकिन वे किसानों के शोषण के पुरोहितों सामन्तों के उस देसी तन्त्र को भी अनदेखी नहीं करते थे, जो सदियों से किसान यातना के मूल में था। प्रेमचन्द भारतीय कृषक समाज की टूटन व यातना को अंग्रेजी उपनिवेशवाद के बाह्य कारक तक न सीमित करके भारतीय समाज के आन्तरिक शत्रुओं की भी पहचान करते थे। यह करते हुए वे शूद्रक और कबीर की उस परम्परा को आधुनिक सन्दर्भ देते हैं, जिसने किसान की पीड़ा को भारतीय समाज की आन्तरिक बुनावट में उद्घाटित किया था।

निर्मल वर्मा भारतीय समाज के जिस 'मूल सांस्कृतिक टैक्सचर' की अन्तर्दृष्टि प्रेमचन्द में अनुपस्थित पाते हैं, वह वास्तव में कैसा था, इसके सूत्र पाँचवीं-छठी शताब्दी के किन्हीं वर्षों में लिखित शूद्रक के संस्कृत नाटक 'मृच्छकटिकम्' में तलाशे जा सकते हैं। 'मृच्छकटिकम्' की राजव्यवस्था में परिश्रम से रोजी-रोटी कमाकर जीवनयापन करनेवालों एवं राजसत्ता से निस्पृह धर्मानुयायियों को राजा और उनके कुनबे व चाटुकारों द्वारा प्रताड़ित व दंडित किया जाता है। शार्विलक जैसा धर्मानुयायी भी चोरी करने के लिए विवश होने पर सोचता है, "राजा की गुलामी से बेहतर है चोरी करना" क्योंकि "निन्दनीय होने पर भी यह कर्म स्वाधीन तो है! इसमें किसी की सेवा में हाथ बाँधकर खड़े तो नहीं रहना पड़ता" (धिगस्तु खलु दारिद्र्यमनिर्वेदितपौरुषम्। यदेतगर्हितं कर्म निन्दामि च करोमि च/स्वाधीना वचनीयतापि हि वरं बद्धो न सेवाञ्जलिर्मार्गो, अंक तृतीय श्लोक 19 व 11) इतना ही नहीं, वह अपने धर्म को त्यागकर बौद्ध भिक्षु बन जाता है। यह अकारण नहीं है कि राजसत्ता एवं धर्म का दुरुपयोग करनेवाले इस शासन तन्त्र के विरुद्ध विद्रोह का उद्घोष किसी राजा या पुरोहित द्वारा न किया जाकर किसान परिवार में जन्मे गोपालक पुत्र आर्यक द्वारा किया जाता है।

ब्रिटिश पूर्व भारतीय समाज के 'ओरियंटल डेस्पाटिज्म' के इस 'मूल सांस्कृतिक टेक्सचर' के अगणित उदाहरण संस्कृत काव्य के योगेश्वर सरीखे दूसरी परम्परा के कवियों में बिखरे पड़े हैं, जिनमें किसान व दलित जातियों के शोषण व दमन की स्थितियाँ उद्घाटित होती हैं। ऐसे ही एक संस्कृत काव्यांश में स्पष्ट उल्लेख है कि निर्दयी भोगपति (जिलाधीश) की अकारण लूटपाट के कारण कुछ खानदानी लोगों को छोड़कर अधिकांश जन गाँव छोड़कर भाग रहे हैं। "कैश्चिद् बीतदयेन भोगपतिना

निष्कारणोपप्लुत–प्रक्षीणैर्निजवंशभूरिति मितैरव्यजवमानाः कुलैः।।" (आलोचना, अंक 83, पृ. 8) भारतीय गाँव का यह आदि चित्र 'गोदान' में गोबर के गाँव छोड़कर शहर में मजदूरी करने की नियति में पूर्णता प्राप्त करता है।

निर्मल वर्मा भारत के जिस अतीत की अन्तर्दृष्टि प्रेमचन्द में तलाशते हैं, उसमें न तो गाँव छोड़ते किसान हैं और न आर्यक सरीखे किसानों के विद्रोही नायक, न ही वहाँ राजतन्त्र की मार खाए 'मृच्छकटिक' के शार्विलक और संस्थानक हैं जिन्हें हिन्दू धर्म छोड़कर बौद्ध धर्म की शरण में जाने से लेकर चोरी करने तक को विवश होना पड़ता है। यह वास्तव में विडम्बनात्मक है कि आधुनिक दृष्टि अपनाकर भी निर्मल वर्मा भारतीय अतीत के जिस यथार्थ को झुठलाते हैं, उसे आज से पाँच सौ वर्ष पूर्व कबीर अपने आध्यात्मिक क्षणों में भी नहीं भूल पाते। कबीर के इस पद में भारतीय किसान की पीड़ा दृष्टव्य है :

अब न बसूँ इहि गाउँ गोसाईं।
तेरे नेवगी खैरे सयाने हो राम
नगर एक तहँ जीवधर महता, बसै जु पंच किसाना।
नैन नकटू श्रवनू रसनू इन्द्री कहया न मानै हो राम।
गाऊँ कु ठाकुर खेत कुनापै, काइथ खरच न पारै।
जोरि जेवरी खेत पसारे, सब मिलि मोकौं मारे हो राम।
खोटो...महतो विकट बलाही, सिरकस दम का पारै।
बुरौ दिवान दादि नहिं लागै, इक बाँधै इक मारै, हो राम।...

कबीर के इस पद की व्याख्या करते हुए डॉ. नामवर सिंह कहते हैं, "मुख्यतः यह चिर-परिचित भक्ति भाव का एक भजन है जिसमें इन्द्रियों के स्वैराचार पर खेद प्रकट किया गया है। इस दृष्टि से यह बहुत सामान्य है। विशिष्ट बनता है किसानों पर होनेवाले अत्याचार के रूपकों से। खास बात यह है कि वास्तविक जीवन के रूपक ज्यादा हैं, शारीरिक अंगों के क्रिया-कलाप कम। उदाहरण के लिए शरीर के अन्दर नेवगी यानी लगान वसूल करनेवाला कौन है, इसका पता नहीं। यही हाल ठाकुर, कायस्थ, दीवान, बलाही (बलाधिकृत!) आदि का भी है। गरज कि आध्यात्मिक भाव-भूमि पर सामाजिक यथार्थ भारी पड़ता है। आध्यात्मिक अर्थ दब जाता है और ऊपर उभरकर यह सच्चाई आती है कि लगान वसूल करनेवाले चालाक और क्रूर हैं, कायस्थ/पटवारी उजरत माँगता है, न देने पर खेत की गलत नाप करता है। दीवान के यहाँ सुनवाई नहीं होती। बलाही (शायद सिपाही या दरोगा) विकट है और जुल्म ढाता है। एक बाँधता है और एक मारता है। इस तरह सभी मिलकर किसानों को मारते हैं। ऐसे में गाँव छोड़कर भाग जाने के अलावा किसान के पास कोई विकल्प नहीं रहता।" ('कबीर का दुख' शीर्षक लेख से)

कबीर अपने इस पद में आध्यात्मिक अवगुंठन के पार भारतीय किसान की पीड़ा जिस ठोस यथार्थ के माध्यम से अभिव्यक्त करते हैं, 'गोदान' की किसान दृष्टि का मूल आधार वही है। यह किसान की वह छवि नहीं है, जिसे निर्मल वर्मा 'औपनिवेशिक स्थिति में रहनेवाले एक हिन्दुस्तानी की आर्कीटाइप छवि' करार देते हैं। प्रेमचन्द अंग्रेजी औपनिवेशिकता के पार जाकर उस 'ओरियंटल डेस्पाटिज्म' की पड़ताल करते हैं, जिसने मार्क्स के शब्दों में, "व्यक्ति की सोच को छोटे-से-छोटे खानों में बाँटकर, अन्धविश्वास का एक गैर प्रतिरोधी साधन और जड़ परम्पराओं का दास बनाकर उसे ऐतिहासिक ऊर्जा एवं गौरव से वंचित रखा था।" प्रेमचन्द ने 'ओरियंटल डेस्पाटिज्म' एवं अंग्रेजी औपनिवेशिकता दोनों की ही मार से उत्पीड़ित किसान की व्यथा को 'गोदान' में अभिव्यक्त किया है। यह करते हुए जहाँ वे पुरातन भारतीय कृषक समाज के वर्णाश्रमी प्रभुत्ववादी विमर्श को ध्वस्त करते हैं, वहीं वे अंग्रेजी राज की औपनिवेशिकता के परिणामस्वरूप भारतीय समाज की विकृतियों को भी उजागर करते हैं। प्रेमचन्द भारतीय किसान की यातना की जड़ें उस मनुवादी वर्णाश्रमी व्यवस्था में तलाशते हैं जो श्रमशील दलित समुदाय की मेहनत पर परजीवी सवर्ण आभिजात्य की विलासिता का आधार तैयार करती थी। निर्मल वर्मा 'युग-युग से चली आती किसानों की आत्मनिर्धारित मर्यादाओं, रिश्तों, खुद सामन्तवादी समाज के भीतर इन रिश्तों को जोड़नेवाली' जिन 'धार्मिक कड़ियों' का महिमामंडन करते हुए अंग्रेजों पर इसके 'छिन्न-भिन्न' करने का दोष मढ़ते हैं, प्रेमचन्द उन्हीं कड़ियों को किसान की बेड़ियों के रूप में प्रस्तुत करते हुए इनके तोड़ने का आह्वान करते हैं। जिस 'वर्णाश्रमी व्यवस्था' को निर्मल वर्मा 'दी हुई' पूर्व निर्धारित जिम्मेदारी के रूप में व्याख्यायित कर भारतीय समाज की 'बुनियादी अच्छाई' के रूप में प्रस्तुत करते हैं, प्रेमचन्द उसे हिन्दू समाज की 'बुनियादी बुराई' मानकर उसके उच्छेदन का उद्घोष इन शब्दों में करते हैं, "राष्ट्रीयता की पहली शर्त वर्ण व्यवस्था, ऊँच-नीच के भेद और धार्मिक पाखंड की जड़ खोदना है।" ('विविध प्रसंग', पृ. 476) प्रेमचन्द इसे मात्र वैचारिक चिन्तन तक सीमित न करके 'गोदान' उपन्यास व सद्गति, दूध का दाम, ठाकुर का कुआँ, बाबा जी का भोग व सवा सेर गेहूँ सरीखी कहानियों के द्वारा उसके रचनात्मक साक्ष्य भी प्रस्तुत करते हैं।

गरीबों को लूटो उस पर सुराज चाहिए

दरअसल प्रेमचन्द की भारतीय समाज की मुकम्मल समझ भारतीय राष्ट्रवाद सम्बन्धी कई भ्रमों का निवारण करती है। वह इस मिथक को तोड़ती है कि देसी आभिजात्य वर्ग ने भारतीय जनता को अंग्रेजों की गुलामी से छुटकारा दिलाया। वह देसी

आभिजात्य वर्ग के दुहरे चरित्र, समाज के प्रभु वर्गों की वर्गीय एकता और दलितों, किसानों व नारियों के इस पितृसत्तात्मक आभिजात्यवर्गीय राष्ट्रवाद से विलगाव को भी रेखांकित करती है। प्रेमचन्द राय साहब, कुँवर दिग्विजय नारायण सिंह एवं खन्ना सरीखे जमींदारों, राजाओं एवं पूँजीपतियों की एक साथ अंग्रेजी राज व राष्ट्रीय आन्दोलन के प्रति दुहरी निष्ठा के पाखंड का खुलासा करने के साथ-साथ ग्राम समाज के बीच से उपजे किसान के उन देसी शत्रुओं को भी कटघरे में खड़े करते हैं, जो धर्म, मरजाद की मिथ्या चेतना तथा किसान की दीनता को शोषण का हथियार बनाते थे।

गाँव के मुखिया पं. दातादीन, झिंगुरी सिंह, पं. नोखेराम, मंगरू साह और लाला पटेश्वरी को इंगित करते हुए 'गोदान' की धनिया का कथन इस सम्बन्ध में दृष्टव्य है, "ये हत्यारे गाँव के मुखिया हैं, गरीबों का खून चूसने वाले। सूद-ब्याज, डेढ़ी-सवाई, नजर-नजराना, घूस-घास जैसे भी हो, गरीबों को लूटो। उस पर सुराज चाहिए। जेल जाने से सुराज न मिलेगा। सुराज मिलेगा धरम से न्याय से।" ('गोदान', पृ. 97) धनिया के इस कथन के माध्यम से प्रेमचन्द राष्ट्रीय आन्दोलन की प्रभुत्वकारी शक्तियों एवं भारतीय ग्राम्य समाज के निम्न जन के बीच आधिपत्य एवं प्रतिरोध के अन्तःसंघर्ष को भी उद्घाटित करते हैं।

'गोदान' को किसान जीवन की महागाथा के रूप में विश्लेषित करते हुए अक्सर 'गोदान' के उस अन्तर्निहित पाठ की अनदेखी की जाती है, जो भारतीय राष्ट्रवाद का विखंडन करके राष्ट्रीय आन्दोलन की सत्ता संरचना का उद्घाटन करता है। भारतीय समाज के जिस प्रभुत्वशाली वर्ग ने अपने हितों को 'राष्ट्रीय' बनाकर सम्पूर्ण समाज का नेतृत्व अंगीकार कर लिया था, 'गोदान' उन शक्तियों की भी निशानदेही करता है। 'गोदान' में पूँजीपति खन्ना को लक्ष्य करते हुए मेहता का यह कथन दृष्टव्य है, "लक्ष्मीपतियों की बदौलत ही हमारी बड़ी-बड़ी संस्थाएँ चलती हैं। राष्ट्रीय आन्दोलन को दो-तीन साल तक किसने इतनी धूमधाम से चलाया! इतनी धर्मशालाएँ और पाठशालाएँ कौन बनवा रहा है? आज संसार का शासनतन्त्र बैंकरों के हाथ में है।" (पृ. 199)

राय साहब अमरपाल सिंह के चित्रण के माध्यम से प्रेमचन्द राष्ट्रीय आन्दोलन की संरचना को विखंडित करते हैं, "पिछले सत्याग्रह संग्राम में राय साहब ने बड़ा यश कमाया था। कौंसिल की मेम्बरी छोड़कर जेल चले गए थे...राय साहब राष्ट्रवादी होने पर भी हुक्काम से मेल-जोल रखते थे।" (पृ. 13) "...अबकी हिज मैजेस्टी के जन्मदिन के अवसर पर उन्हें राजा की पदवी भी मिल गई। जिस वक्त हिज एक्सेलेंसी गवर्नर ने उन्हें पदवी प्रदान की, गर्व के साथ राज भक्ति की ऐसी तरंग उनके मन में उठी कि उनका एक-एक रोम उससे प्लावित हो उठा। यह है जीवन! नहीं

विद्रोहियों के फेर में पड़कर व्यर्थ बदनामी ली, जेल गए और अफसरों की नजरों में गिर गए।...'' (पृ. 262)

इसी प्रकार कुँवर दिग्विजय सिंह ''राष्ट्रीय आन्दोलन में दिल खोलकर सहयोग देते थे...और साल में एक-दो बार गवर्नर साहब भी उनके मेहमान हो जाते थे।'' (पृ. 192) ''खन्ना भी साहसी थे, संग्राम में आगे बढ़नेवाले। दो बार जेल हो आए थे। खद्दर न पहनते थे और फ्रांस की शराब पीते थे।...एक ओर वह त्याग, जनसेवा और उपकार के भक्त थे तो दूसरी ओर स्वार्थ और विलास और प्रभुता के।'' (पृ. 159) '' 'बिजली' के सम्पादक पंडित ओंकार नाथ 'स्वदेशी-स्वदेशी चिल्लाकर विदेशी दवाओं और वस्तुओं का विज्ञापन' छापते थे।'' (पृ. 145) ''मिस्टर तन्खा जब कांग्रेस का जोर था, तो कांग्रेस उम्मीदवारों के सहायक थे। जब साम्प्रदायिक दल का जोर हुआ तो हिन्दू सभा की ओर से काम करने लगे।'' (पृ. 80)

यहाँ यह तथ्य विचारणीय है कि प्रेमचन्द 'गोदान' में राष्ट्रीय आन्दोलन से जुड़े एक भी पात्र को आदर्शीकृत नहीं करते। राय साहब, कुँवर दिग्विजय सिंह, खन्ना, मिस्टर तन्खा, पं. ओंकार नाथ, मेहता, मालती आदि जिन चरित्रों के माध्यम से प्रेमचन्द 'गोदान' में राष्ट्रीय आन्दोलन का विमर्श तैयार करते हैं, वे उस उच्च कुलीन वर्ग के हैं, जिन्हें उच्च शिक्षा से लेकर वैभव व विलासिता की सभी सुविधाएँ प्राप्त हैं। 'गोदान' के होरी, धनिया, गोबर, भोला, हरखू, सिलिया, नोहरी सरीखे किसान, दलित व निम्नजन की 'राष्ट्रीय' आन्दोलन में कोई सीधी हिस्सेदारी प्रेमचन्द नहीं दिखाते। जबकि 'गोदान' का यह निम्नजन निष्क्रिय, निरीह व बेजुबान न होकर अपने ढंग से जीवन संघर्ष करता हुआ अपनी अस्मिता को बचाने के लिए प्रयत्नशील है। सम्भवतः इसके मूल में भारतीय राष्ट्रीय आन्दोलन की सत्ता संरचना की प्रेमचन्द की वह समझ है जो इसे उच्च कुलीन वर्गों के नियन्त्रण तक सीमित करती थी और समाज के निम्नजन जिसके लिए मात्र 'कच्चे माल' सरीखी भूमिका निभाते थे।

वास्तव में प्रेमचन्द राष्ट्रीय आन्दोलन को 'आभिजात्य वर्ग की आध्यात्मिक जीवनी' के मिथक से बाहर निकालकर उसके आन्तरिक गठन, अंग्रेजी राज से उसके टकराव व सहयोग और निम्नजन के हितों से उसकी वास्तविक दूरी लेकिन सतही एकता की संश्लिष्ट पहचान करते हैं। यह करते हुए वे 'गोदान' में भारतीय समाज पर उस दुहरे उपनिवेशवाद का विमर्श तैयार करते हैं, जिसका एक घेरा अंग्रेजी शासन सत्ता का था तो दूसरा घेरा ब्राह्मणवादी सत्ता का। राय साहब, खन्ना, मेहता और मालती सरीखों को अंग्रेजी सत्ता का ही घेरा तोड़ना था, जबकि होरी को इस दुहरे घेरे के चक्रव्यूह का भेदन करना था। इसीलिए प्रेमचन्द होरी की कथा कहते हुए उस सत्ता विमर्श के बाहर निकलते हैं, जो इसे महज अंग्रेजी उपनिवेशवाद और भारतीय राष्ट्रवाद की टकराहट तक सीमित करता था।

बनना पुरोहित दातादीन का महाजन और होरी का मजदूर

प्रेमचन्द 'गोदान' में भारतीय राष्ट्रवाद की पड़ताल ब्राह्मणवादी सत्ता संरचना की जटिलता में करते हैं। यह अकारण नहीं है कि होरी की त्रासदी के मूल में राय साहब न होकर पंडित दातादीन हैं। दातादीन व होरी के बीच पुरोहित-जजमान का आध्यात्मिक रिश्ता कैसे मालिक-मजदूर की यातना कथा में बदलता है, प्रेमचन्द 'गोदान' में इसी गुत्थी को समझने व सुलझाने का प्रयास करते हैं। होरी के माध्यम से भारतीय़ किसान की यातना कथा कहते हुए प्रेमचन्द अर्द्धसामन्ती व पारम्परिक समाज में धर्म की मिथ्या चेतना व शोषणकारी भूमिका को परत-दर-परत उजागर करते हैं। धर्म की सर्वग्राही भूमिका को उद्घाटित करते हुए ही प्रेमचन्द भारतीय समाज का 'क्रिटीक' रचते हैं। मात्र संयोग नहीं है कि प्रेमचन्द का किसान अपने दैनन्दिन जीवन में धर्म का साक्षात् पंडित दातादीन (गोदान), विप्र महाराज (सवा सेर गेहूँ), साधु महात्मा (बाबा जी का भोग), पं. घासीराम (सद्गति) आदि सरीखे पुरोहितों के माध्यम से करता है।

'गोदान' के होरी व पंडित दातादीन की धार्मिक समक्षता भिन्न व विरोधी है। जो धर्म दातादीन को प्रभुतासम्पन्न बनाता है, वही होरी को वंचित व निरुपाय। होरी की त्रासदी के मूल में दो घटनाएँ हैं—एक है उसके द्वार पर खूँटे से बँधी गाय का मरना और दूसरा, बेटे गोबर द्वारा विधवा झुनिया को बिना ब्याह पत्नी के रूप में अपनाना। होरी इन दोनों ही घटनाओं के लिए जिम्मेदार नहीं है, लेकिन धर्म, बिरादरी और मरजाद के खूँटे उस पर जुर्माना और डाँड़ लगाकर पहले उसे कर्ज के दुष्चक्र में फँसाते हैं, फिर उसकी जमीन-जायदाद गिरवी रखकर उसे किसान से मजदूर बना देते हैं।

डॉ. रामविलास शर्मा जब 'गोदान' की मूल समस्या को 'ऋण की समस्या' के रूप में परिभाषित करते हैं तो वे इसका सरलीकरण करते हैं, क्योंकि होरी की ऋण की समस्या राय साहब की ऋण की समस्या की तरह नहीं है कि "कोई चालीस लाख का बोझ सिर पर है...नौकरों का वेतन छह-छह महीने से बाकी पड़ा हुआ है, मगर हीरा महल बन रहा है।" (पृ. 193) होरी की त्रासदी पर टिप्पणी करते हुए रामविलास शर्मा कहते हैं, "तीन बीघा जमीन की रक्षा के लिए वह (होरी) जान लड़ा देता है, लेकिन महाजनों के पंजों से उसकी रक्षा नहीं कर पाता। उस पर बेदखली का दावा होगा। महाजन उसे कन्या बेचने के लिए मजबूर करके उसे अभय दान करने के लिए तैयार हो जाता है।" ('प्रेमचन्द और उनका युग', 112) कौन है यह महाजन? क्या है उसकी शक्ति का स्रोत? इसकी विवेचना रामविलास शर्मा नहीं करते जबकि इसके बिना 'गोदान' के निहितार्थों को समझना कठिन है, क्योंकि होरी की जमीन को हड़पने वाले और कन्या बेचने के लिए विवश करनेवाले पंडित दातादीन कोई साधारण

महाजन न होकर पुरोहित भी थे। उनकी शक्ति का स्रोत महज धन न होकर धर्म भी था वरना बकौल 'गोदान' के झिंगुरी सिंह उनके पास 'दस बीघे खेत और भीख के सिवा और क्या था?' लेकिन दातादींन के लिए जजमानी भीख नहीं जमींदारी से कम न थी। स्वयं उन्हीं के शब्दों में, "तुम जजमानी को भीख समझो, मैं तो उसे जमींदारी समझता हूँ, बंकघर। जमींदारी मिट जाए लेकिन जजमानी अन्त तक बनी रहेगी। जब तक हिन्दू जाति रहेगी, तब तक ब्राह्मण भी रहेंगे और जजमानी भी रहेगी।" (पृ. 206) यह ब्राह्मणत्व का ही प्रताप था कि "वह सबके सम्मान पाने के आदी थे। कारिन्दा की तो बात ही क्या, राय साहब तक उन्हें देखते ही सिर झुका देते थे।" (पृ. 183) इतना ही नहीं वे ब्रह्म तेज के बल पर जमींदार राय साहब को चुनौती भी दे सकते थे, "राय साहब की हिम्मत है कि मुझे जेल ले जाएँ? ब्रह्म बनकर घर का घर मिटा दूँगा। अभी उन्हें किसी ब्राह्मण से पाला नहीं पड़ा।" (पृ. 143) जहाँ यह ब्राह्मणत्व पंडित दातादीन के लिए भौतिक सत्ता थी, वहीं इसका आतंक होरी के दमन का आध्यात्मिक साधन। 'गोदान' में इस कथन से यह और भी स्पष्ट है, "अगर ठाकुर या बनिये के रुपए होते, तो उसे ज्यादा चिन्ता न होती लेकिन ब्राह्मण के रुपए! उसकी एक पाई भी दब गई, तो हड्डी तोड़कर निकलेगी। भगवान न करें कि ब्राह्मण का कोप किसी पर गिरे। बंस में कोई चुल्लू भर पानी देनेवाला, घर में दीया जलानेवाला भी नहीं रहता। उसका धर्मभीरु मन त्रस्त हो उठा। उसने दौड़कर पंडित जी के चरण पकड़ लिए और आर्त स्वर में बोला, महाराज जब तक मैं जीता हूँ, तुम्हारी एक-एक पाई चुकाऊँगा।" (पृ. 184)

होरी की यह धर्मभीरुता 'गोदान' के देशकाल में भारतीय किसान की धर्मभीरुता थी जो बिना किसी दमनकारी हथियार के भी उसे शोषण के दुष्चक्र का इच्छुक सहभागी बनाती थी। भारतीय किसान की इस यातना को न तो 'अंग्रेज औपनिवेशिकता' से परिभाषित किया जा सकता है, न मात्र 'कर्ज की समस्या' से। यह सामान्य कर्ज की समस्या इसलिए नहीं है, क्योंकि यह दैनन्दिन आवश्यकताओं या ब्याह-शादी के लिए लिया गया कर्ज न होकर पंचायत द्वारा थोपा गया वह दंड है, जिसके लिए 'पंचायत ने अस्सी रुपए डाँड़ के लगाए। तीन मन अनाज ऊपर।' यह उस ग्राम्य व्यवस्था का दुष्परिणाम है जिसके अन्तर्गत बकौल पंडित दातादीन "पुलिस कुछ करे या न करे, धरम तो बिना दंड दिए न रहेगा।" (पृ. 13) और यह जिस अपराध का दंड है वह धनिया के शब्दों में, "मुझसे इतना बड़ा जरीवाना इसलिए लिया जा रहा है कि मैंने अपनी बहू को क्यों अपने घर में रखा। क्यों उसे घर से निकालकर सड़क की भिखारिन नहीं बना दिया।" (पृ. 108) प्रेमचन्द यहाँ धर्म आधारित पितृसत्तात्मक समाज के उस मर्दवादी पाखंड को अनावृत्त करते हैं, जो नारी को भोग्या व देह से अधिक का दर्जा नहीं देता। दातादीन के शब्दों में, "वह (धनिया

की बहू) कुलटा घर में न रहती, तो कुछ न होता। लड़कों से इस तरह की भूल-चूक होती रहती है! जब तक बिरादरी को भात न दोगे, बाम्हनों को भोज न दोगे, कैसे उद्धार होगा? उसे घर में न रखते, तो कुछ न होता।'' (पृ. 105)

हिन्दू धर्म की वर्णाश्रमी व्यवस्था दलित, किसान व निम्न जन के लिए 'धर्म', 'मर्यादा' और 'बिरादरी' की वही कसौटी नहीं रखती जो ब्राह्मणों एवं सवर्णों के लिए, प्रेमचन्द इस तथ्य का खुलासा भी 'गोदान' में निम्नवत करते हैं :

''दातादीन का लड़का मातादीन एक चमारिन से फँसा हुआ था। इसे सारा गाँव जानता था; पर वह तिलक लगाता था, पोथी-पत्रे बाँचता था, कथा-भागवत कहता था, धर्म-संस्कार कराता था। उसकी प्रतिष्ठा में जरा भी कमी न थी। वह नित्य स्नान-पूजा करके अपने पापों का प्रायश्चित कर लेता था।'' (पृ. 105)

''झिंगुरी सिंह ने बाम्हनी रख ली, उनका किसी ने क्या कर लिया? उनका जितना आदर-मान तब था, उतना ही आज भी है, बल्कि और बढ़ गया। पहले नौकरी खोजते फिरते थे, अब उसके पैसे से महाजन बन गए। ठकुराई का रोब तो था ही, महाजनी का रोब भी जम गया।'' (पृ. 41)

''पंडित नोखेराम कारकुन बड़े कुलीन ब्राह्मण थे। प्रातःकाल पूजा पर बैठ जाते थे और दस बजे तक बैठे राम नाम लिखा करते थे...नोखेराम ने भोला के साथ एक चटपटी रंगीली स्त्री देखी तो चटपट आश्रय देने को राजी हो गए। जहाँ उनकी गायें बँधती थीं, वहीं एक कोठरी रहने को दे दी।'' (पृ. 221)

''लोगों का खयाल था कि लाला पटेश्वरी अपनी विधवा कहारिन को रखे हुए हैं।'' (पृ. 221).

''(पंडित) लगा हाथ जोड़ने, पैरों पड़ने—एक प्रेमी का मन रख दोगी, तो तुम्हारा क्या बिगड़ जाएगा, झूना रानी! कभी-कभी गरीबों पर दया किया करो, नहीं भगवान पूछेंगे. मैंने तुम्हें इतना रूप धन दिया था। तुमने उससे एक ब्राह्मण का उपकार भी नहीं किया, तो क्या जवाब दोगी? बोले, मैं विप्र हूँ, रुपए-पैसे का दान तो रोज ही पाता हूँ, आज रूप का दान दे दो।'' (पृ. 43)

यहाँ धर्म आधारित पुरुष सवर्णवादी पाखंड को बेपरदा करते हुए प्रेमचन्द नारी की दलित नियति विशेषकर किसान व दलित जातियों की नारियों का उच्च कुलीन वर्गों द्वारा किए जानेवाले दैहिक शोषण का भी विमर्श तैयार करते हैं।

'मरजाद' गोदान का बीज शब्द है, प्रेमचन्द इसे भारतीय किसान की धर्म, बिरादरी और समाज की मिली-जुली मिथ्या चेतना के रूप में प्रस्तुत करते हैं। समाज का प्रभुत्वशाली वर्ग इस मिथ्या चेतना से पूरी तरह मुक्त है। होरी जिस गाय को भोला से यह सोचकर नहीं लेता कि 'संकट की चीज लेना पाप है' क्योंकि यह बात जन्म-जन्मान्तरों से उसकी आत्मा का अंश बन गई थी; उसी गाय को लेकर झिंगुरी

सिंह की योजना है कि "होरी को किसी अरदब में डालकर गाय को उड़ा देना चाहिए।" झुनिया-गोबर प्रसंग में प्रेमचन्द 'मरजाद' को लेकर कुलीन और निम्नजन के दुहरे मानदंड को धनिया की जुबानी इस प्रकार प्रस्तुत करते हैं, "हमको कुल परतिसठा इतनी प्यारी नहीं है महाराज, कि उसके पीछे एक जीव की हत्या कर डालते। ब्याहता न सही; पर उसकी बाँह तो पकड़ी है मेरे बेटे ने ही। किस मुँह से निकाल देती? वही काम बड़े-बड़े करते हैं, मुदा उनसे कोई नहीं बोलता, उन्हें कलंक ही नहीं लगता। वही काम छोटे आदमी करते हैं, तो उनकी मरजाद बिगड़ जाती है। नाक कट जाती है। बड़े आदमियों को अपनी नाक दूसरों की जान से प्यारी होगी, हमें तो अपनी नाक इतनी प्यारी नहीं।" (पृ. 105)

'मरजाद' के इस विमर्श में जहाँ प्रेमचन्द कुलीन समाज के पाखंड को रेखांकित करते हैं, वहीं इसे वे निम्नजन की नैतिक बाधा व धार्मिक जकड़न के रूप में भी प्रस्तुत करते हैं। इस सम्बन्ध में होरी का यह कथन दृष्टव्य है, "नीच कहने को नीच है; जो ऊँचे हैं, उनका मन तो और नीचा है...बड़े आदमी अपनी लाज न रखें, छोटों को तो उनकी लाज रखनी ही पड़ती है।" (पृ. 101) प्रेमचन्द मर्यादा का वर्गीय परिप्रेक्ष्य प्रस्तुत करते हुए राय साहब के सन्दर्भ में इसे यूँ अभिव्यक्त करते हैं :

"आप समझते होंगे, जमींदार और तालुकेदार सारे संसार का सुख भोग रहे हैं। उनकी असली हालत का आपको ज्ञान नहीं; अगर वह धर्मात्मा बनकर रहें, तो उनका जिन्दा रहना मुश्किल हो जाए। अफसरों को डालियाँ न दें, तो जेलखाना घर हो जाए। हम बिच्छू नहीं हैं कि अनायास ही सबको डंक मारते फिरें। न गरीबों का गला दबाना कोई बड़े आनन्द का काम है; लेकिन मर्यादाओं का पालन तो करना ही पड़ता है।" (पृ. 145) मर्यादा का यह विद्रूप पूर्णता तब प्राप्त करता है जब पंडित दातादीन 'बड़े-बड़ों की मर्यादा टूटने' एवं 'आपद धर्म' का वास्ता देकर होरी को बेटी की शादी के बदले रुपए लेने को राजी करके होरी के जन्म-जन्मान्तर की कमाई के रूप में अर्जित 'मरजाद' को भी भ्रष्ट कर देते हैं। प्रेमचन्द यहाँ इस विडम्बना को लक्षित करते हैं कि दातादीन सरीखे समाज की मर्यादा के ठेकेदार होरी को उसकी एकमात्र पूँजी 'मरजाद' से भी वंचित कर देते हैं। लेकिन होरी का बेटा गोबर इस 'मरजाद' की मिथ्या चेतना को ध्वस्त करता हुआ उद्घोष करता है कि "जिसे पेट की रोटी मयस्सर नहीं, उसके लिए मरजाद और इज्जत सब ढोंग है।" (पृ. 296)

यहाँ यह तथ्य जानना रोचक है कि 'गोदान' का बीज शब्द 'मरजाद' निर्मल वर्मा की तत्सम, आभिजात्य एवं यूरोपीय पदावली में 'आनर' में कैसे तब्दील हो जाता है। अंग्रेजी में लिखते हुए भी मीनाक्षी मुखर्जी जिस 'मरजाद' पद का अनुवाद 'प्रेस्टीज' के रूप में करती हैं, उसे हिन्दी में लिखते हुए भी निर्मल वर्मा 'आनर' में बदल देते

हैं। यहाँ 'मरजाद', 'प्रेस्टीज' व 'आनर' की शब्दकोषीय मीमांसा के बिना भी निर्मल वर्मा के आशय को उन्हीं के इस भाष्य से समझा जा सकता है, "एक जमींदार का आनर किसानों के प्रति उसके दायित्व में उतना ही निहित है, जितना एक ऋणी किसान का आनर इसमें है, कि वह भूखे रहकर भी अपनी सात पीढ़ियों तक महाजन का ऋण चुकाने में जुटा रहे।...जीवन के क्षेत्र में अपनी जगह चाहे वह 'वर्ण व्यवस्था' में ही निहित क्यों न हो, के प्रति निष्ठा रखने में ही मनुष्य का देवत्व छिपा रहता है।" ('ढलान से उतरते हुए', पृ. 53) प्रेमचन्द 'गोदान' में किसानों से इस 'देवत्व' को त्यागने का आह्वान करते हैं, क्योंकि "इनका देवत्व ही इनकी दुर्दशा का कारण है। काश, ये आदमी ज्यादा और देवता कम होते, तो यों न ठुकराए जाते।" (पृ. 257)

निर्मल वर्मा द्वारा वर्ण व्यवस्था की उपरोक्त निर्लज्ज पक्षधरता उनके हिन्दू एजेंडे को 'हिडेन' (प्रच्छन्न) नहीं रहने देती, लेकिन कठिनाई तब होती है जब वे यह कहते हैं कि "प्रेमचन्द अपने अधिकांश लेखन में कभी इस 'अच्छाई' पर शंका नहीं प्रकट करते, क्योंकि उस पर शंका करने का मतलब होगा, एक हिन्दुस्तानी के व्यावहारिक धर्म और दायित्वों पर शंका प्रकट करना।" ('ढलान से उतरते हुए', पृ. 53) प्रेमचन्द का यह कुपाठ और भ्रष्ट व्याख्या निर्मल वर्मा की उस आध्यात्मिक मूर्छा का दुष्परिणाम है जो उन्हें 'अतीत के प्रति स्वाभिमानी' और "चिन्तन, कर्म और जीवन व्यवस्था को पुनः उन जातीय मर्यादाओं से जोड़ना (चाहती है), जो विदेशी शासन के भीतर भ्रष्ट और दूषित हो चुकी थी।" ('भारत और यूरोप : प्रतिश्रुति के क्षेत्र', पृ. 58) निश्चित रूप से इस हिन्दू एजेंडे से प्रेमचन्द की व्याख्या नहीं की जा सकती इसीलिए निर्मल वर्मा "प्रेमचन्द को 'प्रेमचन्द की परम्परा' से मुक्त करना" जरूरी समझते हैं।

दो राय नहीं कि वर्तमान साहित्यिक-सामाजिक सन्दर्भों में प्रेमचन्द का समग्र विश्लेषण और उनकी परम्परा की सही निशानदेही हिन्दी साहित्य की दुनिया से बहुत-सी बेदखलियाँ सम्भव बना सकती है, इसलिए जरूरी है प्रेमचन्द का कुपाठ या खंडित भाष्य। प्रेमचन्द के इस खंडित भाष्य का ही परिणाम है कि 'गोदान' की चर्चा करते हुए 'सिलिया-मातादीन' जैसा महत्त्वपूर्ण दलित प्रसंग एवं मालती, कालिन्दी, धनिया, नोहरी, झुनिया सरीखा नारी-विमर्श सही परिप्रेक्ष्य में रेखांकित नहीं किया जाता। ये प्रसंग 'गोदान' में उपवृत्तान्त के रूप में उपस्थित न होकर उसकी विषयवस्तु में इस तरह विन्यस्त हैं कि उनकी चर्चा एवं विश्लेषण के बिना गोदान का हर पाठ अधूरा रहता है। यह वास्तव में शोचनीय है कि गोदान का भाष्य करते हुए डॉ. रामविलास शर्मा (प्रेमचन्द और उनका युग) और मीनाक्षी मुखर्जी (रियलिज्म एंड रियलिटी) दोनों ही सिलिया मातादीन प्रसंग का नामोल्लेख तक नहीं करते और 'गोदान' का

नारी-विमर्श भी उनके विश्लेषण से बाहर है। सम्भवतः रामविलास शर्मा ने इन प्रसंगों पर अलग से ध्यान इसलिए नहीं केन्द्रित किया क्योंकि मार्क्सवादी वर्गीय अवधारणा की थिर कट्टर समझ उन्हें इसकी अनुमति नहीं देती और मीनाक्षी मुखर्जी इसकी चर्चा इसलिए गैर जरूरी समझती हैं कि यह भारतीय समाज के 'ग्रांड नैरेटिव' (महावृत्तान्त) के परे जाता है।

दरअसल 'महावृत्तान्त' के रूप में 'गोदान' का पाठ करने पर कोई भी व्याख्या 'भारतीय किसान जीवन की महागाथा' का अतिक्रमण नहीं कर पाती, जबकि अपनी सम्पूर्णता में 'गोदान' स्वाधीनता पूर्व भारत का एक ऐसा सामाजिक अध्ययन है, जो भारतीय समाज की पारम्परिक समझ और व्याख्या के बने-बनाए ढाँचे को चुनौती देता है।

'गोदान' अपने मुकम्मल पाठ में वर्णाश्रमी हिन्दुत्व, उसकी जड़ मर्यादा एवं अतीतोन्मुखी चिन्तन का प्रत्याख्यान है। वह हिन्दू धर्म की समरसता के मिथक का भेदन करता हुआ भारतीय समाज की कुलीनवादी व्याख्या का निम्नवर्गीय (सबाल्टर्न) विकल्प प्रस्तुत करता है। यही कारण है कि दलित व नारी सरीखे आज के ज्वलन्त प्रसंग 'गोदान' में अपनी केन्द्रीय उपस्थिति दर्ज कराते हैं।

हमारी इज्जत लेते हो, तो अपना धरम हमें दो

"हम आज या तो मातादीन को चमार बनाके छोड़ेंगे या उनका और अपना रकत एक कर देंगे। सिलिया कन्या जात है, किसी-न-किसी के घर जाएगी ही। इस पर हमें कुछ नहीं कहना है; मगर उसे जो कोई भी रखे, हमारा होकर रहे। तुम हमें ब्राह्मण नहीं बना सकते, मुदा हम तुम्हें चमार बना सकते हैं...हमारी इज्जत लेते हो, तो अपना धरम हमें दो।" (पृ. 208) 'गोदान' के पृष्ठों पर यह संकल्प और ललकार है सिलिया चमाइन के साठ साल के बूढ़े बाप हरखू चमार की जो 'काला, दुबला, सूखी मिर्च की तरह पिचका हुआ, पर उतना ही तीक्ष्ण' था। दलितों के दया, करुणा, सहानुभूति एवं मानवीय सरोकार को फलाँगती दलित आक्रोश की हिन्दी साहित्य में यह प्रथम रचनात्मक प्रस्तुति है। दलितों के सशक्तिकरण की भी यह पहली साहित्यिक अभिव्यक्ति है।

प्रेमचन्द दलितों के इस आक्रोश एवं सशक्तिकरण को मौखिक अभिव्यक्ति तक ही सीमित न करके इस आक्रामक प्रतिरोध की जिस तार्किक परिणति तक ले जाते हैं वह दलित एकजुटता व अग्रगामी चेतना में उनकी लेखकीय आस्था का परिचायक है। किसी गैर दलित लेखक द्वारा दलित आक्रोश की यह साहसपूर्ण अभिव्यक्ति है, "दो चमारों ने लपककर मातादीन के हाथ पकड़ लिए, तीसरे ने झपटकर उसका जनेऊ तोड़ डाला और इसके पहले कि दातादीन और झिंगुरी सिंह अपनी-अपनी लाठी

सँभाल सकें, दो चमारों ने मातादीन के मुँह में एक बड़ी-सी हड्डी का टुकड़ा डाल दिया।" (पृ. 209)

यहाँ यह तथ्य ध्यान देने योग्य है कि प्रेमचन्द धार्मिक आधिपत्य के प्रतिरोध के लिए ब्राह्मण का 'जनेऊ तोड़ने' एवं उसके मुँह में हड्डी का टुकड़ा डालने का धार्मिक मुहावरा ही अपनाते हैं, क्योंकि जो धर्म मात्र 'खान-पान, छूत विचार' पर टिका हुआ था उसे खान-पान को भ्रष्ट करके ही चुनौती दी जा सकती थी। इस घटना को उपन्यास की अन्तर्वस्तु में विन्यस्त करके प्रेमचन्द भारतीय समाज में दलितों की उस उभरती शक्ति और प्रतिरोधी चेतना को अभिव्यक्ति दे रहे थे जिसकी खबर राष्ट्रीय आन्दोलन को नहीं थी और जो राष्ट्रीय इतिहास से आज भी बेदखल है। जिन्हें 'गोदान' का यह प्रसंग आरोपित व मनोगत लगता हो उन्हें यह स्मरण रखना चाहिए कि 'गोदान' लिखे जाने (1936) के कई वर्ष पूर्व 1927 में महार सत्याग्रह के दौरान अम्बेडकर ने 'मनुस्मृति' को जलाकर हिन्दू धर्म के प्रति अपना आक्रोश व्यक्त किया था और 1935 में तो उन्होंने हजारों समर्थकों के बीच यह घोषणा भी की थी कि वे "भले ही हिन्दू धर्म में जन्मे हों लेकिन हिन्दू के रूप में मरेंगे नहीं।" गांधी-अम्बेडकर के बीच 'पूना पैक्ट' का महाविवाद भी 'गोदान' के इस प्रसंग के औचित्य को तर्क सिद्ध करता है।

प्रेमचन्द दलित प्रतिरोध की इस घटना को स्वतः स्फूर्त तात्कालिक आक्रोश तक न सीमित करके इसे व्यापक सामाजिक परिप्रेक्ष्य प्रदान करते हुए यह टिप्पणी करते हैं, "आश्चर्य यह कि कोई इन धर्म के लुटेरों से मुजाहिम न हुआ। मातादीन का व्यवहार सभी को नापसन्द था। वह गाँव की बहू-बेटियों को घूरा करता था, इसलिए मन में सभी उसकी दुर्गति से प्रसन्न थे। हाँ, ऊपरी मन से लोग चमारों पर रौब जमा रहे थे।" (पृ. 209) यहाँ प्रेमचन्द ब्राह्मणवादी यातना के विरुद्ध व्यापक दलित किसान एकता का संकेत देते हैं। यह कम महत्त्वपूर्ण नहीं है कि दातादीन द्वारा गाँव से निकाले जाने की धमकी के बावजूद धनिया अपने घर में सिलिया चमाइन को शरण देती है। प्रेमचन्द यहाँ उत्पीड़ितों की एकता लक्षित करने के साथ-साथ भारतीय समाज में वर्ग एवं जाति की एकरूपता को भी रेखांकित करते हैं।

'गोदान' के इस दलित प्रसंग की चर्चा करते हुए लगभग उन्हीं दिनों (1935) प्रकाशित मुल्कराज आनन्द के अंग्रेजी उपन्यास 'अछूत' (अनटचेबल) का स्मरण हो आना स्वाभाविक है। इस सम्बन्ध में यह तथ्य उल्लेखनीय है कि लंदन में रहकर अंग्रेजी में लिखने के बावजूद मुल्कराज आनन्द ने जिस दलित विमर्श को दलित सहानुभूति तक सीमित रखा था प्रेमचन्द ने उसे हिन्दू धर्म के गढ़ काशी नगरी में रहते हुए भी क्रान्तिकारी व परिवर्तनकारी सन्दर्भ दिए थे। हीरा डोम की कविता

'अछूत की शिकायत' एवं गांधी के अछूतोद्धार आन्दोलन के सरोकारों का अतिक्रमण करता 'गोदान' का दलित विमर्श वर्णाश्रम व्यवस्था की गुलामी से मुक्ति का उद्घोष होने के साथ-साथ हिन्दू धर्म की उस आन्तरिक टूटन का भी परिचायक है, जो पंडित दातादीन के बेटे मातादीन को जनेऊ उतार फेंकने को विवश करता है। "उसने जनेऊ उतार फेंका और पुरोहिती को गंगा में डुबो दिया। अब वह पक्का खेतिहर था।" (पृ. 285)

मातादीन का हिन्दू धर्म से यह मोहभंग और उसकी यह घोषणा कि "मैं ब्राह्मण नहीं, चमार ही रहना चाहता हूँ। जो अपना धरम पाले, वही ब्राह्मण है, जो धर्म से मुँह मोड़े वही चमार है।" (पृ. 289) गांधीवादी हृदय परिवर्तन से भिन्न यह एक ऐसा क्रान्तिकारी व्यक्तित्वांतरण है, जो हिन्दू धर्म के बोझ को उतार फेंकता है। यद्यपि यहाँ प्रेमचन्द यथार्थ का अतिक्रमण करते हुए अपनी कल्पना के आदर्श को यथार्थ में परिणत करते दीखते हैं। यहाँ यह तथ्य भी महत्त्वपूर्ण है कि 'गोदान' के इस दलित प्रसंग में दलितों के नेतृत्व की बागडोर स्वयं दलितों के हाथों में है, न कि मुल्कराज आनन्द के 'अछूत' की तरह गांधी, शायर शरशार या चरत सिंह सरीखे दलितेतर व्यक्तित्वों पर। अपनी बेटी के साथ हुए दुर्व्यवहार का बदला लेने के लिए दलितों का नेतृत्व करते हरखू चौधरी महज एक औपन्यासिक पात्र न होकर दलितों की प्रतिरोधी चेतना के अग्रदूत हैं, जो राष्ट्रीय आन्दोलन व राष्ट्रीय इतिहास की मुख्य धारा से बहिष्कृत होने के बावजूद अपनी उपस्थिति दर्ज कराते हैं। हरखू चौधरी के हाथों में दलितों का नेतृत्व सौंपकर प्रेमचन्द अपने देशकाल की गांधीवादी राजनीति का अतिक्रमण करते हुए हिन्दू आभिजात्य से दलितों के जिस स्वाभाविक विलगाव का संकेत देते हैं, वही आज का दलित यथार्थ है। आज से लगभग सात दशक पूर्व प्रेमचन्द दलित विमर्श को जिस रचनात्मक मुहावरे में ढाल सके वह उनकी उस औपन्यासिक अन्तर्दृष्टि का परिचायक है जो अतीत से मुक्त होकर वर्तमान की दहलीज पर आगत की आहट सुनने का रचनात्मक हुनर रखती है।

स्त्री जाति पवित्र है

सिलिया मातादीन प्रसंग का एक अलग नारी पाठ भी है। सिलिया चमाइन दलित नारी होने के कारण दुहरे शोषण का शिकार है। उसकी दलित स्थिति जहाँ उसे दातादीन का बिना उजरत का मजदूर बनाती है, वहीं उसकी नारी की स्थिति उसे मातादीन की भोग्या बनाती है। सिलिया के इस दुहरे शोषण को शास्त्रसम्मत सिद्ध करते हुए पंडित दातादीन का कहना है कि "यह प्रथा आदिकाल से चली आई है और इसमें कोई लज्जा की बात नहीं...और फिर मेरा तो सिलिया से जितना उबार होता है, उतना ब्राह्मण कन्या से क्या होगा?...सिलिया अकेली तीन आदमियों का काम करती है, और

मैं रोटी के सिवा और क्या देता हूँ? बहुत हुआ तो साल में एक धोती दे दी।'' (पृ. 206)

सच तो यह है कि सिलिया की त्रासदी के कई स्तर हैं। इस दुहरे शारीरिक और यौन शोषण के अतिरिक्त उसकी त्रासदी का तीसरा आयाम पितृसत्तात्मक व्यवस्था में उसका स्वयं का मानसिक अनुकूलन है, जो इस सारे शोषण के बावजूद उस मातादीन को ही अपनी रक्षक, स्वामी व पति सरीखा मानती है, जो ''सिलिया का तन और मन दोनों लेकर भी बदले में कुछ न देना चाहता था। सिलिया उसकी निगाह में काम करने की मशीन थी और कुछ नहीं।'' (पृ. 207) पर सिलिया है कि ''वह मुझे चाहे भूखों रखे, चाहे मार डाले, पर उसका साथ न छोड़ूँगी।'' (पृ. 210) लेकिन इसके बावजूद पंडित दातादीन अपने बेटे का धरम भ्रष्ट होने के बाद सिलिया को दुत्कार देते हैं। धनिया द्वारा सिलिया को अपने घर में शरण देना उस नारी एकजुटता का परिचायक है, जो धनिया के शब्दों में यह मानती है कि ''मरद-मरद सब एक होते हैं।''

'गोदान' की नोहरी ग्रामीण पृष्ठभूमि में स्त्री प्रसंग का भिन्न आयाम प्रस्तुत करती है। सीमित सन्दर्भों में उसे मिस मालती का ग्रामीण संस्करण भी माना जा सकता है, क्योंकि दोनों को अपनी आजीविका स्वयं अर्जित करनी पड़ती है और दूसरों का भरण-पोषण करना पड़ता है। मालती पर अपने विलासी बीमार पिता के रख-रखाव का दायित्व है तो नोहरी पर विषयासक्त पति का। मालती की तितली छवि की ही तरह नोहरी 'चटपटी रंगीली' स्त्री थी, जो ''मर्दों को नचाने की कला जानती थी।'' लेकिन प्रेमचन्द नोहरी का यह चरित्र चित्रण पुरुष रतिकवादी दृष्टि से न करके उसकी श्रमिक स्थिति से जोड़ते हैं। नोहरी के शब्दों में, ''जब तुम मुझे परदे में नहीं रख सकते, मुझे दूसरों की मजूरी करनी पड़ती है, तो यह कैसे निभ सकता है कि मैं न किसी से हँसूँ, न बोलूँ, न कोई मेरी ओर ताके, न हँसे। यह सब तो परदे में ही हो सकता है।'' (पृ. 228) प्रेमचन्द ग्राम्य एवं नगर के अन्तर को मिटाकर मालती व नोहरी के माध्यम से पुरुष प्रधान समाज की उस रतिक दृष्टि का खुलासा करते हैं, जो नारी को सौन्दर्य एवं वासना की वस्तु तो बनाना चाहती है, लेकिन स्वयं नारी की देह चेतना पर कड़ा पहरा रखना चाहती है। प्रेमचन्द नारी की आर्थिक मुक्ति में ही देह की मुक्ति का रास्ता तलाशते हैं।

यहाँ यह तथ्य उल्लेखनीय है कि 'गोदान' के दलित विमर्श की ही तरह इस उपन्यास का नारी-विमर्श भी आलोचनात्मक चर्चा से बाहर रहा है। डॉ. रामविलास शर्मा ने 'गोदान' की अपनी समालोचना में प्रसंगवश मालती और धनिया का तो उल्लेख किया है लेकिन उन नारी प्रश्नों की पड़ताल नहीं की है, जिन्हें प्रेमचन्द ने अपने नारी पात्रों के माध्यम से प्रस्तुत किया है। मीनाक्षी मुखर्जी भी 'गोदान' की

अपनी समालोचना में नारी-विमर्श को अलग से रेखांकित न कर यत्र-तत्र प्रसंगवश पुरुष के अवलम्ब के रूप में नारी पात्रों का नामोल्लेख भर करती हैं। सम्भवतः इसका कारण यह है कि डॉ. रामविलास शर्मा और मीनाक्षी मुखर्जी दोनों ही 'गोदान' की व्याख्या जिस 'मैक्रो' (वृहत्) मुहावरे में करते हैं, वहाँ नारी-विमर्श की अलग से कोई सम्भावना शेष नहीं रहती। यह इसलिए कि गोदान की ग्रामीण पृष्ठभूमि की धनिया, सिलिया, नोहरी, झुनिया और सोना सरीखी नारियाँ हिन्दू समाज की जिस वर्णाश्रमी पितृसत्तात्मक व्यवस्था के दुहरे दुष्चक्र का खुलासा करती हैं, वह भारतीय राष्ट्रवाद बनाम ब्रिटिश साम्राज्यवाद के महावृत्तान्त से बाहर है; और शहरी पृष्ठभूमि की मालती, मिसेज खन्ना, कालिन्दी आदि सरीखी नारियाँ जिस वृत्तान्त को अपने साथ लाती हैं, वह 'राष्ट्रवादी' विमर्श की आन्तरिक दुर्बलताओं एवं सीमाओं को ही उजागर करता है।

'गोदान' में राष्ट्रवाद के नारी-विमर्श का प्रतिनिधित्व मेहता करते हैं, जो स्त्रियों को 'आप अपने धर्म का पालन किए जाइए' का तोता रटंत पाठ सुनाकर उसे 'दया, श्रद्धा, त्याग' आदि की प्रतिमूर्ति बनाना चाहते हैं। देवी और मातृ छवि की यह धार्मिक संरचना नारी की आधुनिकता, प्रगतिशीलता एवं समानता के आदर्श को पश्चिमी मूल्य के रूप में प्रस्तुत कर भारतीय समाज के नारी दासत्व का महिमा मंडन करती हैं। नारी को लेकर मेहता के दकियानूसी विचारों के माध्यम से प्रेमचन्द उस मध्यवर्गीय पितृसत्तात्मक सोच को उजागर करते हैं, जिसके राष्ट्रवादी एजेंडा पर देश की आजादी तो थी, लेकिन नारी की आजादी नहीं थी। वह स्त्रियों की शिक्षा, रूप, गुण, हुनर का पक्षधर तो था, लेकिन उसकी पुरुषों के साथ समानता, साझेदारी एवं सहभागिता का विरोधी था। यहाँ तक कि वह महिलाओं को वोट सम्बन्धी अधिकार दिए जाने का भी विरोधी था। मेहता के शब्दों में, ''क्या आप समझती हैं कि वोटों से मानव जाति का उद्धार होगा, या दफ्तरों में और अदालतों में जवान और कलम चलाने से? इन नकली, अप्राकृतिक, विनाशकारी अधिकारों के लिए आप वह अधिकार छोड़ देना चाहती हैं, जो आपको प्रकृति ने दिए हैं?'' (पृ. 136) इतना ही नहीं, मेहता तो ''इस सिद्धान्त के भी समर्थक (थे) कि संसार में छोटे-बड़े हमेशा रहेंगे, और उन्हें हमेशा रहना चाहिए। इसे मिटाने की चेष्टा करना मानव जाति के सर्वनाश का कारण होगा।'' (पृ. 48)

यह वास्तव में अचरज की बात है कि पुरुषवादी मूल्यों एवं असमानता के पुरातन विचारों के पक्षधर मेहता को डॉ. रामविलास शर्मा प्रेमचन्द का वैचारिक हमजाद मानते हैं। उन्हीं के शब्दों में, ''अगर मेहता से होरी को जोड़ा जा सके तो जो व्यक्ति होगा, वह बहुत कुछ प्रेमचन्द से मिलता-जुलता होगा। मेहता को यदि उन्होंने (प्रेमचन्द) अपने विचार दिए हैं तो होरी को बराबर परिश्रम करने की

शक्ति।'' ('प्रेमचन्द और उनका युग', पृ. 111) रामविलास शर्मा के निष्कर्ष को स्वीकार करते हुए मेहता को यदि प्रेमचन्द के विचारों का प्रतिनिधि मान लिया जाए तो 'गोदान' के उन नारी पात्रों की कल्पना भी नहीं की जा सकती जो नारी अस्मिता एवं नारी अधिकार का बोध कराती हैं। प्रेमचन्द को खंडित निगाह से देखने का ही परिणाम है कि गीतांजलि पांडे प्रेमचन्द की नारी दृष्टि पर यह टिप्पणी करती हैं कि "...उनके सम्पूर्ण कथात्मक लेखन में तलाक का कहीं समर्थन नहीं है...वे हिन्दू विधवा को उसके आदर्शों से डिगते नहीं देखना चाहते थे...आदि" ('इकोनॉमिक एंड पॉलिटिकल वीकली', 31 दिसम्बर, 86)

यह वास्तव में विडम्बनात्मक है कि प्रेमचन्द ने अपने सम्पूर्ण लेखन द्वारा जिस नारी का सशक्तिकरण किया वही आज उन्हें अपने आधे-अधूरे ज्ञान के चलते नारी स्वातन्त्र्य की कसौटी पर खरा नहीं मान रही है। गीतांजलि पांडे की प्रेमचन्द के नारी सम्बन्धी लेखन को लेकर उपरोक्त आपत्तियाँ निराधार तथा प्रेमचन्द साहित्य के आधे-अधूरे पाठ का परिणाम हैं। इन आपत्तियों को मात्र 'गोदान' के ही पाठ से मिथ्या ठहराया जा सकता है। 'गोदान' में राय साहब की बेटी मीनाक्षी ने अपने ऐयाश और शराबी पति दिग्विजय सिंह पर "गुजारे का दावा किया। वह अब उसके घर में न रहना चाहती थी...मीनाक्षी ने उस पर गुजारे की डिग्री पाई।" (पृ. 269) इतना ही नहीं, "एक दिन वह क्रोध में आकर हंटर लिए दिग्विजय सिंह के बँगले पर पहुँची। शोहदे जमा थे और वेश्या का नाच हो रहा था। उसने रणचंडी की भाँति पिशाचों की इस चंडाल चौकड़ी में पहुँचकर तहलका मचा दिया। हंटर खा-खाकर लोग इधर-उधर भागने लगे। उसके तेज के सामने वह नीच शोहदे क्या टिकते? जब दिग्विजय सिंह अकेले रह गए, तो उसने उन पर सड़ासड़ हंटर जमाने शुरू किए और इतना मारा कि कुँवर साहब बेदम हो गए।" (पृ. 270) विधवा विवाह के बारे में प्रेमचन्द की पारम्परिक दृष्टि सम्बन्धी शंका को तो इसी आधार पर निर्मूल ठहराया जा सकता है कि 'गोदान' की सम्पूर्ण संरचना ही विधवा झुनिया एवं गोबर के सम्बन्धों पर टिकी है। इन सम्बन्धों के विरुद्ध बिरादरी और गाँव के मुखियाओं की दुरभिसन्धि ही होरी की त्रासदी का आधार तैयार करती है।

'गोदान' में भारतीय समाज का जो नारी परिप्रेक्ष्य उजागर होता है, वह कई जटिलताओं को लिए हुए हैं। इन जटिलताओं की गहरी समझ के कारण ही प्रेमचन्द जहाँ दुलारी सहुआइन एवं पंडित दातादीन की महाजनी में भेद कर पाते हैं, वहीं सिलिया चमाइन व धनिया की एकता का भेद भी जान पाते हैं। दुलारी सहुआइन के व्यक्तित्व पर उनकी नारी नियति की पहचान प्रेमचन्द इन शब्दों में करते हैं, "(दुलारी सहुआइन) आने रुपए सूद से कम पर रुपए न उधार देती। और यद्यपि

सूद के लोभ में मूल भी हाथ न आता था...जो रुपए लेता, खाकर बैठा रहता...बेचारी कैसे वसूल करे? नालिश-फरियाद करने से रही, थाना-पुलिस करने से रही, केवल जीभ का बल था; पर ज्यों-ज्यों उसके साथ जीभ की तेजी बढ़ती जाती थी, उसकी काट घटती जाती थी।'' (पृ. 204) नारी होने की नियति दुलारी सहुआइन, होरी की बेटी रूपा और जमींदार राय साहब की बेटी मीनाक्षी की सामाजिक पृष्ठभूमि एवं आर्थिक हैसियत के अन्तर को मिटा देती है। राय साहब सरीखे जमींदार की बेटी होकर भी मीनाक्षी की नियति होरी की बेटी रूपा की ही तरह अपने से दुगने वय के कुँवर साहब दिग्विजय सिंह सरीखे विधुर के साथ ब्याहे जाने की क्यों है, जो ''शराब, गाँजा, अफीम, मदक, चरस सरीखे नशों के साथ सभी दुर्वासनाओं के भंडार थे।'' स्पष्ट है कि इस सबके मूल में नारी की वह दलित नियति ही है, जिसे डॉ. राममनोहर लोहिया 'पाँचवें वर्ण' की संज्ञा देते थे।

प्रेमचन्द 'गोदान' में स्त्री की 'पाँचवें वर्ण' की नियति को रेखांकित करते हुए मात्र उसके हितों का ही प्रतिनिधित्व नहीं करते, बल्कि उसे उसकी वाणी भी देते हैं। गायत्री चक्रवर्ती स्पाईवाक अपने लेख 'कैन सबाल्टर्न स्पीक?' (क्या निम्नजन मुखर हो सकता है) में जिस समस्या से सैद्धान्तिक स्तर पर उलझतीं है, प्रेमचन्द अपने दलित व नारी पात्रों को उनकी वाणी देकर उसे रचनात्मक स्तर पर सुलझाते नजर आते हैं। धनिया 'गोदान' का सर्वाधिक मुखर चरित्र है, अपनी सम्पूर्णता में वह होरी का प्रतिपक्ष प्रस्तुत करती हुई एक विद्रोहिणी स्त्री है। होरी के इस कथन के, ''जब दूसरे के पाँवों तले अपनी गर्दन दबी हुई है, तो इन पाँवों को सहलाने में ही कुशल है।'' जवाब में धनिया का ''विचार था कि हमने जमींदार के खेत जोते हैं, तो वह अपना लगान ही तो लेगा, उसकी खुशामद क्यों करें, उसके तलवे क्यों सहलाएँ।... उनका मन बराबर विद्रोह किया करता था।'' ('गोदान', पृ. 7) धनिया मिल मालिक खन्ना की पत्नी कालिन्दी की तरह नहीं थी जो, ''दलित और अपमानित होकर भी खन्ना की लौंडी थी। उनसे लड़ेगी, जलेगी, रोएगी पर रहेगी उन्हीं की। उनसे पृथक जीवन की वह कोई कल्पना ही न कर सकती थी।'' (पृ. 152) धनिया अवसर आने पर होरी को फटकार भी देती है, ''अपनी मेहरिया को सारे गाँव के सामने लतियाने से इसकी इज्जत नहीं जाती।...तू समझता है, मैं इसे रोटी-कपड़ा देता हूँ। आज से अपना घर सँभाल। देख तो इसी गाँव में तेरी छाती पर मूँग दल कर रहती हूँ कि नहीं और उससे अच्छा खाऊँगी-पहनूँगी। इच्छा हो देख लो।'' (पृ. 97) पंचों द्वारा होरी पर जुर्माना लगाने के बाद धनिया पूरी बिरादरी ही को चुनौती देती है, ''हमें नहीं रहना है बिरादरी में। बिरादरी में रहकर हमारी मुकुत न हो जाएगी। अब भी अपने पसीने की कमाई खाते हैं, तब भी अपने पसीने की खाएँगे।'' (पृ. 108) जिस दातादीन ने जमीन-जायदाद गिरवी

रखकर होरी को किसान से मजदूर बना दिया, धनिया उस दातादीन को भी ललकारती है, "भीख माँगो तुम, जो भिखमंगे की जात हो। हम तो मजूर ठहरे, जहाँ काम करेंगे, वहीं चार पैसे पाएँगे।" (पृ. 171)

प्रेमचन्द यहाँ नारी स्वतन्त्रता को नारी श्रम से जोड़ते हुए पितृसत्तात्मक समाज की दासता से मुक्ति का जो रास्ता दिखाते हैं, वह स्त्री की आत्मनिर्भरता का ही नहीं, बल्कि आत्मनिर्णय का भी द्वार खोलता है। यह राष्ट्रीयता के उस नारी-विमर्श को भी ध्वस्त करता है जो अंग्रेजों की गुलामी के विरुद्ध तो आन्दोलित है लेकिन नारी को पितृसत्तात्मक व्यवस्था के कटघरों से मुक्त नहीं करता। शायद यही कारण है कि प्रेमचन्द मालती के चरित्र के माध्यम से आभिजात्य वर्गीय नारी के उस पक्ष को उजागर करते हैं, जो अपनी अन्तिम परिणतियों में पारम्परिक भूमिका का ही वरण करता है। अक्सर मालती की तितली रूपी उन्मुक्त मोहक छवि उसके उस वास्तविक रूप-दृश्य को ओझल कर देती है, जिस पर अपने बीमार पिता व दो बहनों के खान-खर्च व रख-रखाव का भार था। "मालती सुबह से पहर रात तक दौड़ती रहती थी। चाहती थी कि पिता सात्विकता के साथ रहें, लेकिन पिताजी को शराब-कबाब का ऐसा चस्का पड़ा था कि किसी तरह गला न छोड़ता था।"...इतना ही नहीं प्रेमचन्द मालती की औपन्यासिक उपस्थिति को निर्मित करते हुए यह उल्लेख भी करते हैं कि "मालती बाहर से तितली है, भीतर से मधुमक्खी। उसके जीवन में हँसी-ही-हँसी नहीं है...वह इसलिए चहकती है और विनोद करती है कि इसमें उसके कर्तव्य का भार कुछ हलका हो जाता है।" (पृ. 131) मालती की इस त्रासदी को अनदेखा करने का ही परिणाम है कि मीनाक्षी मुखर्जी जैसी गम्भीर साहित्यिक अध्येता भी उसकी व्याख्या इन शब्दों में करती हैं, "मालती साँचे ढला चरित्र है : पश्चिमी रंग-ढंग में रची-बसी चालू महिला, जिसे भारतीय संस्कृति में व्यावसायिक हिन्दी फिल्मों की खलनायिका सरीखी छविवाला माना जाता है।" ('रियलिज्म एंड रियल्टी', पृ. 152) मालती की इस रूप में व्याख्या करके मीनाक्षी अनजाने ही उसे उस पुरुष विमर्श में डालती हैं, जो खुले विचारों एवं उन्मुक्त व्यवहार करनेवाली हर स्त्री को कुलटा व भोग्या का दर्जा देता है; निश्चित रूप से मालती के चरित्र की यह छवि प्रेमचन्द का अभीष्ट नहीं था।

'गोदान' के नारी-विमर्श पर ध्यान केन्द्रित करते हुए यह तथ्य भी उजागर होता है कि उपन्यास की दलित व किसान पृष्ठभूमि की स्त्रियाँ अपने अधिकारों व वैयक्तिक स्वतन्त्रता के प्रति अधिक सजग व मुखर हैं। धनिया के अतिरिक्त, झुनिया, नोहरी, चुहिया, सोना सहित कई अन्य स्त्रियों में नारी अस्मिता के अंकुरण एवं सशक्तिकरण को लक्षित किया जा सकता है। 'अबला जीवन की आँचल में दूध और आँखों में पानी' की छवि से अलग ये स्त्रियाँ बिना किसी नारीवादी मुहावरे में

ढले, अपने प्रतिरोध को स्वतः स्फूर्त ढंग से व्यक्त करती हैं। इस प्रतिरोध की कुछ बानगियाँ निम्नवत हैं :

पंडित जी द्वारा छेड़छाड़ किए जाने पर झुनिया की प्रतिक्रिया : "इस फेर में न रहना पंडित जी! मैं अहीर की लड़की हूँ। मूँछ का एक-एक बाल नुचवा लूँगी। यही लिखा है तुम्हारे पोथी-पत्रे में कि दूसरों की बहू-बेटी को अपने घर में बन्द करके बेइज्जत करो।...हाँड़ी उसके मुँह पर दे मारी। सिर से पाँव तक सराबोर हो गया। चोट भी खूब लगी।" (पृ. 43)

नोहरी द्वारा पति भोला की पिटाई : "नोहरी ने मारे जूतों के भोला की चाँद गंजी कर दी।...उसने (होरी) अपने जीवन में कभी यह न सुना था कि किसी स्त्री ने अपने पति को जूते से मारा हो। जूतों से क्या, थप्पड़ या घूँसे से मारने की भी कोई घटना उसे याद न आती थी; और आज नोहरी ने भोला को जूतों से पीटा और सब लोग तमाशा देखते रहे।" (पृ. 247)

दमड़ी बंसोर द्वारा ढकेले जाने पर पुन्नी का प्रतिरोध : "पुन्नी धक्का खाकर गिर पड़ी; मगर फिर सँभली और पाँव से तल्ली निकालकर चौधरी के सिर, मुँह, पीठ पर अन्धाधुन्ध जमाने लगी। बंसोर होकर उसे ढकेल दे? उसका यह अपमान! मारती जाती थी और रोती भी जाती थी।" (पृ. 27)

झुनिया के समर्थन में चुहिया की प्रतिक्रिया : "तुम (गोबर) उसके लिए क्या करते हो कि तुम्हारी मार सहे? एक रोटी खिला देते हो इसलिए?...औरत को मार कर जवानी दिखाता है। मैं न हुई तेरी बीबी, नहीं तो यही जूती उठाकर मुँह पर तड़ातड़ जमाती और कोठरी में ढकेलकर बाहर से किवाड़ बन्द कर देती। दाने को तरस जाते।" (पृ.224)

ग्रामीण नारी की यह प्रतिरोधी चेतना भारतीय समाज का वह 'सबाल्टर्न' प्रसंग है, जो 'राष्ट्रवादी चेतना' का आनुषंगिक हिस्सा नहीं है, इसीलिए प्रेमचन्द नारियों का यह आह्वान करते हैं कि..."अपने को मिटाने से काम न चलेगा। नारी को समाज कल्याण के लिए अपने अधिकारों की रक्षा करनी पड़ेगी, उसी तरह जैसे इन किसानों को अपनी रक्षा के लिए इस देवत्व का कुछ त्याग करना पड़ेगा।" (पृ. 257)

'गोदान' का नारी-विमर्श एकलवादी न होकर भारतीय समाज की संरचना के अनुकूल बहुलवादी है। यहाँ पितृसत्तात्मक समाज का अनुकूलन है, तो उससे मुक्ति की छटपटाहट भी। विवाह संस्था की आलोचना है तो उसके महत्त्व का रेखांकन भी, बिन विवाह 'लिविंग टुगेदर' की मुक्ताकांक्षा है तो प्लेटोनिक प्यार का छलावा भी, पति परमेश्वर का आदर्श है तो तलाक लेने की विवशता भी। प्रेमचन्द 'गोदान' में 'नारीवाद' का कोई एक मॉडल न प्रस्तुत करके 'नारी-विमर्श' का जो व्यापक परिप्रेक्ष्य प्रस्तुत करते हैं, वही भारतीय समाज का नारी यथार्थ है, जो आज भी प्रासंगिक है।

महत्त्वपूर्ण यह है कि यह सब प्रेमचन्द तब कर सके थे, जब न तो नारी मुक्ति की कोई मुखर चेतना थी और न ही कोई संगठित नारी आन्दोलन।

मेरा प्रोपेगंडा अब डेमोक्रेसी के खिलाफ होगा

दलित, किसान व नारी-विमर्श को औपन्यासिक केन्द्रीयता प्रदान करके प्रेमचन्द ने जहाँ हिन्दी उपन्यास का एजेंडा निर्धारित किया वहीं हिन्दी साहित्य में पहली बार किसी 'सोशल क्रिटीक' की भी रचना हुई। स्वतन्त्रता पूर्व के भारतीय इतिहास एवं राष्ट्रीयता आन्दोलन से जो दलित व नारी-विमर्श बेदखल था, प्रेमचन्द ने गोदान की रचना द्वारा उसकी क्षतिपूर्ति की। सही अर्थों में 'गोदान' आजादी के पूर्व बनते हुए भारतीय राष्ट्र का रूपक है। उसे किसान जीवन की महागाथा के ही रूप में सीमित न कर भारतीय राष्ट्रवाद के 'क्रिटीक' के रूप में पढ़ा जाना चाहिए; क्योंकि भारतीय समाज के जिन वर्गों ने अपने हितों को 'राष्ट्रीय' बनाकर स्वयं को राष्ट्र का पर्याय बना लिया था, 'गोदान' उन शक्तियों की भी निशानदेही करता है।

'गोदान' का पाठ करते हुए उपन्यास के जिन अंशों को नगरीय ग्रामीण जीवन की फाँक के रूप में प्रस्तुत कर औपन्यासिक संरचना में अनावश्यक प्रक्षेपण माना जाता रहा है, उसी में भारतीय राष्ट्र के बनने की प्रक्रिया और वर्तमान जनतन्त्र की विकृति की पहचान की जा सकती है। राय साहब, मेहता, खन्ना और मिर्जा सरीखे आरामतलब भू-स्वामियों, बौद्धिकों, पूँजीपतियों द्वारा पुष्पित-पल्लवित राष्ट्रीय आन्दोलन किस तरह के जनतन्त्र की नींव डालेगा, इसके भरपूर संकेत प्रेमचन्द ने 'गोदान' में दिए हैं। निम्न उद्धरणों द्वारा इन्हें समझा जा सकता है :

"रहा इलेक्शन। यह सोने की हँसिया थी, जिसे न उगलते बनता था, न निगलते। अब तक वह दो बार निर्वाचित हो चुके थे और दोनों ही बार उन पर एक-एक लाख की चपत पड़ी थी; मगर अबकी एक राजा साहब उसी इलाके से खड़े हो गए थे और डंके की चोट ऐलान कर दिया था कि चाहे हर एक वोटर को एक-एक हजार ही क्यों न देना पड़े, चाहे पचास लाख की रियासत मिट्टी में मिल जाए, मगर राय अमरपाल सिंह को कौंसिल में न जाने दूँगा।" (पृ. 192) चुनावी जनतन्त्र में धन की भूमिका को लेकर आज जो चिन्ता प्रकट की जाती है, प्रेमचन्द ने इसे कथात्मक सरोकारों के माध्यम से सात दशक पूर्व व्यक्त किया था। चुनाव को किस तरह व्यापार में बदला जाता है, तन्खा जैसे दलालों के माध्यम से प्रेमचन्द इसे भी उजागर करते हैं। इसकी एक बानगी तन्खा–राय साहब संवाद में निम्नवत है, "पहले चुनाव में मैंने आपकी जी-जान से पैरवी की थी, आपने बड़ी मुश्किल से रो-धोकर पाँच सौ रुपए दिए। दूसरे चुनाव में आपने सड़ी-सी टूटी-फूटी कार देकर अपना गला छुड़ाया। दूध का जला छाछ भी फूँक-फूँककर पीता है।" (पृ. 194)

व्यापार में बदलते चुनावी तन्त्र की इन विकृततम परिणतियों पर प्रेमचन्द मिर्जा साहब के कथन के माध्यम से यह कठोर टिप्पणी करते हैं, "मुझे अब इस डेमोक्रेसी में भक्ति न रही...जिसे हम डेमोक्रेसी कहते हैं, वह व्यवहार में बड़े-बड़े व्यापारियों और जमींदारों का राज्य है और कुछ नहीं। चुनाव में वही बाजी ले जाता है जिसके पास रुपए हैं। रुपए के जोर से उसके लिए सुविधाएँ तैयार हो जाती हैं। बड़े-बड़े पंडित, बड़े-बड़े मौलवी, बड़े-बड़े लिखने और बोलनेवाले, जो जबान और कलम से पब्लिक को जिस तरफ चाहें फेर दें, सभी सोने के देवता के पैरों पर माथा रगड़ते हैं। मैंने तो इरादा कर लिया है, अब इलेक्शन के पास न जाऊँगा! मेरा प्रोपेगंडा अब डेमोक्रेसी के खिलाफ होगा।"

प्रेमचन्द ने मिर्जा के उपरोक्त कथन के माध्यम से जिस 'डेमोक्रेसी' के खिलाफ प्रोपेगंडा का संकल्प लिया था वह 1921 के भारत सरकार अधिनियम के अन्तर्गत स्थापित प्रान्तीय विधानमंडलों के चुनाव थे, जिनके लिए सीमित मताधिकार के आधार पर देश की कुल आबादी के 2.8 प्रतिशत भाग का ही प्रतिनिधित्व होता था। तथापि धन और पूँजी की भूमिका की जो नींव चुनावी जनतन्त्र के इस प्रारम्भिक दौर में पड़ी वह आज वयस्क मताधिकार के दौर में भी बदस्तूर जारी ही नहीं, बल्कि इसकी नई-नई प्रविधियों की भी ईजाद की गई है। खन्ना सरीखे चुनावी दलाल आज हर गली-मुहल्ले में मौजूद हैं। प्रेमचन्द की भविष्यद्रष्टा निगाह द्वारा 'गोदान' में इसकी अभिव्यक्ति सामाजिक-राजनीतिक तन्त्र पर उनकी गहरी पकड़ का परिचायक है।

औपनिवेशिक समय में प्रेमचन्द द्वारा रचित जनतन्त्र की यह समालोचना राष्ट्रीय आन्दोलन पर धनिकों के नियन्त्रण का दस्तावेज है। यहाँ यह तथ्य रेखांकित किए जाने योग्य है कि प्रेमचन्द जिस चुनावी तन्त्र से अलगाव महसूस कर रहे थे, कांग्रेस उन चुनावों में भागीदार थी। प्रेमचन्द का राष्ट्रीय आन्दोलन का क्रिटीक यहाँ पूर्णता प्राप्त कर 'गोदान' को ऐतिहासिक महत्त्व का दस्तावेज बनाता है।

प्रेमचन्द दुर्दशाग्रस्त गाँव की कथा कहने के साथ-साथ शहरी जीवन पर भी गहरी पकड़ रखते हैं। वे ग्राम्य व शहर का विभाजन न करके रोजगार व औद्योगीकरण के दबाव से ग्रामीणों के शहरों में पलायन, शोषण एवं अलगाव का वृत्तान्त रचते हैं। 'गोदान' में गोबर के माध्यम से प्रेमचन्द गाँव व शहर के बीच निम्नजन का सेतु तैयार करते हैं। वे इस विडम्बना को भी रेखांकित करते हैं कि जिस गाँव से गोबर को उन्मूलित होना पड़ा, वही गाँव मेहता, मालती, मिर्जा व खन्ना सरीखे आरामतलब शहरी अभिजन के लिए रमणीक ऐशगाह व शरण स्थली है। शहरों में नया पूँजी विनियोग, मिलों का खुलना, औद्योगिक सभ्यता की नई हवा किस तरह अभिजन की सम्पन्नता एवं निम्नजन के शोषण का आधुनिक तन्त्र विकसित कर रही थी, प्रेमचन्द

इस नए यथार्थ का उद्‌घाटन खन्ना की मिल में हड़ताल के बाद इस प्रकार करते हैं :

"नए आदमियों में अधिकतर देहातों के दुखी किसान थे, जो कम वेतन पर मिल गए हैं, और जी तोड़कर काम करते हैं, क्योंकि उनमें सभी ऐसे हैं, जिन्होंने बेकारी के कष्ट भोग लिए हैं और अब अपना बस चलते कोई ऐसा काम नहीं करना चाहते जिससे उनकी जीविका में बाधा पड़े। चाहे जितना काम लो, चाहे जितनी कम छुट्टियाँ दो, उन्हें कोई शिकायत नहीं। सिर झुकाए बैलों की तरह काम में लगे रहते हैं।" (पृ. 253)

औद्योगीकरण किस प्रकार की बाजार संस्कृति को जन्म दे रहा है। इसका संकेत भी प्रेमचन्द उद्योगपति खन्ना के छद्म व्यक्तित्व के माध्यम से यूँ व्यक्त करते हैं, "शिष्टता उसके लिए दुनिया को ठगने का साधन थी, मन का संस्कार नहीं।" (पृ. 159) भारतीय समाज में अपनी जड़ें जमाता यह उद्योग और बाजार जिस उपभोक्ता संस्कृति की आहट दे रहा था, प्रेमचन्द उसकी उपस्थिति भी इस प्रकार दर्ज करते हैं, "खन्ना के पास विलास के ऊपरी साधनों की कमी नहीं, अव्वल दर्जे का बँगला है, अव्वल दर्जे का फर्नीचर, अव्वल दर्जे की कार और अपार धन; पर गोविन्दी की दृष्टि में जैसे इन चीजों का कोई मूल्य नहीं।" (पृ. 158) यहाँ प्रेमचन्द औद्योगिक सभ्यता बनाम ग्रामीणवाद का विमर्श न तैयार करके उद्योग, पूँजी व मुनाफे के तिलिस्म का भेदन करते हैं, लेकिन इसके बीच भी वे मेहनतकशों की विकसित होती राजनीतिक चेतना एवं उनके व्यक्तित्वांतरण को इस प्रकार लक्षित करते हैं :

"गोबर ने राजनीतिक जलसों के पीछे खड़े होकर भाषण सुने हैं और उनके अंग-अंग में बिंधा है। उसने सुना है और समझा है कि अपना भाग्य खुद बनाना होगा, अपनी बुद्धि व साहस से इन आफतों पर विजय पाना होगा। कोई देवता, कोई गुप्त शक्ति उसकी मदद करने न आएगी।" (पृ. 294) दरअसल गोबर की यह समझ प्रेमचन्द का उद्‌बोधन है भारत देश के दलितों, उत्पीड़ितों एवं मेहनतकश किसानों के नाम जिसे वे इन शब्दों में पूर्णता प्रदान करते हैं, "दुख ने तुम्हें एक सूत्र में बाँध दिया है। बन्धुत्व के इस दैवी बन्धन को क्यों अपने तुच्छ स्वार्थों से तोड़े डालते हो, उस बन्धन को एकता का बन्धन बना लो।" (पृ. 294) मार्क्स एंगेल्स के कम्युनिस्ट मैनिफेस्टो की अन्तिम पंक्तियों की यह अनुगूँज यहाँ सुनी जा सकती है, "मेहनतकशों के पास खोने के लिए जंजीर के सिवा कुछ नहीं है। उनके पास जीतने के लिए एक समूची दुनिया है। सारी दुनिया के मेहनतकशों एक हो।"

यातना-दुखों के गर्भ-गृह से उपजी गोबर की यह कर्म चेतना कि "कोई देवता, कोई गुप्त शक्ति मदद करने न आएगी" जीवन की सन्ध्या बेला में होरी की इस सोच को नया आयाम देती है कि "राम-राम जपकर वह जी भी तो नहीं सकता।

उसे तो फावड़ा और कुदाल चाहिए। राम नाम की माला फेरकर उसका चित्त न शान्त होगा।'' (पृ. 295) होरी व गोबर की इस श्रम चेतना के माध्यम से प्रेमचन्द साहित्य में जो नया सौन्दर्यशास्त्र रचते हैं, वह 'गोदान' के पृष्ठ-दर-पृष्ठ बिखरा पड़ा है। 'सुन्दरता की कसौटी बदलने का' आह्वान करते हुए उन्होंने 'जीवन संग्राम' एवं गरीब, रूपहीन बच्चों को खेत पर सुलाए पसीना बहाते, मुरझाए हुए ओठों और कुम्हलाए हुए गालों में जिस सौन्दर्य की तलाश की थी 'गोदान' उसी का रचनात्मक साक्ष्य है।

प्रेमचन्द के स्पष्ट मन्तव्यों, 'गोदान' की सम्पूर्ण विषयवस्तु में विन्यस्त उनकी गहरी सामाजिक पक्षधरता एवं धर्म की मिथ्या चेतना के विरुद्ध उनके सजग अभियान की अनदेखी करके यदि निर्मल वर्मा को 'गोदान' 'अपने अन्तिम सन्दर्भों और अर्थों में धार्मिक मिथकों से अनुप्राणित' लगता है तो यह उनकी आध्यात्मिक मूर्छा से उपजा बौद्धिक अपराध नहीं तो और क्या है! यह वास्तव में स्तब्धकारी है कि होरी द्वारा जीवन के अन्तिम क्षण में बोले गए इस वाक्य ''मेरा कहा-सुना माफ करना धनिया! अब जाता हूँ। गाय की लालसा मन में ही रह गई। अब तो यहाँ के रुपए क्रिया-करम में जाएँगे।'' की अन्तर्निहित विडम्बना को न ग्रहण करके निर्मल वर्मा इसमें 'संस्कारगत बिम्ब' की तलाश करते हैं। 'संस्कारगत बिम्ब' की तलाश के उपक्रम का ही परिणाम है कि वे होरी की गाय की लालसा को गोदान की लालसा में बदल देते हैं क्योंकि गोदान गाय से बेहतर 'संस्कारगत बिम्ब' है।

'प्रेमचन्द को प्रेमचन्द की परम्परा से मुक्त करने' के इस 'निर्मल' कुपाठ के बावजूद भारतीय साहित्य में प्रेमचन्द की उपस्थिति कालजयी और 'गोदान' की रचना युगान्तकारी घटना है। जिन्हें प्रेमचन्द के गाँव झूठे लगने लगे हैं, उन्हें अपने विमर्श की तर्क सिद्धि के लिए 'उत्तर आधुनिक' गाँव गढ़ने होंगे। अपनी पुस्तक 'हार्ट ऑफ इंडिया' (1995) में भारतीय गाँव पर लिखते हुए अंग्रेजी पत्रकार मार्क टुली ने आज के गाँव की जड़ों की तलाश करते हुए प्रेमचन्द को शिद्दत से याद किया है। उत्तर भारत के गाँवों में भ्रमण करते हुए जब वे इस पुस्तक को लिखने के लिए तथ्यों को जुटा रहे थे तब 'टाइम्स ऑफ इंडिया' ने उनकी प्रेमचन्द भक्ति पर व्यंग्य करते हुए 'मुंशी मार्क टुली जी' शीर्षक से सम्पादकीय अग्रलेख लिखा था।...सोचने की बात यह है कि अंग्रेजी भाषा, संस्कृति और विदेशी पृष्ठभूमि के बावजूद मार्क टुली को प्रेमचन्द के गाँव क्यों सच्चे लगते हैं और सांस्कृतिक अस्मिता की पैरोकारी व स्वदेशी पृष्ठभूमि के बावजूद निर्मल वर्मा को क्यों पराये? शायद भारतीय गाँव के इस परायेपन के मूल में निर्मल वर्मा के व्यक्तित्व व कृतित्व की वह फाँक है, जो 'ओरियंटल' सोच की तर्ज पर प्राहा, मस्कवा, लंदन व विएना में विचरण करते हुए हिन्दू धर्म की वर्णाश्रमी व्यवस्था में होरी की अस्मिता तलाशती है। लेकिन प्रेमचन्द

का होरी तो राम नाम छोड़कर फावड़ा और कुदाल से लैस हो गया है, इसलिए निर्मल वर्मा स्वयं 'हिन्दू मिथकों, प्रतीकों, ईश्वर की छायाओं-आस्थाओं' में अपना आवास बना लेते हैं और प्रेमचन्द को अपने नजदीक न पाकर उनके गाँव को पराया समझने लगते हैं। यही है निर्मल वर्मा की वह प्रेमचन्द ग्रन्थि जो कभी 'गोदान' को एक...'लेकिन' के साथ परिभाषित करती है तो कभी उसकी लोकप्रियता के मूल में इस तथ्य की खोज करती है कि ''कलात्मक सीमा के बावजूद प्रेमचन्द की कृतियाँ उत्तर भारतीय समाज में इतनी व्यापक लोकप्रियता प्राप्त कर सकीं, तो इसलिए कि वह आत्म उन्मूलित होते व्यक्ति की व्यथा को ऐसे संस्कारगत बिम्बों में व्यक्त करते थे--चाहे वह 'पंच परमेश्वर' की धर्म परायणता हो अथवा 'बड़े घर की बेटी' का संस्कार जिनमें समाज के अन्य सदस्य बहुत सहजता से साँझा कर लेते थे।'' ('भारत और यूरोप : प्रतिश्रुति के क्षेत्र', पृ. 72)

निर्मल वर्मा के इस बौद्धिक शीर्षासन के बावजूद प्रेमचन्द की लोकप्रियता व महानता के मूल में भारतीय समाज की वह गहरी आन्तरिक समझ थी जो उन्हें एक साथ महान साहित्यकार, इतिहासकार व समाजशास्त्री का दर्जा देती है और 'गोदान' को ऐसे 'कालपात्र' का जिसके पाठ के बिना आधुनिक भारतीय समाज का कोई भी विमर्श पूरा नहीं होता। 'गोदान' और प्रेमचन्द की अमरता के स्रोत महज साहित्यिक संरचना में न होकर भारतीय सामाजिक संरचना के उन स्रोतों में है जो प्रेमचन्द के साहित्य का मूल प्रस्थान बिन्दु हैं। जब तक ये स्रोत जीवित रहेंगे तब तक प्रेमचन्द एवं 'गोदान' की अमरता एवं अनिवार्यता बरकरार रहेगी। प्रेमचन्द होने का महत्त्व भी यही है।

राष्ट्रवाद, मुस्लिम अलगाववाद और नारी प्रश्न : सन्दर्भ 'झूठा सच'

"...मुसलमान ने हिन्दुओं को लूटा है...पर हिन्दू सैकड़ों बरस से इन लोगों को लूटते, निचोड़ते चले आ रहे हैं, नहीं तो एक ही जमीन पर रहनेवालों में अमीरी-गरीबी का इतना फरक क्यों होता है? पंजाब की सब जायदाद हिन्दुओं के ही हाथ क्यों चली जाती। गरीब पहले गुस्से में मुसलमान हुआ...गुस्सा मजहब का भी है और गरीबी का भी है।"

('झूठा सच', खंड 1, पृ. 457)

यशपाल के उपन्यास 'झूठा सच' का यह पुनर्पाठ महज एक रस्म अदायगी न होकर इस उपन्यास की पुनर्व्याख्या का भी एक प्रयास है। कारण यह कि 'झूठा सच' भारत विभाजन की जिस त्रासदी पर आधारित है, वह इतिहास का बन्द अध्याय न होकर वर्तमान की एक खुली किताब है। 6 दिसम्बर, 1992 के बाबरी मस्जिद के ध्वंस और गुजरात 2002 के स्तब्धकारी घटनाक्रम ने यह सिद्ध कर दिया है कि विभाजन आज भी जारी है। मोहम्मद अली जिन्ना का धर्म आधारित 'दो राष्ट्रों का सिद्धान्त' भले ही बांग्लादेश के निर्माण के बाद पाकिस्तान में झुठला दिया गया हो लेकिन धर्मनिरपेक्ष भारत में 'वीर' सावरकर के हिन्दू राष्ट्र के सिद्धान्त की पुनर्प्रतिष्ठा द्वारा इसे सच में तब्दील करने के प्रयास इन दिनों काफी तेज हैं। ऐसे समय में 'झूठा सच' के बहाने विभाजन की पुनर्व्याख्या की नई जरूरत भी इस बीच दरपेश हुई है। इतिहास की परम्परागत अध्ययन पद्धतियों, संग्रहालयों के दस्तावेजों और सरकारी आँकड़ों के बाहर विभाजन की जो जीती-जागती सच्चाइयाँ अभी भी दर्ज होने से शेष हैं, उनके अभिलेखीकरण के गैर पारम्परिक प्रयास भी इस बीच हुए हैं। 'सबाल्टर्न' इतिहासकार ज्ञानेन्द्र पांडे की पुस्तक 'रिमेम्बरिंग पार्टीशन', नारीवादी लेखिका उर्वशी बुटालिया की 'दि अदर साइड ऑफ साइलेंस', ऋतु मेनन व कमला भसीन की पुस्तक 'बॉर्डर एंड बाउंड्रीज' तथा जया चटर्जी की पुस्तक 'बंगाल डिवाइडेड' इसके नवीनतम उदाहरण हैं।

ध्यान देने योग्य तथ्य यह है कि इतिहास की 'सबाल्टर्न' पद्धति और नारीवादी विमर्श से परिचालित ये अध्ययन इतिहास के जिन 'सीवन के टाँकों को खोलने' और उसके पीछे 'छिपे सन्नाटों में झाँकने' की कोशिश हैं, वे कमोबेश 'झूठा सच' के कथात्मक वृत्तान्त में उपस्थित हैं। यहाँ यह विरोधाभास भी उल्लेखनीय है कि विभाजन के दौरान हुई 'हिंसा' तथा 'नारी के प्रति सुलूक' की जिस व्याख्या को अब विभाजन को समझने का नया दृष्टिकोण माना जा रहा है, उसे ही हिन्दी आलोचना की पारम्परिक कसौटी के चलते कभी 'झूठा सच' की सीमा करार दिया गया था। 'झूठा सच' के बारे में नेमिचन्द्र जैन की आलोचनात्मक निष्पत्ति इस सन्दर्भ में दृष्टव्य है। उनका कहना है कि "यशपाल की दृष्टि जीवन के अन्य पक्षों पर इतनी नहीं जाती जितनी स्त्री के शोषण, पीड़न और अपमान पर, उसके साथ अत्याचार और पाशविक व्यवहार पर।" ('अधूरे साक्षात्कार', पृ. 76) दरअसल औपन्यासिक आलोचना के जिस परम्परागत निकष पर नेमिचन्द जैन 'झूठा सच' का आकलन करते हैं, उसके चलते उन्हें 'पूरे उपन्यास में जीवन की भव्यता, उदात्तता और सुन्दरता के प्रति सजगता का अभाव' दीखना स्वाभाविक ही है। इसी दृष्टि के चलते कुँवर नारायण की सम्मति में "झूठा सच उन जटिलतर प्रश्नों की ओर नहीं जाता जिनका सम्बन्ध हमारे अस्तित्व की बुनियादी मजबूरियों से है...जब मैं यह कहता हूँ कि उपन्यास के पात्रों में सूक्ष्म अनुभूतियों का अभाव है तो मेरा संकेत पात्रों की अपेक्षा लेखक में खटकनेवाली एक कमी की ओर है। यशपाल कवि नहीं हैं, अपने में यह तथ्य कोई महत्त्व नहीं रखता किन्तु उपन्यास के सन्दर्भ में एक ऐसे गुण का अभाव प्रकट करता है जिसके बिना एक साहित्यिक कृति 'क्लैसिक' की कोटि में नहीं आ सकती।" ('हिन्दी उपन्यास 1950 के बाद', सम्पादक : निर्मला जैन/नित्यानन्द तिवारी, पृ. 39) यहाँ कुँवर नारायण 'झूठा सच' में जिस 'कवि दृष्टि के अभाव' की ओर संकेत कर रहे हैं, वह जॉर्ज लुकाच का 'विश्व दृष्टि या जीवन दर्शन' (वेल्टऐन शाउनंग) न होकर कविता की उस कसौटी की माँग है, जहाँ टेरी ईगलटन के शब्दों में, "संवेदना सामाजिकता से न्यूनतम रूप से प्रदूषित हुए बिना अपने शुद्धतम रूप में उपस्थित होती है।" यहाँ दिलचस्प तथ्य यह है कि जहाँ कुँवर नारायण को 'झूठा सच' में 'कवि दृष्टि का अभाव' और नेमिचन्द्र जैन को 'बाह्य का विस्तार' दीखता है, वहीं डॉ. रामविलास शर्मा यशपाल की समझ पर ही प्रश्नचिह्न लगाते हैं। उनका कहना है कि "देश में जो भयानक कांड हुए उस पर लेखक ध्यान केन्द्रित नहीं कर पाता। दूसरे शब्दों में वह ब्रिटिश साम्राज्यवाद और भारतीय सामन्तवाद की प्रतिक्रियावादी भूमिका को न स्पष्ट समझता है, न उसे उपन्यास में चित्रित कर पाया है।" ('कथा विवेचना और गद्य शिल्प', पृ. 77)

सच तो यह है कि 'झूठा सच' में चाहे 'स्त्रियों पर अत्याचार' की केन्द्रीयता का सवाल हो, 'सूक्ष्म अनुभूतियों' के अभाव पर प्रश्नचिह्न हो या कि ब्रिटिश साम्राज्यवाद

और भारतीय सामन्तवाद की भूमिका को न समझने का आरोप हो, इन सभी के मूल में उपन्यास विधा की वह साँचेढली (कलावादी और मार्क्सवादी दोनों ही) समझ है, जिसे यशपाल अपनी औपन्यासिक संरचना द्वारा अतिक्रमित करते हैं। 1942 के 'भारत छोड़ो' आन्दोलन के बाद से शुरू होकर स्वाधीन भारत के दूसरे आम चुनाव (1957) तक विस्तृत इस औपन्यासिक वृत्तान्त में न तो किसी एक पात्र का नायकत्व है और न ही किसी समस्या विशेष की केन्द्रीयता। भारत विभाजन से उत्पन्न विस्थापितों की यातना की यह वह त्रासद दास्तान है जिस पर उसके भुक्तभोगियों का न तो कोई नियन्त्रण था और न ही इससे मुक्ति। यहाँ प्रश्न 'कितने पाकिस्तान' का न होकर बंती व तारा सरीखी उन लाखों जिन्दगियों का था जिन्हें अपना वतन छोड़ना पड़ा था और देश चुनने में जिनकी कोई भूमिका नहीं थी।

'झूठा सच' की मौलिकता इस तथ्य में अन्तर्निहित है कि इसका कथा वृत्तान्त विभाजन के उस महाआख्यान को ही ध्वस्त करता है, जो उसे महज अंग्रेजों की चाल और मुस्लिम लीग की मजहबी माँग तक सीमित करता है। इन अर्थों में 'झूठा सच' का धरातल भीष्म साहनी के उपन्यास 'तमस' से भिन्न है। 'तमस' के विभाजन सूत्र अंग्रेज डिप्टी कलेक्टर रिचर्ड और उस मुराद अली के हाथ में हैं जो दंगा कराने से लेकर 'अमन कमेटी जिन्दाबाद' तक के नारे लगाता है। 'तमस' का विभाजन विमर्श अंग्रेज बनाम हिन्दुस्तानी और साम्प्रदायिक बनाम राष्ट्रवादी का जो द्विविभाजन करता है, वह विभाजन के आन्तरिक कारकों की अनदेखी करके उन बाह्य कारकों की दुरभिसन्धि तक सीमित रहता है, जो 'फूट डालो राज करो' की नीति अपनाकर अपनी स्वार्थ सिद्धि करते हैं। 'झूठा सच' का विभाजन विमर्श 'तमस' की उस मूल प्रस्थापना के पार जाता है जिसके अनुसार, "फसाद करवानेवाला भी अंग्रेज, फसाद रोकनेवाला भी अंग्रेज, भूखों मारनेवाला भी अंग्रेज, रोटी देनेवाला भी अंग्रेज, घर से बेघर करनेवाला भी अंग्रेज, घरों में बसानेवाला भी अंग्रेज..." ('तमस', पृ. 223) 'तमस' की ही तर्ज पर चमन नाहल भी अपने अंग्रेजी उपन्यास 'आजादी' में हिन्दू-मुस्लिम सौहार्द को तोड़ने व विभाजन से जुड़ी साम्प्रदायिकता के लिए बाह्य कारकों को ही जिम्मेदार करार देते हैं। 'आजादी' के औपन्यासिक कथ्य में चमन नाहल इसे यूँ विन्यस्त करते हैं, "अब्दुल गनी के पड़ोसी उससे बराबरी का व्यवहार करते थे और वह उनके साथ अमन-चैन के साथ रह रहा था। लेकिन मुस्लिम लीग ने धीरे-धीरे उसे आजाद हिन्दुस्तान में हिन्दुओं के खतरे से आगाह किया। यह उसकी सोच का सवाल नहीं था, लीग या जिन्ना साहब इसे बेहतर समझते थे। उन्होंने कहा कि हिन्दू पड़ोसी पर शक करो, उसने किया। उन्होंने कहा कि पाकिस्तान होना चाहिए, उसने पाकिस्तान की गुहार लगाई।" ('आजादी', पृ. 56)

यशपाल हिन्दू-मुस्लिम भाईचारे की ऊपरी सतह को खुरचकर उन कुरूप सच्चाइयों को उजागर करते हैं, जिनके बिना विभाजन के आख्यान को नहीं समझा जा सकता। लाहौर की भोला पांधे की जिस गली की हलचलों से 'झूठा सच' के पृष्ठ खुलते हैं, वहाँ हिन्दू रक्षा समिति की महिलाओं के मुस्लिम विरोधी प्रचार का सफल होना गली की महिलाओं की भोली समझ का परिणाम मात्र नहीं है। इसके मूल में है हिन्दू और मुसलमानों के बीच आशंका, घृणा और ऊँच-नीच की वह दीवार जो हिन्दू धर्म की श्रेष्ठता और मुस्लिम उत्पीड़न ग्रन्थि पर टिकी है। विभाजन के दौरान हिन्दू श्रेष्ठता के इस भाव को यशपाल 'झूठा सच' के कथ्य में यूँ विन्यस्त करते हैं, "अब हिन्दू सब्जी-तरकारी बेचकर राई-कुँजड़े बनेंगे, जूते बेचेंगे, ललारी का काम करेंगे...हिन्दू कुम्हार बनेंगे, बर्तनों में कलई करेंगे। हिन्दुओं का बेड़ा डूब गया। अपना धर्म बेचकर कुजात बन जाओ...हिन्दू नलों का पानी पिएँगे, मुसलमानों के हाथ का पानी पिएँगे तो धर्म कहाँ रहेगा?" ('झूठा सच', खंड 1, पृ. 60-61) भोला पांधे की गली की बुढ़िया की उपरोक्त सोच हिन्दू श्रेष्ठता की जिस पारम्परिक मनोदशा पर टिकी है, वह उस सवर्ण हिन्दू मानस का परिणाम है, जो मुसलमानों के साथ-साथ दलितों के भी विरुद्ध है। उपन्यास के पात्र रतन द्वारा अंग्रेज और मुसलमानों को लक्षित कर यह कहे जाने पर कि "हमारे तो शत्रु दोनों हैं। हमें तो दोनों को समाप्त करना है।" डॉक्टर प्रभुदयाल की यह टिप्पणी दृष्टव्य है, "कितनों को समाप्त करोगे? मुसलमान न सही अछूत ही समस्या बन जाएँगे।" (खंड 1, पृ. 235) हिन्दू श्रेष्ठता का यह भाव मुस्लिम लीगी कट्टरपंथियों की पाकिस्तान मुहिम को किस तरह वैधता प्रदान करता है, उपन्यास के पात्र नैयर की जुबानी कुछ यूँ है : "मुस्लिम लीग के लोगों में हिन्दुओं के प्रभुत्व की आशंका बैठी हुई है। उन्हें शासन का अवसर मिल जाएगा तो उनकी हीनता की भावना स्वयं ही मिट जाएगी।" (खंड 1, पृ. 325)

'झूठा सच' का विभाजन विमर्श जिन्ना और मुस्लिम लीग के खलनायकत्व तक सीमित न होकर, उन कारकों की भी पड़ताल करता है, जिनके चलते मुस्लिम लीग 'दो राष्ट्रों के सिद्धान्त' को मुस्लिम हितों का पर्याय होने का भ्रम रच सकी। उपन्यास के कथ्य में हिन्दू-मुस्लिम विभाजन की पृष्ठभूमि का विश्लेषण डॉ. प्राणनाथ के शब्दों में कुछ यूँ है, "यदि पाकिस्तान बनानेवाले हमें शत्रु समझते हैं तो हम उन्हें जबर्दस्ती अपने साथ बाँधकर नहीं रख सकते। हम, मेरा अभिप्राय है सामूहिक-सामाजिक रूप से जिनसे छू जाना असह्य समझते रहे हों, आज उन्हें अपना अंग बताकर बहलाने को यत्न करना धोखा नहीं है? हमने चाहे जिस कारण ऐसा व्यवहार किया हो, उसकी कीमत देनी होगी। हिन्दू-मुसलमानों के हिन्दुस्तान-पाकिस्तान बँटवारे का बीज सरकारी नौकरियों को हिन्दू-मुसलमानों में साम्प्रदायिक अनुपात में बाँटने के दिन या उनके चुनाव क्षेत्र अलग-अलग बना देने से नहीं बोया गया था बल्कि मुसलमानों को

म्लेच्छ और अछूत समझने के दिन से ही बो दिया गया था। हिन्दू को आप अछूत बनाकर भी दबा सकते हैं क्योंकि वह आपके धर्म में बँधा है। मुसलमान तो उस धर्म से बँधा नहीं। वह अछूत समझे जाने का अपमान क्यों बर्दाश्त करे? जिस नियम को हमने अपनी सत्ता की रक्षा के लिए अपनाया था उसी नियम ने हमें खा लिया। कैसा द्वन्द्व है।'' ('झूठा सच', खंड 2, पृ. 396)

यशपाल 'झूठा सच' के कथ्य में तत्कालीन कांग्रेस की उस राष्ट्रीय छवि का विखंडन करते हैं जो कई अवसरों पर व्यावहारिक राजनीति की आड़ में बहुसंख्यक समुदाय के साथ हित सन्तुलन करती रही थी। वे 1946 के पंजाब प्रान्तीय असेम्बली के चुनाव में मुस्लिम लीग के उन्यासी सीटें जीतने के बावजूद कांग्रेस द्वारा मुस्लिम लीग का मन्त्रिमंडल न बनने देने एवं मात्र दस सीटें जीतने के बावजूद यूनियनिस्ट पार्टी का मन्त्रिमंडल बनाने में कांग्रेस की भूमिका को प्रश्नों के घेरे में खड़ा करते हैं। इस सम्बन्ध में उपन्यास में जयदेव पुरी की 'पैरोकार' समाचार-पत्र में यह सम्पादकीय टिप्पणी दृष्टव्य है, ''महात्मा गांधी और पंडित नेहरू विदेशी शत्रु के सम्मुख संयुक्त मोर्चा बनाने के लिए, लीग के साथ केन्द्रीय सरकार बनाने को तैयार हैं और पंजाब में कांग्रेसी लीग का बहुमत होने पर भी उनके साथ सूबे के मन्त्रिमंडल में सम्मिलित होने को तैयार नहीं हैं। आठ प्रान्तों में मुसलमान कांग्रेसी सरकारों पर विश्वास कर सकते हैं तो हिन्दू लीग के मन्त्रिमंडलों को क्या सहन नहीं करेंगे?'' ('झूठा सच', खंड 1, पृ. 118) पंजाब में मुस्लिम लीग के मन्त्रिमंडल के गठन को रोकने की मुहिम में कांग्रेसियों द्वारा 'अपने झंडों से हरा रंग फाड़ा जाना', अकाली नेता मास्टर तारा सिंह द्वारा कांग्रेस के मंच से खुली तलवार लेकर यह घोषणा करना कि ''हम पंजाब में मुसलमानों की हुकूमत हर्गिज बर्दाश्त नहीं करेंगे। आप लोग तवारीख को मत भूलिए।...अगर हमें मुसलमानों की हुकूमत बर्दाश्त करनी है तो श्री दशमेश (गुरु गोविन्द सिंह) ने औतार किसलिए धारण किया था।'' (खंड 1, पृ. 106) और कांग्रेसी नेता डॉ. गोपीचन्द भार्गव का मास्टर तारा सिंह के सुर में सुर मिलाकर यह कहना कि ''हम लीग की वजारत नहीं बनने देंगे'' कांग्रेस की भूमिका को संदिग्ध ही बनाता है। उपन्यास के कम्युनिस्ट पात्र असद की यह टिप्पणी इस सम्बन्ध में उल्लेखनीय है, ''लीग-कांग्रेस का झगड़ा हिन्दू-मुसलमान का झगड़ा बन गया है।'' (खंड 1, पृ. 118) विभाजन पूर्व के इस राजनीतिक घटनाक्रम को लाहौर के जनजीवन में विन्यस्त कर जिस तरह यशपाल प्रस्तुत करते हैं उसे कांग्रेस की देशभक्ति और मुस्लिम लीग की देशद्रोहिता में नहीं वर्गीकृत किया जा सकता है।

'तमस' के कथ्य में भी कांग्रेस के हिन्दुओं के हितों की पक्षधरता का तो उल्लेख है, लेकिन मुस्लिम लीगी आरोप के रूप में न कि तथ्यात्मक वक्तव्य के रूप में। मुस्लिम लीगी पैरोकार के यह कहने पर कि ''कांग्रेस हिन्दुओं की जमात है।

इसके साथ मुसलमानों का कोई वास्ता नहीं है।" ('तमस', पृ. 32) बुजुर्ग नागरिक कहता है, "कांग्रेस सबकी जमात है। हिन्दुओं की, सिक्खों की, मुसलमानों की।" (वही) दरअसल 'तमस' का ताना-बाना कांग्रेस के राष्ट्रवाद, मुस्लिम लीग के अलगाववाद और अंग्रेजों की फूटपरस्ती के जिस सरलीकृत विभाजन विमर्श पर टिका है, वहाँ उस बेबाक पड़ताल की गुंजाइश नहीं है, जो कांग्रेस की राष्ट्रवादी संरचना में सूराख करती है।

यशपाल जहाँ विभाजन की राजनीति को सही परिप्रेक्ष्य प्रदान करते हैं वहीं वे उपन्यास के लोकेल की सामाजिक संरचना को भी दृष्टिगत रखते हैं। 'झूठा सच' के कथ्य में वे इस तथ्य को बखूबी विन्यस्त करते हैं कि "लाहौर में मुसलमान इक्यावन फीसदी है तो क्या हुआ! जमीन-जायदाद तो अस्सी फीसदी से ज्यादा हिन्दुओं की है।" ('झूठा सच', खंड 1, पृ. 219) दरअसल यह लाहौर का ही सच नहीं था, बल्कि कमोबेश समूचे पश्चिमोत्तर प्रान्त का था। चमन नाहल अपने उपन्यास 'आजादी' में सियालकोट शहर की चर्चा करते हुए उपन्यास के पात्र लाला काशीराम की जुबानी लिखते हैं, "भला, हम पाकिस्तान में क्यों नहीं रह सकते? यकीनन वे हमें और हमारे धन्धे को रखना चाहेंगे। अगर वे हमें निकाल देंगे तो उनकी पूरी तिजारत बर्बाद हो जाएगी।" ('आजादी' अंग्रेजी संस्करण, पृ. 66) और एक अन्य प्रसंग में चमन नाहल लिखते हैं, "आज वे पाकिस्तान को सिर्फ कुबूल किए जाने का जश्न मना रहे थे। लेकिन वे इस कुबूलियत के मायने उन बनियों पर साफ जाहिर कर देना चाहते थे जिन्होंने शहर के सारे व्यापार को लम्बे अर्से से अपने कब्जे में रखा था।" (वही, पृ. 73) अपने अंग्रेजी उपन्यास 'ट्रेन टू पाकिस्तान' में खुशवंत सिंह भी इस सामाजिक, आर्थिक संरचना की पुष्टि उपन्यास के लोकेल मन्नो माजरा के हवाले से यूँ करते हैं—"मन्नो माजरा में सिर्फ सत्तर परिवार थे और लाला रामलाल का अकेला हिन्दू परिवार था। दूसरे लोगों में सिख और मुसलमान लगभग बराबर ही थे। गाँव की सारी जमीन सिखों के पास थी, मुस्लिम बटाईदार थे और जमीन मालिकों के यहाँ खेती करते थे।" ('ट्रेन टू पाकिस्तान', पृ. 2) यह सामाजिक, आर्थिक संरचना किस तरह दंगों का स्वरूप निर्धारित करती है, इसका खुलासा भी 'झूठा सच' के कथ्य में यूँ विन्यस्त है—"हिन्दुओं के ऊँचे मकानों से, उस मुहल्ले में लगी मुसलमानों के नीचे घरानों की बस्ती पर, सुबह मुँहअँधेरे बन्दूकों से गोलियाँ चलाई गई थीं। अपनी छतों पर सोते हुए सात मुसलमान मारे गए थे।" (खंड 1, पृ. 223) और यह भी कि "जब लाहौर नगर में कत्ल और आग का आतंक बहुत बढ़ गया था, परन्तु मॉडल टाउन की बड़े लोगों की बस्ती उस प्रभाव से बची हुई थी। वहाँ हिन्दू-मुसलमान और विभाजन की समस्याओं का प्रभाव केवल बहस, वह भी अंग्रेजी में ऊँचे स्वर में बहस तक ही सीमित था।" (खंड 1, पृ. 260)

विभाजन की विभीषिका अभिजात्य व अभावग्रस्तों के बीच किस तरह का भेद करती है, उपन्यास के पात्र डॉ. प्राणनाथ, महेन्द्र नैयर और पंडित गिरधारी लाल इसके जीवन्त उदाहरण हैं। डॉ. प्राणनाथ की कोठी दंगों में जली जरूर, लेकिन वह साढ़े तीन लाख के लिए इन्श्योर्ड थी। (खंड 1, पृ. 304) कोठी जलने के बाद वे लाहौर के सेवाय होटल में रहने लगे थे। वे लाहौर से उखड़े तो दिल्ली में उच्च पदस्थ पदाधिकारी के रूप में स्थापित हो गए। लाहौर छोड़ने पर "नैयर को मसूरी में जगह न मिली तो उसने नैनीताल में एक छोटी कोठी किराए पर ले ली थी।...वह नैनीताल की ब्रिज पार्टियों और क्लबों से परिचित था।" (वही, पृ. 311) "पंडित गिरधारी लाल लाहौर नहीं छोड़ सकते थे, परन्तु कैश दिल्ली ब्रांच में बदलवा लिया था।" (पृ. 321) विस्थापन की यातना के भिन्न स्तरों के विश्लेषण के लिए यशपाल सरहद के दोनों तरफ के शरणार्थी काफिलों पर भी अपनी दृष्टि टिकाते हैं। जालंधर, लुधियाना और अम्बाला जिलों से पाकिस्तान की ओर जा रहे मुस्लिम शरणार्थियों के काफिले को देखकर हिन्दू समाज सेविका कौशल्या देवी और उनके ड्राइवर के बीच का यह संवाद यहाँ दृष्टव्य है : "मार-काटकर निकाले गए हैं बेचारे! इधर से हिन्दू, उधर से मुसलमान पर बहिन जी हिन्दुओं के काफिले भी देखे होंगे आपने, इनको भी देख लीजिए! हिन्दू मारे गए, लूटे गए, उनकी औरतें छीनी गईं, उनकी औरतों पर जुल्म हुआ पर जो आए हैं, अक्सर सवारियों पर; गाँव के किसान बैलगाड़ियों पर आ रहे हैं। हिन्दू-सिख लाए हैं बक्से, सन्दूक, नकदी, जेवर और बांड। यह लोग मिट्टी के हुक्के, टूटी चारपाइयों, चूल्हे, चक्की, मुर्गियाँ लिए चल रहे हैं। यही इनकी गृहस्थी थी। जिसके पास जो होगा, उसी से ममता करेगा; वही तो उठाकर ले जाएगा। ठीक ही तो कहते थे, होते का नाम हिन्दू, मुफलिसी का मुसलमान।" (खंड 1, पृ. 457)

'झूठा सच' के कथ्य में विन्यस्त इतिहास के सबसे बड़े विस्थापन की यह विरचना यशपाल की उस गहरी इतिहास दृष्टि का प्रमाण है, जो महाआख्यान के पार जाकर उस एकांगी दृष्टि का खुलासा करती है, जो शरणार्थी यातना को मात्र सिख या हिन्दू उत्पीड़न तक सीमित करती है। शरणार्थी काफिलों का वर्णन यशपाल ने जिस संलग्नता और प्रामाणिकता के साथ किया है, वह 'झूठा सच' में पहली बार है। बाद की कृतियों में अब्दुल्ला हुसैन का 'उदास नस्लें' ही एक ऐसा उपन्यास है जिसमें इसे स्तब्धकारी मार्मिकता के साथ वर्णित किया गया है। गैर औपन्यासिक लेखन में 'फ्रीडम एट मिडनाइट' (लैरी कालिन्स व डामिनिक लाप्यर) व 'दि ग्रेट डिवाइड (डब्ल्यू हडसन) के शरणार्थी काफिलों के वृत्तान्त ही लम्बे समय तक स्मृति में टिक पाते हैं।

प्रभुत्ववादी विमर्श द्वारा अधिग्रहीत सच्चाइयों एवं विलुप्त यथार्थ को केन्द्रीयता प्रदान कर यशपाल विभाजन की त्रासदी को जिस तरह औपन्यासिक बनाते हैं, वह

इतिहास कथा होकर भी इतिहास आक्रान्त नहीं है। उपन्यास में ऐतिहासिक व्यक्तित्वों की उपस्थिति, औपन्यासिक पात्रों को न तो हड़प कर पाती है और न ही उन्हें दोयम दर्जा प्रदान करती है। यही कारण है कि उपन्यास के केन्द्र बिन्दु गांधी, जिन्ना और नेहरू न होकर, जयदेव पुरी, तारा, कनक, असद और विश्वनाथ सूद हैं। अपने औपन्यासिक चरित्रों पर यशपाल का यह भरोसा ही 'झूठा सच' को इतिहास केन्द्रित उन उपन्यासों की नियति से बचा सका जो राष्ट्रनेताओं की यशोगाथा या इतिहास की दैनन्दिनी मात्र बनकर रह जाते हैं।

'झूठा सच' में गांधी, नेहरू व जिन्ना की ऐतिहासिक भूमिका के उल्लेख के साथ-साथ यशपाल अपने पात्रों की टिप्पणियों के माध्यम से उनका क्रिटीक भी रचते जाते हैं। कांग्रेस द्वारा पाकिस्तान की माँग स्वीकार किए जाने पर गांधी पर की गई टीका-टिप्पणी को यशपाल अपने औपन्यासिक कथ्य में यूँ प्रस्तुत करते हैं : "क्यों, डॉक्टर साहब, गांधी जी तो कहते थे, पाकिस्तान मेरी लाश पर बनेगा!...यह क्या हो गया?"

"गांधी जी का इसमें क्या अपराध है?...यह तो पंडित नेहरू, सरदार पटेल और कांग्रेस वर्किंग कमेटी का फैसला है, गांधी जी का तो इस निश्चय से कोई सम्बन्ध नहीं है।...'उसूल भी कोई चीज होती है,...अगर मुल्क की तकसीम उसूलन गलत है तो नेहरू, पटेल के मान जाने से वह सही हो गई?...यही है गांधी की सत्य अहिंसा! (खंड 1, पृ. 220-221) पंजाब में मन्त्रिमंडल निर्माण को लेकर कांग्रेस की आलोचना करने पर जब जयदेव पुरी को अपने अखबार 'पैरोकार' से निकाला गया तो उसे आशा थी कि गांधी जी द्वारा नैतिक समर्थन पाकर वह राजनैतिक क्षेत्र में सहसा चमक जाएगा परन्तु गांधी जी के यहाँ से तीन सप्ताह तक कोई उत्तर नहीं आया।" (खंड 1, पृ. 125)

'झूठा सच' के दूसरे खंड में यशपाल जिस तरह नेहरू के प्रधानमन्त्री व्यक्तित्व का मूर्तिभंजन करते हैं, सम्भवतः उनके जीवनकाल में किसी औपन्यासिक कृति में वह पहली बार था। इसे कॉफीहाउसी बहसों में बुद्धिजीवियों की टिप्पणी के बहाने यशपाल कुछ यूँ लिखते हैं : "प्रधानमन्त्री की प्रत्येक यात्रा के समय कम-से-कम चार-पाँच सौ आदमी प्रबन्ध में व्यस्त हो जाते हैं, इस अपव्यय का कुछ ठिकाना है? प्रधानमन्त्री सदा कहते हैं, यह भाषणों का नहीं कार्य का समय है, स्वयं प्रतिदिन भाषण का ही उदाहरण देते हैं।" (खंड 2, पृ. 556) और यह भी कि "प्रधानमन्त्री की आँखों में खुशामद के घी की सलाई लगा दीजिए, उन्हें कुछ दिखाई नहीं देगा। उन्हें जो कुछ आप कहेंगे उसी पर विश्वास करना होगा।...नौकरशाही का तो 'गुरुमन्त्र' यही है, अपने से ऊपर का अफसर सन्तुष्ट रहना चाहिए।" (वही, पृ. 564)

जिस तरह गांधी व नेहरू हिन्दुस्तानियों के बीच किंवदन्ती पुरुष थे, उसी तरह जिन्ना पाकिस्तान समर्थकों के बीच। यहाँ यह तथ्य ध्यान देने योग्य है कि जहाँ यशपाल गांधी व नेहरू के प्रभामंडल का अपने औपन्यासिक कथ्य में सामान्यीकरण करते हैं, वहीं वे जिन्ना के पाकिस्तान समर्थकों के बीच किंवदन्ती पुरुष होने का भी पता देते हैं। यशपाल के उपन्यासकार की यह तटस्थता विभाजन केन्द्रित इस कथा वृत्तान्त को जो पारदर्शिता प्रदान करती है, वह 'झूठा सच' की अपनी विशेषता है। जिन्ना का व्यक्तित्व उनके समर्थकों के बीच कितना जादुई था, इसकी बानगी उपन्यास में हाफिज जी की जुबानी कुछ यूँ है : "कायदेआजम बहुत खुदापरस्त आदमी है। उसके दिल में दीन और मिल्लत की आग है।...सूबा सरहद के कांग्रेसी काफिर अब्दुल गफ्फार खाँ के गुंडे कायदेआजम के खिलाफ जहर फैलाते थे कि कायदेआजम शरह से नहीं चलता, दाढ़ी नहीं रखता, शरई पोशाक नहीं पहिनता, औरतों के परदे के खिलाफ है, परहेजगार नहीं है, उसकी लड़की ने पारसी से शादी की है। सरहदी कांग्रेसियों ने एक नादान पठान को बहकाकर कायदेआजम का कत्ल करने के लिए बम्बई भेजा था। कायदेआजम के मकान का दरवाजा खुला था। उन्हें किसका खौफ है? पठान सीधा मकान में चला गया। देखता क्या है कि कायदेआजम जायेनमाज बिछाए घुटने तोड़े बैठे हैं, और वज्द की हालत में सिर हिला-हिलाकर पुकार रहे हैं, अल्लाहू! अल्लाहू! अल्लाहू!...जब कायदेआजम जायेनमाज से उठे, पठान ने अपने कपड़ों में छिपाया हुआ छुरा एक तरफ फेंक दिया और उनके पाँव पकड़ लिए और रो-रोकर अपने जुर्म का इकबाल किया। कायदेआजम ने कत्ल के इरादे से आनेवाले पठान को सीने से लगाकर फरमाया, बिरादरे दीन, उस रब्बुल आलमीन के हुक्म के बिना कुछ नहीं हो सकता। अगर तुझे मेरे मालिक का यह हुक्म हुआ है कि तू दीन व मिल्लत की खातिर मेरा कत्ल करे तो तू उसका हुक्म पूरा कर। कायदेआजम ने अपना सीना खोल दिया और बोले, मेरा खून दीन और मिल्लत की खिदमत में बह जाए, मेरी इससे बड़ी और क्या खुशकिस्मती हो सकती है! उनके कल्ब में खुदा का इलहाम है। गांधी उनका क्या मुकाबला कर सकता है? उनकी हर बात दीन की बेहतरी के लिए है। वह जानते हैं कि काफिर और मोमिन एक जगह नहीं रह सकते। तकसीमे आजादी की उनकी तजवीज बहुत सही है।" (खंड 1, पृ. 370)

'झूठा सच' के औपन्यासिक पात्र हाफिज इनायत अली की जिन्ना के बारे में उपरोक्त धारणा लाहौर के बाशिन्दे एक ऐसे खाते-पीते मुसलमान की थी, जो "बरसों तक अरब देशों में भेस बदलकर अंग्रेज सरकार के गुप्तचर के रूप में था।...पेंशन पा लेने के बाद हाफिज इनायत अली के मन में इस बात के लिए बहुत ग्लानि हो गई थी कि जीविका के लिए अपने सहधर्मियों के साथ धोखा करते रहे

थे। उस पाप का प्रायश्चित करने के लिए, पेंशन पाकर वे 'जमायते इस्लामी' का काम अवैतनिक कर रहे थे।" (वही, पृ. 355) लेकिन हाफिज साहब के बरक्स हिन्दुस्तान में रहनेवाले मुस्लिम लीग के डिप्टी लीडर मिस्टर लारी सरीखे लोग भी थे, जो यह वक्तव्य दे रहे थे कि "जिस मुस्लिम लीग के प्रधान मिस्टर मुहम्मद अली जिन्ना थे, उस मुस्लिम लीग का अब भारत में कोई अस्तित्व या अधिकार शेष नहीं है।" (खंड 2, पृ. 84)

'झूठा सच' के विभाजन विमर्श की मौलिकता यही है कि लेखक पूर्व निर्धारित निष्कर्षों का औपन्यासिक उल्था करने के बजाय तत्कालीन राजनीतिक घटनाक्रमों एवं वृहत्तर जनजीवन से उनकी अन्तःप्रक्रिया के माध्यम से इस भयावह त्रासदी को उजागर करता है। यही कारण है कि उपन्यास के मुख्य पात्र तारा व जयदेव पुरी की नियति न तो पूर्वानुमेय है और न एकरैखिक। इन पात्रों को लेकर कुछ समीक्षकों की आपत्तियाँ रही हैं कि वे लेखकीय निर्मिति अधिक हैं, स्वाभाविक चरित्र कम। उनका कहना है कि जहाँ यशपाल ने जयदेव पुरी को आदर्शवादी नायकत्व से गिराकर एक समझौतापरस्त व आत्मकेन्द्रित चरित्र के रूप में प्रस्तुत किया है, वहीं तारा निष्कंटक सफलता की सीढ़ियाँ चढ़ती हुई एक अविश्वसनीय चरित्र बनकर रह जाती है। दरअसल पुरी और तारा को लेकर ये आपत्तियाँ उपन्यास को मात्र साहित्यिक संरचना तक सीमित करने का परिणाम हैं। जरूरी है यह समझना कि 'झूठा सच' महज एक साहित्यिक संरचना न होकर भारत विभाजन् की एक सामाजिक-राजनैतिक टीका (क्रिटीक) भी है।

जयदेव पुरी राष्ट्रीय आन्दोलन की त्याग व समर्पण की परम्परा में रचा-बसा एक ऐसा निम्नवर्गीय कथा चरित्र है, जो महत्त्वाकांक्षी भी है और व्याबहारिक भी। राष्ट्रीय आन्दोलन में जहाँ वह जेल जाता है और अपनी बेबाक राजनीतिक पक्षधरता के लिए नौकरी गँवाता है, वहीं आजादी के बाद कांग्रेसी नेता विश्वनाथ सूद का समझौतापरस्त सिपहसालार बनकर वह सत्ता सुख भी प्राप्त करता है। कनक से प्रेम सम्बन्धों के निर्वाह में भी वह काफी व्यावहारिक रहा है, अवसर मिलने पर विधवा उर्मिला से आत्मीय रिश्ता बनाकर उसके बच्चे का पिता बनने व स्थिति प्रतिकूल देखकर उसको त्याग देने में भी उसे कोई नैतिक बाधा नहीं है। कनक से अपने प्रेम सम्बन्धों में जहाँ वह जाति भेद को कोई महत्त्व नहीं देता, वहीं अपनी बहन तारा के मुस्लिम युवक असद के साथ सम्बन्धों को देखकर वह असहज हो जाता है। स्त्री समानता व स्वतन्त्रता का पक्षधर होने के बावजूद तारा के सोमराज के साथ बेमेल विवाह को पुरी मौन स्वीकृति देता है। पुरी के व्यक्तित्व की ये सारी विसंगतियाँ उपन्यास के दूसरे खंड में तब अधिक मुखर होती है, जब वह सत्ता की राजनीति में पूरी तरह रम जाता है। दरअसल जयदेव पुरी के बहाने यशपाल आजादी के आन्दोलन में पली-बढ़ी

उस कांग्रेसी युवा पीढ़ी के चरित्र की पड़ताल करते हैं जो अवसर पाते ही समझौतापरस्त हो जाती है।

तारा 'झूठा सच' उपन्यास की सर्वाधिक सशक्त पात्र है, जिसके माध्यम से उपन्यास की कई परतें खुलती हैं। तारा इस उपन्यास के उस नारी-विमर्श का केन्द्र बिन्दु है, जो विभाजन के लुप्तप्राय पहलू को उजागर करता है। बेमेल विवाह से शुरू होकर विभाजन के दंगों में बलात्कार के दंश से गुजरती तारा की संघर्ष गाथा दिल्ली में सरकारी अफसरी और डॉ. प्राणनाथ की जीवनसंगिनी बनने की जिन सुखद परिणतियों को प्राप्त होती है, वह भले ही काल्पनिक हो लेकिन अविश्वसनीय नहीं।

'झूठा सच' को पढ़ते हुए उपन्यास का जो एक पहलू सर्वाधिक ध्यानाकर्षित करता है, वह है इसका नारी-विमर्श। विभाजन व साम्प्रदायिक दंगों के हाल के अध्ययनों में इस तथ्य को शिद्दत के साथ रेखांकित किया गया है कि दंगे की स्थितियों में स्त्रियाँ उत्पीड़न की सर्वाधिक शिकार होती रही हैं। यशपाल पाँच दशक पूर्व इस तथ्य को सम्पूर्ण विवरणों व विस्तार के साथ रेखांकित कर सके, यह स्त्री मुक्ति के प्रति उनकी प्रतिबद्धता व गहरी सामाजिक अन्तर्दृष्टि का परिणाम है। विभाजन के दौरान सरहद के दोनों ओर हुए स्त्री उत्पीड़न को केन्द्रित कर लिखा गया अमृता प्रीतम का उपन्यास 'पिंजर' और बंगला लेखिका ज्योतिर्मय देवी का 'दि रिवर चर्निंग' शीर्षक से बंगला से अंग्रेजी में अनूदित उपन्यास 'ए पार गंगा ओ पार गंगा' इस सन्दर्भ में विशेष रूप से याद आते हैं। जहाँ 'पिंजर' विभाजन की पृष्ठभूमि में स्त्रियों के माल मवेशी की तरह लुटने, छिनने और बिछुड़ने की पृष्ठभूमि में संयोग आधारित भावुकता भरी सुखान्त कथा है, वहीं 'दि रिवर चर्निंग' पूर्वी बंगाल के नोआखाली दंगों की पृष्ठभूमि में सुतारा नामक उस हिन्दू युवती की त्रासद दास्तान है जो बलात्कृत होने के बाद पितृसत्तात्मक व्यवस्था और ब्राह्मणवादी शुद्धता की भेंट चढ़कर अपने परिवार द्वारा ही परित्यक्त कर दी जाती है। जहाँ ये दोनों उपन्यास विभाजन की त्रासदी को स्त्री दुख तक सीमित रखते हैं, वहीं यशपाल विभाजन के दौर में स्त्री यातना को व्यापक परिप्रेक्ष्य प्रदान कर स्त्री मुक्ति का सवाल उठाते हैं।

विभाजन की विभीषिका के दौरान 'स्त्रियाँ बेचारी दोनों ही भागों में क्रोध और बदले का शिकार बनी।' (खंड 2, पृ. 102) इस तथ्य की पुष्टि यशपाल 'झूठा सच' के वृत्तान्त में पृष्ठ-दर-पृष्ठ करते हैं। तारा सोचती है "उसने ही नहीं असंख्य नारियों ने पुरुषों की पाशविकता को सहा है। पुरुष को मनुष्य बना सकने के लिए स्त्री को

कितना सहना पड़ेगा?" (वही, पृ. 120) उपन्यास की बंती की सोच है, "सब जुल्म के लिए हम स्त्रियाँ ही रह गई हैं। मर्द मर्दों को काटकर टुकड़े भले ही कर दें, उनकी बेइज्जती तो नहीं करते।" (वही)

विभाजन की यातना का स्वरूप पुरुषों व स्त्रियों पर किस तरह भिन्न रहा, यह तथ्य भी 'झूठा सच' में सम्पूर्ण कलात्मकता के साथ प्रस्तुत हुआ है। पुरुषों के लिए जहाँ देश विभाजन अपने वतन व ईंट-गारे की रिहाइश से दरबदर होना था, वहीं स्त्रियों के लिए यह दुहरी यातना थी। वे वतन और अपने शहर से दर बदर हुई हीं, उनसे अपने घर, परिवार ने भी बहिष्कृत सरीखा सुलूक किया। विभाजन की महात्रासदी के दौरान बिछुड़े मर्दों की परिवार में वापसी पर जश्न हुआ और खुशियाँ मनाई गईं, लेकिन स्त्री की वापसी पर मातम ही नहीं, बल्कि उसे घर की दहलीज से उलटे पाँव तिरस्कृत कर वापस कर दिया गया। विडम्बना यह कि पुरुष सत्ता के इस खेल में स्वयं स्त्रियाँ भी शामिल थीं, कभी सास तो कभी माँ व बहन होने के बावजूद भी। लाहौर के दंगों में बिछुड़ने के बाद जब बंती दिल्ली में अपने परिवार को तलाश कर घर पहुँचती है तो—"सास ने उसे फटकार दिया, "हट जा दूर रह बाहर निकल।" "क्यों मेरा घर है, मैं कहाँ जाऊँ।" बंती गिड़गिड़ाकर सास के पाँव पर सिर रख देने के लिए झुकी। "दूर रह, तुझे कह दिया। तू अब हम लोगों के किस काम की?" सास ने बंती का सिर पाँव से परे ढकेल दिया। कारण यह कि "मुसलमानों ने इन्हें छोड़ा होगा? उन्होंने घरों के दरवाजे तोड़कर औरतों को खराब किया, इन्हें छोड़ दिया होगा।" (खंड 2, पृ. 122) और अन्ततः अपने पति की चौखट पर "बंती 'फट्ट फट्ट' अपना माथा दहलीज पर पटकती जा रही थी और चिल्लाती जा रही थी—मैं यहाँ ही मरूँगी।" (वही, पृ. 124) और इस स्तब्धकारी दृश्य का पटाक्षेप यशपाल कुछ यूँ करते हैं, "...बंती का शरीर पड़ा था। चेहरा खून से लथपथ, मक्खियाँ बैठ रही थीं। समीप अनतहाया कोरा लाल कपड़ा गली के फर्श पर पड़ा था। एक स्त्री क्रोध और घृणा से कह रही थी, 'देखो तो बेशर्मों को। लाल कफन दे रहे हैं। अब वह सुहागन बन गई।' " (वही, पृ. 125)

नारी शुचिता की आचार संहिता के इस पाखंड का प्रतिफलन जिस स्त्री दुख में होता है एक स्त्री की जुबानी उपन्यास में वह कुछ यूँ है—"हिन्दनी हो चाहे मुसलमानी, जो अपनी इज्जत के लिए मर गई, वही सबसे अच्छी रही। बहनों, औरत के शरीर की तो बरबादी ही है। औरत तो ढोर-बकरी है। जो चाहे छीन ले जाए, दुश्मन की चीज समझकर काट डाले। जाने किन कर्मों के फल से औरत का तन पाया है...।" (खंड 2, पृ. 111)

सच तो यही था कि विभाजन के दंगों के दौरान स्त्रियों के साथ ढोर-बकरी सरीखा ही सुलूक किया गया, चाहे वे हिन्दू हों या मुसलमान। शरणार्थी काफिलों पर

हमले करके, घरों के ताले तोड़कर जवान लड़कियों, स्त्रियों की लूट के माल की तरह खुली नीलामी की गई। इस पुरुष वहशीपन को यशपाल 'झूठा सच' के कथा वृत्तान्त में कुछ यूँ दर्ज करते हैं–"भीड़ के बीचोबीच नीलाम करनेवाला एक जवान लड़की को चुटिया से खींचकर खड़ा किए था। लड़की के शरीर पर कोई कपड़ा न था। माल गाहकों को अच्छी तरह दिखा देने के लिए उसने लड़की की कमर के पीछे अपने घुटने से ठेस देकर उसके सब अंगों को सामने उभार दिया था। लड़की के आँसुओं से भीगे, पलकें मुँदे चेहरे पर से उसके हाथ को भी खींचकर हटा दिया। लड़की के सूर्य की किरणों से अछूते शरीर के भाग छिले हुए सन्तरे की तरह, चेहरे की अपेक्षा बहुत गोरे और कोमल थे। भीड़ के बीच धरती पर कुछ और भी लड़कियाँ चेहरे बाँहों में छिपाये, घुटनों पर सिर दबाए बैठी थीं। उनके कपड़े भी धरती पर पड़े थे।" (खंड 1, पृ. 419)

'झूठा सच' उपन्यास का दस्तावेजी महत्त्व इस तथ्य में भी है कि यशपाल ने विभाजन की विभीषिका के दौरान स्त्रियों पर हुए अत्याचारों को मात्र कथात्मकता ही नहीं प्रदान की बल्कि इसे स्त्री परिप्रेक्ष्य भी प्रदान किया। स्त्रियों की दुर्दशा के रोंगटे खड़े कर देनेवाले जो चित्र यशपाल ने 'झूठा सच' में प्रस्तुत किए हैं, वे अविस्मरणीय हैं। इस सम्बन्ध में 'झूठा सच' के प्रथम खंड के पृष्ठ 423 से लेकर 452 तक का वह वृत्तान्त विशेष रूप से उल्लेखनीय है जब तारा लाहौर में हाजी इनायत अली के घर से शरणार्थी कैम्प ले जाए जाने के बहाने एक ऐसे मकान में ले जाई जाती है, जहाँ कुछ स्त्रियाँ पहले से ही कैद करके रखी गई थीं। इस भयावह वृत्तान्त की झलकियाँ कुछ यूँ हैं–"पलकें खोलने पर तारा को तीन स्त्रियाँ आपस में लड़ती हुई दिखाई दीं। एक के शरीर पर कोई भी कपड़ा नहीं था, एक के शरीर पर केवल सलवार थी और तीसरी के शरीर पर केवल लम्बा कुरता था। दो और भी स्त्रियाँ थीं। उनके शरीरों पर कमीजें और सलवारें थीं। दुपट्टा किसी के सिर पर नहीं था।...उनकी बातचीत सुनकर तारा ने समझा, वह मूर्छा और नींद में थी तो बस्त्रहीन स्त्री उसका कपड़ा उतार लेना चाहती थी।...कपड़ा पहने स्त्रियाँ, कपड़ा छीनना चाहने वाली नंगी स्त्री और सलवार मात्र पहने स्त्री का विरोध कर रही थीं।...तारा ने समझ लिया, उसकी मूर्छित अवस्था में, नंगी स्त्री उसके शरीर से कमीज उतारकर स्वयं पहन लेना चाहती थी। कुरता मात्र पहने स्त्री ने ही उसकी रक्षा की। नंगी स्त्री ने उससे समझौता करना चाहा था कि तारा की सलवार वह ले ले।" (पृ. 424)

ऋतु मेनन व कमला भसीन ने अपनी पुस्तक 'बार्डर एंड बाउंड्रीज' में विभाजन के दौरान स्त्री की स्थिति पर विचार करते हुए यह ठीक ही लिखा है कि "विभाजन केन्द्रित कथा साहित्य इस सम्बन्ध में अधिक समृद्ध स्रोत रहा है क्योंकि विभाजन की राजनीति पर इसमें अधिक जनप्रिय व बेबाक टिप्पणी होने के साथ-साथ जहाँ-तहाँ

हमें नारी स्वर भी उन्हीं की आवाजों में सुनाई देते हैं।" (पृ. 11-12) इस सम्बन्ध में लेखिका द्वय ने इस्मत चुगताई, कुर्रतुल ऐन हैदर, अमृता प्रीतम, जीलानी बानो, कृष्णा सोबती, अजीत कौर और ज्योतिर्मय देवी के विभाजन केन्द्रित लेखन का उल्लेख करते हुए यह संकेत किया है कि पुरुषों द्वारा लिखे गए विभाजन साहित्य से इनकी तुलना एक दिलचस्प अध्ययन होगा। इन पंक्तियों के लेखक की राय में अन्य लेखकों के विभाजन केन्द्रित लेखन से इन लेखिकाओं के लेखन की तुलना दिलचस्प हो या न हो लेकिन यशपाल के 'झूठा सच' से इनकी तुलना अवश्य दिलचस्प व चौंकानेवाली होगी। कारण यह कि जहाँ इनमें से कुछ लेखिकाओं के विभाजन केन्द्रित लेखन में स्त्री परिप्रेक्ष्य नदारद है तो कुछ का लेखन भावुकता की भेंट चढ़ गया है। ज्योतिर्मय देवी का उपन्यास 'ए पार गंगा ओ पार गंगा' (दि रिवर चर्निंग) निश्चित रूप से पूरी तरह नारी परिप्रेक्ष्य के साथ लिखा गया एक उल्लेखनीय उपन्यास है लेकिन 'झूठा सच' के नारी परिप्रेक्ष्य की विषदता को दृष्टिगत रखते हुए यह अत्यन्त सीमित सरोकारोंवाली कृति है। यद्यपि इसके 'पॉलिटिकली करेक्ट' होने में कोई सन्देह नहीं है।

दरअसल यशपाल 'झूठा सच' में नारी प्रश्न को महज विभाजन के दंगों तक ही सीमित न करके इसे वृहत्तर सामाजिक संरचना का हिस्सा बनाते हैं। यहाँ यह भी उल्लेखनीय है कि स्त्री होने के कारण हिंसा और यौन उत्पीड़न की दुहरी शिकार होने के बावजूद 'झूठा सच' की स्त्रियाँ प्रतिरोध को भी स्वर प्रदान करती हैं। यद्यपि यह प्रतिरोध कभी प्रच्छन्न है तो कभी मुखर। तारा सोमनाथ से अपने बेमेल विवाह के प्रसंग को लेकर बड़े भाई जयदेव पुरी की आक्रामकता को जब बर्दाश्त नहीं कर पाती तो "उसने बहुत जोर से अपना माथा खाट के पावे पर पटक दिया और पावे पर फिर मारने के लिए माथा उठाया।" (खंड 1, पृ. 216) अत्यन्त सामान्य से दीखने वाले तारा के इस प्रतिरोध को यशपाल ने जिस मनोवैज्ञानिकता के साथ रचनात्मक बनाया है, वह पाठक की स्मृति में लम्बे समय तक जीवित रहता है। विवाह के बाद पति सोमराज जब सुहागरात के अवसर पर उसको लांक्षित करते हुए हाथ उठाता है, तो तारा ने चेहरे पर से हाथ हटाकर चमकते आँसुओं से भरी लाल आँखों से सोमराज की ओर घूरकर धमकाया—"खबरदार हाथ उठाया तो।" (वही, पृ. 343) और अन्ततः दंगाई भीड़ के हमले की आड़ में वह अपने बेमेल विवाह से मुक्ति पाने के लिए पति के घर से पलायन कर जाती है। उपन्यास की दूसरी प्रमुख नारी पात्र कनक अपने पति जयदेव पुरी की बेरुखी व दुर्व्यवहार से तंग आकर विवाह विच्छेद का निर्णय लेती है। कनक का निर्णय है कि "हम लोगों की रुचि और प्रकृति एक-दूसरे के अनुकूल नहीं है। लोक-लाज के लिए जितना निबाह सकती थी, निबाह दिया। अब नहीं निबाह सकती।" (खंड 2, पृ. 497) पति से अलग होने के पूर्व कनक

यह सवाल भी उठाती है कि "पुरुष ही चुन सकता है, स्त्री नहीं चुन सकती?" (खंड 1, पृ. 280) और यह भी कि "प्रश्न तो मेरे जीवन का है, किसी दूसरे के निर्णय का प्रश्न क्या?" (वही, पृ. 251)

'झूठा सच' में यशपाल स्त्री प्रश्न को बेमेल विवाह, विधवा समस्या, बेटे-बेटी का भेद, यौन स्वतन्त्रता, स्त्री की इच्छा, प्रेम सम्बन्धों की छूट तथा आर्थिक आत्मनिर्भरता से लेकर स्त्री के स्वतन्त्र व्यक्तित्व निर्माण के विविध आयामों तक विस्तृत करते हैं। यशपाल एक द्रष्टा लेखक थे। वे तात्कालिकता का अतिक्रमण कर मानव मूल्यों की गतिशीलता की पहचान का हुनर रखते थे। यही कारण है कि उनकी दृष्टि जहाँ विभाजन की विभीषिका पर केन्द्रित हुई, वहीं इस त्रासदी के पार जाकर उन्होंने इसके कुछ सकारात्मक पहलुओं को भी रेखांकित किया। यशपाल इस विरोधाभास की भी पहचान करते हैं कि जो विभाजन स्त्रियों पर विपदा का पहाड़ लेकर आया था, वही किस तरह स्त्रियों की मुक्ति का प्रच्छन्न साधन बना।

उपन्यासकार के शब्दों में "बहुत ध्वंस हुआ परन्तु समाज को जकड़े-दबाए रखनेवाली मजबूत परतें भी ऐसे टूट गई हैं जैसे जेल में बन्द लोगों को भूडोल में जेल की दीवारें गिरने से चोट तो लगे परन्तु बन्द लोग स्वतन्त्र हो जाएँ।" (खंड 2, पृ. 523) विस्थापन के बाद स्त्री जीवन में आए परिवर्तनों को उपन्यासकार तारा के शब्दों में यूँ अभिव्यक्त करता है, "...जो लड़कियाँ जीविका कमाने का साहस कर रही हैं वे अपना भाग्य दूसरों के हाथ में क्यों दे दें? अब तो दिल्ली में लड़कियाँ सभी जगह काम करती दिखाई दे रही हैं।...विभाजन से पहले मैं नौकरी कर लेने की कल्पना करती थी तो खास साहस की आवश्यकता जान पड़ती थी पर अब तो साधारण बात है...।" (खंड 2, पृ. 523)

विस्थापन के परिणामस्वरूप शरणार्थी परिवारों में पारम्परिक विवाह और दहेज से मुक्ति के पक्ष में निर्मित हो रहे नए वातावरण का संकेत भी उपन्यास की करमदेई के शब्दों में कुछ यूँ है, "हमारी पाँच लड़कियाँ हैं। जो कुछ था, वह भी पीछे छूट गया। हम इनके लिए दहेज कहाँ से लाएँगे। हमने तो कह दिया है, पढ़ा-लिखा देंगे। अपने लिए लड़के ढूँढ़ लेंगी तो ब्याह हम कर देंगे, नहीं तो ईश्वर की इच्छा।" (खंड 2, पृ. 523) विवाहित स्त्री की 'खाने-कपड़े पर नौकरानी' की नियति से मुक्त होकर 'झूठा सच' की नई स्त्री कहती है कि "ब्याह करके आराम नहीं मिलता तो ब्याह क्यों करें!" (खंड 2, पृ. 522) "ऐसा ब्याह करके चौके, बर्तन, गोबर में जिन्दगी खपा देने से क्या सुख मिल जाएगा?" (वही, पृ. 524) यशपाल की नई स्त्री स्त्री-पुरुष समानता की किस हद तक समर्थक है, इसकी एक बानगी कनक के इस कथन में यूँ मिलती है, "पति अपने स्थान पर है पर किसी से मित्रता या मानसिक सन्तोष पाने का अधिकार न हो, यह मैं नहीं मानती।" (खंड 2, पृ. 465) कनक

यह सवाल भी उठाती है, "...इस घर में रहने के लिए, पत्नी बने रहने के लिए, सब तरह रिझाने के लिए मुझे सब कुछ सहना होगा? मैं स्वयं कुछ नहीं हूँ। वेश्या और क्या करती होगी?...कभी नहीं करूँगी, नहीं सहूँगी। मैं पत्नी नहीं हूँ।" (खंड 2, पृ. 486) नारी पराधीनता से लेकर नारी मुक्ति तक विस्तृत 'झूठा सच' का यह आख्यान आज से पाँच दशक पूर्व जब लिखा गया था, तब न तो नारीवाद की आज सरीखी अनुगूँज थी और न ही इसकी स्वीकृति। शायद यही कारण है कि 'झूठा सच' में उपस्थित नारी प्रश्न की महज अनदेखी ही नहीं की गई, बल्कि इसे अवान्तर प्रसंग मानकर उपन्यास का दुर्बल पक्ष करार दिया गया।

दो बृहत् खंडों में एक हजार छिहत्तर पृष्ठों का विस्तार लिए विभाजन के पाँच वर्ष पूर्व से लेकर विभाजन के दस वर्ष बाद तक की सामाजिक-राजनीतिक हलचलों को समेटे 'झूठा सच' उपन्यास की महाकाव्यात्मकता की एक जीवन लय है। यशपाल इस जीवन लय को किसी एक सम पर न रखकर उसके आरोह-अवरोह की अन्तरंग गति को पहचानते हैं। यशपाल की भविष्योन्मुखी दृष्टि भारतीय राष्ट्र-राज्य की दिशा पहचानने में कोई चूक नहीं करती। 'झूठा सच' के जिस दूसरे खंड को अपेक्षाकृत बिखरा-बिखरा व कमजोर माना जाता रहा है, वास्तव में वह स्वाधीन भारत के उस नेहरू युग का क्रिटीक है, जिससे तब तक न तो जनता का मोह भंग हुआ था और न ही बुद्धिजीवियों का। आजादी के बाद राजनीतिक सत्ता के चरित्र में किस तरह का बदलाव आया है, इसका भी सूक्ष्म विश्लेषण 'झूठा सच' के औपन्यासिक कथ्य में उपस्थित है। इस सन्दर्भ में उपन्यास का एक प्रसंग इस प्रकार है : "दिल्ली में 'ऑल इंडिया कांग्रेस कमेटी' का अधिवेशन होनेवाला था...प्रसाद जी ने अगरवाला साहब का नाम अधिवेशन की स्वागत समिति के पाँच उप-प्रधानों में रखने का विश्वास दिलाया और उनसे एक हजार का चेक ले गए। अगरवाला साहब और दिल्ली के दूसरे बड़े-बड़े व्यापारी भी शासन की बागडोर कांग्रेस के हाथ में आ जाने के बाद, कांग्रेस के आयोजनों में बहुत रुचि लेने लगे थे।" (खंड 2, पृ. 166) सत्ताधारी पार्टी के रूप में कांग्रेस के चरित्र में बदलाव को इंगित करने के साथ-साथ यशपाल ने उस समूचे प्रभुत्वशाली वर्ग की भी विवेचना उपन्यास में की है, जो रातोरात शासक दल का मुखापेक्षी हो गया। यह वह वर्ग था जो गांधी की सभाओं में तो खद्दर पहनकर जाता था, लेकिन "क्लब अथवा पार्टियों में स्वच्छन्द अंग्रेजी न बोल सकना उन्हें खल जाता था।...स्वराज तो हुआ परन्तु हिन्दी वही बोलते थे जो अंग्रेजी जानते नहीं थे।" (खंड 2, पृ. 159) अगरवाला व्यापारी परिवार के इर्द-गिर्द केन्द्रित गतिविधियों के माध्यम से यशपाल उस नव धनाढ्य वर्ग की

राजनीतिक संस्कृति का खुलासा करते हैं जिसे बाद में 'कांग्रेसी कल्चर' के नाम से जाना गया।

पाखंड, स्वार्थ, दोहरे जीवन मूल्यों व भोगवादी संस्कृति में लिथड़ा यह वर्ग किस तरह सत्ता के गलियारों व नौकरशाही पर काबिज था, इसका विस्तृत आख्यान उपन्यास के दूसरे खंड में जीवन्त ब्योरों के साथ उपस्थित है। आजादी के बाद अगरवाला घराने का रिहाइशी मकान किस तरह 'अगरवाला आसरम' से बदलकर 'ए ए हाउस' हो गया और 'मूँज की तरह गड़ने के बावजूद' खद्दर की साड़ी पहनना मिसेज अगरवाला की मजबूरी क्यों थी, इन सारी प्रवृत्तियों के माध्यम से यशपाल सत्ता के उस चरित्र को उजागर करते हैं जो जनतान्त्रिक प्रतिज्ञाओं के बावजूद धनिक तन्त्र में तब्दील होने को अभिशप्त है। सत्ता के इस चरित्र पर उपन्यासकार की टिप्पणी है, "अंग्रेज सरकार के पुराने रायबहादुर और खैरख्वाह, अमनसभाई और सरकारी अमलदारी से लाभ उठानेवाले लोग, कांग्रेस के मेम्बर बनकर सफेद नोकीली टोपी पहनने लगे थे। अब कांग्रेस का चन्दा चार-चार आने और रुपए-रुपए की रसीदों से इकट्ठा नहीं किया जाता था। चुनाव फंड में चन्दा मिलों और कम्पनियों से बीस-चालीस हजार और लाख-दो लाख रुपए के चेकों से आता था।" (खंड 2, पृ. 365)

कांग्रेसी नेता विश्वनाथ सूद के माध्यम से यशपाल ने कांग्रेसी नेतृत्व के उस बदलते चरित्र को दर्शाया है जो आजाद भारत में दलाल संस्कृति को जन्म दे रहा था। पार्टी की इस धनउगाही का ही परिणाम था कि व्यापारी वर्ग जनता की लूटखसोट में दिन-रात जुटा था। "कंट्रोल की दुकानवाले सरकार से गेहूँ लेकर ब्लैक में बेच रहे थे। उनका कोई कुछ बिगाड़ नहीं सकता था। सूद जी ने सरकारी गेहूँ पानेवाली प्रत्येक दुकान से, इलेक्शन फंड में हजार रुपया ले लिया था। दुकानदारों को वह कमी भी तो पूरी करनी थी। कांग्रेस को हजार देकर पाँच हजार न कमाया तो बात क्या?" (खंड 2, पृ. 587) सूद के राजनीतिक सिपहसालार की भूमिका में जयदेव पुरी जैसे प्रखर बौद्धिक व समर्पित राजनीतिक कार्यकर्ता का चित्रण करके उपन्यासकार ने आजादी के आन्दोलन में पली-बढ़ी उस युवा पीढ़ी का वृत्तान्त रचा है, जो अवसर पाते ही सत्ता की संस्कृति में रंग गई। अब पुरी कोटा परमिट बाँट कर 'पॉलिटिकल सफरर्स' का पुनर्वास कर रहा था। "पुरी ने कह-सुनकर आजाद का नाम एक टीन की चादर के लिए कोटे की लिस्ट में लिखा दिया था। गिल को सन्तोष था कि आजाद छोटी-मोटी दुकान खोल लेगा। दुकान नहीं कर सकेगा तो दूसरे लोगों की तरह कोटा किसी के हाथ बेच दिया करेगा तो उसे सवा-डेढ़ सौ माहवार मिल जाएगा।" (खंड 2, पृ. 371) अपनों को उपकृत किए जाने की इस संस्कृति का ही लाभ उठाकर 'सोमराज साहनी, पंजाब के सर्वशक्तिमान मंत्री सूद जी से केन्द्र के

उद्योग मन्त्री के नाम सिफारिशी पत्र लेकर दिल्ली गया।' जहाँ अचानक उसका सामना केन्द्र सरकार की अंडर सेक्रेटरी के रूप में अपनी पूर्व पत्नी तारा से कुछ यूँ हुआ, "तारा को अप्रत्याशित और सहसा देखकर सोमराज सकपका गया।...सोमराज ने प्रार्थना-पत्र देश की स्वतन्त्रता के लिए संघर्ष में दंड पानेवाले पुराने राजनैतिक पीड़ित के रूप में दिया था।...झूठ! धोखा! तारा के मस्तिष्क में क्रोध की ज्वाला भभक उठी परन्तु प्रार्थना-पत्र के साथ राज्य कांग्रेस कमेटी के कागज पर, राज्य कांग्रेस कमेटी की मोहर सहित सोमराज साहनी के राजनीतिक कारणों से दो वर्ष जेल काटने का प्रमाण-पत्र मौजूद था।" (खंड 2, पृ. 540)

आजादी के बाद भारत में मूल्यहीनता व भ्रष्टाचार की राजनीतिक संस्कृति को यशपाल किसी एक व्यक्ति या दल तक न सीमित करके इसकी व्याख्या समूचे सत्ता तन्त्र की बीमारी के रूप में करते हैं। वे भ्रष्टाचार की चर्चा सूक्ष्म (माइक्रो) धरातल पर न करके बृहत् (मैक्रो) यथार्थ के रूप में करते हैं। 'झूठा सच' के ही एक पात्र के शब्दों में, "...लोगों को कांसटेबलों, चपरासियों और बाबुओं का रिश्वत लेना दिखाई दे जाता है। मैं पूछता हूँ शासन में चोटी से लेकर पाँव के अँगूठे तक कौन अनुचित लाभ नहीं उठा रहा है?...जनता का अरबों रुपया करोड़पतियों और सरकारी अफसरों की जेब में चला जा रहा है। भाखड़ा नांगल जाकर तमाशा देख लो। जनता के खर्च पर इतना सीमेंट खरीदा गया है कि भाखड़ा के पचास-साठ मील चारों ओर सब मकान सीमेंट के बन गए हैं। सीमेंट फैक्टरियों की चाँदी है, सरकारी अफसरों की चाँदी है।...चवन्नी की जगह रुपए का इस्टीमेट बनता है। फिर उस चवन्नी में से भी तीन आने खा जाना चाहते हैं।" (खंड 2, पृ. 560)

यशपाल सत्ता तन्त्र के सभी पहलुओं को अपने औपन्यासिक वृत्तान्त में विन्यस्त करते हैं। समाजवाद, साम्यवाद से लेकर मिश्रित अर्थव्यवस्था, सार्वजनिक क्षेत्र बनाम निजी क्षेत्र तथा नैतिकता बनाम व्यावहारिकता की सभी बहसें व जिरह इस उपन्यास में मौजूद हैं। नव स्वतन्त्र देश में राजनीति, अफसरशाही व वणिक वर्ग के सहमेल से दिल्ली से लखनऊ तक जो नई भोगवादी संस्कृति सत्ता के गलियारों में जन्म ले रही थी, यशपाल उसकी व्याख्या भी अपने औपन्यासिक कथ्य में मिसेज अगरवाला सरीखी उच्चवर्गीय 'सोशलाइट' महिलाओं की गतिविधियों के माध्यम से करते हैं। 'ए. ए. हाउस' की मिसेज अगरवाला अंग्रेजी राज के दौरान 'वार टाइम' में 'निटिंग क्लब' जाया करती थीं, जहाँ मिसेज अगरवाला के बेटे नरोत्तम के अनुसार, "युद्ध के मोर्चे पर गए हुए सिपाहियों के प्रति स्नेह और आदर, बल्कि कहिए अंग्रेज के प्रति लायल्टी प्रकट करने के लिए हाथ से बुनकर स्वेटर, मोजे, वगैरह सिपाहियों के लिए भेजे जाया करते थे। इट वाज ए नाइस होक्स। सप्ताह में एक दिन, कभी चीफ सेक्रेटरी के बँगले पर, कभी गवर्नमेंट हाउस में, वाइसरीन के निमन्त्रण पर हाई

सोसायटी लेडीज घंटे भर बैठकर सिपाहियों के लिए बुनाई किया करती थीं। क्लब की एक मीटिंग चौसिया के यहाँ हुई तो मम्मी ने अपने यहाँ भी 'निटिंग क्लब' को पार्टी दी। तीस-पैंतीस लेडीज आई थीं। पार्टी पर डेढ़-दो सौ खर्च आया होगा। घंटे भर में कितना बुन लिया होगा, यह आप अनुमान कर लीजिए।...तब हमारे यहाँ मुसलमान बैरा लतीफ था। पाकिस्तान चला गया है। वह ऊन खरीदकर गरीब औरतों से रुपए-डेढ़ रुपए में स्वेटर बुनवा लाता था। मम्मी क्लब में जमा करवा देती थीं। अब शुद्ध खद्दर की बारी आई है। हाँ, मम्मी गांधी जी की प्रार्थना में जाती हैं तो शुद्ध खद्दर की साड़ी पहनकर जाती हैं।'' (खंड 2, पृ. 168)

मिसेज अगरवाला का जलवा वाइसरीन की पार्टी, गांधी जी की प्रार्थना सभा से लेकर शराब व शबाब की पार्टियों तक विस्तृत था। 'ए ए हाउस' की पार्टी में तारा ने, ''श्यामा को दो बार डिनर में निःसंकोच शराब, सिगरेट पीते देखा था।... थोड़ी-बहुत शराब अगरवाला भी लेती हैं, पर श्यामा निःसंकोच ले लेती है।'' (वही, पृ. 421) ऐसी ही किसी पार्टी में तारा को नौकरी का लालच देकर अफसरों व शोहदों की मंडली में शराब परोसने का सलीका सिखाया गया था। एक ऐसी ही डिनर पार्टी में जब 'रावत, डे साहब और नरोत्तम सभी को बस तारा ही दिखाई दे रही थी' तब ''अपनी नौकर तारा के मुकाबले अपनी उपेक्षा मिसेज अगरवाला को बहुल खली। उन्होंने सोचा, मर्दों को जेवर, कपड़े की तमीज ही क्या होती है? वे तो बस जवान छोकरी देखते हैं; रोज नई चाहिए।'' (वही, पृ. 273) 'झूठा सच' की मिसेज अगरवाला की इन पार्टियों में आज के 'दि ग्रेट इंडियन मिडिल क्लास' व 'पेज थ्री कल्चर' की शिनाख्त की जा सकती है।

यशपाल एक जनपक्षधर उपन्यासकार थे। सत्ता तन्त्र का क्रिटीक रचते हुए भी मानवीय जिजीविषा व जनता के विवेक पर उनकी अटूट आस्था थी। सत्ता तन्त्र द्वारा जनतन्त्र के साथ खिलवाड़ व धोखाधड़ी का विमर्श रचते हुए न तो वे 'सिनिकल' हुए और न ही निराशावादी। उन्हें आजादी के बाद से ही चुनावी जनतन्त्र की दरारें दीखने लगी थीं। जनतन्त्र की जो विकृतियाँ आज मुखर होकर सामने हैं, उनका खुलासा भी यशपाल ने 'झूठा सच' के पृष्ठों पर बखूबी किया है। राजनीतिक दलों द्वारा धर्म, सम्प्रदाय और जाति का चुनावी हितों के लिए दुरुपयोग उनकी रचना दृष्टि से परे नहीं था। आजाद भारत के प्रथम आम चुनाव (1952) के दौरान टिकट बँटवारे का एक दृश्य। उपन्यास की पात्र श्यामा के शब्दों में, ''...झगड़ा यह है कि तीन सीटें स्त्रियों के लिए हैं। अगरवाला कांग्रेस का टिकट चाहती है। प्रसाद उनका समर्थन कर रहा है। कुछ लोगों ने मेरा नाम देकर मुसीबत कर दी है। वे अगरवाला को नहीं चाहते। ठीक भी है। सन् '47 के पहले कहाँ थी अगरवाला? अंग्रेज सेक्रेटरियों की मेमों के पीछे-पीछे घूमा करती थी। बिलकुल जाहिल है, क्या करेगी असेम्बली में

जाकर? दो-चार को खिला रही है, वे लोग आगे बढ़ा रहे हैं।'' (खंड 2, पृ. 423) और इसी चुनाव के प्रचार की एक बानगी उपन्यास के कम्युनिस्ट पात्र निरंजन चड्ढा के शब्दों में है, ''...लखनऊ की सभा में यू.पी. के चीफ मिनिस्टर ने कहा है, जो लोग भगवान पर विश्वास नहीं करते उन्हें किस पाप से डर हो सकता है। ईश्वर-विश्वास कांग्रेस और राष्ट्रीयता का लक्षण कब से हो गया? तुम्हारे आदमी भरी सभा में कहते हैं कि कम्युनिस्टों की सरकार हो जाएगी तो स्त्रियों को सामाजिक सम्पत्ति बना दिया जाएगा।'' (वही, पृ. 429) इस धार्मिक दृष्टिकोण का खुलासा जयदेव पुरी की इस चुनावी व्यूह रचना से और भी स्पष्ट है, ''कांग्रेस को कम-से-कम चालीस सीटें सिखों को देनी होगी। अकालियों के तो सब उम्मीदवार सिख ही होंगे। जिस क्षेत्र में सिखों की संख्या अधिक है, वहाँ कांग्रेस के हिन्दू उम्मीदवार के लिए कोई चांस नहीं। असेम्बली में सिखों की मैजारिटी पक्की हो जाएगी। वैसे तो तैंतीस फीसदी ही हैं। इसका कोई उपाय नहीं।...'' (वही, पृ. 375)

यशपाल द्रष्टा कथाकार थे इसीलिए लगभग पाँच दशक पूर्व लिखे जाने के बावजूद वे 'झूठा सच' में जनतन्त्र की उन चुनावी विकृतियों की विस्तृत चर्चा कर सके जो आज अपने विकराल रूप में हमारे सामने है। लेकिन सत्ता तन्त्र की पतनशीलता के बावजूद उन्हें उम्मीद की किरण संघर्षशील जनता में ही दीखती थी। यही कारण है कि उन्होंने 'झूठा सच' के इस महावृत्तान्त का समापन दूसरे चुनाव में कांग्रेसी नेता सूद की हार और जनता की जीत के उल्लेख से किया है। 'झूठा सच' का अन्तिम वाक्य भी यही है, ''अब तो विश्वास करोगे, जनता निर्जीव नहीं है। जनता सदा मूक नहीं रहती। 'देश का भविष्य' नेताओं और मन्त्रियों की मुट्ठी में नहीं है, देश की जनता के ही हाथ में है।''

सच तो यह है कि 'झूठा सच' एक औपन्यासिक कृति मात्र न होकर विभाजन के दौर और उसके बाद के भारतीय समाज व राजनीति का कालजयी दस्तावेज है। कई अर्थों में यह भारत विभाजन के सुपरिचित विमर्शों व प्रभुत्वशाली चिन्तन का प्रतिपक्ष भी है। इस उपन्यास की सबसे बड़ी खूबी यह है कि न तो यह सरहद के इस पार के लेखक की रचना लगती है और न ही किसी पुरुष लेखक की। धर्म, लिंग और सरहदों की सीमाओं को तोड़ती इस औपन्यासिक कृति की महाकाव्यात्मकता इस रहस्य में अन्तर्निहित है कि 'झूठा सच' तारा की नियति कथा के बहाने देश के विभाजन का वृत्तान्त है या कि देश विभाजन के परिणामस्वरूप है तारा की नियति। उपन्यास में तारा स्वयं कहती है, ''मेरे भाग्य के कारण देश का बँटवारा हुआ या देश के भाग्य के कारण मेरी दुर्गति हुई।'' (खंड 2, पृ. 393)

यशपाल एक बुतशिकन लेखक थे। परम्परा द्रोह उनकी लेखन व जीवनशैली थी। समतावादी दृष्टिकोण उनकी आचार संहिता थी। शायद यही कारण है, न तो वे हिन्दू परिप्रेक्ष्य व मुस्लिम परिप्रेक्ष्य में 'विभाजन' को बाँट सके और न स्त्री-पुरुष के बीच भेद कर सके। सम्भवतः स्त्री-पुरुष समानता की उनकी इस जिद के ही कारण कुछ 'नैतिक' आलोचकों ने 'झूठा सच' के नारी परिप्रेक्ष्य को 'काम ग्रसित' करार दिया। दुख एवं आश्चर्य तो इस बात पर है कि 'विभाजन' से जुड़े 'फेमिनिस्ट' लेखन को भी 'झूठा सच' की खबर नहीं है। शायद इसका कारण 'फेमिनिस्ट' लेखन का अंग्रेजीदाँ होना और 'झूठा सच' का 'वर्नाकुलर' भाषा में लिखा जाना है। लेकिन क्षोभ का विषय तो यह है कि मुशीरुल हसन और ज्ञानेन्द्र पांडे भी 'विभाजन को याद करते हुए' यशपाल के 'झूठा सच' को भूल जाते हैं। कारण शायद 'झूठा सच' का 'नैटिव लैंग्वेज' में लिखा जाना ही है। इस देश के बौद्धिकों की यह विडम्बना ही है कि अभी तक यहाँ 'सबाल्टर्न राइटिंग' और 'नैटिव लैंग्वेज' का सहमेल नहीं हो पाया है। काश ऐसा होता, क्योंकि 'झूठा सच' भी विभाजन के अब तक लगभग अछूते मुस्लिम और नारी परिप्रेक्ष्य के कारण एक विशेष अर्थ में 'सबाल्टर्न' लेखन ही है।

टाल्सटाय के 'वार एंड पीस' की तर्ज पर 'झूठा सच' की एक कठिनाई इसका बृहदाकार होना है। इस आकार के उपन्यासों के साथ सबसे बड़ा जोखिम है उनका अपठित रह जाना, चाहे वह रोम्यां रोला का 'ज्यां क्रिस्टोफर' ही क्यों न हो। दो राय नहीं कि 'झूठा सच' को हिन्दी उपन्यासों में 'क्लैसिक' का दर्जा हासिल है, लेकिन जरूरी है उन कारणों का जानना जिनके कारण यह 'क्लैसिक' की कोटि में है। इसलिए आवश्यक है इसका पढ़ा जाना। 'बाबरी मस्जिद ध्वंस' और 'गुजरात 2002' के बाद जब फासीवाद की आहटें साफ सुनाई दे रही हों तो और भी जरूरी है समझना उस 'विभाजन' की पृष्ठभूमि को जो आज भी जारी है। 'झूठा सच' के पुनर्पाठ की यही प्रासंगिकता है।

विभाजन, इस्लामी राष्ट्रवाद और भारतीय मुसलमान : सन्दर्भ 'आधा गाँव'

"...हम ऐसे मुल्क में रहते हैं जिसमें हमारी हैसियत दाल में नमक से ज्यादा नहीं है। एक बार अंग्रेजों का साया हटा तो ये हिन्दू हमें खा जाएँगे। इसलिए हिन्दुस्तानी मुसलमानों को एक ऐसी जगह की जरूरत है जहाँ वे इज्जत से जी सकें। बहुत जोशीली तकरीर थी। बीच-बीच में बिरादराने इस्लाम ने तकबीर भी बोली।...हाजी साहब गुस्से में मस्जिद से निकल आए। उनकी समझ में तकरीर बिलकुल नहीं आई थी। उनकी समझ में यह बात भी नहीं आ रही थी कि मुसलमानों को यह एकदम से पनाहगार की जरूरत क्यों आ पड़ी है। और अंग्रेजों का वह साया कहाँ है...गंगौली में तो अब तक कोई अंग्रेज देखा नहीं गया था। और जब अंग्रेज हिन्दुस्तान में नहीं थे, तब आखिर हिन्दुओं ने मुसलमानों को क्यों नहीं मार डाला? और बुनियादी सवाल यह था कि जिन्दगी-मौत खुदा के हाथ में है या अंग्रेजों और जिन्ना साहब के हाथ में?"

('आधा गाँव', पृ. 254)

"...रोशन आग़ा दो नजरियों के बीच बँटे हुए थे। खेतों में खुद कभी काम न करने के कारण उन्हें जमीन मात्र से कोई लगाव नहीं था। लेकिन इसकी मिल्कियत और इस कारण उससे जुड़े लोगों के प्रति उनकी निष्ठा थी। दूसरी ओर मुस्लिम लीग के मकसद मुसलमानों के लिए नए वतन पाकिस्तान के प्रति उनका समर्थन भरा नया नजरिया था।"

('उदास नस्लें', अंग्रेजी संस्करण, पृ. 300-301)

"हिन्दुस्तानियत और इस्लाम एक मानी के अन्दर आ नहीं सके, क्योंकि प्रथम में हिन्दुइज्म शामिल था और उसमें अंग्रेजों ने हिन्दू साम्प्रदायिक तत्त्वों के जरिए अलग हिन्दू रिवाइवलिज्म का आन्दोलन चला रखा था।...हिन्दू बहुसंख्यकों के हाथों पिट जाने के भय की साइकोलॉजी का जिक्र पंडित नेहरू और सरदार पणिक्कर दोनों ने किया है। यह सवाल इतिहास का बहुत बड़ा अगर है कि यदि इस भय को दूर किया जा सकता तो आज हालात क्या होते?"

('आग का दरिया', संस्करण 1999, पृ. 44)

"...यह एक बहुत तकलीफदेह हकीकत है लेकिन है हकीकत कि बिहारी मुसलमानों की बंगाली मुसलमानों के साथ गुजर नहीं हो सकती। बड़ा ही जानलेवा एहसास है यह कि हम जिन आदर्शों को सीने से लगाए हुए थे और जिनसे हमारे दिल और रूह को ताजगी और सुकून मिलता था उन्होंने अचानक ही जहरीले साँपों की तरह हमें डसना शुरू कर दिया है। मैं सच कहता कि बिहार के हिन्दू इन बंगाली मुसलमानों से यकीनन बेहतर थे... ।"

('छाको की वापसी', पृ. 155)

भारत विभाजन की पृष्ठभूमि पर लिखित 'आधा गाँव' (राही मासूम रजा), 'उदास नस्लें' (अब्दुल्ला हुसैन), 'आग का दरिया' (कुर्रतुल ऐन हैदर) व 'छाको की वापसी' (बदीउज्जुमां) उपन्यासों में अभिव्यक्त भारतीय मुसलमान की उलझन व भारत विभाजन की गुत्थी को न तो मुहम्मद अली जिन्ना के 'दो राष्ट्रों के सिद्धान्त' से सुलझाया जा सकता है और न ही राष्ट्रीय स्वयंसेवक संघ के सांस्कृतिक राष्ट्रवाद में इसका हल ढूँढ़ा जा सकता है। "अउरी हम त फिनहूं जोलहे के जोलहा रह जाइब। का पाकिस्तान में मियाँ लोग जोलहन से रिश्ता-नाता करे लगिहें?" ('आधा गाँव', पृ. 225) 'आधा गाँव' के हाजी साहब का यह सवाल और 'छाको की वापसी' के महम्दू खलीफा का यह विश्वास कि "सैयद के पाँव दबाने से हो सकतइ कि अल्लाह मियाँ खुस हो जथिन। हमरा भी जन्नत देयिनत अल्लाह मियाँ।" (पृ. 37) इस सदिच्छा से अनुत्तरित रह जाता है कि "मुसलमान-मुसलमान भाई-भाई होता है। इस्लाम ऊँच-नीच को नहीं मानता।" ('आधा गाँव', पृ. 66) 'आधा गाँव' के तन्नू (मेजर तनवीरुल हसन) का इस पशोपेश में होना कि "क्या सचमुच हिन्दुस्तानी मुसलमान इस जमीन का नहीं है? वे क्यों एक वतन की जरूरत महसूस कर रहे हैं" (पृ. 263) और छाको का यह चीत्कार कि "जेहल दे दे चाहे फाँसी, हम त छोड़ के न जैबई अपन घरवा" (पृ. 158) भारतीय मुसलमान की जिस पीड़ा को उजागर करता है उसे हिन्दू-मुस्लिम एक रैखिकता के सरल नुस्खे से नहीं समझा जा सकता।

"गंगौली मेरा गाँव है, मक्का मेरा शहर नहीं है। यह मेरा घर है और काबा अल्लाह मियाँ का।" कुफ्र सरीखे इस कथन के बावजूद तन्नू पाकिस्तान क्यों चला जाता है? आखिर क्यों सन् बयालीस के आन्दोलन में गोली खाकर शहीद होने के बावजूद कासिमाबाद के स्मारक पर फुन्नन मियाँ के बेटे मुमताज का न तो नाम दर्ज किया गया और न ही कांग्रेसी नेता ने अपनी तकरीर में उनका नाम लिया? मुस्लिम अस्मिता का एक छोर फुन्नन मियाँ के दर्द और बेचारगी भरे इस बयान से भी जुड़ता है कि "ए साहब, हिआं एक ठो हमरहू बेटा मारा गया रहा। अइसा जना रहा की कोई आपको ओका नाम ना बताइस। ओका नाम मुन्ताज रहा।" ('आधा गाँव', पृ. 300) लेकिन 'आधा गाँव' के फुन्नन मियाँ का यह दर्द और छाको का यह सवाल

कि 'हम हियां न रह सके हैं, बाबू' 'आग का दरिया' की चम्पा अहमद एवं 'उदास नस्लें' के नईम की त्रासदी से भिन्न है। चम्पा व नईम अपने व्यक्तिगत जीवन की त्रासदी को विभाजन के राजनीतिक बयान में ढालते हैं जबकि फुन्नन मियाँ और छाको भारतीय उपमहाद्वीप के विभाजन से उपजी राजनीतिक उथल-पुथल के शिकार होते हैं।

कहा जा सकता है कि राही मासूम रजा और बदीउज्जमां अपने उपन्यास 'आधा गाँव' व 'छाको की वापसी' के माध्यम से विभाजन व भारतीय मुसलमान का देशज व निम्नवर्गीय (सबाल्टर्न) विमर्श रचते हैं; जबकि कुर्रतुल ऐन हैदर व अब्दुल्ला हुसैन 'आग का दरिया' व 'उदास नस्लें' के माध्यम से इसे उस प्रभुत्ववादी राष्ट्रीय विमर्श में ढालते हैं, जो अन्ततः विभाजन के इतिहास का आभिजात्यवादी भाष्य ही है। यह अकारण नहीं है कि 'आग का दरिया' के चम्पा, कमाल, गौतम, नीलाम्बर व हरिशंकर तथा 'उदास नस्लें' के अजरा, नईम, परवेज व रोशन आगा सरीखे मुख्य पात्र देश-दुनिया घूमे कास्मोपालिटन व आभिजात्य जीवनशैली में रचे-पगे-ऊबे व सुखी लोग हैं। 'आग का दरिया' में तो जनसाधारण की उपस्थिति कमरुन, कदीर, रमदैया व रामऔतार सरीखे माली, ड्राइवर, खानसामा व सईस के ही रूप में देखने को मिलती है।

यूँ तो 'आधा गाँव' के केन्द्र में भी शिया सैयदों का सामन्ती कुलीन तन्त्र ही है। लेकिन मुस्लिम जमींदारों की कुलीनता के छद्म को जिस अन्तरंगता व नैतिक साहस के साथ राही मासूम रजा ने इस उपन्यास में बेपर्दा किया है, वह बेजोड़ है। यह वास्तव में दुर्भाग्यपूर्ण है कि हिन्दी के जिस अकेले उपन्यास 'आधा गाँव' में विभाजन, साम्प्रदायिकता और मुस्लिम अस्मिता के प्रश्न को उसकी सम्पूर्ण संश्लिष्टता में कथात्मक बनाया गया है, उसे मात्र सैयदों की रीति-रिवाजों व आंचलिकता के विमर्श तक सीमित कर दिया जाता है। विभाजन व मुस्लिम अस्मिता के प्रश्न को राही मासूम रजा न तो हिन्दू व मुस्लिम खानों में बाँटते हैं और न ही उसे अंग्रेजों की 'फूट डालो व राज करो' की नीति तक सीमित करते हैं। वे इसके सूत्रों की तलाश भारतीय समाज की सामन्ती संरचना व मुस्लिम समुदाय की आन्तरिक बुनावट में करते हैं। जिस मजहब को पाकिस्तान के निर्माण का आधार बनाया गया राही मासूम रजा उसे मजहब के ही तर्कों से सवालों के घेरे में खड़ा करते हैं। और यह सब करते हुए वे जीवन्त पात्रों का जो अन्तरंग संसार रचते हैं, वह इतिहास, राजनीति व कथा वृत्तान्त के सम्मिश्रण से औपन्यासिक विधा की अपार सामर्थ्य को उजागर करता है। उपन्यास यहाँ मात्र साहित्यिक संरचना (लिटरेरी कंस्ट्रक्ट) न होकर एक समर्थ सामाजिक व वैचारिक संरचना के रूप में प्रस्तुत होता है।

राही मासूम रजा ने 'आधा गाँव' को गंगौली से गुजरनेवाले समय की कहानी के रूप में परिभाषित किया है। कुर्रतुल ऐन हैदर तो 'आग का दरिया' को 'काल के समय का प्रतीक' ही बताती हैं। लेकिन जहाँ 'आग का दरिया' का उद्‌गम चौथी शताब्दी ईसा पूर्व तथा इसकी व्याप्ति तत्कालीन बुद्ध विहारों तक है, वहीं 'आधा गाँव' का समय अत्यन्त सीमित निकट वर्तमान तथा लोकेल ठेठ स्थानिक है। 'आधा गाँव' 1937 से लेकर 1952 के मात्र उन डेढ़ दशकों की कहानी है, जिस दौरान सीमित मताधिकार पर आधारित प्रान्तीय असेम्बलियों के पहले चुनाव, द्वितीय विश्वयुद्ध, भारत छोड़ो आन्दोलन, पाकिस्तान का निर्माण व स्वतन्त्र भारत के प्रथम आम चुनाव हुए थे।

बदीउज्जमां के उपन्यास 'छाको की वापसी' का भी समय कमोबेश यही है और लोकेल फाल्गु नदी के किनारे बसा बिहार का गया जिला है। अब्दुल्ला हुसैन का उपन्यास 'उदास नस्लें' लोकमान्य तिलक व प्रथम विश्वयुद्ध से शुरू होकर विभाजन की त्रासदी तक और इसका लोकेल हरियाणा दिल्ली व लाहौर तक विस्तृत है।

'आधा गाँव' उत्तर प्रदेश के गाजीपुर जिले के जिस गंगौली नामक गाँव का कथा वृत्तान्त है उसके "कोनों पर सैयद लोगों के मकान हैं...बीच-बीच में जुलाहों के घर हैं।...गाँव के आसपास कई 'पूरे' आबाद हैं, किसी में चमार रहते हैं, किसी में भर और किसी में अहीर।" (पृ. 14) भारतीय समाज का बहुलवाद व साम्प्रदायिक सौहार्द गंगौली की सामन्ती संरचना में कुछ यूँ घुला-मिला था कि मुहर्रम के ताजिए के पीछे यहाँ "हजार-पाँच सौ आदमियों की भीड़ होती। औरतें बच्चों को बड़े ताजिए के नीचे से निकालतीं। मन्नतें मानतीं। जारी पढ़तीं और शरबत चढ़ातीं। ये औरतें सैदानियाँ नहीं हुआ करती थीं क्योंकि सैदानियाँ तो डोली बिना घर से निकल ही नहीं सकती थीं। ये तो गाँव की राकिनें, जुलाहिनें, अहीरनें और चमाइनें होती थीं।" (पृ. 74-75) यह वह गाँव था जहाँ ताजिए निकलते वक्त अपनी उलती न गिराए जाने पर ब्राह्मणी बेवा मीर साहब से उलती गिरवाने की चिरौरी करती है और किसी अनिष्ट की आशंका में नूरुद्दीन शहीद की मजार पर यह बिनती करती है, "हे इमाम साहिब! हमार लइकन के कुछऊ हो गइल ना त ठीक ना होई!" (पृ. 75) बदीउज्जमां के 'छाको की वापसी' का रामधनी भी मुहर्रम का "सिपर उठाना कैसे छोड़ दे! लोग क्या सोचेंगे इसके बारे में? और सवाल सिर्फ लोगों के सोचने का नहीं है। उसे पाप नहीं लगेगा क्या! सिपर नहीं उठाई तो इमाम साहब सराप नहीं दे देंगे क्या?" (पृ. 24)

सामन्ती सौहार्द एवं धर्मभीरुता में रचा-पगा राही मासूम रजा का 'आधा गाँव' व बदीउज्जुमां के 'छाको की वापसी' का इलाका सरहद से सैकड़ों कोस दूर होने के

बावजूद बँटवारे की त्रासदी से गुजर रहा था। बँटवारा यहाँ भले ही 'झूठा सच' (यशपाल), ट्रेन टू पाकिस्तान (खुशवंत सिंह), तमस (भीष्म साहनी), आजादी (चमन नाहल) व दि आइस कैंडी मैन (बप्सी सिधवा) की तरह न तो भौगोलिक रूप में उपस्थित रहा हो और न मारकाट की साम्प्रदायिक वीभत्सता में, लेकिन "लोगों के गले में पाकिस्तान की कटी हुई नाल जिस फाँसी की तरह पड़ी हुई थी वह तमाम लोगों का दम घोटे जा रही थी।" यहाँ यह तथ्य भी दृष्टव्य है कि यशपाल, खुशवंत सिंह, भीष्म साहनी, चमन नाहल व बप्सी सिधवा सहित ये सभी गैर-मुस्लिम लेखक अपने उपन्यासों की पृष्ठभूमि के रूप में सरहदी इलाका चुनते हैं, जबकि राही मासूम रजा, बदीउज्जमां, कुर्रतुल ऐन हैदर व अब्दुल्ला हुसैन के उपन्यासों की पृष्ठभूमि गंगा-जमुनी तहजीब का हिन्दी, उर्दू, भोजपुरी भाषी इलाका है। शायद इसके मूल में मुस्लिम व गैर-मुस्लिम लेखकों के अनुभव संसार व सरोकारों की भिन्नता हो। यही कारण है कि जहाँ मुस्लिम लेखक पाकिस्तान बनने की पृष्ठभूमि व प्रक्रिया को औपन्यासिक बनाते हैं वहीं गैर-मुस्लिम लेखक इसमें सन्निहित हिंसा व सरहदी इलाके के जीवन व कार्य व्यापार में आई हलचलों एवं उनकी राजनीतिक परिणतियों का वृत्तान्त रचते हैं।

हई, जिन्ना साहब कहाँ के बाड़न?

यहाँ यह तथ्य भी विचारणीय है कि 'आधा गाँव' व 'छाको की वापसी' के औपन्यासिक कथ्य में पाकिस्तान का विमर्श उसी तरह प्रवेश करता है, जिस तरह उन दिनों के ग्राम्य व कस्बाई इलाकों में यह वास्तव में उपस्थित था। यह व्यापक मुस्लिम समुदाय के जीवन की आन्तरिक परिस्थितियों की उपज न होकर एक बाह्य एजेंडे के रूप में उपन्यास में उसी तरह दाखिल होता है, जिस तरह गंगौली व गया के कस्बे में यह वास्तव में दाखिल हुआ था। 'आधा गाँव' के फुन्नन मियाँ यह सवाल करते हैं कि "हई, जिन्ना साहब कहाँ के बाड़न?" (पृ. 269) और हाजी गफूर अंसारी तो दो-टूक लहजे में कहते हैं कि "हम लोग त जमीयतुल अंसार वाले हैं। हम लोग त उसलिम लीग मुसलिम लीग को ओट ना दे सकते।" (पृ. 253) इसके विपरीत 'आग का दरिया' व 'उदास नस्लें' में पाकिस्तान का विमर्श उसके अपने पात्रों की सामाजिक व राजनैतिक हैसियत का परिणाम था। 'आग का दरिया' की चम्पा अहमद के "चाचा मुरादाबाद सिटी मुस्लिम लीग के अध्यक्ष थे। सन् 1936 में जब धूमधाम से मुस्लिम लीग का अधिवेशन हुआ तो उसमें "चम्पा के पिता और चाचा दोनों सम्मिलित हुए थे। राजा साहब महमूदाबाद जब भी बनारस आते, चम्पा के पिता उनकी सेवा में अवश्य उपस्थित होते और पाकिस्तान की माँग के बारे में विचार-विनिमय करते।" ('आग का दरिया', पृ. 206) 'उदास नस्लें' की

अजरा "रोशनपुर के नवाब गुलाम मोहीउद्दीन की बेटी होने के कारण रोशन महल में दिल्ली के चीफ कमिश्नर सरीखे लोगों की मेजबानी करती थी और जब वह नवयुवती थी तो गवर्नर के दरबार में भी हो आई थी।" (पृ. 225) अजरा व नईम ने "दिल्ली में आयोजित मुस्लिम पार्टियों के उस शानदार सर्वदलीय जलसे में भी शिरकत की थी जिसके मुख्य अतिथि सर आगा खाँ थे जो उन दिनों फ्रांस में रहते थे।" (पृ. 231)

कहना न होगा कि 'आग का दरिया' व 'उदास नस्लें' के पात्रों की यह सामाजिक व राजनीतिक पृष्ठभूमि उत्तर भारत के तालुकेदारों, जमींदारों और बड़े अफसरों के जिस समाज से बाबस्ता है, वही पाकिस्तान की रीढ़ था। मुस्लिम समुदाय के इस कुलीन वर्ग ने अपने हितों की पूर्ति के लिए जिन्ना के जिस 'दो राष्ट्र के सिद्धान्त को साधन के रूप में अपनाया राही मासूम रजा 'आधा गाँव' में उसके मिथक का भेदन करते हैं। राही की खूबी यह है कि वे अपनी सैद्धान्तिक व वैचारिक निष्पत्तियों को न तो लेखकीय बयान के रूप में प्रस्तुत करते हैं और न ही उसके लिए साँचे ढले औपन्यासिक पात्र गढ़ते हैं। 'आधा गाँव' के फुन्नन मियाँ हाड़-मांस के ऐसे पात्र हैं, जो अपनी सहज बुद्धि, कमजोरियों व खूबियों के साथ उपस्थित हैं, जबकि 'छाको की वापसी' के वली अहमद उर्फ गांधी भाई की रचना बदीउज्जुमां ने साँचे ढले उस राष्ट्रवादी मुसलमान के रूप में की है, जो जमशेदपुर के साम्प्रदायिक दंगे में शहीद हो जाते हैं। फुन्नन मियाँ भी मौत के शिकार होते हैं, लेकिन साम्प्रदायिकता की भेंट चढ़कर नहीं बल्कि अपने प्रतिद्वन्द्वी हम्माद मियाँ के आदमियों की लाठियों का शिकार होकर। वली अहमद उर्फ गांधी भाई मरते दम यह तकरीर करते हैं—"तुम लोगों को शर्म आनी चाहिए। तुम लोग इनसान का खून बहाना चाहते हो। तुम समझते हो कि मैं तुमसे डर जाऊँगा। मैं मुस्लिम लीग के गुंडों से जिस तरह लड़ता रहा हूँ, उसी तरह तुमसे लड़ूँगा।" ('छाको की वापसी', पृ. 156) राही मासूम रजा अपने फुन्नन मियाँ को इस शहीदाना अन्त से बचाते हुए उन्हें जीवन के विमर्श में ढालते हैं। अन्तिम क्षण उनके शब्द थे—"ई त बड़ी नामरदी की बात है...ठोक के मारा त मरद जाने।" (पृ. 358)

यहाँ 'आधा गाँव' के फुन्नन मियाँ व 'छाको की वापसी' के वली अहमद उर्फ गांधी भाई की समानान्तर चर्चा अनायास न होकर औपन्यासिक प्रविधि के उस अन्तर को रेखांकित करने के लिए है जो ठोस यथार्थ और काल्पनिक आदर्श के बीच है। आखिर ऐसा क्यों है कि फुन्नन मियाँ और वली अहमद पाकिस्तान व मुस्लिम लीग के विरुद्ध लगभग एक ही राष्ट्रीय धरातल पर खड़े हैं लेकिन फुन्नन मियाँ का चरित्र अधिक विश्वसनीय व यथार्थपरक है जबकि वली अहमद उर्फ गांधी भाई का व्यक्तित्व अपनी सम्पूर्णता में किंचित् विचित्रता व नाटकीयता लिए

हुए है। राही मासूम रजा की खूबी यही है कि वे अपनी सैद्धान्तिक व वैचारिक निष्पत्तियों को प्रतिपादित करने के लिए औपन्यासिक पात्रों की रचना नहीं करते बल्कि औपन्यासिक पात्रों को उस जीवन राग से सराबोर करते हैं जो सिद्धान्त को यथार्थ से प्रतिस्थापित कर देता है। राही की औपन्यासिक सफलता का रहस्य यही है कि वे सिद्धान्त के जरिए निष्कर्ष की हड़बड़ी का रास्ता न अपनाकर उस सामाजिक प्रक्रिया को उद्घाटित करते हैं, जहाँ से सिद्धान्त को खाद-पानी मिलता है।

कुर्रतुल ऐन हैदर 'आग का दरिया' के औपन्यासिक विमर्श में यह धैर्य बरकरार नहीं रख पातीं। परिणामस्वरूप कभी वे ए.एल. बाशम के 'दि वंडर दैट वाज इंडिया' का सांस्कृतिक उल्था करती हैं तो कभी हरमन हेस का 'सिद्धार्थ' उनके गौतम की छाया छवि लगता है। 'आग का दरिया' के विभाजन व मुस्लिम लीग सम्बन्धी प्रसंगों को पढ़ते हुए यह दुविधा लगातार बनी रहती है कि वे अक्सर अपने राजनीतिक बयान को औपन्यासिक विमर्श में विन्यस्त करने में असफल रहती हैं। यही कारण है कि उन्हें अपने उपन्यास की अन्तर्वस्तु में कई-कई पृष्ठों के लम्बे-लम्बे (पृ. 232 से 240 सरीखे) उद्धरणों का सहारा लेना पड़ता है। राही मासूम रजा 'आधा गाँव' की औपन्यासिक अन्तर्वस्तु में कुर्रतुल ऐन हैदर की यह निबन्धात्मक शैली नहीं अपनाते–"वफादार अंग्रेजीदाँ मुसलमानों का मध्यम वर्ग बनना शुरू हुआ। मुल्क की धरती पर जी-तोड़ मेहनत-मशक्कत करके जिन्दा रहनेवाले मुसलमान जुलाहों और किसानों का मुस्लिम लीग के लीडरों को खयाल तक न आया। उन सबको यही चिन्ता थी कि अपने लिए अधिक-से-अधिक आर्थिक सुरक्षा और नौकरियाँ कैसे प्राप्त कर ली जाएँ।" ('आग का दरिया', पृ. 235)

कुर्रतुल ऐन हैदर की उपरोक्त निबन्धात्मक शैली में अन्तर्निहित मुस्लिम लीग व जुलाहा समुदाय के बीच के अन्तर्द्वन्द्व को राही मासूम रजा 'आधा गाँव' में निम्नवत औपन्यासिक बनाते हैं। पाकिस्तान का प्रचार करने आए अलीगढ़ यूनिवर्सिटी के मुस्लिम लीगी लड़कों के बीच सैयदों की बस्ती से लौटने के बाद का यह संवाद दृष्टव्य है–

"फुस्सू मियाँ से तो भुगत लिया हमने, जवाद मियाँ का घर भी देख लिया। अब्बू मियाँ गए हुए हैं गाजीपुर। बस हम्माद मियाँ से भुगत लिया जाए तो दक्खिन पट्टी का सिलसिला खत्म हो जाए। रहे उत्तर पट्टी के मियाँ लोग तो उनका वोट तो हमारी जेब में है।"

"मगर ये जुलाहे?"

"इनके लिए तो मौलाना आजाद सुब्हानी और मौलाना अब्दुल बाकी कल ही आ रहे हैं। मैं जुलाहों और बिहारियों से बातें नहीं कर सकता। दोनों साले मादरजाद

चूतिये होते हैं।'' ('आधा गाँव', पृ. 252) बदीउज्जमां 'छाको की वापसी' की अन्तर्वस्तु में मुस्लिम लीग के उच्च व मध्यवर्गीय मुस्लिम विमर्श को निम्नवत विन्यस्त करते हैं : ''उनका (हबीब भाई) खयाल था कि जाहिल और गँवार मुसलमान पाकिस्तान न ही जाएँ तो अच्छा है। पढ़े-लिखे मुसलमानों को ही वहाँ जाना चाहिए। ये लोग पाकिस्तान के लिए मुफीद होंगे और इनको भी पाकिस्तान से फायदा पहुँचेगा। छाको जैसे लोग वहाँ पहुँचने लगे तो मुसलमानों का यह नया मुल्क क्या खाक तरक्की करेगा! इस तरह के लोग हिन्दुस्तान में ही रहें तो अच्छा है।'' ('छाको की वापसी', पृ. 22) अब्दुल्ला हुसैन मुस्लिम लीग के आभिजात्य विमर्श को 'उदास नस्लें' में यूँ औपन्यासिकता प्रदान करते हैं–''बैठक में परवेज हावी था। उसकी बातें तार्किक थीं। रोशन आगा को नए मुल्क में हिन्दू व सिखों द्वारा छोड़ी गई जमीन पर अपनी जमीन का पूरा मुआवजा मिल जाएगा और जहाँ तक सिविल सर्विस में उसके कैरियर का सवाल था, ऊँचे-से-ऊँचे ओहदे पर उसकी तरक्की के बेशुमार अवसर थे। वैसे भी पाकिस्तान में मुस्लिम अफसरों की बहुत कमी होगी क्योंकि पूरे हिन्दुस्तान में मुस्लिम अफसरों की तादाद बहुत अधिक नहीं थी।'' ('उदास नस्लें', पृ. 300-301)

राही मासूम रजा मुस्लिम लीग के पाकिस्तान विमर्श को ग्राम्य सन्दर्भ देते हुए इस्लामी समरसता व भाई-चारे के मिथक का भेदन करते हैं। इसके लिए वे गंगौली की उस आन्तरिक बुनावट को उघाड़ते हैं, जिस पर सामन्ती समरसता का आवरण है। शिया अशराफ की मुहर्रम की मजलिस का एक दृश्य 'आधा गाँव' में यूँ है–''तीन दरे के जिस हिस्से में फर्श नहीं था, उसमें जुलाहे बैठे हुए थे। चमारों व भरों के लड़के प्रसाद के लालच में तीन दरे के बाहर जमीन पर उकड़ूँ बैठे आपस में लड़ रहे थे।'' (पृ. 44) मुस्लिम समुदाय का सामाजिक वर्गीकरण किस तरह आर्थिक सम्पन्नता का अतिक्रमण करता था, 'आधा गाँव' में इसकी एक बानगी यूँ है–''रकियानेवाले लोग इतने दौलतमन्द थे कि जब चाहें खड़े-खड़े पूरे गाँव को खरीद लें लेकिन ये कपड़ेवाली कुर्सी पर नहीं बैठ सकते थे, इन लोगों के लिए लकड़ी या टीन की कुर्सी रखी जाती थी।'' (पृ. 53) जुलाहों, राकियों व सैयदों के बीच ऊँच-नीच का यह भेदभाव इतना गहरा था कि गंगौली आने पर सैयद खानदान का अब्बास अलीगढ़ यूनिवर्सिटी के अपने सहपाठी फारुख, जो ऑल इंडिया मुस्लिम स्टूडेंट फेडरेशन का उपसभापति भी था, से इसलिए नहीं मिल सकता था क्योंकि वह नीची जाति के राकी अनवारुल हसन का बेटा था। ''मियाँ लोगों के सामने तो वह रकियाने जा नहीं सकता था, बड़े जूते पड़ते।'' गंगौली में रहते हुए अब्बास, फारुख को फारुख भाई नहीं कह सकता था, क्योंकि ''किसी सैयद जमींदार का लड़का किसी राकी बच्चे को 'भाई' कैसे कह सकता था।''

आप मियाँ हईं, आप के ई ना चाही

मुस्लिम समुदाय के बीच यह सामाजिक विभाजन धार्मिक अवसरों पर भी कायम रहता। गंगौली में मुहर्रम के अवसर पर "दक्खिन पट्टीवाले गंगौली के पुराने जमींदार थे, इसलिए वे अपने ताजिए खुद नहीं सजाया करते थे। बड़ा ताजिया राकी सजाते थे। कोई ताजिया जुलाहों के इन्तजाम में था और कोई हज्जामों के।" (पृ. 74) कुलीन सैयदों एवं मेहनत-मशक्कत करनेवाले जुलाहों व राकियों के बीच की इस दूरी के मूल में मुस्लिम समुदाय का अशराफ व रजिल (निम्न) के बीच का वह वर्गीकरण है जो हिन्दू समाज के सवर्ण व अवर्ण की तर्ज पर मुस्लिम समुदाय के मेहनत व मजदूरी करनेवाले रजिल वर्ग को अशरफ के सेवक टहलुए की भूमिका में प्रस्तुत करता है। उच्च सैयद परिवारों में जन्मे बच्चों को अपनी कुल श्रेष्ठता का अहसास बचपन से ही कैसे कराया जाता था, 'आधा गाँव' के मासूम की जुबानी वह कुछ यूँ है—"उस दिन मैं पहली और आखिरी बार जुलाहों के लड़कों के साथ कबड्डी खेला था। मैं कबड्डी बोल रहा था और लगातार पाले की तरफ खिसकता ही जा रहा था...फिर एकदम से दो बड़े खुरदरे हाथों ने लड़कों को इधर-उधर फेंक दिया 'अब तुंह लोगन अइसन लाट साहब हो गइल बाड़ा की मीर साहब के लइकन से कबड्डी खेलबा?' यह आवाज गया अहीर की थी, 'आप मियाँ हईं, आप के ई ना चाही।' उसने मुझे समझाया।" (पृ. 35-36)

यह वास्तव में विडम्बनात्मक है कि जो गया अहीर सैयद अशराफ के भृत्य व सेवक के रूप में स्वयं इस भेदभाव का शिकार था, वही अनजाने ही इस ऊँच-नीच को बरकरार रखने के ऐच्छिक साधन के रूप में इस्तेमाल हो रहा था। जिन हम्माद मियाँ का रोबदाब गया अहीर की लाठी के बल पर कायम था, वही हम्माद मियाँ हकीम साहब से अपने झगड़े का ठीकरा किस तरह गया अहीर के सिर फोड़ते हैं, इसकी बानगी, 'आधा गाँव' के इस दृश्य में कुछ यूँ है :

"हकीम साहब बोले, "बाकी हम ई ना देख सकते कि मीर वाजिद से ई हरामजादा अहीर जबान लड़ाए। अब ए को ऐसन दिन लग गए हैं कि ई हमहूँ से टर्रा रहा।"

"क्यों बे..." हम्माद मियाँ ने गया को गालियों पर धर लिया, "माफी माँग मीर साहब से!"

"हुजूर माईबाप हईं, कहिल सुनिल माफ किहि जाए।" गया ने हकीम साहिब से कहा। (पृ. 189)

कुलीन मुसलमानों में कुल श्रेष्ठता का यह भाव जिस सामन्ती सामाजिक संरचना का परिणाम है वह हिन्दू-मुसलमान में भेद नहीं करती। 'आधा गाँव' के "हकीम सैयद अली कबीर जैदी को रहमान बो और जवाद मियाँ के हरामी लड़के

की डॉक्टरी एक आँख नहीं भाती थी'' क्योंकि ''इस गाँव में तो भंगियों, चमारों तक को मालूम था कि वह हरामी है। उसके बाप की खरी हड्डी उसे हलाली नहीं बना सकती थी।'' (पृ. 247) 'आधा गाँव' की कथावस्तु में पृष्ठ-दर-पृष्ठ बिखरे सामन्ती मानसिकता से उपजे मुस्लिम समुदाय के इस विभाजन के माध्मय से राही मासूम रजा मुस्लिम लीग के उस पाकिस्तान अभियान पर प्रश्नचिह्न लगाते हैं, जो हिन्दू-मुस्लिम के 'दो राष्ट्रों के सिद्धान्त' को मानकर इस्लामी राष्ट्रवाद व भाईचारे का नारा बुलन्द करता था। सच तो यह है कि मुस्लिम अभिजन ने पाकिस्तान की माँग के द्वारा अपने वर्गीय हित साधन के लिए समूचे मुस्लिम समुदाय का इस्तेमाल व धार्मिक भयादोहन किया था। राही जहाँ अपने उपन्यास में मुस्लिम समुदाय की समरसता व भाईचारे के मिथक का भेदन करते हैं, वहीं अशराफ व सैयद वर्ग की नस्ली श्रेष्ठता व इस्लामी पवित्रता के छद्म को भी उघाड़ते हैं। पाकिस्तान के पक्ष में दी गई मजहबी दलीलों को वे मजहबी खोखलेपन से ही उद्घाटित करते हैं। जुलाहा समुदाय के हाजी साहब जहाँ जिन्ना को लेकर ही यह सवालिया निशान लगा देते हैं कि ''कानी कउन त कहता रहा कि आप लोगन के जउन जिन्ना है ऊ निमाजो ना पढ़ते'' और पाकिस्तान अभियान पर निकले अलीगढ़ मुस्लिम यूनिवर्सिटी के छात्रों के धार्मिक छद्म का खुलासा तो राही कुछ यूँ करते हैं, ''जब वे मस्जिद में घुसे तो नमाज की जमात खड़ी हो चुकी थी। वे दोनों भी जल्दी से पिछली सफ में खड़े हो गए। एक ने हाथ बाँध लिए। दूसरे ने हाथ खोल लिए। साथी ने कुहनी मारी तो उसने भी जल्दी से हाथ बाँध लिए।'' (पृ. 253) तात्पर्य यह कि न जिन्ना नमाज पढ़ना जानते थे न मुस्लिम लीग के प्रचारक, लेकिन गरीब व मेहनतकश मुसलमानों के बीच तर्क यही दिया जाता था कि ''इसी नमाज के बचाव के लिए तो पाकिस्तान की जरूरत है।'' (पृ. 253) राही मासूम रजा अनपढ़ जुलाहे हाजी गफूर की प्रतिक्रिया के माध्यम से सामान्य मुसलमानों के पक्ष को यूँ अभिव्यक्त करते हैं, ''हम त अनपढ़ गँवार हैं। बाकी हमरे खयाल में निमाज खातिर पाकिस्तान-आकिस्तान की तनिको जरूरत ना है।'' (पृ. 253) और फुन्नन मियाँ तो हाजी गफूर को आश्वस्त करते हैं कि ''अ पाकिस्तान बनिबो करिहे त गंगउली से बहुत दूर बनिहे। तूं जाके अपनी चरखी सँभालो और ताना ठीक करो। पाकिस्तान-आकिस्तान पेट भरन का खेल है।'' (पृ. 269)

'आधा गाँव' के इस पाकिस्तान विमर्श के मूल में मुस्लिम समुदाय का अशराफ व रजिल का यह विभाजन इस्लाम के भिन्न भारतीय स्वरूप को भी उद्घाटित करता है जो उस पैन-इस्लामिक अन्तर्राष्ट्रीयता व भाईचारे से भिन्न है, जहाँ रोटी व बेटी की कैद नहीं है। बदीउज्जमां के उपन्यास 'छाको की वापसी' के इस कथन से भी इसकी पुष्टि होती है, ''खून और जात बेबुनियाद चीजें नहीं हैं। जानवरों तक की

नस्ल देखी जाती है...जुलाहे, जुलाहे ही रहेंगे और सैयद, सैयद ही रहेंगे।" (पृ. 35) दरअसल 'आधा गाँव' के हाजी साहब के इस प्रश्न कि "का पाकिस्तान में मियाँ लोग जोलहन से रिश्ता-नाता करे लगिहें" के मूल में भारतीय मुसलमान का वह जाति विभाजन है, जो इस्लाम के उस भारतीयकरण का परिणाम है जहाँ धर्मान्तरण के बाद भी जाति से छुटकारा नहीं मिलता। भारतीय जीवनशैली ने जिस तरह इस्लाम को प्रभावित किया है उससे कुपित होकर टाउन मुस्लिम लीग के सेक्रेटरी अहमद कादरी का कहना है कि "आप लोग समझते हैं कि मुहर्रम के अखाड़े और ढोल-बाजे में ही इस्लाम रखा है। ये तमाम चीजें बिलकुल गैर-इस्लामी हैं।...ये तमाम बातें आप लोगों ने हिन्दुओं से ही सीखी हैं।" (पृ. 134)

बदीउज्जमां ने अपने उपन्यास 'छाको की वापसी' में धर्म व जाति की पृष्ठभूमि में भारतीय मुसलमान की दुविधा को ढल्लन सिंह की नियति के माध्यम से यूँ व्यक्त किया है। ढल्लन सिंह धर्म बदलने के बाद खुद युसूफ खाँ जरूर बन गया था, लेकिन उसने अपने बेटे का नाम खुदा बख्श सिंह रखा क्योंकि "सिंह तो उसके जातिगत गौरव की निशानी था, जो उसे धर्म से कहीं ज्यादा प्यारा था।" (पृ. 32) और "अजीब मसला पैदा कर दिया था ढल्लन सिंह की मौत ने। लोगों का कहना था कि वह मुसलमान नहीं मरा। जो आदमी 'राम-राम' करते जान दे उसे मुसलमान कैसे मान लिया जाए? और अगर वह मुसलमान नहीं था तो उसकी जनाजे की नमाज कैसे पढ़ी जाए, उसे दफन कैसे किया जाए।" ढल्लन सिंह की मौत के माध्यम से बदीउज्जमां भारतीय मुसलमान के जिस धार्मिक व संस्कारगत द्वन्द्व को उजागर करते हैं। राही मासूम रजा 'आधा गाँव' के दुतरफे सैयद फुन्नन मियाँ की बेटी रजिए की मौत के हवाले से उसे भिन्न परिप्रेक्ष्य देते हैं। यह विरोधाभास ही है कि खरा मुसलमान न होने के बावजूद 'छाको की वापसी' के ढल्लन सिंह को मुसलमानी कायदे से दफनाया गया जबकि दुतरफे सैयद फुन्नन मियाँ की बेटी रजिए के जनाजे में न गाँव के मोमनीन शामिल हुए और न ही मौलवी साहब ने नमाजे जनाजा पढ़ाया। कारण यह कि "फुन्नन मियाँ टाट बाहर कर दिए गए थे। जब वह करामत अली की बीवी को निकाल लाए थे तब वह टाट बाहर नहीं किए गए थे।...एक हक की बात पर पृथ्वीपाल सिंह का साथ दिया तो पट्टीवालों ने उन्हें टाट बाहर कर दिया।" (पृ. 165)

यहाँ राही मासूम रजा संकीर्ण स्वार्थों एवं गोलबन्दी के लिए धर्म के दुरुपयोग का जो विमर्श रचते हैं, उसका विस्तार मैक्रो स्तर पर पाकिस्तान के गठन और मुस्लिम लीग की भूमिका तक विस्तृत है। यह तथ्य ध्यान देने योग्य है कि सैयदों द्वारा जिन फुन्नन मियाँ को टाट बाहर किया गया था उनका बेटा सन् बयालीस के भारत छोड़ो आन्दोलन में गोली का शिकार हुआ था और पाकिस्तान को लेकर

उनकी यह स्पष्टोक्ति भी थी कि "कहीं इस्लामू है कि हुकूमतै बन जहिए। ऐ भाई, बाप-दादा की कबर हियाँ है, चौर इमामबाड़ा हियाँ है, खेती-बाड़ी हियाँ है। हम कौनो बुरबक हैं कि तोरे पाकिस्तान जिन्दाबाद में फँस जाएँ।" (पृ. 162) 'छाको की वापसी' की जनवा (छाको की माँ) का पाकिस्तान विरोध भी कुछ-कुछ फुन्नन मियाँ सरीखा ही हैं, "छाको का अक्कल देखला ना खाजे बाबू। बप्पा, भइवा, बहिनिया सब तो हियाँ हथिन। अप्पन चल गेलई पाकिस्तान।" लेकिन 'बेपढ़े-लिखे नीची जात के मामूली दर्जी' छाको की विवशता उसी के शब्दों में यह थी कि "इलाही मास्टर, जिनकी दुकान में हम काम करते हैं, कहिन की इलाही टेलरिंग हाउस पाकिस्तान में खोलेंगे। सब कारीगरों से बोले कि हमारे साथ चलना होगा। हम बड़े मुश्किल में फँसे। चार-पाँच दिन के अन्दर-अन्दर हम सबको लेकर ढाका पहुँच गए।...इलाही मास्टर के साथ इत्ते रोज काम किया था। इसलिए उनकी बात मानकर यहाँ आ गए।" (पृ. 13)

छाको की पाकिस्तान जाने की विवशता 'आग का दरिया' के कमाल रजा के पाकिस्तान जाने के निर्णय से भिन्न है। कारण यह कि कमाल रजा का पाकिस्तान विरोध जितना रूमानी व इंकलाबी था, पाकिस्तान जाने का निर्णय उतना ही कायराना व निजी स्वार्थों का परिणाम। जिस सामन्ती परजीविता पर उसकी क्रान्तिकारिता टिकी थी, उसके स्रोत सूखते ही उसका यह संकल्प समाप्त होना ही था कि "भूखा मर जाएगा, मगर वतन छोड़ने का सवाल ही नहीं उठता।" (पृ. 446) कुर्रतुल ऐन हैदर कमाल के पाकिस्तान जाने के निर्णय को, उसके मानसिक अन्तर्द्वन्द्व व 'लखनऊ में रिफ्यूजी' होने की उसकी नियति का विमर्श रचकर, तर्क सिद्ध करती हैं। यह करते हुए वे अपनी वर्ग सोच का अतिक्रमण नहीं कर पातीं, जबकि राही मासूम रजा पाकिस्तान का विमर्श करते हुए अपने वर्ग की निर्मम आलोचना करते हैं।

'आग का दरिया' के आत्मकथात्मक चरित्र चम्पा अहमद के माध्यम से कुर्रतुल ऐन हैदर स्वयं को महिमामंडित करती हैं, "मैं महज चम्पा अहमद हूँ। मेरे घाव किसी को दिखाई नहीं दे सकते, क्योंकि मेरे तमाशाई भी मेरी तरह घायल हैं। वे कमजोर और फानी इनसान हैं। देखनेवाली आँख नहीं रखते। लोग मुमकिन है कि मुझ पर हँसते भी हों, जबकि सेंट सोफिया की पूजा की जाती है।" (पृ. 461) कुर्रतुल की चम्पा अहमद का हिन्दुस्तान बसने का निर्णय उसका व्यक्तिगत निर्णय न होकर 'वतन के हालात' से परिचालित है। उन्होंने "अपने दुख को दुनिया के दुख में समो दिया था।" (पृ. 491) और कमाल सोचता है कि "वे इस समय अकेली नहीं थीं। अब वे समूह का एक भाग थीं।...चम्पा (जो) अब अकेली नहीं, जुलूस में शामिल है, आगे बढ़ रही है। उसके साथ मुहल्ले की गलियों, मस्जिद की मीनार, जेबुन और

मरियम, सड़क पर गोलियाँ खेलते हुए लड़के, ठेलेवाले गरीब, बुर्कापोश औरतें और सारी जनता है। चम्पा बाजी उन सबकी साथिन बन गई हैं।'' (पृ. 492) सथ्यू की फिल्म 'गर्म हवा' का अन्तिम दृश्य यहाँ पूर्णता को प्राप्त करता है।

'आग का दरिया' की इस आदर्शवादी भाव-विह्वलता से न तो भारत विभाजन का सही परिप्रेक्ष्य समझा जा सकता है और न भारतीय मुसलमान की त्रासदी। सच तो यह है कि जितना रुमानभरा कमाल का पाकिस्तान विरोध था उतना ही मेलोड्रामाटिक था चम्पा का भारत में बसने का निर्णय। चम्पा का भारत प्रेम जिस राष्ट्रवादी भावुकता से ओतप्रोत था उसके चलते यह नाटकीयता आनी ही थी। चम्पा की इस सोच की बानगी 'आग का दरिया' में कुछ यूँ है, ''जब मैं बनारस में पढ़ती थी, मैंने 'दो क़ौमों' के दृष्टिकोण पर कभी नहीं सोचा। काशी की गलियाँ और शिवालय और घाट मेरे भी इतने ही थे जितने मेरी सखी लीला भार्गव के। फिर यह क्या हुआ कि जब मैं बड़ी हुई तो मुझे पता चला कि इन शिवालयों पर मेरा कोई हक नहीं, क्योंकि मैं माथे पर बिन्दी नहीं लगाती और तपलेश्वर की आरती उतारने के बजाय मेरी माँ नमाज पढ़ती है। बस इसीलिए मेरी तहजीब दूसरी है, मेरी वफादारियाँ दूसरी हैं।'' (पृ. 262) यह पेरिस, लन्दन व कैम्ब्रिज घूमी 'वुमन ऑफ दि वर्ल्ड' (पृ. 381) से 'डि-क्लास' हुई चम्पा का बीते जीवन पर एक पुनरावलोकन है।

यहाँ यह तथ्य विचारणीय है कि चम्पा का यह राष्ट्रवादी नजरिया कमाल (आग का दरिया) व नईम (उदास नस्लें) की वैचारिक सोच से एकाकार क्यों है? क्या यह उस नेहरूवादी दृष्टिकोण का परिणाम था जो आधार से अधिक उस अधिरचना पर बल देता था, जिसमें साइंसी मिजाज व आर्थिक प्रगति से सब कुछ ठीक होना था। यह मात्र संयोग नहीं है कि कमाल की तरह नईम भी वामपंथी नेशनलिस्ट होने के बावजूद अन्ततः पाकिस्तान के कारवां में शामिल हो जाता है। दरअसल, कास्मोपालिटन दुनिया में रचे-बसे होने के कारण चम्पा, कमाल व नईम का पाकिस्तान बनने व बिगड़ने से कुछ भी दाँव पर नहीं था। ये तीनों जो परजीवी जीवन और जिस जड़विहीनता की मानसिकता में जी रहे थे उसमें यह महत्त्वपूर्ण नहीं था कि कौन पाकिस्तान जाता है और कौन हिन्दुस्तान में रह जाता है! चम्पा की जड़विहीनता के मूल में यदि उसका 'वुमन ऑफ दि वर्ल्ड' होता था तो कमाल की जड़विहीनता के मूल में उसकी रूमानी क्रान्तिकारिता एवं परजीविता थी। 'उदास नस्लें' के नईम की त्रासदी के मूल में तो अजरा से विवाह और उसके परिवार पर उसकी निर्भरता ही प्रमुख कारण था। उपन्यास में परवेज के इस कथन से यह स्पष्ट भी है, ''नईम का यहाँ (भारत) कुछ भी दाँव पर नहीं है।...न उसका अपना परिवार है, न कहने लायक कोई जायदाद।...हम जहाँ भी जाएँगे वह हमारे साथ चल सकता है।'' ('उदास नस्लें', पृ. 301)

कुर्रतुल ऐन हैदर 'आग का दरिया' में भारतीय समाज का जो महावृत्तान्त रचती हैं, वह हजारों वर्ष पुरानी महान सभ्यता व मेलजोल की वह गंगा-जमुनी संस्कृति है, जिसमें गौतम, नीलाम्बर व चम्पा अपने अलग-अलग अवतारों में अपनी उपस्थिति दर्ज कराते रहते हैं। इस महान भारतीय सभ्यता व संस्कृति के औपन्यासिक वृत्तान्त में कोई मूलभूत अन्तर्विरोध या आन्तरिक संघर्ष नहीं है। उपन्यास का लोकेल मगध, पाटलिपुत्र, शर्की वंश का जौनपुर, ईस्ट इंडिया कम्पनी का कलकत्ता या गाजीउद्दीन हैदर के लखनऊ से लेकर विभाजनकालीन और उसके बाद का भारत हो सकता है, लेकिन सामाजिक संरचना, विचार व संवेदना के मूल तत्त्व लगभग अपरिवर्तनीय हैं। जिस अतीतजीवी महिमामंडन के स्वर में यह औपन्यासिक वृत्तान्त रचा गया है, उसमें सामन्ती भारत एवं उससे उपजी विकृतियों के विखंडन की कोई सम्भावना शेष नहीं रहती। चम्पा अहमद के राष्ट्रवाद और भारत प्रेम की गुत्थी यही है। कुर्रतुल ऐन हैदर 'आग का दरिया' के वृत्तान्त में अंग्रेज व हिन्दुस्तानी, हिन्दू व मुसलमान तथा भारत व पाकिस्तान का जो समानान्तर विमर्श रचती हैं, उसमें समय व समाज की बहुत-सी ज्वलन्त सच्चाइयाँ एवं मुद्दे विलुप्त हो जाते हैं।

राही मासूम रजा 'आधा गाँव' के औपन्यासिक कथ्य को उन गुम होती सच्चाइयों एवं पात्रों के सहारे समृद्ध करते हैं। 'आग का दरिया' में जो ''कदीर और कमरुन, रामऔतार और रमदैया,...गाँव के किसान और इक्केवाले और पनवाड़ी और चिकन काढ़ते-काढ़ते अन्धे हो जानेवाले और...बागों के कुँजड़े और पालकियों के कहार'' (पृ. 355) सामन्ती वर्ग की 'बैकग्राउंड' के रूप में उल्लिखित होते हैं; राही मासूम रजा उन्हीं गया अहीर, छिकुरिया चमार, झंगटिया बो, रहमान हज्जाम, परशुराम चमार व सैफुनिया नाइन सरीखे पात्रों के सहारे अपना कथा वृत्तान्त रचते हैं। कुर्रतुल ऐन हैदर चम्पा व कमाल के आदर्श राष्ट्रवादी उच्छ्वासों के माध्यम से भारतीय समाज की जिस मेलजोल की संस्कृति को रेखांकित करने का कृत्रिम प्रयास करती हैं, राही मासूम रजा उसे ही जीवन की छोटी-छोटी सच्चाइयों एवं घटनाओं के माध्यम से उजागर करते हैं।

राही मासूम रजा 'आधा गाँव' में जिन्ना के 'दो राष्ट्रों के सिद्धान्त' को भारतीय समाज की उस सामन्ती संरचना से खारिज करते हैं, जिसमें ''सोजखानों के आगे लट्ठबन्द अहीरों का एक गोल होता। यह ताजिया इतना बड़ा हुआ करता था कि गाँव की गलियों से नहीं निकल सकता था। उलतियाँ गिरानी पड़तीं। लट्ठबन्द अहीरों का गोल उलतियों को गिराने के लिए बड़े ताजिए के आगे-आगे चला करता था।'' (पृ. 75) बदीउज्जमां भी 'छाको की वापसी' में इस तथ्य को रेखांकित करते हैं कि ''मुहर्रम में जब लोग सिपर निकालते हैं, तो सिपर रामधनी नाई को ही पकड़नी पड़ती

है।" (पृ. 23) रामधनी ही "मुसलमान बच्चों का खतना भी करता है। मुहर्रम की नौ तारीख को उसे बीसियों बच्चों का खतना करना पड़ता है। उससे अच्छे पैसे भी मिल जाते हैं।...शादी-ब्याह का न्यौता देने भी रामधनी ही जाता है। बारात में दूल्हा का छतर वही पकड़ता है।" ('छाको की वापसी', पृ. 22-23)

'आधा गाँव' के छिकुरिया चमार के इस कथन में कि "जहाँ फुन्नन मियाँ का पसीना गिरी ना, हुआं समूच भर टोली मर ना जाई!" के मूल में भी सामन्ती समाज का वह सामुदायिक सन्तुलन दृष्टिगत किया जा सकता है, जो मजहब की हदों को तोड़ देता है। और छिकुरिया ने फुन्नन मियाँ की जान बचाने की नाकाम कोशिश में अपनी जान गँवाकर उसे सिद्ध भी किया। विभाजन की पृष्ठभूमि में हुए हिन्दू-मुस्लिम तनाव के दौरान अपनी मुस्लिम परजा की सुरक्षा में ठाकुर जयपाल सिंह का उठ खड़ा होना सामन्ती समाज के सामुदायिक सन्तुलन का ही परिणाम है। ठाकुर साहब का तर्क है कि "का नवाखाली याँहई बफतिया, अउरी हई दिलदरवा, अउरी हई कलुआ हिन्दू इसत्रियन के खराब किहले बाये! बड़ बहादुर हव्वा लोग अउर हिन्दू मरियादा के ढेर खयाल बाए तुहरे लोगन के, त कलकत्ते लौटकर जाए के चाही। हियां का धरल बाय, की चढ़ अइल हौ लोग?" ('आधा गाँव', पृ. 288)

'आधा गाँव' व 'छाको की वापसी' के उपरोक्त प्रसंग जहाँ हिन्दू-मुस्लिम के कठोर विभाजन के मुस्लिम लीगी व हिन्दू महासभाई तर्क को खारिज करते हैं वहीं भारतीय समाज की उस सामन्ती संरचना को भी उद्घाटित करते हैं जहाँ कुलीन सामन्तों व अवर्ण खेतिहर जातियों के अन्तर्विरोध शत्रुतापूर्ण न होकर सहज स्वीकृत होते थे। 'आधा गाँव' के छिकुरिया चमार के इस कथन में यह दृष्टव्य है, "जमींदारन के जुलम के हम ना कहत बाड़ी' बाकी जेहके पास जमींदारी होई उहके जुलुम करे का पड़ी। ना करी तो जमींदारी ना चली, औरी मियंहु लोग जमींदारे हौवन...हम त ई देखत बाड़ी कि बारिखपुर के ठाकुरो साहिब जुलुम करे में गंगौली के मियाँ लोगन से कम ना हौवन..." (पृ. 182)

'आधा गाँव' के औपन्यासिक कथ्य में 'अन्तर्निहित यह तथ्य भी विचारणीय है कि भारतीय समाज के जिस बहुलवाद व मेलजोल की स़ंस्कृति को अक्सर महिमामंडित किया जाता है, वह सामन्ती सामाजिक संरचना का अनिवार्य परिणाम है या कि भारतीय संस्कृति के उदारतावाद की देन। 'आधा गाँव' के ठाकुर जयपाल सिंह किस मानसिकता के चलते अपने गाँव के जुलाहों, कुँजड़ों व हज्जामों की रक्षा करते हैं, इसका खुलासा अपनी परजा के उनके इस सम्बोधन से होता है, "गाँव से जाए का नाम लेबा लोग त माई चोद के ना रख देइब। हई देखा भुसड़ियावालन का जात बाड़न लोग मऊ, मुबारकपुर गांड़ मराए..." (पृ. 288) ठाकुर जयपाल सिंह जिस सामन्ती सामाजिक संरचना को बरकरार रखने के लिए अपने गाँव के जुलाहों,

हज्जामों व कुँजड़ों की प्राण रक्षा करते हैं, उसी सामन्ती समाज की सेवावृत्ति के चलते गाँव का चमार यह सहज प्रतिक्रिया व्यक्त करता है कि "हमनी के जीयत कोऊ मियाँ लोगन की बहिन मतारी तरफ देख सकेला?" (पृ. 252)

'आधा गाँव' के गंगौली के जमींदारों की हुकूमत लट्ठबन्द अहीरों, चमारों व भरों के बल पर ही थी। गया अहीर तो हम्माद मियाँ की लाठी ही था। कोमिला चमार तो अपने हकीम साहब के लिए फर्जी मुकदमे में नामजद होकर फाँसी की सजा तक पा गया। गया अहीर, कोमिला चमार व छिकुरिया जैसे लोग सामन्ती समाज की लाठी व गिनी पिग दोनों ही भूमिकाओं का निर्वाह करते थे। दरअसल सामन्ती समाज की संरचना में निचले पाए के ये लोग कुलीन सामन्तों की विलासिता का आधार तैयार करते थे। कुर्रतुल ऐन हैदर का राष्ट्रवादी विमर्श भारतीय सामन्तवाद के इस विखंडन की अनुमति नहीं देता। वे उच्च वर्ग में जहाँ गौतम नीलाम्बर व चम्पा अहमद के रूप में हिन्दू-मुस्लिम सौहार्द का प्रतीक गढ़ती हैं, वहीं निम्न वर्ग में रमदैया अहीरन व कमरुन के बहनापे के माध्यम से हिन्दू-मुस्लिम एकता का आधार तलाशती हैं। दरअसल यह साम्प्रदायिक सौहार्द का वह उच्चवर्गीय आभिजात्य विमर्श है जहाँ वर्ग, वर्ण और जाति के अन्तर्विरोध विलयित हो जाते हैं। राही मासूम रजा इन अन्तर्विरोधों को सामाजिक व ऐतिहासिक परिप्रेक्ष्य प्रदान करते हैं।

राही मासूम रजा इतिहास के प्रभुत्ववादी विमर्श से स्थानीय घटनाओं को नहीं परिभाषित करते बल्कि इतिहास कही जानेवाली घटनाओं को उनकी वास्तविकता में विश्लेषित करते हैं। 'आधा गाँव' के कथ्य में सन् बयालीस के भारत छोड़ो आन्दोलन के दौरान थाना कासिमाबाद के फूँके जाने की घटना की व्याख्या से राही की इतिहास दृष्टि का पता चलता है। राही की यह इतिहास दृष्टि घटनाओं को ऐतिहासिकता के महावृत्तान्त में विलीन करने की प्रवृत्ति के विरुद्ध उनके सही कारकों की पड़ताल करने की है। यह इतिहास दृष्टि आज की 'सबाल्टर्न' पद्धति के निकट है। थाना कासिमाबाद के फूँके जाने की घटना की व्याख्या राही मासूम रजा इन शब्दों में करते हैं, "इस मजमें में ऐसे लोग कम थे, जिन्हें 'हिन्दुस्तान छोड़ दो' के नारे की खबर रही हो। उनमें ऐसे लोग भी नहीं थे, जिन्हें आजादी का मफहूम मालूम हो। ये लोग वह थे, जिनसे ड्योढ़ा लगान लिया गया था, जिनके खेतों का अनाज छीन लिया गया था, जिनसे जबर्दस्ती वार फंड लिया गया था। जिनके भाई-भतीजे लड़ाई के काम आ गए थे या काम आनेवाले थे और जिनसे थाना कासिमाबाद कई पुश्तों से रिश्वत ले रहा था। उनमें कोमिला चमार का बाप बाबूराम चमार था—बल्कि बाबूराम चमार थे। उनमें गोबरधन था। लेकिन उनमें सबसे बड़ा गोल फुन्नन मियाँ का था..." (पृ. 177)

'आधा गाँव' के कथ्य में विन्यस्त यह जनपक्षीय इतिहास दृष्टि उस प्रभुत्वकारी इतिहास दृष्टि का भेदन करती है, जो आजादी के आन्दोलन को अंग्रेज व भारतीय तथा पाकिस्तान विमर्श को हिन्दू व मुस्लिम खानों में विभाजित कर विश्लेषित करती है। इतिहास के इस प्रभुत्ववादी विमर्श से निर्वासित मुमताज व झिंगुरिया को 'आधा गाँव' के पाठ में विन्यस्त कर राही मासूम रजा हाशिए के लोगों का जो वृत्तान्त रचते हैं, वह इतिहास की क्षतिपूर्ति सरीखा है। झिंगुरिया के बेटे को "यह भी नहीं मालूम था कि उसका बाप किसी बड़े काम के सिलसिले में मारा गया है या शहीद हुआ है।" (पृ. 181) बल्कि यह बताए जाने पर कि "उसका बाप वतन की राह में शहीद हुआ है, छिकुरिया ने इस बात को मानने से साफ इनकार कर दिया" क्योंकि उसने तो शहादत के नाम पर सिर्फ इमाम साहब का नाम सुना था। इसलिए वह बोला, "ऐसन मत कहें, मास्टर साहिब इमाम साहिब गुसा गैलन ना त उपद्दरो हो जाई।" (पृ. 181) यहाँ राही मासूम रजा मुमताज और झिंगुरिया के माध्यम से भारतीय मुसलमान और दलित वर्ग की उस नियति को रेखांकित करते हैं, जो कि क्रमशः मुस्लिम लीग और डॉ. अम्बेडकर की राजनीति से परिभाषित होकर राष्ट्रीय आन्दोलन से विलग किए जाने के लिए अभिशप्त है। मुमताज शहीद होकर भी सन् बयालीस के शहीदों में अपना नाम न दर्ज करा पाया और झिंगुरिया की परम्परा में तो शहादत जैसे राष्ट्रीय पदावली का प्रवेश ही नहीं है।

अपनी जबनियो भूल गयो

'आधा गाँव' की मौलिकता इस तथ्य में अन्तर्निहित है कि विभाजन, इस्लाम और पाकिस्तान का विमर्श किसी सैद्धान्तिकता की पुष्टि के लिए न होकर उन दृश्य ओझल सच्चाइयों को दृश्यमान करने के लिए है जिससे इस विमर्श की कई गुत्थियों को खोला जा सकता है। राही मासूम रजा पाकिस्तान व इस्लाम के विमर्श के साथ उर्दू भाषा के मिथ को रोजमर्रा के जीवन में गूँथकर जिस सहजता के साथ उद्घाटित करते हैं, वह अत्यन्त दिलचस्प और प्रासंगिक है। उर्दू को लेकर राही सर्वप्रथम इस धारणा का ही खंडन करते हैं कि उर्दू भारत के सभी मुसलमानों की भाषा थी। उर्दू कुलीन व सुशिक्षित मुसलमानों द्वारा बोली जाती थी, ना कि व्यापक मुस्लिम जन द्वारा, सिद्ध करने के लिए राही 'आधा गाँव' में व्यंग्य व उपहास की जो शैली अपनाते हैं, वह अत्यन्त रोचक है। फुन्नन दा और वाजिद दा के बीच यह संवाद यहाँ दृष्टव्य है :

"ई का भाई, तू हियाँ कइसे बइठ गयो?"

"अरे, त कहीं अउर बइठ जाओ।" फुन्नन दा ने कहा।

"क्यों बैठ जाऊँ मैं कहीं और!" वाजिद दा ठेठ उर्दू में बोलने लगे।

"हई ल्यो, तूं त लग्यो उर्दू बोले।"

और यह भी कि "बड़े भाई की शेरवानियों का बक्स पा जाने के बाद से हम्माद मियाँ ने उर्दू बोलना शुरू कर दिया था।" (पृ. 39) ये वही हम्माद मियाँ थे जो "हड्डी के कच्चेपन को, रस्म और रिवाज का पूरा एहतराम करके छुपाने की कोशिश करते थे।" (पृ. 119)

भाषायी आभिजात्य एवं मुस्लिम लीगी कुलीनता के अन्तर्सम्बन्ध का खुलासा 'आधा गाँव' के कथ्य में अलीगढ़ यूनिवर्सिटी से आए पाकिस्तान प्रचारकों एवं तन्नू के बीच हुए संवाद में कुछ यूँ होता है, "आप लोगों ने तो उर्दू को मुसलमान कर दिया है।...पाकिस्तान बनाने के बाद आप इस उर्दू को यहीं छोड़ जाएँगे या साथ ले जाएँगे।" (पृ. 261) इस उर्दू विमर्श के माध्यम से राही उर्दू के प्रश्न को मुस्लिम अस्मिता का प्रश्न बनानेवाली मुस्लिम लीग को कटघरे में खड़ा करते हैं, जबकि कुर्रतुल ऐन हैदर 'आग का दरिया' में उर्दू को लेकर प्रभुत्ववादी सोच का ही अनुगमन करती हैं। पाकिस्तान बनने की सम्पूर्ण प्रक्रिया का पुनरावलोकन करते हुए 'आग का दरिया' के तरक्कीपसन्द कमाल का निष्कर्ष है : "जबान का मसला हमारी कितनी बदकिस्मती रही है। हिन्दुस्तान से मुसलमान के कदम उखड़ने का दूसरा कारण भी यही है। आज उर्दू को हिन्दुस्तान में सिर्फ मुसलमानों की भाषा समझा जा रहा है, हालाँकि उर्दू-हिन्दू और मुसलमान दोनों की तहजीबी और आम बोलचाल की भाषा थी।" (पृ. 449)

कुर्रतुल ऐन हैदर अपने औपन्यासिक विमर्श को जिस गंगा-जमुनी राष्ट्रवादी पदावली में प्रस्तुत करती हैं, उसमें उर्दू को लेकर उपरोक्त सरलीकरण स्वाभाविक ही था। वे अपने औपन्यासिक विमर्श में उर्दू को 'मुसलमान के कदम उखड़ने का दूसरा कारण' बताती हैं। पाकिस्तान के पहले प्रधानमन्त्री लियाकत अली खां ने भी पाकिस्तान की संविधान सभा में 1948 में कहा था कि "पाकिस्तान भारतीय उपमहाद्वीप के दस करोड़ मुसलमानों की माँग पर बना है और दस करोड़ मुसलमानों की भाषा उर्दू है।" जबकि पाकिस्तान सरकार की 1951 की जनगणना की रिपोर्ट के अनुसार पाकिस्तान के सिर्फ 7.2 प्रतिशत लोगों ने ही स्वयं को उर्दू भाषी बताया और उसी वर्ष की भारतीय जनगणना के अनुसार भारतीय मुसलमानों में सिर्फ 38 प्रतिशत ही स्वयं को उर्दू भाषी मानते थे। यहाँ तक कि उत्तर प्रदेश के भी 48 प्रतिशत मुसलमानों ने ही उर्दू को अपनी भाषा माना। इसी प्रकार भारत के 62 प्रतिशत मुसलमानों की भाषा उर्दू नहीं थी और पाकिस्तान में उर्दू न बोलनेवाले 93 प्रतिशत थे। विडम्बना यह थी कि हिन्दुस्तान में उर्दू बोलनेवालों की संख्या पाकिस्तान के उर्दू भाषियों से पाँच गुना अधिक थी।

राही मासूम रजा जनगणना के आँकड़ों का सहारा लिए बिना 'उर्दू-मुसलमान-पाकिस्तान' की उस साम्प्रदायिक सोच में सूराख करते हैं जो हिन्दू व मुस्लिम दोनों साम्प्रदायिकों द्वारा गढ़ी गई थी। लेकिन यह करते हुए वे भारतीय मुसलमान को हिन्दी हिन्दुस्तान के राष्ट्रवादी विमर्श का हिस्सा नहीं बनाते। गंगौली के सामान्य मुसलमानों के लिए नफीस उर्दू जितनी पराई थी, उतनी ही परिष्कृत हिन्दी। राही मासूम रजा भाषा को लेकर आम व गैर पढ़ी-लिखी जनता बनाम सुसंस्कृत व आभिजात्य जन का विमर्श रचते हैं। एम.एल.ए. बनने के बाद जब परशुराम चमार शहरी लोगों की भाषा बोलने लगता है तो "फुन्नन मियाँ ने हैरानी से कहा, 'तैं त कांगरेसी होके अपनी जबनियो भुल गया।' यह बात न फुन्नन मियाँ की समझ में आई और न मिगदाद की कि आखिर दिल्ली में उस भाषा से काम क्यों नहीं चल सकता जिससे गंगौली में काम चल रहा है।" (पृ. 281) लेकिन भाषा का यह जनपक्षीय विमर्श करते हुए राही फारसी लिपि से मुसलमानों के रूहानी लगाव की अनदेखी नहीं करते। मन्नो द्वारा देवनागरी लिपि में नौहा पढ़े जाने के इस दृश्य से यह स्पष्ट है–

"नौज! इ निखौन्दी कौन जबान है भाई" उम्मे हबीबा से न रहा गया तो तड़ से बोलीं।

"हिन्दी" मन्नो ने जवाब दिया।

"तोबा इस्तफगार" सईदा की माँ ने अपने गालों पर आहिस्ता-आहिस्ता तमाचा मारते हुए कहा, "अब अल्ला रसूल का नमवा मुई हिन्दी में लिखा जाए लगा।"

"उर्दू का नाम ते सुने रहियो, अरबी-फार्सी का नाम भी सुने रहियो...बाकी ए कौन जबान निकल आई है?" रब्बन बी ने सवाल किया।

"बशीर भाई की सुरैया ने तो हिन्दी में नमाज लिखकर याद की है।" मन्नो ने कहा।

"ता ई तो कोनो बात न है।" सकीना ने कहा, "कि जौन मामू की लड़कियन करें तोने तूहो करो।"

"पढ़ो यही पढ़ो।" सईदा ने मन्नो से कहा, "चलो मैं तुम्हारे साथ पढ़ती हूँ।"

मगर मजलिस हवन्नक हो गई। नौहा वही था, लब्ज वही थे, लहजा वही था। बस एक लिपि की अजनबीयत ने बीबियों को चिढ़ा दिया था। चुनांचे न किसी की आँख नम हुई और न किसी ने बैन किया। (पृ. 314)

'आधा गाँव' का यह भाषायी विमर्श 'पाकिस्तान-उर्दू-मुसलमान' की मुस्लिम लीगी अवधारणा एवं हिन्दू साम्प्रदायिकों के 'हिन्दी-हिन्दू-हिन्दुस्तान' के उन्मादी विमर्श को एक साथ ध्वस्त करता है। राही जहाँ पारम्परिक मुस्लिम सोच की हिन्दी के प्रति असहजता को रेखांकित करते हैं, वहीं वे मुसलमानों की नई पीढ़ी द्वारा

हिन्दी अपनाए जाने की सूचना भी दर्ज करते हैं। निश्चित रूप से 'आधा गाँव' का यह जटिल भाषा विमर्श भारतीय मुसलमान की कथित उर्दू ग्रन्थि को समझने में सहायक है।

"जागीरदाराना समाज में स्त्री को स्वतन्त्रता केवल उसी समय प्राप्त होती है जब वह बाजार में आकर बैठ जाए।" (पृ. 146) 'आग का दरिया' के औपन्यासिक कथ्य में विन्यस्त कुर्रतुल ऐन हैदर का यह स्त्री विमर्श चम्पा अहमद की उस 'वर्ल्ड वुमन' की छवि से बेमेल है जो लखनऊ, पेरिस, कैम्ब्रिज और लन्दन तक पाँव पसारे है। लेकिन उपन्यास के कबीर ड्राइवर की बीवी कमरुन स्त्री की शाश्वत नियति से चम्पा को अलग नहीं कर पाती। उसका कहना है कि "लड़की की का औकात है?... मेहरारू बन जाए तब भी मनई की नौकर, महतारी बन जाए तब भी और जब बुढ़ौती के जमाने में पतोहू ब्याह कर लाए, ऊँ की धौंस अलग सहे।" (पृ. 290) कमरुन के इस पितृसत्तात्मक समाज के मानसिक अनुकूलन को कुर्रतुल ऐन हैदर सामाजिक परिप्रेक्ष्य नहीं दे पातीं, क्योंकि भारतीय स्त्री को लेकर वह उस रोमांटिक छवि को बरकरार रखती हैं, जो स्त्री को "वृन्दावन की चंचल और चपल गुजरियाँ, मथुरा की अहीरिनें, पूरब की साँवली-सलोनी कहारिनें और कन्नौज के बगीचे की गजरे की हार बनानेवाली मालिन" (पृ. 87) के रूप में देखती है। अतीत को महिमामंडित करनेवाली इस दृष्टि से कुर्रतुल ऐन हैदर जिस आज के गाँव की रचना करती हैं, वह "बड़ा आकर्षक। हरा-भरा और शान्तिपूर्ण (था)। यहाँ के लोग भी बड़े मोहक थे—निस्पृह शान्तिपूर्ण—रमदैया और रामऔतार और कदीर और कमरून का देश।" (पृ. 282)

राही मासूम रजा 'आधा गाँव' में कुर्रतुल ऐन हैदर की गाँव व स्त्रियों के सम्बन्ध में इस रोमांटिक छवि को तोड़ते हुए निम्न जाति की चमाइनों व जुलाहिनों के माध्यम से जो स्त्री विमर्श रचते हैं वह सामन्ती समाज के पितृसत्तात्मक ढाँचे के रेशे-रेशे को उघाड़कर रख देता है। स्त्री को गुलाम समझनेवाली पितृसत्तात्मक समाज की रतिकवादी दृष्टि जिस तरह स्त्री की देह पर टिकती है उसके अन्तर्गत झंगटिया बो "काली मगर बला की खूबसूरत, सौंधी और मीठी थी। बिलकुल ताजा-ताजा गुड़ की तरह, जिसमें अभी भाप निकल रही हो।" (पृ. 42) "दुलरिया (भंगिन) बाईस-तेईस साल की कसी-कसाई लड़की थी।...वह जिधर से टोकरा लेकर गुजर जाती उधर रास्तों की शाखों में आँखों की हजार कलियाँ खिल जातीं, दरवाजे बाँहें बन जाते और बंसखटों में नब्जें धड़कने लगतीं।" (पृ. 112) तन्नू की निगाह में सैफुनिया नाइन की "लँगड़े आमों की तरह तैयार छातियाँ बारीक कुरते के अन्दर

चोली से निकल पड़ रही थीं और सब्ज चूड़ीदार पाजामे का सुर्ख नेफा और नेफे से ऊपर का सारा धड़ नजर आ रहा था।" (पृ. 135) और मौलवी बेदार के लिए तो सैफुनिया "एक दहकती हुई अँगीठी से कम नहीं थी।" (पृ. 138) जुलाहिन "कुलसुम में क्या रखा है? उसकी कसी-कसाई कच्चे अमरूद जैसी छातियाँ लटक चुकी थीं।" (पृ. 225)

राही मासूम रजा झंगटिया चमाइन, दुलरिया भंगिन, मेहरुनिया व सैफुनिया नाइन, नईमा बी व कुलसुम जुलाहिन सरीखे पात्रों के माध्यम से जहाँ नारी-विमर्श को सामाजिक परिप्रेक्ष्य प्रदान करते हैं, वहीं वे सामन्ती आभिजात्य की पवित्रता व बड़प्पन के छद्म को भी बेपर्दा करते हैं। झंगटिया बो से जब झंगटिया चमार का "ब्याह हुआ था, तो वह अठारह साल की थी और वह चार साल का था। फिर ऐसा हुआ कि चेचक निकल आई और वह बेवा हो गई—और सुलैमान चा ने उसे अपने घर में डाल लिया।...मगर एक परेशानी भी खड़ी हो गई। सुलैमान चा मजहबी आदमी थे इसलिए वह झंगटिया बो की छुई हुई कोई गीली चीज इस्तेमाल नहीं कर सकते थे। इसलिए घर में एक औरत के आ जाने के बाद भी सुलैमान चा को अपना खाना खुद ही पकाना पड़ता था।" (पृ. 43) यानी की खरी हड्डी के सैयद सुलैमान झंगटिया बो के साथ सो तो सकते हैं, वह उनके तीन बच्चों की माँ भी थी, लेकिन उसका छुआ हुआ उसी तरह खा नहीं सकते थे, जैसे 'गोदान' के पंडित मातादीन सिलिया चमाइन के हाथों का छुआ नहीं खा सकते थे। 'आधा गाँव' के मौलवी बेदार "सिर्फ जमींदार रहे होते, तो किसी को घर में डाल लेते। लेकिन वह मौलवी भी थे। वह (दीन गेहर) की जिल्लत गँवारा करके बछनिया को हासिल करना चाहते थे।" (पृ. 123) लेकिन दिक्कत यह थी कि "एक चमाइन की हरामी बेटी से निकाह किसी भी तरह ठीक हो ही नहीं सकता।" (पृ. 124) "...मौलवी साहब उससे मुता करें या निकाह, गंगौली की बीवियाँ बहरहाल उसे रखनी ही मानेंगी और मौलवी बेदार उसके लिए तैयार थे।" (पृ. 125) बछनिया को पाने के लिए मौलवी साहब का तर्क था कि "इस्लाम छोटे-बड़े को नहीं मानता।" (पृ. 123)

नारी के दैहिक शोषण को तार्किकता प्रदान करता मजहब का यह फरेब नारियों के बीच सामाजिक व जातिगत भेदभाव का आधार भी प्रदान करता था। "नईमा बी थीं तो जुलाहिन लेकिन झंगटिया बो के सामने वह पक्की सैदानी बन जाती थीं और हिकारत का जो सुलूक दूसरी सैदानियाँ उनके साथ किया करती थीं, उसका इन्तकाम वह झंगटिया बो से लिया करती थीं। वह बहरहाल झंगटिया बो से अफजल थीं क्योंकि अव्वल तो वह जुलाहिन थीं, चमाइन नहीं थी; और दूसरे यह कि हम्माद के अब्बा ने उन्हें यूँ ही घर में नहीं डाल दिया था बल्कि मौलवी बेदार के अब्बा मौलवी दिलदार ने बाकायदा निकाह पढ़ा था। झंगटिया बो का लड़का अली अकबर

'खाँ' नहीं हो सकता था। लेकिन उनका बेटा हम्माद बाकायदा सैयद हम्माद हुसैन था।" (पृ. 119) कुल श्रेष्ठता व जातिभेद निम्न जाति व निचले वर्ग की स्त्री को कुलीन वर्ग के शोषण का इच्छुक सहभागी भी बनाता था। "झंगटिया बो खुश थी कि उसकी (बेटी) बछनिया बीबियों के साथ पलँग पर बैठती है और उनके बच्चों के साथ खेलती है। उसे खूब याद था कि जब वह छोटी थी तो इन बातों के लिए कितना तरसा करती थी। और जब सुलैमान ने पहली बार अपने पलँग पर एक तरफ होकर उसे अपने पास लिटा लिया था तो वह कितना खुश हुई थी..." (पृ. 58)

पीढ़ी-दर-पीढ़ी सामन्ती कुलीन आभिजात्य के दुष्चक्र में फँसी निम्न वर्ग की स्त्री की पीड़ा महरुनिया नाइन के द्वारा अपनी बेटी सैफुनिया को दी गई इस हिदायत में अन्तर्निहित है कि "मियाँ लोगन से कौनो उम्मीद ना रखबे।" बकौल उपन्यासकार, "यह मामूली-सा जुमला था। लेकिन इस एक जुमले में महरूनिया और उसकी माँ जन्नती और उसकी माँ फखरुनिया की महरुमियों और जिल्लतों की पूरी कहानी थी।" (पृ. 188) नारी का यह शोषण धर्म, वर्ण, जाति एवं वर्ग को फलाँगता हुआ किस तरह उसे शूद्रों से भी नीचे का दर्जा देता है, इस विमर्श को भी राही मासूम रजा अपने औपन्यासिक कथ्य में विन्यस्त करते हैं। बकौल उपन्यासकार, "बेनाम होना तो बहुओं की तकदीर है। फर्क बस इतना हो जाता है कि वह अच्छे घरानों में 'बो' की जिल्लत से बच जाती है, वह या तो बहू कही जाती है या दूल्हन या दुलहिन।...गरज कि हमारे समाज में या तो यह होता है कि मैकेवाले दहेज देकर बेटी से अपना दिया हुआ नाम छीन लेते हैं या फिर कहिए कि ससुरालवाले इसे गवारा नहीं करते कि उनके यहाँ किसी और घर का दिया हुआ नाम चले। बात जो हो, नतीजा यही निकलता है कि मसलन नौ साल या सत्रह साल तक राबेआ खातून उर्फ रब्बन या कनीज फातमा उर्फ कुद्दन रहनेवाली लड़कियाँ एकदम से फलाँ बो या बहू या दुल्हन या सुल्तान दुल्हन बनकर रह जाती हैं—भाभी, चची, ममानी और कभी-कभी ब्याह होते ही दादी और नानी भी बन जाती हैं। मगर नहीं रह जातीं तो शबेआ खातून या कनीज फातमा। बेनाम रहना शायद जमींदारों और उनके हवालियों-मवालियों की बेटियों की तकदीर है।" (पृ. 24) बदीउज्जमां भी अपने उपन्यास 'छाको की वापसी' में बहुओं व बेटियों की इस गुमनामी को माँ का सन्दर्भ देते हैं, "अम्मा कुछ बोलती क्यों नहीं? अब्बा को खरी-खरी सुनाते क्यों डर लगता है इतना?...सैकड़ों, हजारों वर्षों से दबी हुई भारतीय नारी जिसमें बगावत की एक भी चिनगारी नहीं है या फौलाद की तरह मजबूत दिल रखनेवाली औरत, जो कड़ी से कड़ी परिस्थिति में भी विचलित नहीं होती! अम्मा आखिर क्या थीं।" ('छाको की वापसी', पृ. 148)

स्त्री की इसी दलित नियति का परिणाम है कि 'आधा गाँव' व 'छाको की वापसी' की स्त्रियाँ पाकिस्तान विमर्श से पूरी तरह अनभिज्ञ हैं। जब सब लोग मुस्लिम लीग या पाकिस्तान की बहस कर रहे थे तब फुन्नन मियाँ की कुलसुम अपने शहीद बेटे मुमताज को वोट देना चाहती थी। कुलसुम के ही शब्दों में, "जब हम गए ओट देवे त ओमें मुन्ताज का नमवे ना रहा, त हम कगदवा लेके घर चले आए।" (पृ. 268) छिकुरिया के सवाल कि "हे बीबी, हई पाकिस्तनवा केहर बनी?" के जवाब में कुलसुम कहती है, "अ का जाने केहर बन रहा माटी मिला।" (पृ. 225) 'आधा गाँव' की सितारा ने एक दिन सरवरी से यह पूछ ही डाला कि, "बाजी, यह पाकिस्तान क्या है?" "मुसलमानों का एक मुल्क बनेगा।" सरवरी ने बड़े विद्वानों की तरह कहा। "यह मुल्क क्या होता है, बाजी?" सरवरी इस सवाल पर बिलकुल सटपटा गई क्योंकि यह बात उसे भी नहीं मालूम थी कि मुल्क क्या होता है।" (पृ. 62)

'छाको की वापसी' की छोटी अम्मा भी मुस्लिम लीग व पाकिस्तान के जटिल विमर्श से अनभिज्ञ हैं। वे अपनी सहज बुद्धि से कहती हैं कि "हमें पाकिस्तान-वाकिस्तान नहीं जाना है। हम क्यों अपना घर-बार छोड़कर परदेस जाएँ।" (पृ. 17) लेकिन 'आग का दरिया' की चम्पा अहमद कमालुद्दीन से पूछती है, "तुम क्यों चले गए? मैं तुम्हारे पाकिस्तान आ जाऊँ तो क्या मुझे एक-से-एक बढ़िया ओहदा न मिल जाएगा? देखो मैं कैम्ब्रिज से कितनी डिग्रियाँ लाई हूँ।" (पृ. 490) इसके बावजूद चम्पा का पाकिस्तान न जाने का निर्णय अपने 'वतन व देश' की उन चिन्ताओं से संचालित है, जो आभिजात्य वर्ग के बौद्धिक विमर्श का परिणाम है।

'आग का दरिया' की चम्पा अहमद को वतन की 'प्राब्लम्स' के आगे अपना निजी दुख तुच्छ लगने लगता है क्योंकि वह दुख को रूमानियत का रंग दे देती हैं। चम्पा अपनी तनहाई का वैश्विक मानवीकरण कर सकती हैं, क्योंकि वह 'वर्ल्ड वुमन' है। लेकिन 'आधा गाँव' की सईदा की तनहाई के सन्दर्भ भिन्न हैं। वह चम्पा की तरह न अपने 'घावों' का दार्शनिकीकरण कर सकती है, न अपने दुख का उदात्तीकरण, क्योंकि वह हाड़-मांस की एक ऐसी पात्र है, जो छोटे-मोटे जमींदार परिवार से बाबस्ता होने के कारण अलीगढ़ यूनिवर्सिटी में पढ़ तो जाती है, लेकिन पढ़ाई के बाद उसका बी.टी. करना और फिर नौकरी उसके समाज को नहीं सुहाता। उसके अब्बू को यह ताने सुनने पड़ते हैं कि "एक ठो जमींदारी गई ते उत्ती बड़ी एक ठो जिमींदारी मिलो गई।" (पृ. 347) लेकिन पाकिस्तान का बनना, जमींदारी का टूटना और शादी की उम्र के लड़कों का पाकिस्तान चले जाना सईदा को जिस नारी-विमर्श का केन्द्र बनाता है, वह आजाद भारत के मुस्लिम परिवार का नया

यथार्थ है, जहाँ एक ओर "नौहा पढ़ने की शौकीन बीबियाँ सईदा के साथ नौहा पढ़ने न खड़ी होतीं" वहीं दूसरी ओर "लड़कियाँ शहद की मक्खियों की तरह उसके आसपास मँडराने लगतीं और यह सोचने लगतीं कि आखिर उनके अब्बा उन्हें पढ़ने के लिए अलीगढ़ क्यों नहीं भेजते?" (पृ. 311) 'आग का दरिया' में नारी-विमर्श का यह सामाजिक परिप्रेक्ष्य अनुपस्थित है, क्योंकि इसकी मुख्य नारी पात्र जिन 'लिबरेटेड' संस्कारों की हैं, उनकी जड़ें न व्यापक भारतीय समाज में हैं और न मुस्लिम समुदाय में। 'उदास नस्लें' की अजरा की जड़ें भी जिस भद्र मुस्लिम समाज में हैं, वहाँ भी 'नारी-विमर्श' के किसी यथार्थपरक आधार की कोई गम्भीर सम्भावना अनुपस्थित है।

खुदा गारत करे इ पाकिस्तान को

पाकिस्तान बनने के सबके अलग-अलग तर्क व कारण थे। लेकिन खाते-पीते मुस्लिम कुलीनों का जो वर्ग अपने-अपने कारणों से पाकिस्तान न जा सका उसके दर्द की तान एक थी। 'आग का दरिया' के चम्पा के चा अब्बा की जिज्ञासा थी कि "पाकिस्तान के क्या हाल हैं? सुना है यहाँ से धुने जुलाहे जाकर वहाँ लखपती हो गए। अपने को सैयद कहे हैं और कोठियों में रहे हैं।" (पृ. 487) 'आधा गाँव' के अब्बू मियाँ पाकिस्तान तो न जा सके लेकिन गंगौली छोड़कर गाजीपुर जाना चाहते हैं क्योंकि गंगौली में तो रहने का मतलब है, "जुलाहन और राकियन को सलाम करो और रहो।" (पृ. 320) 'छाको की वापसी' के "हाजी अब्दुल करीम पाकिस्तान बनने के तुरन्त बाद ही ढाका चले गए थे और सुनते हैं कि वहाँ उनका लाखों का कारोबार है।...अब्दुल करीम का नाम करीमवा हुआ करता था।...हराम की कमाई से ही घर भरिसि है। लानत है ऐसे पैसे पर।" (पृ. 15)

'आधा गाँव' के सिब्तू मियाँ की बीवी की प्रतिक्रिया थी कि "खुदा गारत करे इ पाकिस्तान को" क्योंकि "न ई मुआ पाकिस्तान बनता, न जमींदारी खत्म होती। गंधिया कहिस कि अच्छा मियाँ लोग पाकिस्तान बना लिए, अच्छा तो जा जहन्नुम में...जमींदारी खत्म!" (पृ. 313) राही मासूम रजा पाकिस्तान के उदय व जमींदारी व्यवस्था की समाप्ति को 'आधा गाँव' के कथ्य में जिस तरह अन्तर्गुम्फित करते हैं उससे स्पष्ट है कि जमींदारी खात्मे के कांग्रेस के निर्णय को मुस्लिम लीग और मुसलमानों के कुलीन सामन्त वर्ग ने मुस्लिम विरोधी प्रचार के रूप में इस्तेमाल किया, ताकि पाकिस्तान अभियान को बल मिल सके। तालुकेदारों, जमींदारों का यह परजीवी वर्ग न कांग्रेस के इस सीमित भूमि सुधारों को स्वीकार कर सकता था न वयस्क मताधिकार पर आधारित भारतीय राजनीतिक-सामाजिक व्यवस्था के उस जनतान्त्रिकरण को, जिसके परिणामस्वरूप "सुखरमवा चमार का बेटा

परुसरमवा जेल से आते ही नेता हो गया।'' (पृ. 278) 'आधा गाँव' के हकीम साहब की राय में ''कांग्रेस ने नीच जातवालों को सिर चढ़ाकर हुकूमत के काम को और मुश्किल बना दिया है।'' हकीम साहब का दुख था कि ''अब ई जमाना आ गया है कि कमीने कुर्सी पर बइठे लगे। अरे लखना!'' हकीम साहब ने आवाज दी, ''कुरसिया सब भीतर पहुँचा दे रे। कह दे की जला के खाना पका डालें लोग अब ईहे होइहे। कमीने त बइठिये कुर्सी पर अउर अशराफ छिपय्यहें मुँह घर में।'' (पृ. 279)

'आधा गाँव' के औपन्यासिक कथ्य में मुस्लिम सामन्तों व दलितों के अन्तर्विरोध का विमर्श प्रारम्भ से अन्त तक उपस्थित है। जहाँ राही मासूम रजा सामन्ती व्यवस्था के रखरखाव में दलितों व निम्न जातियों की भृत्य व सेवक की भूमिका को रेखांकित करते हैं, वहीं वे दलितों की सामाजिक चेतना व उनके सशक्तिकरण का विमर्श भी रचते हैं। उपन्यास के प्रारम्भ में ही सुलैमान चा द्वारा झंगटिया बो को अपने घर में डाल लेने के प्रसंग में यह उल्लेख है कि ''...चमार चढ़ आए थे। और यह भी कहते हैं कि फुन्नन मियाँ ने बड़ी मुश्किल से उन्हें समझा-बुझाकर और कुछ दे-दिलाकर वापस किया था। सुलैमान चा का कहना था कि मामला पाँच बीसी पर तय हुआ था मगर गया अहीर का कहना था कि चमारों को सिर्फ तीन बीसी मिले थे। बाकी के दो बीसी फुन्नन मियाँ के काम आए थे।'' (पृ. 42) राही के इस दलित विमर्श में थोपी हुई क्रान्तिकारिता न होकर यथार्थ की गहरी समझ व पकड़ है। इसी समझ के अन्तर्गत वह लखना चमार के उस प्रसंग को औपन्यासिक बनाते हैं जिसमें लखना चमार ''ठाकुर कुँवरपाल सिंह से मुकदमा लड़ रहा। वह हारकर रह गए कि बेदखली करवा लें। खेत कटवाने लगे तो चमार भी लट्ठ लेकर आ गए। इन कांग्रेसवालों ने नाक में दम कर दिया है। अब नीच जातवाले भी आँख उठाकर बात करना चाहते हैं।'' (पृ. 144)

दलित चेतना का विमर्श रचते हुए राही मासूम रजा इस तथ्य को भी रेखांकित करते हैं कि भारतीय समाज की सामन्ती संरचना हिन्दू व मुस्लिम का भेद किए बिना दलितों के राजनीतिक उभार को लेकर कितनी असहज थी। परुसराम चमार के एम.एल.ए. बनने व जमींदारी टूटने के बाद हकीम साहब 'परुसरमवा के बाप सुखरमवा के कर्जदार' तो हो गए थे, लेकिन चमार होने के कारण परुसराम को सामाजिक प्रतिष्ठा प्राप्त हो पाना अभी भी शेष था। अब्बू मियाँ के दरवाजे पर परुसराम एम.एल.ए. के पहुँचने पर अब्बू मियाँ की यह प्रतिक्रिया यहाँ दृष्टव्य है—''परुसराम आइल बाड़न बाहर से धनिया चमार ने आवाज दी जो जमींदारी के खातमे के बाद भी अब्बू मियाँ से चिपटा हुआ था। 'आइल बाड़न' अब्बू मियाँ ने अपनी आँखें नचाकर कहा।'' (पृ. 323) यानी एम.एल.ए. बनने के बाद भी लुटे-पिटे

टुटपुँजिए जमींदारों की निगाह में परुसराम सम्मानजनक सम्बोधन का अधिकारी न था। फुन्नन मियाँ अपने कारणों से परुसराम एम.एल.ए. की नाक के बाल थे। ''जब मियाँ लोगों में से कोई परुसराम के दिन फिर जाने पर ठंडी साँसें भरता तो फुन्नन मियाँ इस तआस्सुफ आमेज लहजे पर झल्ला जाते और कहते, ''ए भाई! अल्ला के कारखाने में दखल देने वाले तें कौन? अ अपने गधे को चने का हलवा खिला रहे!'' (पृ. 331)

राही मासूम रजा परुसराम चमार के एम.एल.ए. बनने के तथ्य को समूचे दलित समाज के सशक्तिकरण का पर्याय नहीं बनाते, लेकिन परुसराम जैसों की राजनीतिक व्यवस्था में भागीदारी को वे 'आधा गाँव' के कथ्य में निम्नवत दर्ज करते हैं–''जब परुसराम आता तो शाम को उसका दरबार लगता। उसका दरबार गाँव का सबसे बड़ा दरबार होता। उसके दरबार में लखपति भी आते और फाकामस्त सैयद साहिबान भी। ये लोग कुर्सियों पर बैठते और सिगरेट पीते और रेडियो सुनते। उनसे थोड़ी दूर पर गाँव के गुरबा होते जो पहले ही की तरह जमीन पर उकड़ूँ बैठते, खैनी खाते और बीड़ी पीते। उनकी किस्मत में जमीन पर ही बैठना लिखा था। बस, उन्हें यह तस्कीन थी कि उनका एक आदमी मियाँ लोगों की कुर्सी पर बैठता है और मियाँ लोग उसके दरवाजे पर आते हैं और फर्क यह हुआ कि वे मियाँ लोगों के सामने बीड़ी पीने लगे थे।'' (पृ. 351)

दलित समाज में सामाजिक न्याय की इस तुष्टि को दर्ज करते हुए राही मासूम रजा द्वारा परुसराम को कांग्रेस पार्टी के एम.एल.ए. के रूप में प्रस्तुत करना उनकी अपनी राजनीतिक पक्षधरता न होकर आजादी के बाद की कांग्रेस के उस सर्वग्राही चरित्र को रेखांकित करता है, जहाँ दलित-सवर्ण व हिन्दू-मुस्लिम सभी की उपस्थिति के अपने तर्क थे। लेकिन इन तर्कों से दलित आकांक्षाओं की पूर्ति नहीं होती थी। इस दलित आकांक्षा को राही निम्नवत प्रस्तुत करते हैं, ''हम ता ई देखत बाड़ी परुसराम भैया, कि ई जमींदार लोगन का मिजाज जमींदारी के चल जाए से भी ठीक न भया है...जबले काश्तकारन का एका ना हुई, जमींदार लोगन का ठेंगा हमनी के सिर से ना हटी। ए ही मारे कहत बाड़ी कि पांडे जी की किसान सभा में जाए का चाही।'' (पृ. 353) पांडे जी की यह किसान सभा 'आग का दरिया' की उस किसान सभा से भिन्न थी जिसमें ''ड्राइवर बनने से पहले कदीर अपने जिले की किसान सभा में शामिल थे और चर्खे का प्रचार करते फिरते थे।'' (पृ. 193) पांडे जी की किसान सभा कम्युनिस्टों की वह किसान सभा थी, जिसको लेकर परुसराम सशंकित था कि ''मियाँ लोगों में पांडे जी का आना-जाना बहुत हो रहा है, आजकल, अब बताइए, यह ज्यादती की बात है या नहीं? इत्ती तकाबी यहाँ बाँटी गई है...दो तरफ से पुख्ता सड़कें बन गई हैं...गाँव में हर गली पक्की हो गई है। दो स्कूल चल रहे

हैं...और कोई सरकार इससे ज्यादा कर सकती है?" (पृ. 354) पांडे जी की किसान सभा का विमर्श प्रस्तुत करते हुए राही मासूम रजा कांग्रेस के उस वर्ग चरित्र को रेखांकित करते हैं जो सतह पर जनतान्त्रिक तो था लेकिन आमूल-चूल परिवर्तनकामी नहीं। कांग्रेस के इस तन्त्र में परुसराम चमार का एम.एल.ए. बनना तो सम्भव था लेकिन अपनी स्वतन्त्र अस्मिता बनाना कठिन था, इसीलिए परुसराम को हम्माद मियाँ से भिड़ना महँगा पड़ा क्योंकि बजरिए अली जहीर साहिब "हम्माद मियाँ बाबू जी (मुख्यमन्त्री डॉ. सम्पूर्णानन्द) के खास आदमी" निकल आए। और "परुसराम हो गया होगा एम.एल.ए., पर मुकदमे की पैरवी का फन तो हम्माद मियाँ ही को आता था।" इसलिए "सजा हो गई परुसराम को।" (पृ. 356)

यहाँ यह तथ्य ध्यान देने योग्य है कि 'आधा गाँव' के कथ्य में विन्यस्त यह दलित विमर्श तब लिखा गया था जब हिन्दी साहित्य में दलित विमर्श बहस का मुद्दा नहीं था। दरअसल राही मासूम रजा दलित, मुस्लिम या नारी-विमर्श को टुकड़ों-टुकड़ों में दर्ज न कर उसे एक सम्पूर्णता प्रदान करते हैं। अन्तर इतना अवश्य है कि कुर्रतुल ऐन हैदर 'आग का दरिया' में अपने इस प्रयत्न के चलते जहाँ यह सब प्रभुत्वकारी विमर्श में ढालती हैं, वहीं राही मासूम रजा इस पारम्परिक ढाँचे को तोड़ते नजर आते हैं। 'आग का दरिया' का दलित विमर्श 'गुलफिशां' सरीखी कोठियों के उन नौकर-चाकरों तक सीमित था जहाँ "सारे बावर्चियों के नाम हुसैनी, हुसैनबख्श या मदारबख्श होते हैं। सारे धोबी नत्थू कहलाते हैं। सब कोचवान गंगादीन हैं। सारी नौकरानियों के नाम बुलाकन, रसूलिया, हमीदन की माँ और मंजुरुनिस्सा होते हैं और सारे बैरे 'अब्दुल' कहलाते हैं।" (पृ. 192) समरसता का यह दलित विमर्श उतना ही रूमानी व अवास्तविक है जितनी रूमानी है 'आग का दरिया' के आभिजात्य पात्रों की दुनिया। कुर्रतुल ऐन हैदर व राही मासूम रजा का मुख्य अन्तर यह है कि जहाँ कुर्रतुल ऐन हैदर मुस्लिम समाज के शहरी आभिजात्य वर्ग का विमर्श रचते हुए अपनी वर्गीय सहानुभूति से मुक्त नहीं हो पातीं, वहीं राही मासूम रजा सामन्ती पृष्ठभूमि के कुलीन मुसलमानों के प्रति निर्मम आलोचनात्मक नजरिया अपनाकर अपने वर्ग हितों के विरुद्ध खड़े होते हैं।

पाकिस्तान का बनना व जमींदारी का खात्मा भले ही अन्योन्याश्रित न हो, लेकिन 'आधा गाँव' की गंगौली के मियाँ लोगों के लिए यह समझ पाना कठिन था कि उनकी दुर्दशा के मूल में पाकिस्तान का बनना था या कि जमींदारी का समाप्त होना। हकीम साहब की त्रासदी दुहरी थी, "एक ठो बेटा रहा...ओ पाकिस्तान चला गया। एक ठो जमींदारी रही, ओहू को समझो कि पाकिस्तान चली गई। अरे जौन

चीज हमरे पास न है, ओ पाकिस्ताने न गई?...नौ पराणी का पेट कैसे चलाएँ?" (पृ. 318) अब्बू मियाँ "एक शरीफ हिन्दुस्तानी बाप थे। सईदा की नौकरी ही को झेल लेना उनका कमाल था। उसकी कमाई पर भरोसा करने का तो सवाल ही पैदा नहीं होता था। धीरे-धीरे बीवी के सब जेवर बिक गए। जो भूमिधरी उन्होंने बड़ी मुश्किल से हासिल की थी, वह हाईकोर्ट से निकल गई।" (पृ. 343) फुस्सू मियाँ को जूते की दुकान खोलनी पड़ी। "पहले तो उन्हें ग्राहकों से बात करते शर्म आती थी। ग्राहक भी कैसे, जिनकी पुश्तें उन्हें और उनके बुजुर्गों को सलाम करने में गुजरी थीं। वही गाँव के जुलाहे और राकी, वही चमार और अहीर।" (पृ. 341) मौलवी बेदार तो इसलिए पाकिस्तान चले गए कि "आस औलाद रही ना, हल चलावे आता न रहा उन्हें और फुस्सू की तरह जूते की दुकान खोले की हिम्मत न रही, ते कह दीहन कि हम ई मुलुक में ना रहेंगे, जिसमें इमामबाड़े पर सिख लोग कबजा कर लिहस हैं।" (पृ. 350)

'आधा गाँव' के हकीम साहब, अब्बू मियाँ, फुस्सू मियाँ और मौलवी बेदार सरीखे पात्रों के द्वारा राही मासूम रजा मुस्लिम जमींदारों के उस परजीवी वर्ग की जड़विहीनता को रेखांकित करते हैं, जो खुदकाश्त नहीं था। जमींदारी खात्मे से उपजी अपनी आर्थिक जर्जरता को पाकिस्तान से जोड़कर इस जमात ने शहादत का जो सेहरा अपना सिर बाँधा राही उसका खुलासा इन शब्दों में करते हैं, "इन लोगों के लिए पाकिस्तान का बनना या न बनना बेमानी था लेकिन जमींदारी के खात्मे ने इनकी शख्सियतों की बुनियादें हिला दीं। वे घरों से निकले और जब घर ही छूट गया तो गाजीपुर और करांची में क्या फर्क है!" (पृ. 307) राही मासूम रजा की यह बेबाक पाकिस्तान विवेचना जहाँ विभाजन की गुत्थी को जमीनी सन्दर्भ प्रदान करती है, वहीं कुर्तुल ऐन हैदर पाकिस्तान का जो महावृत्तान्त रचती हैं, वह अमूर्त एवं वायवीय है। 'आग का दरिया' के पात्र कमाल रजा की जुबानी वह इसे यूँ सैद्धान्तिकता प्रदान करती हैं, "बात सारी यह है कि हिन्दुस्तान में मध्य वर्ग के मुसलमानों के कदम उखड़ चुके हैं। सांस्कृतिक और आर्थिक सुरक्षा की खोजों में हिन्दुस्तानी मुसलमान यहाँ आता है।" (पृ. 449) और बकौल कमाल रजा के छोटे फूफा के, "मुसलमान का कोई वतन नहीं है। सारा जहाँ वतन है।" (पृ. 443)

मुस्लिम एकरूपता व समरसता के आभिजात्य विमर्श को राही मासूम रजा फुन्नन मियाँ, मिगदाद और हम्माद मियाँ सरीखे पात्रों की उपस्थिति से खारिज करते हैं। हिन्दुस्तान के रहकर भी फुन्नन मियाँ की जिन्दगी में "पाकिस्तान बनने से...कोई खास तब्दीली नहीं हुई थी। जिन्दगी कुछ बेहतर ही हो गई थी।" (पृ. 331) मिगदाद ने "हल की मुठिया थाम के मियाँ लोगों से अपना रिश्ता तोड़ लिया था।" (पृ. 281) हम्माद मियाँ ने भी गया अहीर के सहारे तीन हल की खेती

सँभाल ली थी। मुस्लिम जमींदारों के परजीवी वर्ग के बरक्स खुदकाश्त मुस्लिम किसानों की यह उपस्थिति और उनकी पाकिस्तान विमुखता भारतीय समाज में उनकी उस गहरी जड़ों का परिचायक है, जिसे पाकिस्तान के बहाने उच्छेदित नहीं किया जा सकता।

'आधा गाँव' की मौलिकता के सन्दर्भ आंचलिकता से लेकर भाषायी प्रयोग तक विस्तृत हैं। उत्तर भारत के भोजपुरी पूर्वांचल को इस उपन्यास ने जो जीवन्त सामाजिक-राजनीतिक सन्दर्भ दिए हैं, वह इतिहास की प्रामाणिकता लिए हुए हैं। 'मोहर्रम बड़ा जोरदार हुआ', 'जंग ने तो मोहर्रम की रौनक छीन ली', 'बिस्तर की तनहाई से लेकर दिलों की तनहाई', 'जमींदारी मजहब की तरह मजबूत थी', 'हड्डी-उड्डी जमींदारी का चोंचला रहा', 'माँ भी बेटी की कमाई का मातमी लिबास पहनकर मजलिस के फर्श पर बैठी' और 'जमींदार लोग देखते-देखते पल भर में नूरुद्दीन शहीद के मकबरे की तरह गिर गए' सरीखी मुहावरेदार अभिव्यक्तियाँ जहाँ उपन्यास के विविध प्रसंगों को गहरी अर्थवत्ता प्रदान करती हैं, वहीं वे स्वायत्त रूपक के रूप में भी प्रस्तुत होती हैं। भाषा के मानकीकरण की रूढ़ि को तोड़ते हुए राही हिन्दी, उर्दू व भोजपुरी व तद्भव रूप का जो भाषिक रसायन रचते हैं, वह उनकी मौलिकता है। भाषा का भदेस व वर्जित शब्दों की बहुतायत यहाँ जिस स्वाभाविकता के साथ उपस्थित है, वह उपन्यास की भाषिक जीवन्तता एवं प्रामाणिकता के लिए अनिवार्य था। यहाँ यह तथ्य भी उल्लेखनीय है कि राही अपनी भाषा सम्पदा को अनावश्यक रूप से प्रकृति व परिवेश पर न खर्च कर अपने उन पात्रों पर खर्च करते हैं, जो इस औपन्यासिक विमर्श के केन्द्र में हैं।

यह एक दिलचस्प संयोग है कि 'आधा गाँव' और 'छाको की वापसी' दोनों ही उपन्यास प्रथम पुरुष एकवचन में लिखे गए हैं, जबकि 'आग का दरिया' व 'उदास नस्लें' तृतीय पुरुष की शैली में। लेकिन उल्लेखनीय तथ्य यह है कि प्रथम पुरुष में लिखे जाने के बावजूद 'आधा गाँव' व 'छाको की वापसी' रूमानियत व व्यक्तिपरकता से मुक्त हैं, जबकि तृतीय पुरुष की शैली में लिखे जाने के बावजूद 'आग का दरिया' व 'उदास नस्लें' पूरी तरह रूमानियत लिए हुए हैं और 'आग का दरिया' तो काफी कुछ व्यक्तिपरक भी। इस रूमानी दृष्टिकोण का परिणाम है कि 'आग का दरिया' के कमाल व 'उदास नस्लें' का मुख्य पात्र नईम हिन्दुस्तान में रहने व बसने की अपनी प्रतिज्ञा के बावजूद पाकिस्तानी सफर का हमराह बन जाता है। रूमानियत के वृत्त को पूरा करने के लिए कुर्तुल ऐन हैदर कमाल रजा को "बीसवीं सदी के हिन्दुस्तान की खोई हुई पीढ़ी का व्यक्ति" ही करार दे देती हैं, और अब्दुल्ला हुसैन का नईम तो पाकिस्तान जा रहे हिन्दुस्तानियों द्वारा 'दिशा खो दिए जाने' (पृ. 297) के तथ्य को इंगित करते हुए स्वयं पाकिस्तान जानेवालों के समूह

में खो जाता है। कुर्रतुल ऐन हैदर और अब्दुल्ला हुसैन जहाँ उस वर्ग को पाकिस्तान निर्माण के सन्दर्भ में मानवीय परिप्रेक्ष्य प्रदान करते हैं, जो इस अभियान में नेतृत्वकारी भूमिका निभा रहा था; वहीं राही मासूम रजा और बदीउज्जमां उन लोगों की कथा कह रहे थे जिनके "गले में पाकिस्तान की कटी हुई नाल फाँसी की तरह पड़ी हुई थी।" (पृ. 305)

स्वीकार करना होगा कि विभाजन और भारतीय मुसलमान के प्रसंग में राही मासूम रजा 'आधा गाँव' में जो पूरा विमर्श प्रस्तुत करते हैं, वह एक उपन्यास भर न होकर उस भारतीय मुसलमान का सामाजिक व राजनीतिक बयान है जो पाकिस्तान के रथ पर आरूढ़ होने के बजाय उसके पहियों तले लहूलुहान हुआ था। यह वही भारतीय मुसलमान था जिसने विभाजन के मात्र दस वर्ष पूर्व 1937 के प्रान्तीय असेम्बली चुनावों में मात्र चार दशमलव आठ प्रतिशत वोट देकर मुस्लिम लीग को करारी मात दी थी। यह तथ्य भी उल्लेखनीय है कि इस चुनाव में सीमित मताधिकार ही प्राप्त था। सोचने की बात यह है कि जिस पंचानबे प्रतिशत भारतीय मुसलमान ने मुस्लिम लीग को हराया था वह 1946 के चुनाव में कैसे मात्र चौबीस प्रतिशत रह गया! 'आधा गाँव' के औपन्यासिक कथ्य में राही इस तथ्य का खुलासा जिस प्रामाणिकता के साथ करते हैं, वह उपन्यास विधा के दूरगामी सामाजिक व ऐतिहासिक महत्त्व को रेखांकित करता है। इस सन्दर्भ में राही मासूम रजा मस्जिदों के खुतबे से लेकर, अलीगढ़ यूनिवर्सिटी के मुस्लिम लीगी छात्रों की पाकिस्तान प्रचार की टोलियों की भूमिका, जमींदारी विरोधी कांग्रेस के निर्णय को मुस्लिम विरोध का रंग देने, पाकिस्तान की माँग को दीन मजहब व नमाज से जोड़ने व स्वामियों व पंडित मातादीन सरीखे हिन्दू साम्प्रदायिकों की उस भूमिका को भी सन्दर्भित करते हैं जो, "मलिच्छ मुसलमानों को भारतवर्ष से निकाल देने" (पृ. 283) के लिए प्रतिज्ञाबद्ध थे।

'आधा गाँव' का पाकिस्तान विमर्श प्रोफेसर मुशीरुल हसन के इस निष्कर्ष की पुष्टि करता है कि "समान धार्मिक अनुभवों एवं साझे प्रतीकों के बावजूद भारत में इस्लाम के अनुयायियों का कोई एकल अस्तित्व नहीं था।...चालीस के दशक में मुस्लिम लीग की सफलता से भी हमारे इस मूल तर्क में न तो कोई अन्तर पड़ता है और न ही इससे जिन्ना के दो राष्ट्रों के सिद्धान्त को वैधता प्राप्त होती है; क्योंकि अगस्त, 1947 में पाकिस्तान का बनना न तो आसन्न था और न ही ऐतिहासिक रूप से अनिवार्य। कुल मिलाकर यह एक (राजनीतिक) विकृति व ऐतिहासिक दुर्घटना थी जो कि एक समय विशेष पर उपस्थित भाँति-भाँति प्रकार की शक्तियों की जटिल अन्तःप्रक्रिया का दुष्परिणाम था।" ('नेशनलिज्म एंड कम्युनल पॉलिटिक्स इन इंडिया', मुशीरुल हसन, पृ. 282-283)

'छाको की वापसी' उपन्यास की विशिष्टता इस तथ्य में अन्तर्निहित है कि छाको की त्रासदी के माध्यम से बदीउज्जमां उन बेबस व बेजुबान मुसलमानों को जुबान देते हैं जो पाकिस्तान के तूफान में तिनके के मानिन्द उड़कर वहाँ पहुँच गए थे। साथ ही बदीउज्जमां पाकिस्तान विमर्श को पूर्वी पाकिस्तान का वह सन्दर्भ प्रदान करते हैं जो "एक धर्म, एक संस्कृति व एक देश" के तर्क को बांग्लादेश के उदय से झुठलाता है। 'छाको की वापसी' के हबीब भाई के माध्यम से बदीउज्जमां इसे यूँ सूत्रबद्ध करते हैं, "बहुत तकलीफदेह हकीकत है, लेकिन है हकीकत कि बिहारी मुसलमान की बंगाली मुसलमान के साथ गुजर नहीं हो सकती।...मैं समझता हूँ कि बिहार के हिन्दू इन बंगाली मुसलमानों से यकीनन बेहतर थे।" (पृ. 155)

'आग का दरिया' में भी कुर्रतुल ऐन हैदर सांस्कृतिक भिन्नता के धरातल पर किसी भविष्यद्रष्टा की तरह पश्चिमी पाकिस्तान के एक उच्चाधिकारी की जुबानी बांग्लादेश बनने की यह पेशनगोई करती है–"जिस रोज पूर्वी बंगाल पाकिस्तान से अलग होगा, मैं खुदा का लाख-लाख शुक्र अदा करूँगा और...। इनकी हर बात, हमसे अलग है। गैर-इस्लामी जबान बोलते हैं। 'वजीरे आजम' को 'प्रधानमन्त्री' और 'अमन' को 'शान्ति' कहते हैं, संस्कीरत से अपना नाता जोड़ रखा है।" ('आग का दरिया', पृ. 477)

'छाको की वापसी' और 'आग का दरिया' के पूर्वी बंगाल के सन्दर्भ 'आधा गाँव' के पाकिस्तान विमर्श को मुकम्मल बनाते हैं, जबकि अब्दुल्ला हुसैन का उपन्यास 'उदास नस्लें' वैयक्तिक व विभाजन की त्रासदी का ऐसा अन्तर्गुम्फन करता है कि व्यक्तिगत व राजनीतिक अन्तर मिट जाता है और बच रह जाता है पाकिस्तान जाते कारवां का वह स्थायी बिम्ब जो क्षितिज में खोकर भी नहीं खोता।

यह स्वीकार किया जाना चाहिए कि 'आधा गाँव', 'आग का दरिया', 'छाको की वापसी' और 'उदास नस्लें' अपने मिले-जुले औपन्यासिक कथ्य द्वारा 'विभाजन, इस्लामी राष्ट्रवाद व भारतीय मुसलमान' के जटिल विमर्श को जो सम्पूर्णता एवं वैविध्य प्रदान करते हैं, वह विभाजन के इतिहास से सम्बन्धित पुस्तकों में अभी भी वांछित हैं। इन उपन्यासों द्वारा व्यापक अर्थों में इतिहास की यह क्षतिपूर्ति निश्चित रूप से औपन्यासिक विधा की नई समाजशास्त्रीय भूमिका को उजागर करती है।

'आधा गाँव' का महत्त्व विशिष्ट व अलग इन अर्थों में है कि वह जिन महाकाव्यात्मक (एपिक) ऊँचाइयों को प्राप्त करता है वह आधुनिक हिन्दी उपन्यास की विरल धरोहर है। विभाजन और भारतीय मुसलमान की मिली-जुली त्रासदी को यदि किसी एक कृति द्वारा समझा जाना है तो वह निर्विवाद रूप से राही मासूम रजा का 'आधा गाँव' ही है। जिस भाषा में 'आधा गाँव' सरीखा उपन्यास उपलब्ध हो

उस भाषा के कीमियागरों को यह रुदन नहीं करना चाहिए कि हिन्दी में मुसलमानों पर नहीं लिखा जा रहा है। 'आधा गाँव' के इस ऐतिहासिक दस्तावेजी महत्त्व को दृष्टिगत रखते हुए यह कहना उचित ही है कि 'गोदान' के बाद 'मैला आँचल' के साथ 'आधा गाँव' उस औपन्यासिक कालपात्र सरीखा है, जिसके बिना आज के भारत की कोई मुकम्मल समझ और व्याख्या अधूरी ही रहेगी। काश आधुनिक हिन्दी साहित्य के कुलीन तन्त्र को 'आधा गाँव' के इस ऐतिहासिक महत्त्व की खबर होती!!!

क्षुद्रताओं के महावृत्तान्त से महानताओं की क्षुद्रता तक : सन्दर्भ 'राग दरबारी'

स्वातन्त्र्योत्तर हिन्दी उपन्यास में श्रीलाल शुक्ल सम्भवतः उन चन्द इने-गिने उपन्यासकारों में से एक हैं, जिन्होंने 'साहित्यिक' और 'लोकप्रिय' के अन्तर को मिटाते हुए औपन्यासिक आस्वाद की मौलिक शैली विकसित की है। लेकिन यह करते हुए वे अकेले ऐसे उपन्यासकार हैं, जिन्होंने आलोचकों के समक्ष एक संकट व असमंजस की स्थिति भी पैदा की। शायद 'राग दरबारी' द्वारा हिन्दी उपन्यास में यह पहली बार हुआ है कि आलोचकीय हिचक व संशय के बावजूद महज पाठकों की प्रशंसा के बल पर किसी औपन्यासिक कृति ने अपनी स्वीकृति कुछ इस तरह कराई है कि आज गम्भीर साहित्यिकों से लेकर समाजशास्त्रियों के बड़े समुदाय तक, यह अधिकांश की प्रथम कोटि की औपन्यासिक पसन्द है। यद्यपि इस पसन्द के अपने अलग-अलग कारण हैं, क्योंकि निर्मल वर्मा की 'कलात्मक' और डॉ. श्यामा चरण दुबे की 'समाजशास्त्री' पसन्द के छोर भिन्न हैं। यदि उपन्यास की पसन्द के इस ग्राफ में मार्क टुली जैसे प्रबुद्ध पाठकों को भी शामिल कर लिया जाए, जो इसे 'इंटरटेनिंग हिन्दी नावेल' करार देते हैं तो यह दायरा आम पाठकीय पसन्द को भी छूने लगता है।

यहाँ यह तथ्य दिलचस्प है कि चार दशक पूर्व 'राग दरबारी' के प्रकाशन (1968) के तत्काल बाद श्रीपत राय ने अपने आलोचनात्मक लेख ('कथा', सितम्बर 69) में इसे 'बहुत बड़ी ऊब का महाग्रन्थ' व 'अतिशय उबानेवाली कुरुचिपूर्ण और कुरचित कृति' करार देते हुए यह भविष्यवाणी की थी कि 'यह अपठित रह जाएगी।' नेमिचन्द्र जैन ने इसे 'असन्तुष्ट, क्षुब्ध व्यक्ति की बेशुमार शिकायतों और खीझ भरे आक्षेपों का अन्तहीन सिलसिला' करार दिया था। आज चार दशकों के अन्तराल के बाद इन आलोचकीय मन्तव्यों को झुठलाते हुए जब इस उपन्यास ने एक साथ पाठकीय प्रशंसा, पठनीयता एवं साहित्यिक स्वीकृति के विरल कीर्तिमान स्थापित किए हैं तो श्रीलाल शुक्ल की कथा दृष्टि की विवेचना निश्चित रूप से एक जटिल व दुविधाजन्य

कार्य है और इसीलिए चुनौतीपूर्ण भी। निर्विवाद पठनीयता व साहित्यिक मूल्यवत्ता के बावजूद 'राग दरबारी' को लेकर आलोचकीय दुविधा आज भी दरपेश है, जिससे टकराए बिना 'राग दरबारी' और श्रीलाल शुक्ल के 'फेनामेना' को समझा नहीं जा सकता।

'राग दरबारी' मूलतः नकारवादी मुहावरे की रचना है, लेकिन उसका नकारवाद व्यक्तिगत कुंठा व निराशा का परिणाम न होकर उन सामाजिक विद्रूपताओं व कुरूपताओं का परिणाम है, जिनकी भारतीय समाज में गहरी जड़ें हैं। इनका उद्घाटन करने के लिए श्रीलाल शुक्ल क्षुद्र व साधारण की सामाजिक पड़ताल करते हैं। क्षुद्रताओं का महावृत्तान्त रचते हुए ही वे तन्त्र की विकृतियों की पहचान करते हैं। जिस राजनीतिक समय में 'राग दरबारी' की रचना हुई थी, वह सम्पूर्ण नकार का दौर था। राजनीति के स्तर पर जहाँ डॉ. राममनोहर लोहिया इस नकारवाद के मुखर प्रवक्ता थे, वहीं साहित्य के स्तर पर राजकमल चौधरी व धूमिल सहित युवा रचनाकारों की बड़ी जमात इसे अपनी रचनाओं में अभिव्यक्त कर रही थी।

नेहरू युग से राजनीतिक मोहभंग, व्यक्तिगत कुंठा, संत्रास और हताशा के इसी दौर में अकहानी, श्मशानी व भूखी पीढ़ी जैसी साहित्यिक हलचलों का उदय हुआ। अमरीकी बीटनिक पीढ़ी के साहित्यिक पुरोधा व परम्परा द्रोही कवि ऐलन गिन्सबर्ग का युवा हिन्दी साहित्यिकों के बीच नायक पूजा का दौर भी यही था। उत्तर नेहरूवाद के इस आरम्भिक दौर में जनतन्त्र कटघरे में था, कांग्रेस का एकाधिकार समाप्त हो रहा था, केन्द्रीयताएँ टूट रही थीं, नैतिकता, सदाचार, सच्चाई, कर्तव्यनिष्ठा, ईमानदारी, परोपकार जैसे मानवीय व सामाजिक मूल्यों के प्रति अवज्ञा एवं अनास्था का भाव प्रबल हो रहा था। 'राग दरबारी' ऐसे ही सर्वनकारवादी व अनास्था के दौर की उपज है।

व्यापक अर्थों में 'राग दरबारी' नेहरू युगीन जनतन्त्र का कॉमिक शैली में रचा गया 'क्रिटीक' है। यदि कामदी तत्त्व को थोड़ा परे रखकर इसका पाठ किया जा सके तो जनतन्त्र की समालोचना के रूप में श्रीलाल शुक्ल की कथा दृष्टि राजकमल चौधरी और धूमिल के आसपास कहीं टिकती है। जनतन्त्र के बारे में धूमिल की यह काव्य चिन्ता 'जनतन्त्र, जिसकी रोज सैकड़ों बार हत्या होती है और हर बार वह भेड़ियों की जुबान पर जिन्दा है' ('संसद से सड़क तक', पृ. 48) और राजकमल चौधरी का 'मुक्ति प्रसंग' में यह उद्बोधन 'आदमी लिखे एबसर्डिटी का दर्शन विधान' 'राग दरबारी' में कथात्मक सम्पूर्णता प्राप्त करता है। व्यवस्था की सड़ाँध, जनतान्त्रिक मूल्यों का विघटन एवं नैतिक व सामाजिक अधःपतन का सर्वनकारवादी विमर्श राजकमल चौधरी, धूमिल व श्रीलाल शुक्ल की रचना दृष्टि में अन्तर्धारा के रूप में उपस्थित है। लेकिन इस अन्तर के साथ कि जहाँ धूमिल और राजकमल चौधरी 'एंग्री

यंग मैन' की शैली में जनतन्त्र की समालोचना करते हुए जिस 'एक अदद आदमी' को अपनी रचनात्मक सहानुभूति के केन्द्र में रखते हैं, वहीं श्रीलाल शुक्ल कौतुक मुद्रा अपनाते हुए अपने 'सिनिकल' मुहावरे में उसी 'एक अदद आदमी' को अपने व्यंग्य बाणों का लक्ष्य बनाने से नहीं चूकते। यहीं से श्रीलाल शुक्ल और धूमिल के सादृश्य समाप्त होते हैं और पार्थक्य बिन्दु प्रारम्भ होते हैं।

यहाँ यह विरोधाभास दिलचस्प है कि 'भदेस' और 'नागरिक' तत्त्व श्रीलाल शुक्ल और धूमिल के रचनात्मक मुहावरे में अन्तर्सूत्र के रूप में लगातार उपस्थित हैं, लेकिन दोनों के सन्दर्भ भिन्न और विरोधी हैं। जहाँ धूमिल 'भदेस' को रचनात्मक शक्ति के रूप में इस्तेमाल करते हुए 'नागरिकता' को कटघरे में खड़ा करते हैं, वहीं श्रीलाल शुक्ल नागरिकता के धरातल पर खड़े होकर 'भदेस' की कपाल क्रिया करते हैं। धूमिल 'दुनिया के व्याकरण के खिलाफ' खड़े होकर जहाँ यह बयान देते हैं कि "जेल के बगल की नागरिकता/और बूचड़खाने के सामने की सज्जनता/मुझे विरासत में मिली थी" वहीं श्रीलाल शुक्ल नागरिक व्याकरण की उपेक्षा को कुछ यूँ रेखांकित करते हैं : "सुअरों के झुंड सड़क पर निकलते समय आदमियों की नकल करते। वे दाएँ-बाएँ चलने का खयाल न करके सड़क पर निकलनेवाली हर सवारी के ठीक आगे चलते हुए नजर आते और आपसी ठेलठाल में कॉलेज के लड़कों को भी मात देते।" ('राग दरबारी', पृ. 378)

श्रीलाल शुक्ल की कथा दृष्टि की सर्वाधिक चौंकानेवाली बात उसमें कई विरुद्धों के सामंजस्य की उपस्थिति है। आभिजात्य व भदेस, नागरिकता व गँवारूपन, सार्वदेशिकता व स्थानिकता जिस खिलंदड़ेपन के साथ उनकी कथा दृष्टि में विलयित है, वह उनकी अपनी विशेषता है। दरअसल सच तो यह है कि आभिजात्य, नागरिक और सार्वदेशिक तत्त्व ही उनकी कथा दृष्टि की रचना करते हैं भदेस, गँवई और देशज तत्त्व इस कथादृष्टि की विषयवस्तु भर हैं। 'राग दरबारी' को लेकर जो आलोचकीय दुविधा है, उसके मूल में दृष्टि और विषयवस्तु की यह फाँक ही है। उनके दो अन्य उपन्यास 'पहला पड़ाव' और 'सूनी घाटी का सूरज' भी कमोबेश इसी दुविधा से ग्रस्त हैं। श्रीलाल शुक्ल के नवीनतम उपन्यास 'बिस्रामपुर का सन्त' को लेकर यह आलोचकीय संशय इसीलिए नहीं है कि इसकी कथावस्तु और लेखकीय कथा दृष्टि में पूर्ण समन्वय है।

यहाँ यह तथ्य बेझिझक स्वीकार किया जाना चाहिए कि 'राग दरबारी' की पाठकीय स्वीकृति व प्रशंसा 'हाई कॉमेडी' के जिस मुहावरे पर टिकी है, वही इस उपन्यास की सबसे बड़ी बाधा है। अवध की वाक्पटुता व व्यंग्य विनोद में रची-पगी इस उपन्यास की भाषा 'हाई कॉमेडी' का ऐसा रूप ग्रहण करती है, जहाँ सब कुछ प्रहसन में बदल जाता है। उपन्यासकार जीवन की हर स्थिति व परिस्थिति में कामदी

तलाशता है, भूख, गरीबी, भ्रष्टाचार, बेरोजगारी, अशिक्षा, खान-पान, पहनावा, आचार-व्यवहार सभी कुछ उसके व्यंग्य-विनोद के लक्ष्य हैं। जहाँ विनोदी स्थितियाँ नहीं हैं, वहाँ वह उन्हें गढ़ता है। इस प्रकार यह उपन्यास व्यंग्य-विनोद का ऐसा प्रति-संसार रचता है, जहाँ दुख, करुणा, सहानुभूति और सामाजिक सरोकार दृश्य ओझल हैं; यहाँ यह तथ्य भी ध्यान देने योग्य है कि 'राग दरबारी' मात्र रूप के स्तर पर प्रहसन न होकर अपने कथ्य को भी प्रहसनात्मक बनाता है। उपन्यास में छोटे पहलवान और कुसहर प्रसाद प्रसंग (पृ. 112-116) में बेटे द्वारा बाप की पिटाई को 'परिवार के सनातन धर्म' के रूप में प्रतिष्ठित करना कथ्य को प्रहसन में तब्दील करने का एक उदाहरण है।

क्षोभ और आक्रोश पैदा करनेवाली जीवन स्थितियों को भी हँसोड़ बनाती 'राग दरबारी' की शैली 'हाई कॉमेडी' में अन्तर्निहित उस त्रासद करुणा का विलोप कर देती है, जो इसे सार्थक व सकारात्मक रूप देते हुए सामाजिक विसंगतियों को चिह्नित करने का सशक्त माध्यम बन सकती है। इसी सन्दर्भ में पुश्किन ने कहा था, "हाई कॉमेडी सिर्फ हास्य में ही नहीं होती, बल्कि यह चरित्रों के विकास में होती है और अक्सर यह त्रासदी के सन्निकट होती है।" गोगोल ने अपने उपन्यास 'डेड सोल्स' और चार्ली चैपलिन ने अपनी फिल्मों में इसी त्रासद हास्य का मुहावरा अपनाया है। प्रेमचन्द के कथा संसार में भी हास्यजनित करुणा की भरपूर उपस्थिति है। होली के अवसर पर गाँव में सारी रात चले व्यंग्य-विनोद के बारे में 'गोदान' में प्रेमचन्द यूँ टिप्पणी करते हैं, "...इसी तरह नोखेराम और पटेश्वरी और दातादीन की बारी-बारी से सबकी खबर ली गई और फबतियों में चाहे कोई नयापन न हो और नकलें पुरानी हों; लेकिन गिरधारी का ढंग ऐसा हास्यजनक था, दर्शक इतने सरल हृदय थे कि बेबात की बात में भी हँसते थे। रात भर भँड़ैती होती रही और सताए हुए दिल, कल्पना में प्रतिशोध पाकर प्रसन्न होते रहे।" (पृ. 182) दरअसल यही है वह सामाजिक परिप्रेक्ष्य जहाँ से 'हाई कॉमेडी' का सौन्दर्यशास्त्र निर्मित होता है। निराला के 'बिल्लेसुर बकरिहा' और 'कुल्ली भाट' के त्रासद हास्य का परिप्रेक्ष्य भी यही है, जहाँ बकौल डॉ. रामविलास शर्मा "हास्य में संयम है, अट्टहास नहीं है, अधिकतर होंठों पर खेलती हुई मुस्कान है।" ('निराला की साहित्य साधना', खंड 2, पृ. 481)

'राग दरबारी' का हास्य संयमविहीन हास्य है, जहाँ उपन्यासकार स्थितियों को हास्य के अनुकूल बनाने में असमर्थ होने पर, भाषा से हास्य की रचना करता है। 'राग दरबारी' में लहूलुहान चोट खाए विलाप करते बूढ़े का शब्द चित्र देखिए : "अचानक 'हाउ-हाउ' सामने आ गया। वह लगभग साठ साल का एक बुड्ढा आदमी था। देह से मजबूत। नंगे बदन। पहलवानी ढंग से घुटनों तक धोती बाँधे हुए। उसके सिर पर तीन चोटें थीं और तीनों से अलग-अलग दिशाओं में खून बहकर दिखा रहा

था कि यह एक तरह का खून भी आपस में मिलना पसन्द नहीं करता। वह जोर-जोर से 'हाउ-हाउ' करता हुआ, दोनों हाथ उठाकर हमदर्दी की भीख माँग रहा था।... 'हाउ-हाउ' अब द्रुत लय छोड़कर विलम्बित की तरफ आने लगा और बाद में बड़े ही ठंस किस्म की ताल में अटक गया। ऐसी बात गायकी की पद्धति के हिसाब से उलटी पड़ती थी, पर मतलब साफ था कि वे उखड़ नहीं रहे हैं बल्कि जमकर बैठ रहे हैं।" (पृ. 111)

भाषा से उपजी संयमविहीन व्यंग्य की एक बानगी कुछ यूँ है : "वे महिलाएँ पाखाने की कार्रवाई को एकदम से स्थगित कर सीधी खड़ी हो गईं और उन्हें 'गार्ड ऑफ ऑनर' जैसा देने लगीं।" (पृ. 233) यहाँ श्रीलाल शुक्ल की कथा भाषा मात्र संवाहक की भूमिका न अदा कर स्वयं में कथ्य बन जाती है, वह एक नया 'एक्टिविज्म' (सक्रियता) धारण कर लेती है। भाषा की यह अतिरिक्त सक्रियता लेखकीय अतिकथन की माँग करती है, जिसकी पूर्ति हेतु उपन्यासकार ने 'राग दरबारी' में रंगनाथ के रूप में सूत्रधार का सृजन किया है। लेखकीय अतिकथन की डोर जहाँ सूत्रधार के हाथ से छूटती दीखती है, वहाँ लेखक नेपथ्य में उपस्थित होकर कथा सूत्र को स्वयं सँभाल लेता है। यह प्रविधि उनके अन्य उपन्यासों में भी है। 'पहला पड़ाव' में सूत्रधार और लेखक का यह द्वैत समाप्त हो जाता है और उपन्यास का केन्द्रीय पात्र सत्ते उर्फ सन्तोष कुमार इन दोनों भूमिकाओं का निर्वाह एक साथ करता है। 'सूनी घाटी का सूरज' का रामदास तो उपन्यास लेखक की ही भूमिका में उतरकर आत्मकथात्मक औपन्यासिक वृत्तान्त लिख डालता है। वास्तविकता तो यह है कि 'राग दरबारी' का रंगनाथ, 'पहला पड़ाव' का सत्ते और 'सूनी घाटी का सूरज' का रामदास ये तीनों ही औपन्यासिक पात्र के आवरण में लेखकीय उपस्थिति हैं। यह अकारण नहीं है कि ये तीनों ही अंग्रेजी के मुहावरे में रचे-पगे और संस्कृत बोलने में सक्षम हैं और क्रमशः इतिहास, राजनीतिशास्त्र और अर्थशास्त्र में एम.ए. करने के बाद उच्च शिक्षाकांक्षी हैं।

इन तीनों कथानायकों की कल्पनाएँ महत्त्वाकांक्षाएँ व निराशाएँ इतनी उच्च व वैश्विक हैं कि वह उनकी सामाजिक स्थिति व बौद्धिक संरचना से बेमेल है। रंगनाथ 'सोफिया लारेन और एलिजाबेथ टेलर का ध्यान' करता है (पृ. 103), रविशंकर का संगीत सुनता है (पृ. 156) और इंडोलॉजी में शोध करते हुए "मार्शल, कनिंघम, विंटरनित्ज, कीथ, परसी ब्राउन, काशी प्रसाद जायसवाल व भंडारकर का अध्ययन करता है।" (पृ. 109) 'पहला पड़ाव' का सत्ते यूँ तो अपने झोले में 'भाँग की पकौड़ी' नामक एक फटी हुई किताब रखता है जिसमें "एक नाजनीं हसीना को भाँग की पकौड़ी खिलाकर उसके साथ की गई लीलाओं का सचित्र वर्णन था" लेकिन वह उपमाएँ नीत्से व कालिदास की देता है और शेक्सपियर के हैमलेट की तरह संशयालु

होता है, "मैं अपना ही हैमलेट बन गया और यह करूँ या वह करूँ या न करूँ के झमेले में डूबने लगा।" ('पहला पड़ाव', पृ. 71) ठेकेदार की मेठगिरी करते हुए भी सत्ते किसी आई.ए.एस. सरीखा व्यवहार करता है, "मेरी कोशिश होती थी कि मैं... उन्हें वैसी ही हिकारत से देखूँ, जो एक नए आई.ए.एस. अफसर को किसी पुराने घिसे-पिटे टेक्नोक्रेट के लिए दिखानी चाहिए।" (वही, पृ. 31) और उसे "विदेशी कारों में ब्यूक, मर्सिडीज, क्रिसलर, टायोटा, डाटसुन आदि के नाम याद थे" पर उसने "देखी सिर्फ एक ही गाड़ी थी, जिसका नाम इम्पाला था।" (पृ. 194) सत्ते की कुंठाएँ भी साधारण न होकर आभिजात्य और भव्य थीं। सत्ते के ही शब्दों में, "अपने पर बड़ी ग्लानि हुई। एक वे हैं जिनके बाप अस्सी साल की उम्र में गवर्नर बन जाते हैं, खुद प्लानिंग कमीशन की मेम्बरी हथिया लेते हैं, बीवी राज्यसभा की सदस्य हो जाती है। होटल की लकदक नौकरी करते-करते कोई मोहतरमा अचानक विधायक बन जाती हैं और उसी के दूसरे दिन मन्त्री बनकर हमें देश की अखंडता और एकता की सीख देने लगती हैं। विलायत से लौटते ही कोई अचानक दिल्ली में किसी संस्था का चेयरमैन हो जाता है...इंडिया इंटरनेशनल सेंटर में लंच खाते-खाते कूदकर कहीं राजदूत बन जाता है..." (पृ. 158) 'सूनी घाट का सूरज' के रामदास की कुंठा है : "अपने मित्रों में सब अपने-अपने वंश की प्रतिभा और क्षमता के सहारे बढ़ रहे हैं।... श्याम मोहन की कम्पनी की मोटरें दिन-पर-दिन बिकती जाती हैं...उसने ट्रैक्टरों की एक नई एजेंसी भी ले रखी है।" "राजधर अपने पिता की जनप्रियता से लाभान्वित होकर विधानसभा में पहुँचनेवाला है। मन्त्रिमंडल में पहुँचने की आशा करता है।" (पृ. 111) दरअसल रंगनाथ, सत्ते और रामदास की ये कुंठाएँ एवं उच्च व आभिजात्यवर्गीय महत्त्वाकांक्षाएँ पात्रों की अपनी सामाजिक स्थितियों का परिणाम न होकर उपन्यासकार की अपनी वर्ग अभिव्यक्तियाँ हैं, जो इन पात्रों के माध्यम से अभिव्यक्त होती हैं। इन पात्रों की अति बौद्धिकता, सर्वज्ञता और सार्वदेशिकता के मूल में पात्रों के भीतर लेखकीय काया प्रवेश ही है। इसी लेखकीय काया प्रवेश का परिणाम है कि इन तीनों ही उपन्यासों में साहित्यिक सन्दर्भ, अंग्रेजी मुहावरे, वैश्विक सरोकार और आभिजात्य अभिव्यक्तियाँ जहाँ-तहाँ बिखरी पड़ी हैं।

यहाँ यह स्वीकार करना होगा कि श्रीलाल शुक्ल अंग्रेजी मुहावरे के कथाकार हैं और उनकी पसन्द आभिजात्यवर्गीय है। देशज यथार्थ के प्रति वे एक आलोचनात्मक दृष्टि रखते हैं, जो अन्ततः निन्दात्मक स्तर को छूने लगता है। आभिजात्यवर्गीय रुख अपनाते हुए अंग्रेजी मुहावरे में निन्दात्मक नकार के जिस धरातल पर खड़े होकर वे भारतीय यथार्थ को देखते हैं वह रुड्यार्ड किपलिंग, ई.एम. फार्स्टर, नीरद सी. चौधरी और वी.एस. नायपाल के काफी कुछ सन्निकट है। श्रीलाल शुक्ल भारतीय यथार्थ के प्रति अपने इस दृष्टिकोण से अनभिज्ञ भी नहीं हैं। अपने

इस दृष्टिकोण को कथात्मक तार्किकता देने हेतु ही वे 'राग दरबारी' के सूत्रधार रंगनाथ को इंडोलॉजी के शोध छात्र के रूप में प्रस्तुत करते हुए यह टिप्पणी करते हैं : ''रंगनाथ का रवैया उन टूरिस्टों का सा हो गया था, जो सड़कें, हवा, इमारतें, पानी, धूप, देश-प्रेम, पेड़-पौधे, कमीनापन, शराब, कर्मनिष्ठा, लड़कियाँ और विश्वविद्यालय आदि वस्तुएँ अपने देश में नहीं पहचान पाते और उन्हें विदेशों में जाने पर ही देख पाते हैं।'' (पृ. 109)

यहाँ यदि 'रंगनाथ', 'टूरिस्ट दृष्टि' तथा 'इंडोलॉजी' का विखंडन किया जाए तो जिस 'ओरियंटल' दृष्टि की रचना होती है, उससे यह देश 'एन एरिया इन डार्कनेस', यहाँ की सभ्यता 'एन वुंडेड सिविलाइजेशन' और यहाँ का व्यक्ति 'अग्ली इंडियन' ही दिखेगा। नायपाल को इस बात का हमेशा मलाल रहा है कि उनकी निगाह जिस भारतीय यथार्थ पर टिकती है, ''उसकी चर्चा भारत में नहीं की जाती, उसके बारे में कभी लिखा नहीं जाता, उसका उल्लेख उपन्यासों, कहानियों में नहीं किया जाता, फीचर फिल्मों या वृत्त चित्रों में उन्हें कभी नहीं दिखाया जाता।'' ('एन एरिया ऑफ डार्कनेस', पृ. 70) श्रीलाल शुक्ल नायपाल के इस मलाल को काफी हद तक दूर करते हैं। यहाँ नायपाल और श्रीलाल शुक्ल के लेखन में निम्न सादृश्य काफी दिलचस्प और अर्थपूर्ण हैं : ''सबके दिमाग पर जो समस्या सबसे ज्यादा हावी है, वह टट्टी है। उसके अनेक नाम हैं। दिसा, मैदान, जंगल-झाड़ी, टट्टी। यानी जहाँ भी ओट मिल जाए उसी के पीछे मल विसर्जन कर दो।'' ('पहला पड़ाव', पृ. 108)

वी.एस. नायपाल अपनी पुस्तक 'एन एरिया इन डार्कनेस' में इसी दृश्य को यूँ प्रस्तुत करते हैं : ''भारतीय हर कहीं मल विसर्जन करते हैं। अधिकतर वे रेल लाइनों के किनारे मल विसर्जन करते हैं। लेकिन वे इसे समुद्र तटों, पहाड़ियों, नदी किनारे और सड़कों पर भी करते हैं और कभी-कभार आड़ नहीं तलाशते।'' (पृ. 70) दोनों ही मल विसर्जन का रिश्ता कविता से जोड़ते हैं। नायपाल इसे उत्तर प्रदेश के एक उर्दू शायर के हवाले से यूँ प्रस्तुत करते हैं : ''हिन्दुस्तानी शायराना तबीयत के लोग होते हैं, वे हमेशा खुला आसमान पसन्द करते हैं क्योंकि वे प्रकृति प्रेमी होते हैं... और अलस्सुबह नदी के किनारे खुले में उकड़ूँ बैठने से ज्यादा शायराना चीज और क्या होगी।'' ('एन एरिया इन डार्कनेस', पृ. 70) श्रीलाल शुक्ल इसे कुछ यूँ अभिव्यक्त करते हैं : ''...वह वीरान इलाका शुरू हो गया था जहाँ आदमी कविता, राहजनी और पाखाना तक कर सकता था। परिणामस्वरूप कई बच्चे कविता और राहजनी के मामले में असमर्थ, सड़क के दोनों किनारों पर बैठे हुए पाखाना कर रहे थे और एक-दूसरे पर ढेले फेंक रहे थे।'' ('राग दरबारी', पृ. 233)

भारतीय गाँव और कस्बे को देखने का नजरिया भी नायपाल और श्रीलाल शुक्ल का लगभग एक-सा ही है। 'राग दरबारी' में शिवपालगंज बाजार का वर्णन इस प्रकार

है : "दुकान पर जलेबी, पेड़े और गट्टे रखे थे। उन्हीं की बगल में शीशे के छोटे-छोटे कंटेनरों में कुछ रूखे-सूखे लकड़ी के टुकड़े से पड़े थे जो बिस्कुट, केक और मस्क इत्यादि की परम्परा में बने हुए स्थानीय पदार्थ थे। जैसे शहर में, वैसे यहाँ पर भी, वे पदार्थ बता रहे थे कि पूरब पूरब है और पश्चिम पश्चिम है और दोनों मिठाइयों की मार्फत शिवपालगंज में मिलते हैं।" (पृ. 316) इसी सन्दर्भ में नायपाल की टिप्पणी इस प्रकार है : "...मिठाई की दुकानों पर शीशों के बन्द केस रखने का नियम है, इसलिए शीशे के केस हैं भी, लेकिन वे खाली रहते हैं और बगल में मिठाइयों के ढेर खुले पड़े रहते हैं।" ('एन.ए.आ.डार्क', पृ. 79)

श्रीलाल शुक्ल और वी.एस. नायपाल की समान टिप्पणियों के विपुल उदाहरण इन दोनों के लेखन में भरे पड़े हैं। दरअसल विचारणीय है श्रीलाल शुक्ल की वह दृष्टि जो पूरब-पश्चिम, गोरे-काले, भद्र व भदेस का विमर्श करती हुई भारतीय यथार्थ पर यह वक्रोक्ति करती है : "रुडयार्ड किपलिंग का धड़ ऊपर और सिर नीचे लटकाकर पूर्व और पश्चिम की संस्कृतियाँ विराट रूप से मिल रही थीं।" ('राग दरबारी', पृ. 305) यथार्थ को देखने की यह दृष्टि भारतीय समाज में गन्दगी, भ्रष्टाचार, अज्ञानता, निरक्षरता, गरीबी, धर्म, गँवई रंग-ढंग सभी कुछ को असभ्यता, पिछड़ेपन और पूरब के विमर्श में ढालकर सभ्यता और आधुनिकता के आवरण में आभिजात्य व पश्चिमी मूल्यों का उदात्तीकरण करती है। भारत जैसे पारम्परिक एवं कृषक समाज को देखने की यह सीमित और अपर्याप्त दृष्टि है। इसी ग्राम दृष्टि का परिणाम है कि मेले में जाती लोकगीत गाती स्त्रियों के बारे में उपन्यासकार की टिप्पणी यूँ है : "वे सब मेले में जा रही थीं। भारतीय नारीत्व इस समय फनफनाकर अपने खोल के बाहर आ गया था। वे बड़ी तेजी से आगे बढ़ रही थीं, मुँह पर न घूँघट था, न लगाम थी। फेफड़े, गले और जबान को चीरती हुई आवाज में वे चीख रही थीं और एक ऐसी चिचियाहट निकाल रही थीं जिसे शहराती विद्वान और रेडियो विभाग के नौकर 'ग्राम गीत' कहते हैं।" (पृ. 134)

'राग दरबारी' को ग्राम्य उपन्यास के रूप में विश्लेषित करने की सबसे बड़ी दुविधा ग्राम्य जीवन के प्रति यह उपहास दृष्टि ही है। यह दुविधा तब और बढ़ जाती है जब 'भारतीय ग्राम' जैसी महत्त्वपूर्ण पुस्तक के लेखक प्रख्यात समाजशास्त्री डॉ. श्यामाचरण दुबे 'राग दरबारी' का उल्लेख करते हुए यह कहते हों कि "विराट समाजशास्त्रीय कल्पनावाले बीस विद्वान ग्रामीण यथार्थ के बारे में जो नहीं कह सकते, वह इस उपन्यास में श्रीलाल शुक्ल ने कह दिया है।" डॉ. श्यामाचरण दुबे के इस कथन के बावजूद 'राग दरबारी' स्वीकृत अर्थों में ग्राम केन्द्रित उपन्यास नहीं है। 'राग दरबारी' का कस्बाई वातावरण गाँव व नगर का अन्तर मिटाते हुए, उन कुप्रवृत्तियों को रेखांकित करता है, जो भारतीय जनतन्त्र व विकास के मॉडल को खोखला बना

रही हैं। यहाँ 'राग दरबारी' में प्रकाशित यह लेखकीय घोषणा दृष्टव्य है कि "राग दरबारी का सम्बन्ध एक बड़े नगर से दूर बसे हुए गाँव की जिन्दगी से है जो आजादी के बाद की प्रगति और विकास के नारों के बावजूद निहित स्वार्थों और अनेक अवांछनीय तत्त्वों के आघातों के सामने घिसट रही है। यह उसी जिन्दगी का दस्तावेज है।" इस लेखकीय घोषणा के बावजूद सच यह है कि 'राग दरबारी' गाँव की जिन्दगी का उतना बड़ा दस्तावेज नहीं है जितना उन 'निहित स्वार्थों एवं अवांछनीय तत्त्वों' का जो शहर और गाँव का फर्क मिटाते हुए हर कहीं मौजूद हैं। इसे 'राग दरबारी' के ही इस उद्धरण से बेहतर समझा जा सकता है : "रंगनाथ को शिवपालगंज के बारे में ऐसा लगने लगा कि महाभारत की तरह, जो कहीं नहीं है वह यहाँ है और जो यहाँ नहीं है, वह कहीं नहीं है।" (पृ. 63)

श्रीलाल शुक्ल 'राग दरबारी' में एक ऐसे खल-समाज की रचना करते हैं जहाँ स्वतन्त्रता, जनतन्त्र, न्यायपालिका, विकास, पंचायत राज, सहकारिता तथा अन्य जनतान्त्रिक संस्थाएँ 'निहित स्वार्थों एवं अवांछनीय तत्त्वों' के हाथ की कठपुतली भर बनकर रह जाती हैं। भारत जैसे अर्ध सामन्ती और विकासशील देश में जनतन्त्र को कैसे निहित स्वार्थों के लूटतन्त्र में बदला जा सकता है, शिवपालगंज इसकी छोटी-मोटी प्रयोगशाला है। अपनी सम्पूर्णता में यह उपन्यास नेहरू युग की 'माइक्रो आलोचना' है। स्वातन्त्र्योत्तर भारत में 'वैद्य जी' सरीखे परजीवी वर्ग द्वारा जनतान्त्रिक संस्थाएँ एवं विकास योजनाएँ किस प्रकार व्यक्तिगत हित साधन हेतु अपहृत कर ली गईं, राग दरबारी इसकी मनोरंजक औपन्यासिक पैरोडी है। शिवपालगंज एक ऐसा 'प्रिज्म' है, जहाँ से आधुनिक जनतन्त्र का विकृत यथार्थ सैकड़ों किरणों के माध्यम से अपने विरूपित व कुरूपित रूप में कभी दीखता है तो कभी विलुप्त हो जाता है। 'राग दरबारी' के केन्द्र में वैद्य जी की बैठक, छंगामल कॉलेज, कोऑपरेटिव सोसाइटी एवं ग्राम पंचायत सरीखी संस्थाएँ हैं, जिन पर स्वातन्त्र्योत्तर भारतीय समाज के विकास की अवधारणाएँ टिकी हैं। इन संस्थाओं की विकृतियों को चिह्नित करते हुए उपन्यासकार 'विलायती तालीम में पाए हुए जनतन्त्र' को कटघरे में खड़ा करता है।

'राग दरबारी' में रचित शिवपालगंज के खल-समाज का नायकत्व वैद्य जी, उनके कुनबे और उनके संगी-साथियों का है जो परजीवी बिचौलिया संस्कृति के प्रतिनिधि हैं, जो हर युग में रहे हैं। उपन्यासकार के ही शब्दों में, "वैद्य जी थे, हैं और रहेंगे। अंग्रेजों के जमाने में वे अंग्रेजों के लिए श्रद्धा दिखाते थे। देशी हुकूमत में वे देशी हाकिमों के लिए श्रद्धा दिखाने लगे। वे देश के पुराने सेवक थे। पिछले महायुद्ध के दिनों में, जब देश को जापान से खतरा पैदा हो गया था, उन्होंने सुदूर पूर्व में लड़ने के लिए बहुत से सिपाही भरती कराए, अब जरूरत पड़ने पर रातोरात वे अपने राजनीतिक गुट में सैकड़ों सदस्य भरती करा देते थे। पहले भी वे जनता की सेवा

जज की इजलास में जूरी और असेसर बनकर दीवानी के मुकदमों में जायदादों के सिपुर्दकार होकर और गाँव के जमींदारों के लम्बरदार के रूप में करते थे। अब वे कोऑपरेटिव यूनियन के मैनेजिंग डाइरेक्टर और कॉलेज के मैनेजर थे।'' (पृ. 39) यह मात्र संयोग नहीं है कि श्रीलाल शुक्ल वैद्य जी के जिस कुनबे के माध्यम से इस परजीवी बिचौलिया वर्ग को उपस्थित करते हैं वह भारतीय सामन्ती वर्णाश्रमी व्यवस्था का उच्च पदस्थ कुलीन सवर्ण समुदाय है। यह परजीवी कुलीन्न सवर्ण समुदाय प्रकृति से कितना चालाक व धूर्त है, इसका वर्णन उपन्यास में निम्नवत है : ''उनका पूरा कर्मयोग सरकारी स्कीमों की फिलॉसफी पर टिका था। मुर्गीपालन के लिए ग्रांट मिलने का नियम बना तो उन्होंने मुर्गियाँ पालने का ऐलान कर दिया। एक दिन उन्होंने कहा कि जाति-पाँति बिलकुल बेकार की चीज है और हर बाभन और चमार एक हैं। यह उन्होंने इसीलिए कहा कि चमड़ा उद्योग की ग्रांट मिलनेवाली थी। चमार देखते ही रह गए और उन्होंने चमड़ा कमाने की ग्रांट लेकर अपने चमड़े को ज्यादा चिकना बनाने में खर्च भी कर डाली...उनका ज्ञान विशद था। ग्रांट या कर्ज देनेवाली किसी नई स्कीम के बारे में योजना आयोग के सोचने भर की देर थी, वे उसके बारे में सब कुछ जान, जाते।'' (पृ. 183)

प्रजातन्त्र का मखौल उड़ाते 'जिसकी लाठी उसकी भैंस' के सिद्धान्त का अनुपालन करते हुए परजीवी वर्ग में सामन्ती अकड़ है तो वर्णाश्रमी व्यवस्था की ब्राह्मणवादी अन्तर्धारा भी, स्वार्थी गिरगिटी प्रवृत्ति है तो रीढ़हीन केंचुआपन भी। वैद्य जी की बैठक इन सभी तरह की प्रवृत्तियों की जन्मस्थली और शरणस्थली है। वंशवाद, कुनबापरस्ती, जाति-प्रेम, राजनीति का अपराधीकरण और अपराध का राजनीतिकरण आदि वे सभी विकृतियाँ जो आज भारतीय जनतन्त्र के लिए एक बड़ी चुनौती बन गई हैं, 'राग दरबारी' में उनकी पहचान की गई है। वर्तमान राजनीतिक माफिया जिस उर्वर भूमि की उपज है, शिवपालगंज उसका एक लघु प्रतिरूप है। उपन्यास के रुप्पन के अनुसार, ''सारे मुल्क में यह शिवपालगंज ही फैला हुआ है।'' (पृ. 388) और ''असली शिवपालगंज वैद्य जी की बैठक में था।''...(पृ. 35) बकौल उपन्यासकार ''बैठक का मतलब ईंट और गारे की बनी हुई इमारत भर नहीं है। नं. 10 डाउनिंग स्ट्रीट, व्हाइट हाउस, क्रेमलिन आदि मकानों के नहीं, ताकतों के नाम हैं।'' (पृ. 36) 'राग दरबारी' इसी ताकत का विमर्श है जो चोरी, लूट, डकैती, भ्रष्टाचार, न्यायपालिका और कार्यपालिका के मनमाने दुरुपयोग पर टिकी है। 'राग दरबारी' के वैद्य जी, उनका कुनबा और उनके संगी-साथी लूट तन्त्र की इसी ताकत के प्रतिनिधि हैं। राजनीति की नकेल आज जिस अर्ध शिक्षित, अराजक, स्वार्थी तत्त्वों के हाथों में है : ''रुप्पन बाबू सरीखे 'एंग्री युवक' उनकी शैशवावस्था के प्रतिनिधि हैं।''

श्रीलाल शुक्ल के अन्य उपन्यासों में भी लूट तन्त्र की इसी ताकत का विमर्श अन्तर्सूत्र के रूप में उपस्थित है। 'सूनी घाटी का सूरज' का नन्हू सिंह "घर पर रहकर किसानी का काम करता है। चुराकर शराब बनाता है। छिपाकर चोरी की बन्दूकें और पिस्तौल रखता है। डकैतों से और प्रतिष्ठित आदमियों के साथ-साथ मेल बढ़ाता है। गाँव का मुखिया है। उसके दरवाजे सात जोड़ी बैल जुगाली करते हैं। हजार रुपए का घोड़ा भी बँधा है। ज्वार में उसकी इज्जत है। सत्तर जानवर पले हैं जो दूसरों की फसल खाकर जीते हैं। बीसों नौकर हैं। वे राहजनी और चोरी के सहारे पलते हैं।" (पृ. 32) 'पहला पड़ाव' उपन्यास में लूट तन्त्र की यह ताकत शहरी परिप्रेक्ष्य लिए हुए है। इसके केन्द्र में हैं वकील, डॉक्टर, इंजीनियर और ठेकेदार का वह परजीवी वर्ग जो कृष्ण को बलराम बनाने यानी काले पैसे को सफेद करने में हुनरमन्द हैं।

शहरी परजीवी वर्ग के ये 'ताकतवर' प्रतिनिधि 'राग दरबारी' के वैद्य जी की ही तरह राजनीतिक सत्ता के भी मुखापेक्षी एवं कृपाकांक्षी हैं। 'पहला पड़ाव' के वकील परमात्मा जी 'इन्दिरा जी के नूरेचश्म के अपने चुनाव क्षेत्र जाने' के दौरान सड़क पर फाटक बनवाते हैं तो इंजीनियर साहब विश्व हिन्दू परिषद् और इंका दोनों को चन्दा देकर साधते हैं। 'राग दरबारी' और 'पहला पड़ाव' दोनों ही उपन्यासों में लूट तन्त्र के खलनायकों के चित्रण में श्रीलाल शुक्ल की जो दक्षता दीखती है, वह तन्त्र के पीड़ितों के वर्णन में नहीं है। दरअसल आभिजात्य के जिस धरातल पर खड़े होकर वे नकार की कॉमिक शैली अपनाते हैं उसमें खल पात्रों की ही उत्कृष्ट रचना हो सकती है। यही कारण है कि ग्राम्य पृष्ठभूमि के बावजूद 'राग दरबारी' में होरी, धनिया, गोबर, दुखी चमार, घीसू, माधव, शंकर, हल्कू सरीखे दुखी व उत्पीड़ित पात्र नहीं हैं। 'राग दरबारी' का किसान पं. कालिका प्रसाद सरीखा है जिसका पेशा "सरकारी ग्रांट और कर्जे खाना था। वे सरकारी पैसे के द्वारा सरकारी पैसे के लिए जीते थे।" (पृ. 182) स्वयं उपन्यासकार के शब्दों में "कालिका प्रसाद प्रेमचन्द के उन कथा नायकों में न थे जो लगान वसूलनेवाले अमीन को देखते ही घर के भीतर घुस जाते थे और बीवी से घबराहट में कहने लगते थे, 'दरवाजे पर सहना खड़ा है।' वे उनमें थे कि हजार रुपए की कुर्की लिए अमीन चबूतरे के नीचे खड़ा हुआ खुशामद कर रहा है और वे चबूतरे के ऊपर बैठे हुए निश्चिन्त भाव से कह रहे हैं, "आपको कार्रवाई रोकने में दिक्कत हो तो कहिए ऊपर से लिखा लाऊँ।" (पृ. 182)

यहाँ यह समझने की भूल न करनी चाहिए कि गोदान के होरी व 'पूस की रात' के हल्कू का स्वातन्त्र्योत्तर भारत में 'राग दरबारी' के 'कालिका प्रसाद' के रूप में कायान्तरण हो गया है। सच तो यह है कि प्रेमचन्द के होरी व हल्कू की सन्तानें आज भी विपन्नता की मार व दमन-शोषण के दुष्चक्र से मुक्त नहीं हैं। अन्तर इतना है कि प्रेमचन्द के रचना संसार में होरी व हल्कू के साथ-साथ 'राग दरबारी' के कालिका

प्रसाद के पूर्वज पंडित दातादीन सरीखे लोग भी थे, "जिन्होंने लगान की एक पाई न दी थी, कुर्की आती तो कुएँ में गिरने चलते मगर असामियों को सूद पर रुपए उधार देते।" ('गोदान', पृ. 105) 'गोदान' के पंडित दातादीन के साथ यदि इसी उपन्यास के लाला पटेश्वरी को मिला दिया जाए तो 'राग दरबारी' के वैद्य जी का चित्र मुकम्मल हो जाता है। इसी तरह यदि 'राग दरबारी' के वैद्य जी और गयादीन बनिया के चरित्र को मिला दिया जाए तो 'गोदान' के लाला पटेश्वरी का चित्र उभर आता है, जो "गाँव में पुण्यात्मा मशहूर थे। पूर्णमासी को नित्य कथा सुनते, पटवारी होने के नाते खेत; बेगार में जुतवाते थे, सिंचाई बेगार में करवाते थे। सारा गाँव उनसे काँपता था। गरीबों को दस-दस, पाँच-पाँच कर्ज देकर उन्होंने कई हजार की सम्पत्ति बना ली थी। फसल की चीजें असामियों से लेकर कचहरी और पुलिस के अमलों को भेंट करते रहते थे। इससे इलाके में उनकी अच्छी धाक थी।...परमार्थी भी थे। बुखार के दिनों में सरकारी कुनैन बाँटकर यश कमाते थे..." ('गोदान', पृ. 106)

यहाँ प्रेमचन्द और श्रीलाल शुक्ल का यह अन्तर स्पष्ट है कि प्रेमचन्द के रचना संसार में 'राग दरबारी' के वैद्य जी, पं. कालिका प्रसाद, गयादीन और रुप्पन सरीखे परजीवी वर्ग के खल पात्र तो मौजूद हैं, लेकिन श्रीलाल शुक्ल के रचना संसार में होरी, धनिया, मनोहर, बलराज, झिनकू, सूरदास सरीखे संघर्षशील, दुखी एवं उत्पीड़ित पात्र लगभग नदारद हैं। इसीलिए 'राग दरबारी' ग्राम्य जीवन की अधूरी तस्वीर है। समूचे 'राग दरबारी' में लंगड़ एक मात्र ऐसा चरित्र है, जो संघर्षशील होने का आभास देता है, उपन्यास में उसके दलित पृष्ठभूमि के होने का संकेत भी है। लंगड़ "भगत आदमी है। कबीर और दादू के भजन गाया करता था। गाते-गाते थक गया तो बैठे ठाले एक दीवानी का मुकदमा दायर कर बैठा।" (पृ. 45) बैठे ठाले दीवानी का मुकदमा दायर करनेवाला लंगड़, निराला के उस 'चतुरी चमार' से भिन्न है जो 'किसानों पर एक साल के हरी भूसे को तीन साल की बाकी बनाकर' जमींदार द्वारा दायर किए गए मुकदमे की मार झेलता है। निराला चतुरी चमार के माध्यम से ग्राम्य समाज में दलित की सम्पूर्ण सामाजिक स्थिति को उद्घाटित करते हैं जबकि 'राग दरबारी' के लंगड़ का दलित होना महज एक संयोग है। मुकदमे की नकल प्राप्त करने का उसका संघर्ष अत्यन्त प्रहसननुमा है, क्योंकि इसके मूल में किसी अन्याय या शोषण के प्रतिकार व प्रतिरोध का संकल्प न होकर 'लंगड़ और नकल बाबू के बीच (घूस के रेट पर) चलने वाला धर्मयुद्ध' है। "नकलनवीस चिड़ीमार निकला, उससे पाँच रुपए माँगे। लंगड़ बोला रेट दो रुपए का है, इसी पर बहस हो गई...लंगड़ को भी गुस्सा आ गया। उसने अपनी कंठी छूकर कहा : "जाओ बाबू, तुम कायदे से काम करोगे तो हम भी कायदे से काम करेंगे। अब तुमको एक कानी कौड़ी न मिलेगी। हमने दरख्वास्त लगा दी है, कभी-न-कभी तो नम्बर आएगा ही।" (पृ. 45) यानी चतुरी

चमार के मुकदमे की तरह लंगड़ के लिए यह अस्तित्व का संकट न होकर महज एक सनक है। लंगड़ का 'धर्मयुद्ध' चतुरी चमार के संघर्ष की तरह किसी सामाजिक अन्तर्विरोध का उद्घाटन न करके निम्न स्तर की अदालती संस्कृति व घूसखोरी को उद्घाटित करता है, जिसके लिए लंगड़ के दलित होने की कोई औपन्यासिक जरूरत नहीं है। लेकिन इसके बावजूद यह स्वीकार करना होगा कि उपन्यास में लंगड़-अदालत प्रसंग व्यवस्था के समक्ष आम आदमी की लाचारी की गहरी अर्थ ध्वनियाँ देता है जो अपने आप में कम महत्त्वपूर्ण नहीं हैं।

यहाँ यह प्रश्न भी विचारणीय है कि ग्रामीण पृष्ठभूमि के उपन्यास होने के बावजूद 'राग दरबारी' और 'सूनी घाटी का सूरज' उपन्यासों में दलित व किसान जातियों की केन्द्रीय भूमिका क्यों नहीं है? सम्भवतः इसके मूल में यह विडम्बना ही अन्तर्निहित है कि श्रीलाल शुक्ल नेहरू युग का आलोचनात्मक भाष्य नेहरूवादी धरातल से ही करते हैं। लोहिया का 'सिनिकल' नकारवादी मुहावरा अपनाने के बावजूद नेहरूवादी धारणाएँ उनका पीछा नहीं छोड़तीं। लोहिया 'हल की मूठ बनाम जनेऊ' के विमर्श के माध्यम से भारतीय समाज में जाति व्यवस्था की जकड़न को रेखांकित करते थे, जबकि नेहरू के दर्शन में इस विमर्श का कोई स्थान नहीं था। लेकिन यह श्रीलाल शुक्ल की सीमा न होकर स्वातन्त्र्योत्तर भारत के उस आदर्शवादी वैज्ञानिक चिन्तन का परिणाम है, जो युग दर्शन का ही रूप ले चुका था।

'सूनी घाटी का सूरज' उपन्यास में श्रीलाल शुक्ल नेहरूवादी अवधारणा को अपनाते हुए वर्णभेद की अनदेखी करते हैं और दलित व पिछड़ों की त्रासद नियति को ठाकुर परिवार में जन्मे रामदास सिंह की दुर्दिन गाथा से प्रतिस्थापित करते हैं, जिसमें हलवाही, गुलामी, गोबर उठाना, बैल चराना, चारा काटना, पानी खींचना व मालिश करने से लेकर बेगारी की मार झेलते-झेलते कोल्हू में ईख लगाते रामय बाप द्वारा अपने दोनों हाथ गँवा देना तक शामिल है। यह अजब विडम्बना है कि जहाँ 'राग दरबारी' ग्राम पृष्ठभूमि के बावजूद 'गाँव की जिन्दगी' की कहानी नहीं बन पाता, वहीं 'सूनी घाटी का सूरज' गाँव की जिन्दगी के भरपूर चित्रण के बावजूद ग्रामीण जीवन का प्रतिनिधि यथार्थ नहीं बन पाता, क्योंकि ठाकुर रामदास के रमदस्सा बनने की कहानी नागार्जुन के उपन्यास 'बलचनमा' में बालचन्द्र से बलचनमा बनने की कहानी की तरह विश्वसनीय ग्राम्य यथार्थ नहीं है। 'बलचनमा' की नियति और यातना भारतीय ग्राम्य समाज की वर्णाश्रमी सामन्ती व्यवस्था में जी रहे कमोबेश हर दलित व पिछड़े की यातना कथा है। जबकि ठाकुर बाप-बेटे रामनाथ और रामदास की दुर्दिन कथा एक परिवार की अकेली त्रासदी है। यहाँ इतिहासकार कपिल कुमार के अवध केन्द्रित अध्ययन का यह निष्कर्ष प्रासंगिक है कि "समाज में खेतिहर मजदूर गिरे हुए वर्ग के रूप में सिर्फ इसलिए नहीं माने जाते थे कि उनका पेशा उन्हें निचले

आर्थिक धरातल पर रखता था, बल्कि जाति संरचना के कारण भी। ग्रामीण सर्वहारा की वृहत्तर संख्या उन 'नीची जातियों' से आती थी जो सदियों से सामन्ती आभिजात्य द्वारा भूमि एवं खेती के अधिकारों से वंचित किए जाते रहे थे ताकि मजदूरों की आपूर्ति बनी रहे। वे निर्धन और गुलाम ही नहीं थे बल्कि 'अछूत' भी थे।" ('एस्सेज इन कालोनियल हिस्ट्री-रिकास्टिंग वुमेन', पृ. 339) दरअसल भारतीय ग्राम्य समाज की जटिल संरचना को महज धनी व निर्धन के विमर्श से नहीं समझा जा सकता।

यहाँ यह स्पष्ट करना आवश्यक है कि श्रीलाल शुक्ल भारतीय ग्रामीण समाज की वर्णाश्रमी सामन्ती संरचना से बेखबर नहीं हैं, उनकी औपन्यासिक रचनाओं में जहाँ-तहाँ यह विमर्श हाशिए की टिप्पणियों के रूप में आता रहता है, निम्न उद्धरणों से जिसकी पुष्टि भी होती है :

"टिनेन्सी एक्ट लग गया है। अब कोई बेदखल नहीं हो सकता। अब गंगापुर के पासी-चमार तक महराज हो जाएँगे। खराब दिन आए हैं।"...('सूनी घाटी का सूरज', पृ. 63)

"बेटा जाकर अपनी भैंस दूहो और बैलों की पूँछ ऐंठो। शेली और कीट्स तुम्हारे लिए नहीं है।" ('राग दरबारी', पृ. 30)

"लंगड़ दरवाजे पर आ गया। शास्त्रों में शूद्रों के लिए जिस आचरण का विधान है, उसके अनुसार चौखट पर मुर्गी बनकर उसने बैद जी को प्रणाम किया। इससे प्रकट हुआ कि हमारे यहाँ आज भी शास्त्र सर्वोपरि है और जाति प्रथा मिटाने की सारी कोशिशें अगर फरेब नहीं हैं तो रोमांटिक कार्रवाइयाँ हैं।" (वही, पृ. 43)

यहाँ यह स्पष्ट है कि श्रीलाल शुक्ल दलित विमर्श को केन्द्रीयता न प्रदान करते हुए भी प्रभुत्ववादी अवधारणाओं के बीच से ही अपना क्रिटीक तैयार करते हैं। वे वर्णभेद और जातिगत उत्पीड़न का सीधे विमर्श न कर कुलीनवर्गीय जातिगत गौरव को कटघरे में रखते हुए भारतीय समाज में जाति की उपस्थिति को रेखांकित करते हैं : यही कारण है कि 'सूनी घाटी का सूरज' उपन्यास में जो रामदास अपने 'खानदानी' ठाकुर के उत्पीड़न का शिकार होकर बँधुआ मजदूरी की यातना झेलता है, वही अपनी क्षत्रिय पृष्ठभूमि के कारण क्षत्रियों का कृपापात्र होकर विपन्नता के दुष्चक्र से मुक्त होता है। उपन्यास के उत्तरार्द्ध में रामदास की टिप्पणी है : "जीवन में पहली बार मैंने जाति प्रथा की जी भरकर प्रशंसा की। यही एक बन्धन था जो मुझे ठाकुर अम्बिकेश सिंह के पुत्र पद पर आरूढ़ किए हुए था।" ('सूनी घाटी का सूरज', पृ. 104) दरअसल यह उपन्यास पर यथार्थवाद की जीत है, वर्ग भेद लेखक का अभीष्ट है, जबकि जाति गौरव कुलीन समाज का यथार्थ। लेकिन इसके बावजूद रामदास 'किसानों की कर्ज समस्या' पर शोध करता है और अन्त में अपने गाँव वापस जाता है, 'दलितों की शक्ति बनने', 'अशिक्षितों को विद्या देने' हेतु।

'सूनी घाटी का सूरज' का यह आदर्शवाद नेहरूयुगीन वह स्वप्न गाथा है जो 'राग दरबारी' के बदरंग यथार्थ से टकराकर ऐसी वास्तविकता से साक्षात् कराता है, जहाँ सब 'क्षुद्र' और 'छिप्र' होकर 'उत्तर-आधुनिक' होने को बेचैन है। यहाँ सच्चाई, ईमानदारी, नैतिकता आदि के महावृत्तान्त तिरोहित हो जाते हैं और बचा रह जाता है, शिवपालगंज का वह बदरंग यथार्थ जहाँ "आदमी का सम्मान उसकी अच्छाई के कारण नहीं उसकी उपयोगिता के कारण होता है।" (पृ. 211) जहाँ यह अनबूझ पहेली है कि "सच्चाई किस चिड़िया का नाम है? और यह बताना मुश्किल है कि क्या सच है, क्या झूठ है?" (पृ. 102) जहाँ नैतिकता कुछ यूँ परिभाषित की जाती है : "नैतिकता समझ लो कि यही चौकी है। एक कोने में पड़ी है। सभा-सोसाइटी के वक्त इस पर चढ़कर लेक्चर फटकार दिया जाता है। यह उसी के लिए है।" (पृ. 123) "इंसानियत का प्रयोग शिवपालगंज में उसी तरह चुस्ती और चालाकी का लक्षण माना जाता था, जिस तरह राजनीति में नैतिक़ता का।" (पृ. 103)

सच, नैतिकता, ईमानदारी, इंसानियत और प्रजातन्त्र को धता बताकर लोभ, मोह, उपयोगितावाद और ताकत के लाठीतन्त्र की प्रतिष्ठा का यह 'दरबारी राग' भ्रष्ट सत्ता तन्त्र का 'माइक्रो स्तर' पर विखंडन है, क्योंकि उपन्यासकार की मान्यता है कि "दिल्ली से लेकर शिवपालगंज तक काम करनेवाली देसी बुद्धि सब जगह एक सी है।" (पृ. 36) 'राग दरबारी' का महत्त्व और मौलिकता इस भ्रष्ट सत्ता तन्त्र की विकृतियों की देशज कथात्मक प्रस्तुति में है। निश्चित रूप से स्वाधीन भारत में नेहरू युग का यह निर्मम निन्दात्मक कथात्मक आख्यान है। 'सूनी घाटी का सूरज' का नेहरूवादी मोह 'राग दरबारी' तक आते-आते लोहियावादी अनास्था में तब्दील हो जाता है। इस अन्तर के साथ कि जहाँ लोहियावादी अनास्था सत्ता तन्त्र को लक्ष्य करते हुए लंगड़, सनीचर और 'सिर पर गन्दी-सी पोटली रखे काली कलूटी औरत' की दुर्दशा और गरीबी के प्रति सहानुभूति रखती थी, वहीं 'राग दरबारी' की अनास्था सत्ता तन्त्र की विकृतियों को लक्ष्य करने की प्रक्रिया में अपने इन दुर्दशाग्रस्त पात्रों को भी नहीं बख्शती।

श्रीलाल शुक्ल 'वेदना का फोटोग्राफ नहीं बल्कि वेदना का कॉर्टून' ('राग दरबारी', पृ. 50) रचते हैं। इसी रचना दृष्टि के चलते सनीचर का शब्द चित्र निर्मित करते हुए उनकी निगाह कुछ यूँ टिकती है, "उसका अंडरवियर कुछ महत्त्वपूर्ण स्थानों पर फट गया था, बदन नंगा था, पर बालों में कड़वा तेल चुचुवा रहा था और चेहरा प्रसन्न था। पता लगाना मुश्किल था कि उसका मुँह ज्यादा फटा हुआ है या अंडरवियर।" (पृ. 185)

दरअसल यहीं उठता है सौन्दर्य दृष्टि का प्रश्न और इसीलिए प्रेमचन्द ने कहा था : "सुन्दरता की कसौटी बदलनी होगी।" यहीं श्रीलाल शुक्ल का प्रेमचन्द की

परम्परा से पार्थक्य है। उनकी आभिजात्य सौन्दर्य दृष्टि का ही परिणाम है कि 'पहला पड़ाव' की ईंट-गारा ढोनेवाली जसोदा का नख-शिख वर्णन वे इस तरह करते हैं : "मेमसाहब का दिल ही मुलायम नहीं था, उनमें और भी बहुत कुछ था। उनकी आँखें बड़ी-बड़ी और बेझिझक थीं, भौंहें बिलकुल वैसी जैसी फैशनेबुल लड़कियाँ बड़ी मेहनत से बाल प्लक करके और पेंसिल की मदद लेकर तैयार करती हैं। रंग गोरा, गाल देखने में चिकने, छूने में न जाने और कितने चिकने होंगे, कद औसत से ऊँचा, पीठ तनी हुई, और दाँत, जो मुझे खासतौर से अच्छे लगते–उजले और सुडौल। उनके बाल कुछ भूरे थे। मेमसाहब की उपाधि उन्हें अपनी बातचीत के हाकिमाना अन्दाज से नहीं, गोरे चेहरे और इन लम्बे घने बालों के कारण मिली थी।" ('पहला पड़ाव', पृ. 32) यानी श्रीलाल शुक्ल मजदूरनी में भी आभिजात्य सौन्दर्य प्रतिस्थापित करते हैं। जसोदा भिन्न है निराला की 'तोड़ती पत्थर' की उस मजदूरनी से 'जो मार खा रोई नहीं', निराला की आँख भी उसके 'श्याम तन, भर बँधा यौवन' को देखती है, लेकिन उनकी 'दृष्टि' देह की मांसलता का अतिक्रमण करते हुए 'नत नयन प्रिय/कर्म रत मन/गुरु हथौड़ा हाथ' पर टिकती है, इसीलिए वे कविता का अन्त इस प्रकार करते हैं : "ढुलक माथे से गिरे सीकर/लीन होते कर्म में, फिर ज्यों कहा–मैं तोड़ती पत्थर।" निराला की अपने कथ्य, परिवेश और चरित्र के प्रति गहरी संलग्नता और सहानुभूति से पूर्ण रचना दृष्टि के विपरीत श्रीलाल शुक्ल की खिलन्दड़ी दृष्टि उन प्रभुत्ववादी मूल्यों से निःसृत है जो श्रमिक समुदाय, हाशिए के लोगों व दलित जन के प्रति सहानुभूति के स्थान पर मनोविनोद का भाव रखती है। यह मनोविनोद जब स्त्री केन्द्रित हो तो पुरुषवादी रतिक दृष्टि स्वाभाविक ही है। 'राग दरबारी' और 'पहला पड़ाव' दोनों ही उपन्यासों में इस रतिक दृष्टि को जहाँ-तहाँ देखा जा सकता है।

श्रीलाल शुक्ल की कठिनाई यह है कि वे अपनी आभिजात्य सौन्दर्य दृष्टि, पुरुष रतिकवाद और वर्ग स्थिति का अतिक्रमण नहीं कर पाते। यद्यपि जब-तब वे ऐसे प्रयास करते दीखते अवश्य हैं। उपन्यास 'पहला पड़ाव' में अपनी वर्ग स्थिति के 'लौह जाल तोड़ने की' उनकी बेचैनी दीखती है, लेकिन वे लौट-लौटकर फिर अपनी उसी जमीन पर खड़े दीखते हैं। अपने वर्गीय लौह जाल को तोड़ने की प्रक्रिया में वे असंगठित मजदूरों व बेरोजगार युवा पीढ़ी को 'पहला पड़ाव' का कथ्य तो बनाते हैं, लेकिन दृष्टि के बन्धन के कारण इसी वर्ग को कटघरे में भी खड़ा करते हैं। 'राग दरबारी' में जिस दृष्टि के चलते वे यह कहते हैं कि "यह वही तेली है, जो शहर में खरीदे हुए मशीन के तेल को कोल्हू में पेरा हुआ शुद्ध सरसों का तेल कहकर देहात में बेचता है।" (पृ. 405) उसी दृष्टि की पुनर्प्रस्तुति करते हुए समाज के असंगठित पेशा वर्गों के प्रति वे 'पहला पड़ाव' में निम्न टिप्पणियाँ करते हैं : "अब मानसिंह,

मलखान सिंह जैसे डकैत रायफल् लेकर नहीं घूमते, इन नई कॉलोनियों में बढ़ई, प्लम्बर, इलेक्ट्रीशियन के रूप में औजारों का झोला लेकर चलते हैं।" (पृ. 18) "सीधे-साधे आदमी को नौ साल का छोकरा तक बकरा बनाकर खम्भे में बाँध सकता है। दस पैसे की धनिया तक खरीदो तो कोई तुम्हारे हाथ में सड़ी पत्तियों का गुच्छा पकड़ाकर चलता बनेगा। कुछ बोलो तो गालीगलौज, छूरेबाजी तक की नौबत।" (पृ. 25)

उपन्यास के नायक सत्ते की उपरोक्त टिप्पणियाँ उपन्यासकार की वर्ग सीमा का ही उद्घाटन करती हैं जिसके चलते वह मध्यवर्गीय सोच को निम्नवर्गीय सोच में तब्दील करता है। वर्ग दृष्टि की इन सीमाओं के बावजूद यह तथ्य स्वीकार किया जाना चाहिए कि 'पहला पड़ाव' अपेक्षाकृत रूप से वैचारिक सम्पन्नता का उपन्यास है। श्रीलाल शुक्ल की यह वैचारिक विकास यात्रा भी है लेकिन इसकी सबसे बड़ी सीमा इसका 'राग दरबारी' की छाया से मुक्त न हो पाना है। यह छायाग्रस्तता भाषा शैली और पात्रों के चित्रण तक कुछ इस तरह से विस्तृत है कि कई बार वे 'राग दरबारी' के प्रसंगों को ज्यों-का-त्यों दुहराते दीखते हैं। 'राग दरबारी' में सरफरी बोली 'किर्फिस सर्फाले ने यर्फहाँ कर्फटिं गर्फडि हैं' (पृ. 283) का रूपान्तरण 'पहला पड़ाव' की 'पस्पेक ता बीन मा ने बस्सा, ओदेत ना के पुसीत' (पृ. 35) में होता है। 'राग दरबारी' में नकल बाबू और लंगड़ के बीच घूस के रेट को लेकर छिड़ा 'धर्मयुद्ध', 'पहला पड़ाव' में 'एक घूसखोर क्लर्क और टिकिया चोर वकील' के बीच घूस वापसी से शुरू होकर बाबुओं और वकीलों की हड़ताल में बदल जाता है। (पृ. 67)

भ्रष्टाचार की यह अन्तर्धारा 'पहला पड़ाव' में 'राग दरबारी' की ही तर्ज पर कथावस्तु में उपस्थित है। यहाँ यह तथ्य ध्यान देने योग्य है कि नवप्राच्यवादी विमर्श में भारत की जो तस्वीर विश्व के पैमाने पर प्रस्तुत की जाती है, भ्रष्टाचार उसका प्रमुख तत्त्व है। 'राग दरबारी' और 'पहला पड़ाव' में सरकारी दफ्तरों से लेकर नागरिक समाज तक जिस तरह घूस की व्याप्ति को दर्शाया गया है, वह सामाजिक विकार के रूप में कम सामाजिक चलन के रूप में अधिक प्रस्तुत होता है। यह सामाजिक चलन घूस का सिद्धान्तीकरण भी करता है, जैसे, "जहाँ घूस चलती है, वहाँ सिफारिश नहीं चलेगी" ('पहला पड़ाव'), "दीर्घगामी रिश्ते भलमनसाहत और एहसास के तो रहे नहीं, घूस या लेन-देन के भले हों" (वही, पृ. 154), "घूस लेना भी अब बड़ी जलालत का काम है। इसमें कुछ बचा नहीं है। लेनेवाले और न लेनेवाले अब समझ लो, बराबर ही है। सबकी हालत खराब है।" ('राग दरबारी', पृ. 151) यानी रिश्ते-नाते, आशा-आकांक्षा, कुंठा-निराशा सभी कुछ केन्द्रित है घूस के मुद्दे पर। सारी व्यंग्यात्मकता और शैली की वक्रता के बावजूद 'राग दरबारी' और 'पहला पड़ाव' की ये निष्पत्तियाँ भारतीय समाज में घूस की वर्ण और वर्ग से मुक्त

सर्वस्वीकृति को ही रेखांकित करती हैं। यह करते हुए वह उस वृहत्तर नागरिक समाज (सिविल सोसायटी) की अनदेखी करती है, जहाँ घूस और भ्रष्टाचार के प्रति अभी भी सम्मान व स्वीकृति का भाव नहीं है। 'सिविल सोसायटी' के इस प्रतिपक्ष की अनुपस्थिति व भ्रष्टतन्त्र में व्यक्ति व व्यवस्था का सहमेल भारतीय समाज में सब कुछ समाप्त हो जाने जैसा निराशाजनक भाव पैदा करता है। यद्यपि 'राग दरबारी' के लंगड़ और 'पहला पड़ाव' के सत्ते सीमित सन्दर्भों में प्रतिरोध का प्रतीक अवश्य बनते हैं।

सत्ते 'लौहजाल तोड़ने' के अपने संकल्प के प्रति संशयालु भी होता है, लेकिन यहाँ उपन्यासकार अपनी वर्गीय दृष्टि के लौहजाल को तोड़ते हुए उसे संशय मुक्त कर समाज की बेहतरी की लड़ाई के लिए संकल्पबद्ध करता है। 'पहला पड़ाव' का यह अन्त श्रीलाल शुक्ल के नकारवादी मुहावरे का अन्त होने के साथ-साथ नया वैचारिक प्रस्थान बिन्दु भी है, 'बिस्रामपुर का सन्त' जिसका अगला पड़ाव है।

कई दृष्टियों से 'बिस्रामपुर का सन्त' श्रीलाल शुक्ल द्वारा अपनी ही रचनात्मक रूढ़ियों से मुक्ति का उत्कृष्टतम उदाहरण है। इस उपन्यास का सतर्क पाठ करते हुए जो बात चौंकाने व सर्वाधिक आकृष्ट करनेवाली है वह उपन्यासकार का अपनी पूर्व औपन्यासिक परम्परा से मुक्त होना है। यहाँ यह तथ्य भी महत्त्वपूर्ण है कि श्रीलाल शुक्ल की औपन्यासिक परम्परा के निर्धारण में 'राग दरबारी' और 'पहला पड़ाव' की केन्द्रीय भूमिका है। इन उपन्यासों में ताकत का जो विमर्श भ्रष्टाचार और तन्त्र की अन्य विकृतियों तक सीमित है, 'बिस्रामपुर का सन्त' में वह सत्ता विमर्श तक पहुँचता है। कुँवर जयन्ती प्रसाद सिंह इस सत्ता विमर्श में यदि अन्तर्सूत्र के रूप में विद्यमान हैं तो भूदान आन्दोलन इसकी पृष्ठभूमि के रूप में उपस्थित है। विषयवस्तु की इस नवीनता के साथ एक और अन्तर यह भी है कि जहाँ 'राग दरबारी', 'पहला पड़ाव' और 'सूनी घाटी का सूरज', व्यक्ति, तन्त्र और समाज के बहिरंग तक सीमित है, वहीं 'बिस्रामपुर का सन्त' इसके अन्तरंग का भी भेदन करता है।

'बिस्रामपुर का सन्त' का उनके पूर्व उपन्यासों से एक पार्थक्य बिन्दु यह भी है कि यह बदले कथा मुहावरे व समन्वित औपन्यासिक दृष्टि का उपन्यास है। सर्वाधिक महत्त्वपूर्ण तथ्य तो यह है कि उनके पूर्व के उपन्यासों में जो विसंगतियाँ रचनात्मक कमजोरी के रूप में रेखांकित होकर चर्चित होती रही हैं; इस उपन्यास में श्रीलाल शुक्ल उनमें से अधिकांश से मुक्त होकर उन्हें अपनी रचनात्मक शक्ति के रूप में इस्तेमाल करते हैं। उन्मुक्त व्यंग्य और आभिजात्य सौन्दर्य दृष्टि का परित्याग इस उपन्यास की सबसे बड़ी शक्ति है। 'राग दरबारी' की तरह न यहाँ व्यंग्य का उन्मुक्त ठहाका है और न 'वेदना का कार्टून'। व्यंग्य यहाँ अतिकथन में न होकर इस तरह के मित-कथनों में है : "उस मौसम में इस गाँव ने लगभग आधा दर्जन

रिक्शाचालकों का निर्यात किया।" (पृ. 125) "...अब यह आश्रम राजभवन में तब्दील होने जा रहा है।" (पृ. 91) यहाँ व्यंग्य सिर्फ भाषा तक सीमित न होकर स्थितियों एवं व्यक्तियों के अन्तर्विरोधों तक विस्तृत है। उपन्यास में सामाजिक परिप्रेक्ष्य की सकारात्मकता भी है।

'राग दरबारी' की तर्ज पर यहाँ वेदना की अभिव्यक्ति 'कार्टून' के रूप में न होकर काव्यात्मक संवेदना की ऊँचाइयों को छूती है : "...आज तीस वर्षों बाद जब उनकी गोद में फटी बिवाईवाले किसानों की जिन्दगी पर सुन्दरी की किताब खुली पड़ी है, सुन्दरी की एड़ियों की त्वचा की तरह उनका मन भी दरक रहा है, दर्द की आड़ी-तिरछी रेखाएँ एक-दूसरे को काट रही हैं।" (पृ. 136) श्रीलाल शुक्ल का यह संवेदनात्मक परिष्कार 'राग दरबारी' की रचना भूमि से एक लम्बी छलाँग है। यह उनकी सौन्दर्य दृष्टि में गुणात्मक बदलाव का भी सूचक है। यह सुखद विरोधाभास है कि 'राग दरबारी' और 'पहला पड़ाव' में वे जिस आभिजात्य सौन्दर्य दृष्टि को अपनाते हैं, 'बिस्रामपुर का सन्त' में उसी को लक्ष्य करते हुए वे कहते हैं : "बहुतों के मन में सामाजिक विषमता और लाचार व्यवस्था के खिलाफ आक्रोश नहीं पैदा होता, उन्हें देखते ही सबसे पहले हमारे सौन्दर्य बोध को चोट लगती है।" (पृ. 113) यह अनायास नहीं है कि बिस्रामपुर के 'सन्त' कुँवर जयन्ती प्रसाद को "फूहड़पन के किसी भी प्रदर्शन से उनकी सुरुचि को पहले जैसा आघात न पहुँचता था।" (पृ. 153) उपन्यास में कुँवर जयन्ती प्रसाद सिंह का 'सौन्दर्य विषयक' समस्याओं से एक झटके से मुक्ति पाना भले ही उतना सहज व स्वाभाविक न बन पड़ा हो, लेकिन वह उपन्यासकार की दृष्टि में आए सकारात्मक परिवर्तन को अवश्य इंगित करता है।

उपन्यासकार की सौन्दर्य दृष्टि का यह बदलाव सामाजिक व आर्थिक विषयवस्तु तक ही केन्द्रित नहीं है यह सौन्दर्य दृष्टि का सम्पूर्ण बदलाव है, नारी विषयक प्रसंगों में अब उपन्यासकार की निगाह 'सलूके के खुले बटनों' पर न टिककर 'पैर में फटी बिवाइयों' को देखती है। यह 'राग दरबारी' और 'पहला पड़ाव' की सौन्दर्य दृष्टि का लेखकीय प्रत्याख्यान है। 'पहला पड़ाव' की मजदूरनी जसोदा की मेमसाहबी छवि की तुलना भद्र सुसंस्कृत भूदान कार्यकर्त्री सुन्दरी की इस श्रमिक छवि से करने पर यह बदलाव लक्षित किया जा सकता है :

"सुन्दरी के चेहरे से उसके पावों के सुनहरेपन और सुकुमारता का जो ख्वाब बनता था, महीनों से चला आनेवाला धूल और मिट्टी का संसर्ग उसे निर्दयता से चकनाचूर कर रहा था। एड़ियाँ काली पड़ गई थीं, उनमें झलकती हुई लकीरें बिवाइयों की शुरुआत का पता दे रही थीं। वे पाँव दिन भर खेतों में खटनेवाली किसी अधेड़ मजदूरनी के थे।" (पृ. 26) निराला का 'तोड़ती पत्थर' और प्रेमचन्द का 'उलझे हुए

बालों, पपड़ियाँ पड़े हुए होंठों और कुम्हलाए हुए गालों' का सौन्दर्य बिम्ब यहाँ पूर्णता प्राप्त कर रहा है। सुन्दरता की बदली हुई कसौटी यही है।

कथा दृष्टि सम्बन्धी उपरोक्त परिवर्तन जहाँ श्रीलाल शुक्ल को उनकी अपनी ही कथा रूढ़ियों से मुक्त करते हैं, वहीं उनकी कुछ अन्य कथा रूढ़ियाँ सकारात्मक सन्दर्भों के साथ 'बिस्रामपुर का सन्त' में नई अर्थ छवियाँ पैदा करती हैं। 'राग दरबारी', 'पहला पड़ाव', और 'सूनी घाटी का सूरज' की तरह अंग्रेजी मुहावरा यहाँ भी यत्र-तत्र उपस्थित है लेकिन इस अन्तर के साथ कि यहाँ 'ओरियंटल' दृष्टि की सुखद अनुपस्थिति है। यह तथ्य भी दिलचस्प है कि जब-तब इस अंग्रेजी मुहावरे का इस्तेमाल लेखक ने पश्चिम का उपहास करने के लिए किया है। सुन्दरी के साथ कुँवर साहब के कामुक प्रसंग का यह वर्णन कुछ ऐसा ही है : "सुन्दरी के साथ बत्तीस साल पहले की वह घटना इतनी पुरानी हो गई थी कि उन्हें जान पड़ने लगा था, वह उनके साथ नहीं किसी दूसरे के साथ घटी है। उसे लेकर अब उनका मन यह मानने के लिए भी तैयार हो गया था कि वह कोई गम्भीर घटना नहीं, स्वभाव के हलकेपन का क्षणिक प्रदर्शन भर था जिसे पश्चिम के सभ्य समाज में हँसकर और 'नो हार्ड फीलिंग्स' कहकर भुलाया जा सकता था।" (पृ. 157) एक अन्य प्रसंग कुछ यूँ है : "...तब योग की जगह 'योगा' शब्द की ईजाद नहीं हुई थी, इसलिए इन क्रियाओं के साथ ध्यान, मनन और चिन्तन के भी कुछ तत्त्व जुड़े थे।" (पृ. 114)

उपन्यास में जहाँ-तहाँ अंग्रेजी मुहावरे का प्रयोग अंग्रेजी मुहावरे के ही रूप में किया गया है। जैसे 'मैं पीछे के सारे पुल तोड़ता आया हूँ...', 'अपनी सारी नावें जला चुका हूँ', 'पुटिंग योर बेस्ट फुट फारवर्ड', 'यह चाय का प्याला मेरे लिए नहीं है' (दिस इज नाट माई कप ऑफ टी) आदि। इन अंग्रेजी मुहावरों का प्रयोग उपन्यास की विषयवस्तु में बेमेल इसलिए नहीं लगता कि या तो ये आभिजात्य पृष्ठभूमि के पात्रों द्वारा बोले गए हैं या लेखकीय वर्णनात्मकता के हिस्से हैं। 'बिस्रामपुर का सन्त' उपन्यास की सफलता की सबसे बड़ी कुंजी यही है कि यहाँ लेखकीय आभिजात्य पात्रों के आभिजात्य से घुल-मिलकर 'आभिजात्यवादी' दृष्टिकोण के प्रति अति सजग है। इस लेखकीय अति सजगता का ही परिणाम है कि कुँवर जयन्ती प्रसाद सिंह का व्यक्तित्वांतरण या बच्चे छबिलाल के प्रसंग (पृ. 145) में अति मानवीयकरण कभी-कभी लेखकीय प्रक्षेपण सरीखा लगने लगता है। लेकिन यदि उपन्यासकार की तर्ज पर अंग्रेजी मुहावरा इस्तेमाल करने की छूट ली जाए तो कहा जा सकता है कि लेखक ने "गलती सही पाले में की है।"

'बिस्रामपुर का सन्त' कथा की एक-रैखिकता के बावजूद कई उप-कथाओं की केन्द्रीयता लिए हुए है। इस कथा में कई युग्म हैं; कुँवर जयन्ती प्रसाद-जयश्री, जयश्री-सुन्दरी, सुन्दरी-सुशीला। इन सभी युग्मों का कोई-न-कोई तार कुँवर जयन्ती

प्रसाद सिंह और भूदान आन्दोलन से जुड़ा हुआ है। और भूदान व कुँवर साहब के बीच जो एक समानधर्मी तत्त्व है वह है पाखंड। सत्ता, लिप्सा, धन, भूमि, लम्पटता की यह पाखंड कथा बन्द-सी दीखने के बावजूद खुले अन्त की कथा है, क्योंकि उपन्यासकार ने कुँवर जयन्ती प्रसाद सिंह की लिप्सा गाथा का जो उदात्तीकरण आत्महत्या की प्रायश्चित गाथा के माध्यम से किया है वह प्रायश्चित न होकर नेमेसिस (प्राकृतिक प्रतिशोध) सरीखा है। 'बिस्रामपुर का सन्त' के रूप में कुँवर जयन्ती सिंह का चरित्र अलग-अलग प्रसंगों में टाल्सटाय के 'पुनरुत्थान' (रिसरेक्शन) के नेख्लुदोव एवं 'मैला आँचल' के तहसीलदार हरगौरी सिंह का स्मरण करा जाता है। इन तीनों ही सन्दर्भों में जिन दो तत्त्वों की सम्मिलित उपस्थिति है वे हृदय परिवर्तन एवं भूमि सम्बन्ध हैं। नेख्लुदोव और कुँवर जयन्ती प्रसाद सिंह में एक सादृश्य और भी है, वह है सुन्दरी की तरह मास्लोवा द्वारा नेख्लुदोव के विवाह प्रस्ताव का इनकार। अन्तर बस इतना है कि जहाँ नेख्लुदोव को बाइबिल के पृष्ठों में प्रायश्चित का सन्तोष प्राप्त होता है, वहीं कुँवर जयन्ती प्रसाद सिंह को गीता के पृष्ठों के बीच वह पत्र प्राप्त होता है, जो उनके जीवन का नेमेसिस (प्रतिशोध) सिद्ध होता है।

यूँ तो 'बिस्रामपुर का सन्त' की प्रायश्चित गाथा के केन्द्र में सुन्दरी, विवेक और कुँवर जयन्ती प्रसाद का त्रिकोण है, लेकिन सत्ता और भूमि सम्बन्धों का विमर्श जिस गहरी अन्तर्दृष्टि के साथ इस उपन्यास में उपस्थित हुआ है, वह इसे अतिरिक्त महत्त्व प्रदान करता है। उपन्यास के अन्तिम प्रसंगों में कुँवर जयन्ती प्रसाद सिंह के चरित्र में लेखकीय आरोपण एवं किंचित् नाटकीयता के बावजूद महानता की यह पतन-गाथा श्रीलाल शुक्ल की रचनात्मकता का उत्कृष्टतम है। कई अर्थों में यह 'राग दरबारी' और 'पहला पड़ाव' से आगे की औपन्यासिक यात्रा है। 'राग दरबारी' यदि स्वातन्त्र्योत्तर भारतीय समाज की भदेस गाथा थी, तो 'बिस्रामपुर का सन्त' सत्ता के भद्र जनों की पतन गाथा है। क्षुद्रताओं के महावृत्तान्त से लेकर महानताओं की क्षुद्रता तक विस्तृत श्रीलाल शुक्ल की यह औपन्यासिक यात्रा जिस अगले पड़ाव तक पहुँचनी है, लगता है उसका सूत्र 'बिस्रामपुर का सन्त' के इस अन्तिम वाक्य में अन्तर्निहित है, "ट्रैजडी को लेकर अब मुझसे कभी ऐसी हलकी बात मत करना।"

कहीं यह रेणु के 'तीसरी कसम उर्फ मारे गए गुलफाम' के हीरामन की तरह श्रीलाल शुक्ल के रचनाकार द्वारा व्यक्ति श्रीलाल शुक्ल को दिलाई गई कसम तो नहीं!!!

एक 'बेदखल' इतिहास का 'पाहीघर'

''साहित्य ही सच्चा इतिहास है, क्योंकि उसमें अपने देश और काल का जैसा चित्र होता है, वैसा कोरे इतिहास में नहीं होता। घटनाओं की तालिका इतिहास नहीं है और न राजाओं की लड़ाइयाँ ही इतिहास है। इतिहास जीवन में विभिन्न अंगों की प्रगति का नाम है और जीवन पर साहित्य से अधिक प्रकाश और कौन वस्तु डाल सकती है, क्योंकि साहित्य अपने देशकाल का प्रतिबिम्ब होता है।''

(प्रेमचन्द, 'जीवन में साहित्य का स्थान' शीर्षक लेख से)

''प्रश्न इस बहस का नहीं है कि 'साहित्य' का सम्बन्ध इतिहास से होना चाहिए या नहीं, प्रश्न स्वयं इतिहास के भिन्न पाठ का है।''

(टेरी ईगलटन 'लिटरेरी थियरी')

इतिहास और उपन्यास के अन्तर्सम्बन्ध एवं भिन्न पाठ के प्रश्न को टाल्सटाय ने अपने उपन्यास 'वार एंड पीस' में रचनात्मक रूप से सुलझाते हुए इतिहास के प्रभुत्वकारी विमर्श को जो चुनौती दी थी वह इतिहास पर आधारित उपन्यास लेखन के लिए आज भी प्रासंगिक और जरूरी है। 'वार एंड पीस' के औपन्यासिक वृत्तान्त को अवकाश देकर उपन्यास के बीच अपनी इतिहास सम्बन्धी अवधारणा को अभिव्यक्त करते हुए उन्होंने लिखा था--

''इतिहास का लक्ष्य सामाजिक गति के नियमों की खोज है।...जब कभी मैं अपनी घड़ी की सुइयों को दस के अंक पर देखता हूँ तो मुझे समीप के चर्च की घंटियाँ सुनाई पड़ती हैं, मेरी घड़ी की सुइयाँ दस पर होती हैं, मुझे यह अधिकार नहीं प्राप्त है कि मैं यह निष्कर्ष निकालूँ कि मेरी घड़ी की सुइयों की स्थिति के फलस्वरूप घंटियों में गति होने लगती है।...जब कभी मैं स्टीम इंजन को गतिमान होते देखता हूँ तो मुझे सीटी सुनाई पड़ती है, वाल्व का खुलना और पहियों का घूमना दिखता है लेकिन इससे मुझे यह अधिकार प्राप्त नहीं हो जाता कि मैं यह निष्कर्ष निकालूँ कि सीटी या पहियों के घूमने के कारण इंजन गतिमान होता है। किसान कहते हैं कि बसन्त ऋतु के अन्तिम दौर में शीत बयार बहती है क्योंकि इन्हीं दिनों ओक वृक्ष पर कलियाँ खिलती हैं और सच भी यही है कि हर बार बसन्त में शीत बयार चलती है और वृक्ष फूलते हैं, तथापि कलियों के खिलने के साथ शीत बयार के चलने का कारण

न जानने के बावजूद मैं किसानों की इस सोच से नहीं सहमत हो सकता कि कलियों के खिलने के कारण शीत बयार चलती है। मेरी दृष्टि में यह मात्र कुछ घटनाओं का संयोग ही है, जिन्हें जीवन के हर कार्य-व्यापार में देखा जा सकता है।...मैं चाहे जितनी देर एवं जितनी भी सूक्ष्मता के साथ घड़ी की सुइयाँ, स्टीम इंजन का वाल्व व पहियाँ और ओक की कलियाँ देखता रहूँ, मैं घंटियों के बजने, स्टीम इंजन के चलने एवं बसन्ती हवा बहने का कारण नहीं जान पाऊँगा। उसके लिए मुझे अपनी निगाह कहीं और ले जानी होगी और स्टीम, घंटियों व हवा की गति के नियमों का अध्ययन करना पड़ेगा। इतिहास की भी यही भूमिका होनी चाहिए...इतिहास के नियमों की खोज हेतु हमें राजाओं, मन्त्रियों एवं सेनानायकों को अकेला छोड़कर आम जनता को परिचालित करनेवाले समानधर्मा सार्वकालिक तत्त्वों का अध्ययन करना चाहिए।'' ('वार एंड पीस', खंड 11, अध्याय 1)

यशपाल के 'झूठा-सच' सरीखे अपवाद को यदि छोड़ दिया जाए तो वृन्दावन लाल वर्मा से लेकर अमृतलाल नागर और उसके बाद तक हिन्दी के इतिहास केन्द्रित उपन्यासों का दुर्भाग्य रहा है कि वे या तो इतिहास पुरुषों की गौरवगाथा बनकर रह गए हैं या घटनाओं व तिथियों की क्रमबद्ध तालिका। इन उपन्यासों का लक्ष्य प्रभुत्वकारी विमर्श से बहिष्कृत जन-इतिहास की खोज न होकर, जाने हुए इतिहास को उपन्यास की जीवन्तता व रोचकता से लैस करना अधिक है। ये उपन्यास इतिहास की परिचालक शक्तियों की पहचान न करके प्रभुत्वकारी इतिहास द्वारा भक्षित कर लिए जाते हैं। यह सुखद है कि अभी हाल के वर्षों में हिन्दी के कुछ उपन्यासों ने इतिहास के साथ भिन्न सुलूक की पहल की है। अलका सरावगी ने अपने उपन्यास 'कलिकथा वाया बाइ पास' में किसी नई इतिहास-भूमि की तलाश न करते हुए भी इतिहास को जो रचनात्मकता प्रदान की है, वह उल्लेखनीय है। लेकिन इतिहास की जिस भिन्न भूमिका की अपेक्षा टाल्सटाय, प्रेमचन्द और टेरी ईगलटन करते हैं, उसकी पूर्ति इधर के जिन दो उपन्यासों द्वारा हुई है वे हैं कमलाकान्त त्रिपाठी के उपन्यास पाहीघर (1991) और बेदखल (1997)

'पाहीघर' और 'बेदखल' की विशिष्टता के मूल में इनकी इतिहास गाथा उतनी महत्त्वपूर्ण नहीं है, जितनी इतिहास दृष्टि। अठारह सौ सत्तावन के विप्लव एवं अवध के किसान आन्दोलन में बाबा रामचन्द्र की नेतृत्वकारी भूमिका को जिस जनपक्षधर समझ के साथ ये उपन्यास प्रस्तुत करते हैं वह इतिहास और समाजशास्त्र की क्षतिपूर्ति है। इतिहास के इस कालखंड को प्रभुत्वकारी विमर्श से बाहर निकालकर सतह से शिखर देखने की जो इतिहास दृष्टि कमलाकान्त त्रिपाठी अपनाते हैं उसी के परिणामस्वरूप 'पाहीघर' अठारह सौ सत्तावन की 'जनक्रान्ति' या 'स्वाधीनता के प्रथम स्वतन्त्रता संग्राम' की अवधारणा को प्रश्नों के घेरे में खड़ा करता है। इसी

इतिहास-दृष्टि के चलते स्वतन्त्रता आन्दोलन की मुख्यधारा से 'बेदखल' अवध के किसान आन्दोलन (1919-1922) को पहली बार औपन्यासिक केन्द्रीयता प्राप्त होती है। इतिहास को कथात्मक बनाते हुए उपन्यासकार ऐतिहासिक व्यक्तित्वों व औपन्यासिक चरित्रों तथा इतिहास की घटनाओं और औपन्यासिक गल्प के बीच जो पगडंडियाँ निर्मित करता है उससे इतिहास के राजमार्ग के जिन चोर दरवाजों का पता चलता है, वह इन उपन्यासों को विशिष्ट व महत्त्वपूर्ण बनाते हैं।

यहाँ यह तथ्य भी उल्लेखनीय है कि 'पाहीघर' और 'बेदखल' दोनों ही उपन्यास इतिहास कथा होने के साथ-साथ ग्रामकथा भी हैं। यह मात्र संयोग नहीं है कि प्रेमचन्द ने भारतीय किसान की त्रासदी की अभिव्यक्ति के लिए अवध की जिस कथाभूमि को चुना था, वही 'पाहीघर' और 'बेदखल' की कथाभूमि भी है। 'गोदान' के गाँव सेमरी और बेलारी की ही तरह 'पाहीघर' और 'बेदखल' का गाँव बसौली भी 'अवध' के उन सैकड़ों-हजारों गाँवों में एक है, जहाँ "पहली बारिश के बाद किसान उछाह के साथ हल-बैल लिए खेत की ओर दौड़ता है। मगर खेत उसका नहीं। तालुकेदार जब चाहे उसे बेदखल कर दे। जिस मिट्टी को पालते-पोसते बाप-दादे मिट्टी में मिल गए वह मिट्टी उसकी नहीं। दूर अपने आलीशान कोट में बैठा तालुकेदार उसका मालिक है और अंग्रेज बहादुर उसका रखवाला।" ('बेदखल', पृ. 8)

'गोदान' के होरी महतो की ही तरह 'पाहीघर' के जयकरन अहीर और 'बेदखल' के सुचित कुर्मी को भी अपने खेत से बेदखल होना पड़ता है और इस बेदखली की जड़ में 'गोदान' के पंडित दातादीन की ही तर्ज पर 'पाहीघर' के मालगुजार शंकर दुबे और 'बेदखल' के पदारथ तेवारी हैं। शंकर दुबे "तालुकेदार से रब्त-जब्त बढ़ाकर पूरे गाँव का लगान वसूल करने लगे। रुपया भी सूद पर उधार देने लगे। जल्दी ही वे तालुकेदार के असामी न रहकर गाँव के मालगुजार और महाजन बन गए।" ('पाहीघर', पृ. 12) 'बेदखल' के पदारथ तेवारी ने "देखते-देखते अपना ऐश्वर्य बढ़ा लिया। शुरू में जमीन-जायदाद क्या थी, बस जैसे-तैसे खाने को हो जाता था।...अब तो रुपया थैली लिए घूमता है। जहाँ बेदखली हुई, नजराना गिनने को तैयार हो जाता है। कितने गाँव में जमीन बना ली है। बिसार और महाजनी ऊपर से। चारों ओर तूती बोल रही है। थोड़ा बेरहमी, थोड़ा कपट और थोड़ा भाग्य।..." ('बेदखल', पृ. 14)

कर्ज, मालगुजारी, नजराना और बेदखली से त्रस्त अवध के जयकरन और सुचित सरीखे किसानों की दुर्दशा की पृष्ठभूमि में 'पाहीघर' का अठारह सौ सत्तावन का विद्रोह एवं 'बेदखल' का बाबा रामचन्द्र के नेतृत्व में किसान आन्दोलन महज इतिहास की थिगली न होकर इन उपन्यासों की केन्द्रीय अन्तर्वस्तु है। यहाँ यह विडम्बना द्रष्टव्य है कि 'पाहीघर' में अठारह सौ सत्तावन के विप्लव के दौरान तालुकेदारों,

जमींदारों व मालगुजारों का जो कुलीन संवर्ग अपने हितों की रक्षा के लिए निर्धन किसानों को अंग्रेजों के विरुद्ध लड़ाई में कच्चे माल की तरह इस्तेमाल कर रहा था, वही कुलीन वर्ग 'बेदखल' में अंग्रेजों के साथ गठजोड़ करके किसान रियाया पर भूमि बेदखली का कहर ढा रहा था। कमलाकान्त त्रिपाठी इतिहास के इस जटिल विमर्श को परत- दर-परत उधेड़ते हैं।

'पाहीघर' की इतिहास कथा अवध के नवाब वाजिद अली शाह के साहिबे आलम से सुल्ताने आलम (1847) बनने से शुरू होकर मलका विक्टोरिया द्वारा हिन्दुस्तान की हुकूमत ग्रहण करने (1858) तक विस्तृत है। इस इतिहास कथा की धुरी 1857 के विद्रोह पर टिकी है। अठारह सौ सत्तावन के घटनाक्रम की औपन्यासिक प्रस्तुति करते हुए इस आन्दोलन की सत्ता संरचना का विखंडन कमलाकान्त त्रिपाठी जिन तथ्यों के साथ करते हैं, वह इस आन्दोलन के कई मिथकों का भेदन करता है। वीर सावरकर की 1909 में प्रकाशित पुस्तक '1857' से लेकर अमृतलाल नागर के कथा-रिपोर्ताज 'गदर के फूल' (1957), उपन्यास 'करवट' (1985) तथा डॉ. रामविलास शर्मा व बिपिन चन्द्र के इतिहास सम्बन्धी लेखन तक यह स्थापना प्रतिपादित की गई है कि अठारह सौ सत्तावन का विप्लव 'जनक्रान्ति' तथा 'स्वतन्त्रता का प्रथम संग्राम' था। वीर सावरकर के अनुसार, "1857 का सर्वाधिक सुखद पहलू 'ब्राह्मण और शूद्र', हिन्दू और मुसलमान का अपने तुच्छ झगड़ों और पुरानी शत्रुताओं का त्यागकर हिन्दुस्तान के लिए एकताबद्ध होना था।" ('सावरकर समग्र', पृ. 542) अमृतलाल नागर भी 'गदर के फूल' में सीतापुर के वेनीराम मिश्र द्वारा संवत् 1941 में लिखित 'जंगनामा' के आधार पर यह परिणाम निकालते हैं कि '"संकट के अवसर पर जाति-भेद और ऊँच-नीचपन भुलाकर हमारा समाज एक हो सकता है। कहार, कबाड़िए, नाऊ, ठाकुर, मुसलमान, ब्राह्मण—सभी जातियों के शूर एक साथ एक उद्देश्य के लिए जूझे।" (पृ. 100)

वीर सावरकर और अमृतलाल नागर की 1857 सम्बन्धी उपरोक्त स्थापनाओं के मूल में इतिहास की वह 'राष्ट्रीय स्वाभिमानवादी' समझ है, जो 'एक राष्ट्र, एक भाषा, एक संस्कृति' के उन्मादी आवरण में भारतीय समाज की बहुलताओं, विविधताओं, वर्गीय हितों की टकराहट, धार्मिक टकराव और वर्णाश्रमी भेदभाव को दृश्य ओझल करके औपनिवेशिकता बनाम भारतीयता का इतिहास-विमर्श प्रस्तुत करती है। औपनिवेशिकता बनाम भारतीयता का यह विमर्श राष्ट्रीय आन्दोलन के जिस गांधीवादी मुहावरे में रचा-बसा है अमृतलाल नागर उसे 1857 की घटनाओं पर ज्यों-का-त्यों प्रतिस्थापित करते हैं। उन्हीं के शब्दों में, "गदर सम्बन्धी साहित्य पढ़ते हुए जगह-जगह इस बात के प्रमाण मुझे मिले हैं कि विद्रोह के आरम्भ में जगह-जगह भारतीय सिपाहियों ने प्रायः सविनय अवज्ञा की थी। उनका व्यवहार आरम्भ में

अहिंसात्मक ही रहा। गोले-गोलियों के सामने अंगद की तरह अडिग खड़े रहनेवाले वे एक सौ बीस वीर सत्याग्रही भारत के पुरखे थे जो वर्षों बाद गांधी के नेतृत्व में सामने आनेवाला था।'' ('गदर के फूल', पृ. 193)

अमृतलाल नागर भारतीय राष्ट्रवाद, गांधी, अहिंसा और औपनिवेशिकता का जो विमर्श तैयार करते हैं, वह 1857 के विप्लव को समझने के लिए अपर्याप्त है। यूँ अमृतलाल नागर इस विमर्श में अकेले नहीं हैं, बिपिन चन्द्र सरीखे इतिहासकारों से लेकर डॉ. रामविलास शर्मा जैसे विद्वानों की एक बड़ी जमात है जो यह मानती है कि ''ग्रामीणों के बीच अंगेजी हुकूमत के खिलाफ विद्रोह का शंखनाद करनेवाले विद्रोही नेताओं का असर समाज के हर तबके पर पड़ा। किसान, दस्तकार, धर्मगुरु, नौकरी-पेशा, दुकानदार, हर कोई इस विद्रोह में शामिल हो गया और सिपाहियों का विद्रोह आम जनता का विद्रोह बन गया।'' (बिपिन चन्द्र, 'भारत का स्वतन्त्रता संघर्ष', पृ. 5) डॉ. रामविलास शर्मा भी अठारह सौ सत्तावन सम्बन्धी अपने लेखन में कमोबेश यही स्थापनाएँ करते दिखते हैं।

भावुक राष्ट्रवाद से ओत-प्रोत उपरोक्त इतिहास दृष्टि से परे कमलाकान्त त्रिपाठी ने 'पाहीघर' में अठारह सौ सत्तावन की पड़ताल जिन कथा-सन्दर्भों में की है, वह इस विप्लव के वास्तविक चरित्र और उसके सामाजिक-आर्थिक सन्दर्भों का खुलासा करती है। इतिहास के घटनाक्रम की दैनन्दिन सामाजिक जीवन से अन्तःप्रक्रिया के माध्यम से उपन्यासकार जो कथा-आख्यान रचता है; वह जहाँ गल्प को इतिहास की प्रामाणिकता प्रदान करता है, वहीं इतिहास को गल्प की कल्पनाशीलता व अनहोनेपन के आभास से समृद्ध करता है। अमृतलाल नागर जहाँ अपने उपन्यास 'करवट' में इतिहास की थिगलियाँ टाँकते हुए 1857 के बारे में यह निष्कर्षवादी रुख अपनाते हैं, ''इतिहास तेजी से बदलने लगा। लखनऊ, कानपुर, दिल्ली, मेरठ दूर-दूर की खबरें आने लगीं। उत्तर भारत में अंग्रेजों के खिलाफ एक जबर्दस्त जनविद्रोह का विस्फोट हो चुका था।'' (पृ. 118) वहीं कमलाकान्त त्रिपाठी 'पाहीघर' में साधारण जन के दैनन्दिन जीवन व सामाजिक कार्य-व्यापार के माध्यम से 'जनविद्रोह' के मिथक का भेदन करते हुए 'विप्लव के वास्तविक चरित्र' की पड़ताल निम्न दृश्यों के माध्यम से करते हैं–

''सुमेर सिंह ने दूर से देखा, कुएँ के पास कई गोरे सिपाही चुल्लू बनाकर झुके हुए थे और घूँघट काढ़े हुए औरतें मिट्टी के घड़ों से पानी पिला रही थीं। उन्हें न गोरों से कोई मतलब था, न बागियों से। वे सीधी-सादी गाँव की औरतें थीं, प्यास का मारा जो भी सामने आया, उसे पानी पिलाना अपना धर्म समझती थीं।'' (पृ. 143)

''भगोड़े (अंग्रेज) देल्हूपुर से चले तो शाम ढल रही थी। गाँववाले उन्हें सड़क तक छोड़ने आए थे। जब स्त्रियाँ बग्घियों पर सवार हो रही थीं, वे सड़क के किनारे

उदास खड़े थे। उन्हें लग रहा था, उनकी खातिरदारी में कोई कमी रह गई थी।'' (पृ. 118)

''बारिश हो जाने से खेतों में चहल-पहल थी और किसान सड़क के किनारे दोनों ओर बैलों को फटकारते हुए हल चला रहे थे। मोड़ पर रुककर सुमेर सिंह ने पूछा तो मालूम हुआ, अंग्रेजी लश्कर बस आगे-आगे जा रहा है।''(पृ. 140)

'1857' की हलचल से ग्रामीणजन की उपरोक्त उदासीनता और असम्पृक्तता अवध की राजसत्ता एवं सामाजिक संरचना के जिन अन्तर्विरोधों को रेखांकित करती है, उन्हें इन शुभाकांक्षाओं से नहीं झुठलाया जा सकता कि ''संकट के अवसर पर जाति-भेद और ऊँच-नीचपन भुलाकर हमारा समाज एक हो सकता है।'' ('गदर के फूल', पृ. 100) अमृतलाल नागर जिस 'जंगनामा' का सहारा लेकर 'गदर के फूल' में यह स्थापना करते हैं कि ''कहार, कबीड़ा, नाऊ, ठाकुर, मुसलमान, ब्राह्मण–सभी जातियों के शूर एक साथ एक उद्देश्य के लिए जूझे।'' उस 'जंगनामा' में उल्लिखित नब्बे नामों की सूची में मध्य किसान जातियों के प्रतिनिधियों की अनुपस्थिति अकारण नहीं हैं। विचारणीय तथ्य यह है कि ब्राह्मण-राजपूत सरीखे उच्च सवर्ण कुलीनों के साथ इस सूची में कहार, कबाड़िये, नाऊ, आदि सरीखी भृत्य जातियाँ तो शामिल हैं, लेकिन अवर्ण किसान जातियाँ अनुपस्थित हैं, क्यों? इस गुत्थी को 'पाहीघर' में वर्णित दशहरे के अवसर पर तालुकेदारों द्वारा निकाले गए उस जुलूस की संरचना से समझा जा सकता है, जिसमें ''हाथी पर चाँदी का हौदा कसा था जिस पर राय कुंजल सिंह राजसी पोशाक में कीमती पत्थर जड़े जेवर पहने बैठे थे। उनके पीछे हाथी पर रियासत के दीवान, राज पंडित और कुँवर हनुमान सिंह बैठे थे, बाकी हाथियों पर राज-परिवार के लोग और दरबार के खास-खास अहलकार बैठे थे। हाथियों के पीछे मालगुजार और अमीन अपने-अपने घोड़ों पर चल रहे थे। उनके बाद पटवारियों, सीरदारों और बड़े काश्तकारों का हुजूम था। सबसे पीछे कोट के नौकर-चाकर और नाई-बारी थे।'' (पृ. 40) इस जुलूस में शामिल गोड़इत, कोट के नौकर-चाकर और नाई-बारी ही 'जंगनामा' की वे भृत्य जातियाँ हैं, जिन्हें अमृतलाल नागर 'सभी जातियों के शूरों' के रूप में महिमामंडित करते हैं। तालुकेदार के इस जुलूस एवं 'जंगनामा' की सूची की समान सामाजिक संरचना जहाँ '1857' के विप्लव की सामन्ती पृष्ठभूमि को रेखांकित करती हैं, वहीं 'पाहीघर' में इस विप्लव के प्रति वर्णित ग्रामीण जनों की उदासीनता व असम्पृक्तता को समझने में भी सहायक है।

अवध के ग्राम्य समाज की यह सत्ता-संरचना जिस अंग्रेज सेना की छत्रछाया में पुष्पित-पल्लवित होती थी, उसका वर्णन 'पाहीघर' में उपन्यासकार ने इस प्रकार किया है, ''छावनियों में पड़ी फौजें वैसे तो बंगाल आर्मी कहलाती थीं, लेकिन उनमें अवध के हट्टे-कट्टे जवानों की बहुतायत थी। इनमें से लगभग तीन-चौथाई हिन्दू थे और

अधिकांश ब्राह्मण और ठाकुर।...ये प्रायः भले घरों के इज्जतदार लोग थे जो सीधी-सादी जिन्दगी बिताते थे। अखाड़े में कसरत करते थे, नियमित पूजा-पाठ करते थे।''...(पृ. 29) ''वे भूस्वामी भी थे जिनकी गाँवों में अपनी पैतृक सम्पत्ति थी और वे अपने साथ अपना सामान ढुलवाने के लिए नौकर साथ लाते थे।...अंग्रेज साहब का नमक खाकर उन्होंने सेना को अपना जीवन समर्पित कर दिया था। अपनी रेजीमेंट के प्रति वे पूर्ण निष्ठावान थे, सिर्फ धर्म को ही वे इसके ऊपर रखते थे।'' ('दि प्राउडेस्ट डे', पृ. 47)

'पाहीघर' के दुर्बली दुबे, सुमेर सिंह, भवानी प्रसाद चौबे और ठाकुर काली बक्श इसी पृष्ठभूमि के फौजी थे जो, ''सात रुपए महीने की पगार पाने और इसमें भी कई तरह की कटौतियाँ हो जाने के बावजूद आराम से रहते थे और पेंशन लेकर गाँव लौटने पर कोई कुआँ, तालाब या मन्दिर जरूर बनवाते थे।'' (पृ. 29) दुर्बली अवध की दशरथपुर रियासत के उस बसौली गाँव के बाशिन्दे थे, जहाँ उनके बड़े भाई शंकर दुबे ''तालुकेदार के असामी न रहकर गाँव के मालगुजार और महाजन थे।'' यही वह वर्ग था जिसके बल पर ईस्ट इंडिया कम्पनी ने ''इस मुल्क को जीता था और जिसके दम पर ही उसका राज कायम था।'' (पृ. 30) उपन्यासकार ने यहाँ अंग्रेजी सेना व कुलीन सवर्ण भू-स्वामियों की नाभिनालबद्धता को रेखांकित करते हुए शासक वर्गों एवं रियाया के जिस अन्तर्विरोध की ओर संकेत किया है, उसी में अन्तर्निहित है 'गदर' की वास्तविक प्रकृति। 'गदर' की यह प्रकृति अमृतलाल नागर द्वारा 'सिपाहियों को आम जनता का प्रतिनिधि' मानकर 'जनक्रान्ति' के उस मिथक को गढ़ने के विरुद्ध है जो इन भावुक व उन्मादी 'राष्ट्रीय' तर्कों का सहारा लेती है कि ''स्वयं अंग्रेज भी स्वीकार कर चुके हैं कि नवाबगंज में बहराइच और सीतापुर के जमींदार लड़े—तब क्या यह सत्य स्वतन्त्रता संग्राम का द्योतक नहीं? सत्तावन का विद्रोह क्या केवल फौजियों तक सीमित था?...महारानी लक्ष्मीबाई के शौर्य और बेगम हजरतमहल की कार्यकुशलता तथा संगठन-शक्ति देखकर राष्ट्र के स्वाभिमान में क्या हमारी आस्था नहीं जमती? मौलवी अहमदुल्लाशाह और तात्या टोपे का हर जगह लड़वैयो का हुजूम बटोर लेना क्या सत्तावनी क्रान्ति को जनक्रान्ति सिद्ध नहीं करता? ('गदर के फूल', पृ. 45)

'1857' को लेकर जनक्रान्ति की यह अवधारणा इतिहास की उस प्रभुत्वकारी समझ से निःसृत है जो प्रभु वर्ग के नायकों को ही जनता के प्रतिनिधि एवं कुलीन समाज के हितों को ही जनता के हित के रूप में प्रस्तुत करती है, अंग्रेज दासता बनाम भारतीय आजादी का विमर्श तैयार करते हुए वह इस तथ्य की अनदेखी करती है कि महारानी लक्ष्मीबाई और बेगम हजरतमहल ने अंग्रेजों के खिलाफ तभी मोर्चा लिया जब तख्तो-ताज बचाने की उनकी हर अनुनय-विनय को अंग्रेजों ने ठुकरा दिया।

वाजिद अली शाह की सत्ता से बेदखली की पृष्ठभूमि में उपन्यासकार ने 'पाहीघर' में इसका खुलासा कुछ यूँ किया है–"बादशाह को बार-बार यह कचोट रहा था कि अंग्रेजों के सबसे बड़े खैरख्वाह होने के बावजूद यह दिन क्यों देखना पड़ा। वह और उनके पुरखे हमेशा अंग्रेजों के इशारे पर उठे, उन्हीं के इशारे पर बैठे। कम्पनी ने जो भी कर्जे माँगे, दे दिए, जो भी इलाके चाहे, हाजिर कर दिए। शायद समझते थे कि ऐसा करते करेंगे तो गद्दी बची रहेगी। आज उसके भी लाले पड़ गए।" (पृ. 49) 'अवध में चलनेवाली बदअमनी और रियाया की तकलीफों' की आड़ में वाजिद अली शाह को सत्ताच्युत करने के बाद ईस्ट इंडिया कम्पनी ने जमीन का जो नया बन्दोबस्त शुरू किया था उसने "तालुकेदारों में तहलका मचा रखा था। गाँव के गाँव तालुकेदारों से छीनकर स्वतन्त्र ठेके पर दे दिए गए थे या सीधे रियाया से लगान-वसूली की जा रही थी। साल का पूरा लगान एकमुश्त जमा करने का हुक्म हुआ था।...वक्त की मोहलत के लिए दी गई उनकी अर्जियाँ नामंजूर कर दी गईं और उनके इलाके जब्त कर लिए गए। कुछ को तो सरकार का कर्जदार करार कर जेल में डाल दिया गया।" (पृ. 57) नवाबी बादशाहत और तालुकेदारों की बेदखली के साथ-साथ अंग्रेज सेना में अवध के कुलीन इज्जतदार घरानों से आए सिपाहियों के साथ गोरे अफसरों का यह सुलूक कि "पहुँचते ही डंकी, सुअर, निग्गर पुकारना शुरू कर देते हैं।" (पृ. 31) और 'चर्बीवाले कारतूस' देने के साथ 'राशन के आटे में हड्डी का चूरा' मिला देते हैं। "हमारी बुजदिली से ही उन्होंने यह मुल्क हथियाया। अब इसी का फायदा उठाकर वे हमारा दीन बिगाड़ रहे हैं। वे तो चाहते हैं, उन्हीं के मुल्क की तरह यह मुल्क भी किरिस्तान हो जाए। फिर चैन से यहाँ राज करेंगे। कोई चूँ तक करनेवाला नहीं रहेगा।" (पृ. 59)

'पाहीघर' के कथा-वृत्तान्त में विन्यस्त बादशाहत, तालुकेदारी, भू-स्वामियों एवं सेना के सिपाहियों के अपने हितों, आहत स्वाभिमान और धर्म-भ्रष्ट होने की आशंका ही '1857' के विप्लव की वह पृष्ठभूमि थी जिसे पंडित जवाहरलाल नेहरू ने 'डिस्कवरी ऑफ इंडिया' में मूलतः 'सामन्ती विद्रोह' के रूप में रेखांकित किया है। नेहरू की राय में "जो विद्रोह में शामिल थे, वे अनिवार्यतः वे लोग थे जो अपनी सत्ता व विशेषाधिकार से बेदखल या वंचित कर दिए गए थे।" (पृ. 327) कुलीन सवर्ण परिवारों से आए अवध के सैनिकों के असन्तोष को भूमि के नए बन्दोबस्त से जोड़ते हुए इतिहासकार एंथनी रीड व डेविड फिशर ने अपनी पुस्तक 'दि प्राउडेस्ट डे' में लिखा है, "बंगाल आर्मी में अवध के पचहत्तर हजार सिपाही थे और सभी के परिवार इस भूमि बन्दोबस्त से प्रभावित थे। चौदह हजार सिपाहियों ने तो इससे उत्पन्न कठिनाइयों का हवाला देते हुए इसके विरोध में याचिका भी प्रेषित की थी।" (पृ. 48) यही वह हालात थे जब "शहर और देहात, सब जगह एक-सी आँधी चल रही

थी। यदि किसी कोने से जरा-सी चिनगारी उठती तो सारा अवध लप से जल उठता और कम्पनी की छावनियों में शहर और देहात दोनों आकर जुड़ते थे।'' ('पाहीघर', पृ. 58)

कमलाकान्त त्रिपाठी 'जनविद्रोह' के मिथक का भेदन करते हुए इसे विदेशी सत्ता बनाम देशी प्रभु वर्गों की टकराहट के रूप में प्रस्तुत करते हैं। देशी-विदेशी सत्ताधारियों की इस टकराहट के बीच सामान्य जनता की स्थिति का चित्रण 'पाहीघर' में वे निम्नवत करते हैं—

''गरीबों का कोई पुछत्तर नहीं है भैया। क्या नवाब क्या फिरंगी? कोई हमारा काम थोड़े बदल देगा।'' (पृ. 55)

''तालुकेदार नहीं खुश रहेगा तो वह रियाया को खुश रहने देगा?'' (पृ. 59)

''आम रियाया तालुकेदारों का मुँह देख रही थी। वह तो उधर ही जाएगी, जिधर तालुकेदार जाएँगे।'' (पृ. 149)

उपन्यासकार की गहरी इतिहास दृष्टि का ही परिणाम है कि वह रियाया एवं भू-स्वामियों के हितों के अन्तर्विरोध को अंग्रेजी सत्ता के मुकाबले विलयित नहीं कर देता। उपन्यासकार की इस इतिहास-दृष्टि की पुष्टि इतिहासकार कपिल कुमार इस प्रकार करते हैं; जिन्होंने तालुकेदारों का समर्थन किया निःसन्देह उन्हें फिरंगियों से नफरत थी, लेकिन दूसरा कारण यह भी था कि तालुकेदार की बन्दूकों व सिपाहियों के सामने उनके पास उन्हें समर्थन करने के अतिरिक्त और चारा भी क्या था!'' ('पीजेंट्स इन रिवोल्ट', पृ. 7)

उपन्यासकार किसान की 'परजा' होने की उस नियति को भी रेखांकित करता है जिसके चलते नवाबी जमाने में भी गाँव में फौज आने की खबर सुनते ही ''पूरा गाँव खाली हो जाता था। जो जहाँ होता, वहीं से भाग निकलता था।...सिपाही झोंपड़ों में घुसकर पहले तो दूध-दही के मटके साफ करते। फिर खलिहान और झोंपड़ों में जो अनाज मिलता, उसे बैलगाड़ियों और ऊँटों पर लाद देते। जाते समय झोंपड़े भी गिरा जाते। कभी-कभी तो खड़ी फसल भी रौंदकर नष्ट कर देते। फौज का आना गाँव के लिए पूरी बरबादी थी।'' ('पाहीघर', पृ. 151) और गोरी फौज तो उसके लिए और भी क्रूर थी, ''...कितने ही गाँव उजड़वा दिए। बैल और घोड़े नहीं मिले तो किसानों को पकड़कर उनसे फौजी गाड़ियाँ खिंचवाईं।...आसपास के तमाम गाँव जलवा दिए।...लोगों को धड़ाधड़ फाँसी पर चढ़ाया गया। शहर के तमाम पेड़ कई दिनों तक लटकी हुई लाशों से भरे रहे।'' (पृ. 153)

इतिहास की प्रभुत्वकारी अवधारणा के प्रतिपक्ष के रूप में प्रस्तुत 'रियाया' का यह विमर्श उपन्यासकार की उस सामाजिक अन्तर्दृष्टि का परिचायक है जो 'जनक्रान्ति' के विमर्श की ओट में भारतीय समाज की सत्ता संरचना को दृश्य ओझल

नहीं करता। यह सामाजिक अन्तर्दृष्टि ही उस (पाहीघर) के उस पिछवाड़े तक ले जाती है, जहाँ "छोटा-सा अहीर टोला अलग से था। लाला का घर छोड़कर बाकी सभी छप्परोंवाले थे। किसी-किसी की दीवारें भी फूस की बनी थीं। पाहीघर से कोई वहाँ पहुँचता तो लोग पैलगी करने के बाद झुककर खड़े हो जाते। न कोई बैठने को कहता, न कोई इनकी आशा करता था।" (पृ. 12) इस टोले के लोग कुलीन मालगुजार की सेवा-टहल एवं उनके खेतों में मजदूरी के लिए जानवरों की तरह निम्नवत हाँक दिए जाते थे—"कारिन्दे को पहले ही खबर कर दी गई थी। उसने पिछवाड़े के अहीरों को पकड़कर घर की साफ-सफाई करवा दी थी।" (पृ. 3) "शंकर लाठी उठाकर गाँव की ओर चल दिए। कुर्मियान और अहिरान का चक्कर लगाकर लौटे तो पिछवाड़े के अहीर-टोले की ओर मुड़ गए। इन लोगों को भी सहेज दें कि सुबह होते ही काम पर आ जाएँ।" (पृ. 13)

'पाहीघर' के कथा-वृत्तान्त में शंकर दुबे का मालगुजार होना और छोटे भाई दुर्बली का गोरी सेना में सिपाही होना महज संयोग न होकर अंग्रेजी शासन के दौरान ग्राम्य समाज की उस सत्ता-संरचना को उद्घाटित करता है जो उच्च कुलीन वर्गों द्वारा मेहनतकश किसान जातियों की गुलामी का आधार तैयार करता था। कुलीन वर्गों द्वारा निर्मित यह सत्ता संरचना जहाँ शंकर दुबे को तालुकेदार के असामी से गाँव का मालगुजार और महाजन बनाती है वहीं जयकरन सरीखे गरीब किसानों को खेत के साथ-साथ जीने के अधिकार से भी वंचित कर देती है। मालगुजार शंकर दुबे द्वारा जयकरन अहीर की खेत से बेदखली की प्रक्रिया में मुंशी द्वारा गोरे साहब से यह कहना कि "मालगुजार का एक भाई कम्पनी बहादुर की फौज में है, सरकार" और गोरे साहब का यह आश्वासन कि "वेरी गुड, तुम सरकार का खैरख्वाह है। फिर कोई फिक्र नहीं" (पृ. 56) सामन्ती अंग्रेजी सत्ता के हितों की दुरभिसन्धि को ही उजागर करता है। शंकर के मन में 'दुर्बली के फिरंगी फौज में होने से गर्व और खुशी' उस वर्गीय हित से संचालित है जो देशी-विदेशी के अन्तर को मिटाकर विदेशी शासन सत्ता को बनाए रखने का सामाजिक व आर्थिक आधार तैयार करता था।

'पाहीघर' के इतिहास-चक्र में वाजिद अली शाह की सत्ता से बेदखली, पहले ईस्ट इंडिया कम्पनी फिर मलिका विक्टोरिया द्वारा अवध की सत्ता का अधिग्रहण, 1857 का विप्लव और इसी बीच जयकरन की खेत से बेदखली, मालगुजार द्वारा उसकी बेटी रूपा के दैहिक शोषण व मौत के हालात का बनना फिर इस सबसे त्रस्त होकर जयकरन द्वारा आत्महत्या करना अवध के प्रभुत्ववादी इतिहास विमर्श को निम्नवर्गीय (सबाल्टर्न) सन्दर्भ प्रदान करता है। इतिहास को 'नीचे से देखने' की यह दृष्टि 'पाहीघर' के औपन्यासिक वृत्तान्त को इतिहास की बोझिलता से मुक्त कर जिस जीवन राग से समृद्ध करती है उसके तार 'गोदान', 'मैला आँचल', 'आधा

गाँव' और 'धरती धन न अपना' तक विस्तृत हैं। 'पाहीघर' के जयकरन और 'गोदान' के होरी की खेत से बेदखली व क्रमशः इन उपन्यासों की रूपा व सिलिया का ब्राह्मण मालगुजार व महाजन द्वारा दैहिक शोषण मात्र औपन्यासिक कथा साम्य न होकर अवध के ग्राम्यांचल में बसनेवाले निम्नजन की यातना के दुष्चक्र को उजागर करता है।

इसी दुष्चक्र के चलते बेटी का मूक सौदा करके 'पाप की गठरी बाँधने' के बावजूद न तो जयकरन अपना खेत बचा पाता है और न होरी। 'पाहीघर' में भी बिरादरी की पंचायत द्वारा जयकरन अहीर पर लादा गया 'एक हंडा, एक बटुआ और एक जाजिम' का दंड उसे उसी तरह शंकर दुबे का गुलाम बना देता है जिस तरह 'गोदान' की पंचायत होरी को पं. दातादीन का मजदूर बना देती है। गाय की अपूर्ण लालसा लिए होरी की दुनिया से विदाई की ही तर्ज पर जयकरन को भी खेत वापसी के इन्तजार में प्राणोत्सर्ग का रास्ता अपनाना पड़ता है। 'पाहीघर' में जयकरन की मौत का मार्मिक प्रसंग भारतीय किसान की निष्फल श्रमगाथा का त्रासद उपसंहार है।

2

अवध के किसानों की यह त्रासद विडम्बना थी कि '1857' के दौरान तालुकेदार व अंग्रेजों के हितों की लड़ाई में उन्होंने चाहे-अनचाहे जिस देशी पक्ष का साथ दिया उसी ने उन पर लगान, नजराना, बेदखली और कर्ज का जो दुष्चक्र चलाया उसने पहले की सारी सीमाओं को तोड़ दिया था। अब लगान व नजराना के अलावा उसे हथियावन, घोड़ावन, मोटरावन, लटियावन के साथ-साथ फोड़ावन व धुरियावन सरीखी वसूली भी देनी पड़ती थी, लड़ाई का चन्दा तो अलग से था ही। तालुकेदार को हाथी, घोड़ा, मोटर खरीदनी हो या लाट साहब का दौरा, रियासत की तालुकेदारिन के फोड़ा फूटने का जश्न हो या मवेशियों के खुरों से धूल का उड़ना सभी कुछ जमींदारों व तालुकेदारों की आमदनी का जरिया था। ''लखनऊ में बैठा बड़ा लाट तालुकेदारों का बड़ा हिमायती था।...वह उन्हें जनता का कुदरती नुमाइन्दा मानता था।'' ('बेदखल', पृ. 43), क्योंकि उसे किसान रियाया से यह निराशा थी कि नए भूमि-बन्दोबस्त का लाभ मिलने के बाद भी वह '1857' के घटनाक्रम के दौरान अंग्रेजों के प्रति निष्ठावान न होकर या तो उदासीन रही या कमोबेश तालुकेदारों का ही साथ दिया। परिणामस्वरूप अंग्रेजों ने रियाया से सीधे लगान वसूली की व्यवस्था को समाप्त करके 1858 के दूसरे भूमि-बन्दोबस्त के द्वारा तालुकेदारी प्रथा की पुनः वापसी करके इस परजीवी वर्ग द्वारा किसानों के शोषण का कानूनी आधार तैयार कर दिया था। तालुकेदारों के पास किसानों के शोषण के ''हजारों हथकंडे। लगान

अदा नहीं हुआ, इस बिना पर बेदखली। बेदखली से बचना है तो नजराने का इन्तजाम करो। कितने असामी नजराने की रकम चुकाने के लिए बेटियाँ बेचने को मजबूर हुए।...और असामी के मरने पर मुर्दाफरोशी का रिवाज।...एक ओर घर के कमासुत सदस्य की मौत से टूटा परिवार रो-धोकर क्रिया-कर्म के खर्च का जुगाड़ कर रहा है, दूसरी ओर तालुकेदार के कारिन्दे बेदखली की कार्रवाई में लगे हैं। इधर मुर्दा पड़ा है, उधर नजराने के लिए बोलियाँ बोली जा रही हैं...। भाँति-भाँति के गैरकानूनी टैक्स, मुफ्त में उपली, भूसा, गन्ने की पत्ती, रस, गुड़, हारी-बेगारी तो थी ही, लड़ाई के नाम पर लूट, चन्दे की दुगुनी-तिगुनी वसूली...'' (पृ. 41)

अवध के किसानों की उपरोक्त दुर्दशा पर टिप्पणी करते हुए इतिहासकार कपिल कुमार का मत है कि ''किसान असामियों की बड़ी तादाद गरीब थी, जिनमें अधिकांश नीची जातियों के लोग थे, जो ऊँची जातियों की अपेक्षा अधिक उत्पीड़ित थे।...उच्च जाति के किसान अहीर, कुर्मी, पासी, चमार सरीखी नीची जातियों की तुलना में पच्चीस से पचास प्रतिशत कम लगान देते थे।...इन नीची जातियों को कोई सामाजिक अधिकार नहीं प्राप्त था। उनसे 'बेगार' लेना आसान था, इसीलिए तालुकेदार असामी के रूप में उन्हें वरीयता देते थे।'' ('पीजेंट इन रिवोल्ट', पृ. 75) अपने उपन्यास 'बेदखल' में कमलाकान्त त्रिपाठी अवध के इन्हीं किसानों की यातना, संघर्ष और प्रतिरोध कथा को दस्तावेजी प्रामाणिकता के साथ प्रस्तुत करते हैं। इसमें बाबा रामचन्द्र की जीवन गाथा व अवध के किसानों की प्रतिरोधी चेतना के साथ-साथ स्वतन्त्रता आन्दोलन के महत्त्वपूर्ण सूत्र विन्यस्त हैं। बाबा रामचन्द्र के किसान आन्दोलन के बहाने जहाँ उपन्यासकार इतिहास से 'बेदखल' वृत्तान्त को केन्द्रीयता प्रदान करता है वहीं इतिहास का वह प्रति विमर्श भी रचता है जो स्वतन्त्रता आन्दोलन की सत्ता संरचना को विखंडित करते हुए उसके वर्गीय हितों की निशानदेही करता है।

कमलाकान्त त्रिपाठी की इतिहास-दृष्टि की विशेषता है कि वे अपना इतिहास विमर्श 'संगठन', 'आन्दोलन', 'प्रतिरोध' व 'विजय-पराजय' की शब्दावली व आधुनिक सन्दर्भों में न ढालकर उसी वर्ग के मुहावरे में विन्यस्त करते हैं जिसकी कथा वे कह रहे हैं। इतिहास कथा कहते हुए वे सब कुछ साफ-शफ्फाक व काले-उजले में न देखकर उस धुँधलके को भी रचते हैं, जिसके बिना न कुछ जटिल है न अनजाना। यही कारण है कि 'बेदखल' में बाबा रामचन्द्र इस ऊहापोह से गुजरते हैं कि ''अगर किसानों को संगठित कर उनमें एका कायम करने की कोशिश की जाए तो शायद कुछ बात बने। लेकिन वे तालुकेदारों के सामने कैसे खड़े होंगे? इतने सालों से दबे-दबे उनका तो इनसानी जज्बा ही मर गया है।...हाँ, किसी धार्मिक काम के लिए वे भले जुड़ जाएँ।'' (पृ. 35) बाबा रामचन्द्र की सोच का यह 'धार्मिक' मुहावरा

जिसकी रणनीतिक परिणति 'सीताराम' के उद्घोष व रामायण की चौपाइयों के आह्वानकारी प्रयोग में हुई, कुछ बचकानी समझ के प्रगतिशीलों को धार्मिक लग सकता है; लेकिन 'बेदखल' में यह जिस परिप्रेक्ष्य को उजागर करता है, उसके बिना अवध के किसान आन्दोलन के वास्तविक चरित्र को नहीं समझा जा सकता। इस सम्बन्ध में बाबा रामचन्द्र के स्वयं के अभिमत को ज्ञान पांडे इन शब्दों में उद्धृत करते हैं, "भक्तों का 'सीताराम' कब कैसे किसान आन्दोलनकारियों का उद्घोष बन गया, बाबा रामचन्द्र ने 'अवध के किसानों पर मेरे निजी विचार' शीर्षक से इसका खुलासा करते हुए यह लिखा है, "जब वे शुरू-शुरू में अवध आए, प्रायः अभिवादन हेतु 'सलाम' शब्द का प्रचलन था जो सामान्यतः निम्न वर्ग के लोगों द्वारा बड़ी हैसियत के लोगों के लिए प्रयोग किया जाता था। उन्होंने जब बड़े-छोटे का अन्तर मिटाते हुए 'सीताराम' शब्द के रूप में विकल्प ढूँढ़ा तो सवर्ण उच्च जाति के लोग इस पर बहुत कुपित हुए।" ('सबाल्टर्न स्टडीज' I, पृ. 169) 'सलाम' अभिवादन के साथ जुड़ी दास-भावना की पुष्टि 'बेदखल' की कथा-वृत्तान्त में उपन्यासकार ने इस प्रकार की है, "पूरे सीवान में दहशत की लहर दौड़ गई। किसान खरमिटाव छोड़कर उठ खड़े हुए। जिलेदार का घोड़ा करीब आया तो अन्दर-अन्दर काँपते हुए उन्होंने सलाम बजाया और सिर झुका लिया।" (पृ. 18)

कमलाकान्त त्रिपाठी 'बेदखल' के औपन्यासिक कथ्य में इस तथ्य को बखूबी रेखांकित करते हैं कि किसानों के शोषण के जिस सामन्ती आधार को सदियों से वर्णाश्रमी धार्मिक व्यवस्था ने समादृत किया था उसकी काट धार्मिक मुहावरे से ही की जा सकती थी और बाबा रामचन्द्र ने 'सीताराम' के उद्घोष और रामायण की चौपाइयों को अपनाकर यही किया। 'एकता' और 'संघर्ष' की आधुनिक पदावली अवध के इस ग्राम्य यथार्थ को नहीं हृदयंगम कर सकती कि आखिर क्यों किसान सभा के प्रारम्भिक दौर में "कुछ छोटी जाति के लोग जाजिम से बाहर ही बैठते रहे।...जाजिम पर प्रायः एक बिरादरी के लोग एक साथ सिमटकर बैठते थे और बीच-बीच में आपस में खुसुर-पुसुर करते थे।...बाबा ने देखा कि लोग बिरादरी के भीतर ज्यादा सहज होकर बोलते हैं और पूरी पंचायत में खुलकर नहीं बोल पाते...क्या जाति की इकाई बनाकर ही यहाँ कोई पक्का संगठन खड़ा हो सकता है?" ('बेदखल', पृ. 37)

दरअसल उपन्यासकार बाबा रामचन्द्र की जिस ऊहापोह को यहाँ इंगित कर रहा है वह इतिहास के वही धुँधलके हैं जिसे जातिवादी विमर्श में सरलीकृत किए जाने के पूरे खतरे मौजूद हैं, लेकिन उपन्यासकार इसकी काट 'बेदखल' के कथ्य में ही विन्यस्त करता है। 'बेदखल' के पंडित सालिगराम द्वारा सुचित कुर्मी की जमानत लेने पर पदारथ तेवारी का यह कथन यहाँ दृष्टव्य है, "...तो हम क्या करें! आप

कुरमियों- धुरमियों के जमानतदार बनते हो, रियासत के खिलाफ छोटी जातियों का हौसला बढ़ाते हो।" (पृ. 30) और अमरगढ़ कोट की ठकुराइन द्वारा किसान नेता झिंगुरी सिंह को यह उलाहना कि "आप हमारे खानदानी हो। आपके पुरखे कभी जमींदार थे। हम आपका लिहाज करते हैं। कहाँ इन छोटे लोगों के चक्कर में पड़ गए? और वह बाबा! जाने कहाँ का भगोड़ा न घर का पता न घाट का। उसको अपना अगुवा बनाए हो। अरे ठाकुर हो तो ठाकुर की तरह रहो...! इन नीचों को बटोरकर छिछोरपन क्यों करते हो?" (पृ. 117) उपन्यास का बदरिया बनिया भी क्रुद्ध है कि "बाबा ने छोटी जातिवालों का दिमाग खराब कर दिया है, पासी-पसेट्टा भी अब नेतागिरी करने लगे हैं।" (पृ. 183) पदारथ तेवारी, ठकुराइन और बदरिया बनिया का यह जाति गौरव सामन्तवाद, पुरोहिताई व महाजनी के मिले-जुले शोषण तन्त्र द्वारा किसान यन्त्रणा का जो आधार तैयार करता है उसी का परिणाम है बाबा का उपरोक्त 'जातिवादी' ऊहापोह।

कमलाकान्त त्रिपाठी अवध के ग्राम्य जीवन की आन्तरिक सच्चाइयों व सामन्ती वर्णाश्रमी ढाँचे के भीतर ही अवध के किसान आन्दोलन का प्रतिरोधी विमर्श तलाश करते हैं। किसान आन्दोलन के झिंगुरी सिंह और सहदेव सिंह सरीखे वास्तविक पात्रों को कथात्मक सन्दर्भ देते हुए उपन्यासकार इस तथ्य को रेखांकित करता है कि जिस किसान सभा की शुरुआत इन किसान नेताओं ने 'किसानों आप कब तक चुपचाप सहते रहोगे' के शक्तिवादी मुहावरे से की थी, बाबा रामचन्द्र ने उसमें 'नाऊ, धोबी बन्द' कराने जैसी प्रतिरोधात्मक कार्रवाई डालकर वर्णाश्रमी सामन्ती व्यवस्था की आन्तरिक संरचना में ही शोषित किसानों की शक्ति के स्रोत तलाश किए। लेकिन दलित किसान जातियों के इस सशक्तिकरण की सीमाएँ थीं जिसे 'बेदखल' में सुचित कुर्मी और बाबा रामचन्द्र के बीच हुए इस कथा संवाद से समझा जा सकता है—

"हमारा खेत बेदखल हो गया। बच्चे दाने-दाने को मोहताज हैं। हम दर-दर भटककर हार गए, पर कुछ नहीं हुआ।...अब आपकी सरन में आए हैं। आप ही बेड़ा पार लगाइए।" बाबा कुछ देर चुपचाप अँधेरे में देखते रहे।

"खेत किसने लिया है?"

"पदारथ तेवारी, हमारे गाँव के ही हैं।"

"मैं भगवानदीन से बात करूँगा कि पंचायत करके उनका नाऊ-धोबी बन्द करा दें।"

"इससे क्या होगा बाबा?...ऊ बहुतै नंगा मनई है। उनके डर से नाऊ-धोबी भी काँपते हैं।...आप ठाकुर से कह देते...वे शायद आपका कहना मान लेते।...किसी तरह कर्जा कुआम लेकर नजराने का इन्तजाम भी कर दूँगा।"

"नजराना नहीं देना है, कितनी बार कहा।...गंगा दशहरा आ रहा है, हम प्रयाग चलेंगे। कांग्रेस के नेताओं से मिलेंगे। तुम भी चलना।...कोई-न-कोई रास्ता निकलेगा।" (पृ. 93)

'बेदखल' के इस कथा-सन्दर्भ के माध्यम से उपन्यासकार अवध के इस किसान आन्दोलन की सीमा और उसके उस राष्ट्रीय आन्दोलन का मुखापेक्षी होने की विवशता को रेखांकित करता है, जिसके एजेंडा पर न किसान आन्दोलन था और न ही किसान। राष्ट्रीय आन्दोलन की इस सीमा को उपन्यासकार नेहरू और किसान आन्दोलन की समक्षता के प्रसंग द्वारा इस प्रकार अभिव्यक्त करता है, "चारों ओर दूर-दूर तक सीताराम की आवाज गूँज रही थी। चिलकती धूप में अनगिनत बच्चे, बूढ़े, जवान, औरत-मर्द फसल कटने से खाली पड़े खेतों से होकर दौड़े जा रहे थे। नेहरू ने देखा—चिथड़ों में लिपटे, नंगे-भूखे लोगों की आँखों में एक अनोखी चमक थी और वे अन्दर-अन्दर सिहर उठे। यह कैसी दुनिया है! कैसा हिन्दुस्तान! हम शहरों में जो राजनीति करते हैं, इसके सामने कितनी ओछी है! कांग्रेस और उसके लीडर असलियत से कितनी दूर हैं।...हम क्या कर पाएँगे इनके लिए? आखिर में ये कितने निराश होंगे!" (पृ. 108) नेहरू की यह विवशता स्वयं उनकी ओर कांग्रेस की राजनीति की वह वर्गीय सीमा थी जिससे कांग्रेसी नेतृत्व को यह लगता था कि "बाबा ने किसानों को भड़का तो दिया, लेकिन आगे कुछ करते न बना तो उन्हें यहाँ लाकर हमारे गले मढ़ रहे हैं।...वे तो समझे थे कि बिना किसी मशक्कत के, लगे हाथ देहात में कांग्रेस की जमीन तैयार करने का मौका मिल जाएगा, पर यहाँ तो लेने के देने पड़ रहे थे। वे ज्यादातर वकील थे और तालुकेदार ही उनके खास मुवक्किल थे। देशी जमींदारों, तालुकेदारों को नाराज करने का फिलहाल कांग्रेस का कोई इरादा नहीं था।" (पृ. 106)

'बेदखल' के औपन्यासिक-कथ्य में विन्यस्त उपरोक्त निष्कर्षों की पुष्टि नेहरू की 'आत्मकथा' एवं दूसरे उपलब्ध स्रोतों से होती है। यह महज संयोग नहीं है कि कमलाकान्त त्रिपाठी पंडित जवाहरलाल नेहरू की जितनी चर्चा 'बेदखल' में करते हैं उतनी ही चर्चा नेहरू अपनी आत्मकथा में बाबा रामचन्द्र की करते हैं। बाबा रामचन्द्र की सांगठनिक-क्षमता की प्रशंसा और उत्पीड़ित किसानों से पूरी सहानुभूति के बावजूद नेहरू का बाबा रामचन्द्र के व्यक्तित्व के बारे में यह आकलन था कि आन्दोलन के "बाद के दौर में वे बहुत गैर-जिम्मेदार एवं अविश्वसनीय हो गए।" बाबा के बारे में नेहरू की इस टिप्पणी के 'आब्जेक्टिव कोरिलेटिव' यदि 'बेदखल' की कथावस्तु में तलाशे जाएँ तो भारतीय राष्ट्रीय आन्दोलन की सत्ता संरचना का वास्तविक खुलासा होता है। यद्यपि नेहरू स्वयं अपनी आत्मकथा में जहाँ-तहाँ इसके सूत्र बिखेरते जाते हैं। नेहरू की यह आत्मस्वीकारोक्ति कि "मेरी राजनीति मेरे बुर्जुवा

वर्ग की राजनीति थी और राजनीति की मुखरता मध्यवर्ग तक केन्द्रित थी'' बाबा रामचन्द्र के बारे में उनकी सोच को विश्लेषित करने में सहायक है। लेकिन नेहरू का यह अजब विरोधाभास है कि जिन बाबा रामचन्द्र को वे किसानों को भड़काने एवं दूसरों के लिए समस्या पैदा करने का दोषी ठहराते हैं, उन्हें ही वे यह श्रेय भी प्रदान करते हैं कि उन्हीं के कारण उन्हें (नेहरू) भारतीय ग्राम्य जीवन व किसानों की दुर्दशा का ज्ञान हुआ। स्वयं नेहरू के शब्दों में, ''मुझे अनिच्छा से किसानों के बीच में झोंक दिया गया।'' ('आत्मकथा', पृ. 49) नेहरू की यह दुविधा उस उदार भारतीय राष्ट्रवादी नेतृत्व की दुविधा थी, जो किसानों से सहानुभूति तो रखता था, लेकिन राजनीति अपने वर्ग की करता था। गांधी इस दुविधा से मुक्त थे, क्योंकि 'साधन व साध्य' की एकता उन्हें इसकी अनुमति नहीं देती थी। इसीलिए काशी में कांग्रेस के मंच से बाबा रामचन्द्र की गिरफ्तारी के बाद ''गांधी जी ने तुरन्त माइक सँभाल लिया। आप लोग शान्त रहिए। बाबा रामचन्द्र की गिरफ्तारी हुई है, जो एक पवित्र घटना है। आप उन्हें छुड़ाने की माँग न करें, न इस मसले को लेकर जेल जाएँ। इससे उन्हें दुख होगा। हमारा रास्ता शान्ति व अहिंसा का है, उन्हें छुड़ाने का बेहतर तरीका यही है कि हम शान्तिपूर्वक असहयोग करें।'' ('बेदखल', पृ. 197)

कांग्रेस के मंच से बाबा रामचन्द्र की गिरफ्तारी का यह प्रसंग कांग्रेसी नेतृत्व को शक-शुबहे के दायरे में घेरता हुआ किसान आन्दोलन से उसकी दूरी को रेखांकित करता है। कांग्रेसी नेतृत्व की वर्गीय भूमिका के समक्ष बाबा रामचन्द्र के किसान आन्दोलन के विविध पहलुओं को उद्‌घाटित करते हुए उपन्यासकार इतिहास की जिस जनपक्षधर समझ का परिचय देता है, वह राष्ट्रीय आन्दोलन की प्रकृति को समझने में मददगार है। राष्ट्रीय आन्दोलन की केन्द्रीयता से जो किसान बेदखल था, कमलाकान्त त्रिपाठी उसी की दृष्टि अपनाते हुए राष्ट्रीय आन्दोलन की व्याख्या बाबा रामचन्द्र की इस सोच के माध्यम से करते हैं, ''असहयोग, स्वराज्य। विदेशी वस्त्रों का बहिष्कार, सरकारी नौकरियों का बहिष्कार। किसानों का तो कहीं नाम नहीं था।'' ('बेदखल', पृ. 116) राष्ट्रीय कांग्रेस के इस गांधीवादी मुहावरे में उन्हीं शिक्षित शहरी वर्गों का स्थान था जिसके पास बहिष्कार योग्य 'वस्त्र, नौकरी और शिक्षा' थी, जिनके पास इनमें से कुछ भी नहीं था वे स्वयं इस आन्दोलन से बहिष्कृत थे।

कमलाकान्त त्रिपाठी राष्ट्रीय आन्दोलन के अभिजनवादी चरित्र व गांधी के नेतृत्व की सीमाओं को किसान समस्या के बरक्स निम्नवत प्रस्तुत करते हैं—''असहयोग के काम के सिलसिले में गांधी जी इलाहाबाद आए थे। उन्नीस नवम्बर को उनका प्रतापगढ़ का दौरा हुआ। साथ में मोतीलाल नेहरू, अबुल कलाम आजाद और शौकत अली भी थे। कचहरी से लगे खेल के मैदान में उनकी सभा हुई। गांधी जी ने भाषण दिया। लेकिन उसमें किसानों व तालुकेदारों के झगड़े का कोई

जिक्र नहीं था। उन्होंने बाबा रामचन्द्र का नाम तक नहीं लिया। किसान नेताओं से मिलने, उनकी समस्याओं को समझने की उन्होंने कोई जहमत नहीं उठाई। हाँ, राजा प्रतापगढ़ के महल में तालुकेदारों के साथ उनकी गुफ्तगू जरूर हुई। बाद में इलाहाबाद से उन्होंने किसानों के नाम जो सन्देश जारी किया उससे जाहिर था कि तालुकेदारों की शिकायतों को उन्होंने कितनी तरजीह दी थी।'' (पृ. 136) यह अकारण नहीं था कि फरवरी 1921 में अवध के किसानों के नाम जारी अपने इस सन्देश में गांधी जी ने किसानों से बल प्रयोग, लूटपाट, नाऊ-धोबी बन्द करने, जमींदारों और सरकार को लगान न देने, सरकार के सारे आदेशों का पालन करने, अपने गिरफ्तार किसान नेताओं को छुड़ाने के लिए आन्दोलन आदि की मनाही करते हुए, जमींदारों से मधुर सम्बन्ध बनाने के निर्देश दिए थे।

गांधी का यह किसान एजेंडा किसान प्रतिरोध के उन सारे तौर-तरीकों को नकारता था जिन्हें किसानों ने बाबा रामचन्द्र के नेतृत्व में स्वयं अपनी सूझ-बूझ व सामाजिक हैसियत के बीच से तलाशे थे। स्पष्ट था कि राष्ट्रीय आन्दोलन किसानों को अपना अनुयायी बनाकर अंग्रेजी उपनिवेशवाद के विरुद्ध उनका इस्तेमाल तो करना चाहता था, लेकिन उनके सशक्तिकरण की अनुमति नहीं देता था क्योंकि जिन भू-स्वामियों के विरुद्ध अवध के किसान लामबन्द थे, उन्हें 'नाखुश करने का जोखिम' राष्ट्रीय आन्दोलन नहीं उठा सकता था।

अपने खेत से बेदखल सुचित कुर्मी की किसान आन्दोलन से निराशा और हताश मनोदशा के मूल में राष्ट्रीय आन्दोलन की वह सत्ता-संरचना ही थीं जिसमें पदारथ तेवारी की प्रभुताई के आधार तो सुरक्षित थे, लेकिन सुचित की विरोधी चेतना पर बन्दिशें थीं। उपन्यासकार सुचित के माध्यम से अवध के उत्पीड़ित किसानों की हताश मनोदशा को यूँ अभिव्यक्त करता है, "आन्दोलन वगैरह की बातें उसे फिजूल लगतीं। कहाँ इलाहाबाद, कहाँ नेहरू और टंडन की सभा—बड़ी-बड़ी बातें और कहाँ पदारथ का यह व्यवहार। क्या करेगी किसान सभा और क्या करेंगे बाबा। तालुकेदार की तो जाने दो, जिसकी चलने लगती है वही आग मूतने लगता है। आदमी पर आदमी का अत्याचार क्या ऐसे ही चलता रहेगा?'' ('बेदखल', पृ. 121) यहाँ उपन्यासकार जिस सहजता के साथ किसान की प्रतिरोधी चेतना व राष्ट्रीय आन्दोलन द्वारा किसानों पर अंकुश लगाकर उन्हें निष्प्रभावी बनाने का औपन्यासिक विमर्श रचता है, वह इतिहास की वर्गीय समझ और सामाजिक जीवन में गहरी पैठ के बिना सम्भव नहीं है।

कमलाकान्त त्रिपाठी 'बेदखल' में अवध के किसान आन्दोलन की अन्तर्वस्तु जिन सामाजिक व राजनीतिक सच्चाइयों के बीच से पुनर्सृजित करते हैं, वह विलुप्त इतिहास की खोज और हाशिये के समाज की औपन्यासिक पुनर्प्रतिष्ठा है। 'बेदखल' की ऐतिहासिकता इस तथ्य में अन्तर्निहित है कि वह किसान आन्दोलन के साथ-साथ

किसान समाज की भी कथा है। वर्णाश्रमी शोषण और भूमि सम्बन्धों की अन्योन्याश्रिता को 'बेदखल' में पदारथ तेवारी और सुचित कुर्मी के बीच आधिपत्य व प्रतिरोध के जिस मुहावरे में उपन्यासकार ने अभिव्यक्त किया है, वह ग्राम्य संरचना व सामन्ती वर्णाश्रमी मनोदशा पर उसकी गहरी पकड़ का परिचायक है। गुड़िया के अवसर पर आयोजित दंगल का यह दृश्य इस सन्दर्भ में उद्धृत किया जा सकता है—

"कुर्मियान के लोग सूखे-मुरझाए चेहरे लिए एक पेड़ के नीचे झुंड बनाकर बैठे थे। पदारथ और उनके बेटे आए तो वे उठकर खड़े हो गए।...कुछ कुश्तियाँ हो गईं तो पदारथ ने कुर्मियों को ललकारा—

"क्यों भाई, तुम लोगों में कोई न लड़ेगा? काहे कुर्मियान का नाम डुबो रहे हो?... अरे सुचितवा खड़े-खड़े क्या देख रहा है। आ जा।"

...

"लड़ने के लिए माल-पानी चाहिए महराज। जिसे दो वक्त मकुनी की रोटी भी न मिले वह क्या खाकर लड़ेगा।"

"अघाने पर की बोलता है ससुर। रोज पट्टी-बेल्हा करता है, तुम्हें खाने की क्या कमी है।"

"आप बड़वार हैं, जो चाहें सो कहें महराज।"

"बड़वार तो तू हो गया है साले। हल चलाने की बोलो तो बहाना बनाता है। जिसका पेट न भरे उसे ऐसे नखरे नहीं सूझते।...बज्जात साले, कुश्ती लड़ने को कहा तो अदरौना कराते हो।...सारी हेकड़ी निकाल दूँगा।" मारते-मारते उसे ढकेलकर गिरा दिया। लोग सन्न खड़े देखते रहे। कोई छुड़ाने नहीं आया। सुचित बिना किसी प्रतिरोध के गोदे की मार सहता रहा।" ('बेदखल', पृष्ठ 120-121)

पदारथ महराज की इस सवर्ण सामन्ती अकड़ के विरोध में उपन्यासकार यहाँ मुखर प्रतिरोध की अभिव्यक्ति न करके औपन्यासिक कथ्य पर अपने मनोगत निष्कर्ष लादने से बचता है। नीची जातियों के किसानों के दमित क्रोध को उचित परिप्रेक्ष्य प्रदान करते हुए वह इस तथ्य को औपन्यासिक कथ्य में विन्यस्त करता है कि जो सुचित पदारथ की मार खाते-खाते बेदम हो गया था, लेकिन चूँ तक नहीं की, उसी ने पंडित सालिकराम के बेटे को बचाने के लिए पदारथ के छोटे बेटे को "धक्का देकर पीछे ढकेल दिया...और चट्टान की तरह खड़ा हो गया।" यहाँ उपन्यासकार निचली किसान जातियों के प्रतिरोध का विमर्श ग्रामीण सामन्ती संरचना की आन्तरिकता में ही निर्मित करता है, क्योंकि यहाँ व्यक्तिगत प्रतिरोध की कोई कारगर भूमिका नहीं है और सामूहिक प्रतिरोध सामन्ती समाज की आन्तरिक टूटन के बिना सम्भव नहीं है।

सामन्ती समाज की आन्तरिक टूटन का ही यह परिणाम था कि सहदेव सिंह, झिंगुरी सिंह व ठाकुरदीन सरीखे कुलीन सवर्ण समुदाय के लोग अवध के उत्पीड़ित किसानों का नेतृत्व कर रहे थे और साधु सालिकराम जैसे लोगों की सहानुभूति भी सुचित जैसे किसानों के साथ थी। बाबा रामचन्द्र भी महाराष्ट्रीय ब्राह्मण ही तो थे। यही कारण था कि निचली जाति के किसानों में उच्च सवर्ण किसान नेतृत्व के प्रति संशय का भाव था जिसे उपन्यासकार इन शब्दों में व्यक्त करता है, "ठाकुरदीन किसानों की बिरादरी में कहीं ठीक नहीं बैठते थे, लिहाजा एक बार शुरुआत हो जाने के बाद आन्दोलन उन्हें छोड़कर आगे बढ़ गया था। सुचित के भीतर जो उथल-पुथल मची थी उसके पीछे अस्पष्ट-सी उभरती यही चेतना थी जिसमें बाबा और झिंगुरी सिंह और सालिकराम तक थोड़ा अलग-अलग दिखाई पड़ते थे।" (पृ. 138) निचली किसान जातियों का यह संशय अकारण नहीं था, उपन्यास के उस प्रसंग इसे इसे बेहतर समझा जा सकता है जिसमें पदारथ के कहने पर साधु सालिकराम आन्दोलनकारी किसानों के जत्थे से सुचित को अलग करने की पहलकदमी करते हैं। उपन्यासकार यहाँ सामन्ती ग्राम्य संरचना में कुलीन सजातीय एकता की अनिवार्य परिणति को पदारथ महराज की साधु सालिकराम से इस पेशकश के माध्यम से व्यक्त करता है, "चारों ओर लूटपाट मची है...जरा सुचितवा को सँभालिए, मुझे उसी से डर है।...उसको बुलाकर समझा दीजिए। वह आपकी ही बात मानेगा।...पहले जो हुआ सो हुआ, अब हम सबकी इज्जत का सवाल है। आज मेरे साथ होगा तो कल आपके साथ। संकट के समय हम मिलकर नहीं रहेंगे तो कल पइया हो जाएँगे।" (पृ. 138) पदारथ महराज और साधु सालिकराम के वैमनस्य का समाहार करती इस कुलीन एकता का ही परिणाम था कि बाबा "मुख्य रूप से कुर्मियों को संगठित करने लगे" और "किसान सभा मुख्यतः कुर्मियों की सभा होकर रह गई...जहाँ कुर्मियों के मन में बाबा के लिए अपनत्व और विश्वास बढ़ा, सवर्ण लोग उनसे कट गए, ब्राह्मणों में उनकी बड़ी अप्रतिष्ठा हुई।" (पृ. 215)

यहाँ उपन्यासकार ने 'किसान सभा' को 'कुर्मियों की सभा' और सवर्णों में बाबा की 'अप्रतिष्ठा' को बाबा और धिराजी के भावनात्मक से सम्बन्धों और धिराजी की बेटी जग्गी से उनके विवाह के प्रसंग से जोड़कर अवध किसान आन्दोलन के परिप्रेक्ष्य को अनजाने ही सीमित किया है; क्योंकि औपन्यासिक कथ्य में अन्तर्निहित किसान आन्दोलन सम्बन्धी विवरण को दृष्टिगत रखते हुए यह उपन्यासकार का मन्तव्य नहीं प्रतीत होता। 'किसान सभा' की कुर्मियों की सभा में परिणति जातिवादी गौरव व अस्मिता की अभिव्यक्ति न होकर किसान आन्दोलन की उस संरचना में थी जिसमें, "आन्दोलन की मुख्य ताकत कुर्मी काश्तकार थे और...सवर्णों ने कोई खास उत्साह नहीं दिखाया था।" ('बेदखल', पृ. 129) यह उस सवर्ण प्रतिक्रिया का भी परिणाम

था जो उपन्यास में पदारथ के छोटे बेटे के निम्न कथन के माध्यम से अभिव्यक्त होता है, "अब वो बात नहीं रही। कुर्मी-धुर्मी तक अकड़ने लगे हैं। हमारा बस चले तो सालों को मार-मारकर गाँव से बाहर निकाल दें।" (पृ. 123)

इसी प्रकार ब्राह्मणों के बीच बाबा की 'अप्रतिष्ठा' के कारणों की तलाश धिराजी व जग्गी से उनके सम्बन्धों में न करके पदारथ महराज के इस कथन में करनी चाहिए जो उन्होंने सुचित को पीटते हुए कहे थे–"...वह बबवा जाने कहाँ का कुजाति। बड़ा रामायणी बनता है। चार महीने चक्की पीसेगा तो सारी बबई निकल जाएगी। उसी के बल पर कूदते हो न।" ('बेदखल', पृ. 121) यहाँ यह तथ्य भी दृष्टव्य है कि जो ब्राह्मण बाबा रामचन्द्र के जग्गी से विवाह पर उँगली उठाते थे, वे स्वयं विवाह और यौन सम्बन्धों को लेकर शुद्धतावादी आचरण नहीं करते थे। "अपनी बहुओं के साथ पदारथ की आशनाई जगजाहिर थी। जब उनका गौना आता, लड़कों में बचपना रहता था। उनकी रोज-रोज की ताक-झाँक और रगड़े से तंग आकर आखिर बहुएँ उनके चक्कर में पड़ ही जाती थीं।" (पृ. 55) पदारथ का छोटा बेटा लंगड़ "जवान बेवा औरतों को पटाकर उनका माल-मत्ता झाड़ लने की कला में माहिर था। उसके बारे में मशहूर था कि जहाँ-जहाँ उसने आशनाई की, सारा गुप्त धन बटोर लाया। आजकल पड़ोस के गाँव की एक गड़ेरिन के पीछे पड़ा हुआ था।" (पृ. 145)

जिस कुलीन ब्राह्मण समाज में पदारथ और लंगड़ जैसे ब्राह्मणों की स्वीकृति थी, वहाँ बाबा की अप्रतिष्ठा के मूल में बाबा का जग्गी से विवाह का कारण न होकर किसान जातियों के सशक्तिकरण में उनकी नेतृत्वकारी भूमिका ही प्रमुख कारक थी। यहाँ उपन्यास के कथ्य में विन्यस्त यह तथ्य भी ध्यान देने योग्य है कि बाबा और जग्गी के विवाह का कारण बाबा की जग्गी के प्रति आसक्ति न होकर बाबा के विरोधियों का वह कुप्रचार था जिसकी काट के लिए प्रतापगढ़ के डिप्टी कमिश्नर बी.एन. मेहता, जो कि बाबा व किसानों के शुभचिन्तक थे, ने बाबा से यह प्रस्ताव किया था कि "...आप जनता के आदमी हैं। रियाया के बीच टिककर काम कर सकते हैं।...पर एक बात याद रखिएगा। ये तालुकेदार आपको भर-कोशिश यहाँ नहीं रहने देंगे। बार-बार कहते हैं–वह बाहरी आदमी है, भगोड़ा है। मेरा कहना मानिए तो यहाँ कुछ जर-जमीन बना लीजिए और...यहीं कहीं शादी-वादी भी कर लीजिए। गृहस्थ बन जाइए।" (पृ. 148)

बाबा और जग्गी के विवाह के नाजुक प्रसंग एवं जग्गी की माँ धिराजी के प्रति उनके भावनात्मक लगाव व मानवीय दुर्बलता के क्षणों को उपन्यासकार ने जिस रचनात्मक कौशल व दस्तावेजी प्रामाणिकता के साथ कथात्मक बनाया है, उससे भी बाबा और जग्गी के बेमेल विवाह की परिस्थितियों को समझने में मदद मिलती है। ये सारे औपन्यासिक सन्दर्भ व तथ्य उपन्यास के उस अन्त से बेमेल है जिसमें

उपन्यासकार ने 'किसान आन्दोलन' को 'कुर्मी संगठन' में तब्दील होने और जग्गी से बाबा के विवाह को सवर्णों में 'अप्रतिष्ठा' का कारण बताया है। सम्भवतः इसका कारण उपन्यास का उचित समाहार न कर पाना है क्योंकि किसान आन्दोलन, बाबा रामचन्द्र का जीवन एवं औपन्यासिक पात्रों का तिहरा फलक लिए इस उपन्यास के अन्तिम प्रसंग का चुनाव एक बड़ी रचनात्मक दुविधा है।

'बेदखल' यदि अवध के किसान आन्दोलन के बहाने बाबा रामचन्द्र के जीवन का इतिवृत्त है तो इसे कुछ और विस्तार मिलना चाहिए था क्योंकि उपन्यास जिस बिन्दु पर समाप्त होता है बाबा उसके तीन दशक बाद (1950) तक जीवित रहे थे और जग्गी तो नब्बे वर्ष की आयु में भी दस-पन्द्रह किलोमीटर पैदल चलकर किसान सभा का कार्य करती रही थी। 1987 में जग्गी से लिए गए साक्षात्कार के हवाले से इतिहासकार कपिल कुमार लिखते हैं, "वे आपात्काल के दौरान 1976 में गेहूँ वसूली अभियान के विरोध में किसान आन्दोलन का नेतृत्व करते हुए जेल गईं। उन्होंने परिवार नियोजन कैम्प में हुई एक मौत के विरोध में आन्दोलन को संगठित किया। परिणामस्वरूप उनकी स्वतन्त्रता संग्राम सेनानी की पेंशन बन्द कर दी गई थी जो 1979 से पुनः उन्हें दी जाने लगी थी।" ('रिकास्टिंग वुमेन', पृ. 347) औपन्यासिक अन्त के ही सन्दर्भ में उलटकर यह भी कहा जा सकता है कि 'बेदखल' यदि बाबा रामचन्द्र के जीवन के बहाने अवध के किसान आन्दोलन का इतिवृत्त है तो बाद के वर्षों की इसकी उन गतिविधियों के औपन्यासिक सन्दर्भ रचे जाने चाहिए थे, जो महज एक 'कुर्मी संगठन' की जातिगत अस्मिता तक सीमित नहीं थे। कारण यह कि बकौल इतिहासकार कपिल कुमार 'कुर्मी संघ' ने बाबा रामचन्द्र के प्रभाव में यह संकल्प किया था कि पुरुष पूरी मजदूरी प्राप्त करके काम करें, स्त्रियाँ दूसरों के खेतों पर काम न करें, स्त्रियाँ सन्तानोत्पत्ति की कामना की पूर्ति हेतु साधु, ओझा, पीर, मजार आदि पर न जाएँ, बाल-विवाह, फिजूलखर्ची पर रोक, कन्या-विक्रय पर निषेध आदि। किसान आन्दोलन के बाद के दौर में बाबा और झिंगुरी सिंह के प्रोत्साहन से जग्गी ने पुरुषों से महिला की समानता सम्बन्धी जो प्रस्ताव स्वीकृत कराए थे वे अवध की ग्रामीण महिलाओं के लिए दूरगामी महत्त्व के थे। उपन्यासकार यदि 'बेदखल' के कथ्य में इसे शामिल कर सका होता तो उसके औपन्यासिक निष्कर्ष भिन्न होते। बेहतर होता यदि मदारी पासी के आन्दोलन की अनुगूँज भी उपन्यास में उपस्थित होती।

कमलाकान्त त्रिपाठी से इस औपन्यासिक पूर्णता की अपेक्षा इसलिए भी की जा सकती है, क्योंकि वे लगभग इसे पूरी करते से दिखते हैं। यहाँ 'पाहीघर' और 'बेदखल' दोनों ही सन्दर्भ में उपन्यासकार की जिस बड़ी उपलब्धि को निर्विवाद रूप से स्वीकार किया जाना चाहिए वह ग्राम जीवन, लोक-संस्कृति, प्रकृति, मौसम, खेत-

खलिहान, पर्व-उत्सव, विवाह, मृत्यु, सूखा, अभाव आदि सरीखी जीवन स्थितियों व कार्य-व्यापार का प्रामाणिक व अन्तरंग वर्णन जो मात्र सुन्दर शाब्दिक संरचना न होकर गहरी अर्थ ध्वनियों से लैस हैं। कुछ उद्धरण निम्नवत दृष्टव्य हैं–

"सँझलौका होने को आया। उन्होंने बोरसी में दबी आग कुरेदी और ओसारेवाले छप्पर से पत्ती खींचकर दीया जलाया। उपले सुलगाकर चूल्हे में रखे और बहू को चूल्हा जलाने के लिए कहकर रहठा (अरहर के सूखे डंठल) लेने बाहर निकलीं। पूरब की ओर से एक डोली आ रही थी। दो लोग डोली उठाए थे और दो लाठी लिए साथ चल रहे थे। देखते ही जी धक से रह गया। जब वह पाहीघर के दरवाजे पर आकर रुकी, शंका के लिए कोई गुंजाइश नहीं रह गई। डोली रखकर चारों लोग खड़े-खड़े वापस हो गए। किसी ने पानी तक नहीं पिया।" ('पाहीघर', पृ. 27)

"जिन्होंने सूखे में फसल सँभाल ली थी उनका बिया-बिसार निकलने के बाद कुछ महीने खाने का जुगाड़ हो गया। बाकी लोग दाने-दाने को मोहताज थे। महुए की लपसी, जंगल में जमे चकवड़ की पत्तियों की रोटी और ढाक के पेड़ों और झाड़ियों के ऊपर बरटुआ की पत्तियों का सकपहिता—यही उनका सहारा बने। कुर्मियान के बच्चे ताल के कीचड़ में धँसी मछलियाँ पकड़ने सुबह ही निकल जाते थे और दोपहर तक इधर-उधर भटकते रहते थे।" ('बेदखल', पृ. 122)

कमलाकान्त त्रिपाठी का कथा-मुहावरा उपन्यास की अन्तर्वस्तु से ही स्वरूप ग्रहण करता है। वे शब्दों के खिलवाड़ द्वारा भाषायी चमत्कार न पैदा कर औपन्यासिक कथ्य को ही मुखर और चाक्षुष बनाते हैं। वे शब्दों की व्यंजकता से अधिक स्थितियों की मार्मिकता व अर्थवत्ता पर ध्यान केन्द्रित करते हैं। 'पाहीघर' में मृत्यु का संकेत करता यह शब्दचित्र कमलाकान्त त्रिपाठी की ग्राम्य यथार्थ पर गहरी पकड़ का परिचायक है—"पिछवाड़े से रोने-पीटने की आवाज आ रही थी और सामने बँसवारी में कोई खुट-खुट करके बाँस काट रहा था।" (पृ. 176) 'बेदखल' में माँ का बेटी को यह कोसना कि "जा धिया, अहिवाती जा रही हो, राँड़ होके लौटोगी। पियरी पहन के आने की रोजी नहीं होगी। जैसे मेरा हाथ तुड़वाया है, वैसे ही तेरा अहिवात टूटेगा।" (पृ. 146) पितृसत्तात्मक समाज की उस विडम्बना को रेखांकित करता है जिसमें समाज के जड़ मूल्यों की रक्षा के लिए माँ अपनी बेटी को विधवा होने का शाप देती है।

कमलाकान्त त्रिपाठी दैनन्दिन जीवन के कार्य व्यापार को गहरे सामाजिक सन्दर्भ देते हैं। उसकी एक बानगी 'बेदखल' में निम्नवत है—"सोने की बात उठी तब जाकर मालूम हुआ, बहू दोनों बच्चों के साथ मायके गई है।" और ग्राम जीवन में पति-पत्नी के बीच संवाद के दुर्लभ क्षण जुटाने का 'पाहीघर' में वर्णित यह उपक्रम 'विवाह' व 'परिवार' संस्था पर स्वयं में एक टिप्पणी है, "बैल चले गए तो कुएँ के पास खाली

लोटे लिए हुए दो औरतों के साए दिखे। दोनों कुछ देर वहाँ खड़ी बातें करती रहीं। फिर एक पिछवाड़े की ओर चली गई और दूसरी घूँघट काढ़े दुर्बली की चारपाई के बगल से गुजरी और जाते हुए उनके एक पैर का अँगूठा धीरे से दबाती गई। वे इशारा समझकर उठे और बहू की कोठरी में चले गए।" (पृ. 170) सेना के मोर्चे से लम्बे समय बाद पति के लौटने पर पत्नी के हाव-भाव व.प्रतिक्रिया का वर्णन उपन्यासकार जिस दक्षता के साथ करता है वह सामाजिक रीति, लोक-लाज व नारी-मनोविज्ञान में उसकी गहरी पैठ का परिचायक है। 'पाहीघर' में यह दुर्लभ दृश्य उपन्यासकार ने इन शब्दों में प्रस्तुत किया है, "एक बार मन हुआ, किवाड़ खोलकर बाहर से झाँक आएँ पर हिम्मत नहीं पड़ी। लौटकर आँगन में आई। मालूम था कि किस गगरी में खाँड़ रखी है, किस हांडी में बूरा है। लेकिन निकालकर शरबत बनाना बड़ा अजीब लगा। बूढ़ा क्या सोचेंगी कि कौन आया कि तुरत-फुरत शरबत बनाने बैठ गई। बूढ़ा को आने दें, खुद ही कहेंगी। पर तब तक करें क्या? पैर काँप रहे थे। मन उड़ा-उड़ा सा जा रहा था। बड़ी मुश्किल से अपने को सँभाला। कटे हुए आम अलग कर पानी में धोए। फिर धूप में फैलाने लगी। तभी बाहर से बूढ़ा के रोने की आवाज आई। आम छोड़कर बहू फिर दरवाजे के पास आ गई। बूढ़ा कारन करके रो रही थीं और बीच-बीच में किसी के समझाने की आवाज आ रही थी।" (पृ. 98)

कमलाकान्त त्रिपाठी की औपन्यासिक दृष्टि की एक विशेषता यह भी है कि वे लोकमानस, लोकविश्वास, धार्मिक कर्मकांड व रूढ़ियों को उसके सन्दर्भ से काटकर पिछड़ेपन व अन्धविश्वास की शब्दावली से खारिज नहीं करते, बल्कि उसे लोक-प्रतिरोध का सन्दर्भ देते हुए नई अर्थवत्ता प्रदान करते हैं। 'पाहीघर' का यह अन्तिम दृश्य कुछ ऐसा ही है, "जिस समय पाहीघर में रोना-पीटना मचा था, अहिरान के लोग जैकरन के चौरे पर गुड़हल के फूल, लँगोटी, खड़ाऊँ और सिखरन चढ़ा रहे थे। दुर्बली की मौत की खबर ने जैकरन को प्रेत से ऊपर उठाकर ग्राम-देवता की श्रेणी में रख दिया था।" (पृ. 192) 'मैला आँचल' के उस अन्तिम दृश्य जिसमें "कलीमुद्दीन घाट पर चेथरिया-पीर में किसी ने मानत करके एक चीथड़ा और लटका दिया।" और पाहीघर के इस अन्तिम दृश्य में चाक्षुष समानता के बावजूद दोनों के परिप्रेक्ष्य भिन्न व विरोधी हैं। 'मैला आँचल' का चेथुरवा पीर जहाँ बावनदास की हत्या को देवत्व की महिमा से मंडित करने की विडम्बना को रेखांकित कर रहा है, वहीं जैकरन का चौरा बसौली के उत्पीड़ित किसानों के प्रतिशोध तुष्टि का प्रतीक बनकर उभर रहा है। जो जैकरन अपने जीवन में 'पाहीघर' के अत्याचारों के समक्ष बेबस था, वही मरते क्षण अपनी बिरादरी के लोगों को कौल दिलाता है कि "देखो भैया, मैं जा रहा हूँ,...यह चोला छोड़कर जा रहा हूँ। पाहीघर के ऊपर। उस बाभन के ऊपर। पहले बेटी की जान ली, फिर खेत छीन गया।...देखना निपात हो जाएगा

उसका। डीह हो जाएगा पाहीघर। मेरी बात मानना। पाहीघर के बाभनों से कोई नाता न रखना। खान-पान, पैलगी-असीस कुछ नहीं। उनके खेत की घास, पेड़ की पत्ती तक न छूना। जहर खाकर मर रहा हूँ। मालूम है परेत बनूँगा। हमेशा यहीं, पाहीघर के आसपास मँडराऊँगा।...बिरादरी में जो मेरा कहना नहीं मानेगा...देखना क्या करता हूँ उसका...'' ('पाहीघर', पृ. 190) ग्राम्य यथार्थ का यह वह 'सबाल्टर्न' प्रसंग है, जहाँ प्रतिरोध का स्वर धार्मिक मुहावरे में ही मुखर हो सकता है क्योंकि यहाँ आधिपत्य की यातना भी वर्णाश्रमी सामन्ती संरचना से निःसृत है।

धर्म के 'उत्पीड़ित जन की कराह' का यह रूपक रचते हुए उपन्यासकार यथार्थ की वह पकड़ बनाए रखता है जिसके अन्तर्गत जब जैकरन 'शंकर के ऊपर अनशन करने जान देने' का संकल्प करता है तो उसका खेत वापस नहीं मिलता और वास्तव में उसे जान गँवानी पड़ती है। इसके विपरीत जब 'बेदखल' के साधु सालिकराम अपने जंगल की वापसी के लिए अनशन करते हैं तो तालुकेदारिन अपने कारकूनों को निर्देश देती हैं कि ''बाभन हमारे ऊपर जान दे, यह मैं नहीं होने दूँगी। पहले कभी ऐसा हुआ था? पहले भी तो लगान बसूल होता था।...बाभन को उठाइए, उसको खिलाने-पिलाने का बन्दोबस्त करिए।'' (पृ. 31) उपन्यासकार यहाँ साधु के अनशन की सफलता एवं जैकरन के अनशन की निष्फलता के माध्यम से वर्णाश्रमी सामन्ती संरचना में ब्राह्मण की तपोशक्ति एवं किसान की अधोगति का विमर्श रचता है, लेकिन साथ ही वह उस विडम्बना को भी रेखांकित करता है कि जो धर्म जैकरन सरीखे किसानों का उत्पीड़क है, वही धर्म उनके काल्पनिक प्रतिशोध की राहत-स्थली भी है। 'बेदखल' के निम्न अंश से यह दृष्टव्य है, ''कुर्मियान और अहिरान में एक नई हवा चली थी। लोग कहते थे जैकरन के भूत ने ही दोनों को डुबोया था। शंकर के ऊपर जान देते समय उसने कहा था—इस परिवार का नाश कर देगा। दुर्बली के मरने के बाद शंकर का वंश तो चला नहीं लेकिन उसकी गद्दी पर जो आया, हुआ तो उन्हीं के परिवार का। उनकी जमीन-जायदाद ली तो उनके किए का फल भोगे।'' (पृ. 208) पारलौकिक जगत के प्रेत-व्यापार को यहाँ उपन्यासकार जिस परपीड़क सुख में तब्दील करके प्रस्तुत कर रहा है, वह विपन्नता के काल्पनिक प्रतिशोध का जो यथार्थ-चित्र प्रस्तुत कर रहा है, वह लोक-मानस में उसकी गहरी पैठ का परिचायक है।

इतिहास के वृहत्तर सन्दर्भों में अवध के किसानों की उत्पीड़न गाथा रचते हुए कमलाकान्त त्रिपाठी सामन्ती समाज की पितृसत्तात्मक व्यवस्था में 'पाहीघर' की रूपा व बेला भक्तिन की त्रासदी के माध्यम से नारी की उस दलित नियति को रेखांकित करते हैं, जहाँ वर्णाश्रमी व्यवस्था की हदबन्दी टूट जाती है। रूपा की श्रम क्षमता व देह पुरुष समाज की विवादित सम्पत्ति है। रूपा का ससुर यदि उसे वापस अपने घर ले जाना चाहता था तो इसलिए कि ''शरीर में दो औरतों जितनी ताकत थी। जो

काम शुरू करती उसे खत्म करके ही दम लेती। ऐसी कद-काठीवाली कमाऊ बहू को कोई क्यों छोड़ता।'' (पृ. 35) रूपा के पिता को उसका ससुराल छोड़कर उसके पास रहना इसलिए नहीं अखरता था कि ''माँ-बेटी मिलकर इतनी अच्छी कमाई करती थीं कि जैकरन को फिक्र करने की जरूरत नहीं थी।'' ('पाहीघर', पृ. 6) शंकर पंडित तो रूपा के शरीर का सौदा ही कर डालते हैं, उसके पिता को खेत देने के बदले जीते-जी उसका यौन-शोषण करते हैं और गर्भपात की प्रक्रिया में उसकी मौत होने पर खेत इस तर्क के आधार पर वापस ले लेते हैं कि ''खेत दिया था तुम्हें किसी एवज में। सेंत में नहीं दिया था।'' (पृ. 188) 'पाहीघर' की ही बेलना भक्तिन की त्रासदी यह थी कि ''शादी हुई थी, गौना नहीं गया था, तभी विधवा हो गई। ससुराल में कोई पुछत्तर नहीं था...खेती-बारी जो कुछ थी वह पट्टीदारों ने हड़प ली'' और अब वे पेट गिराने का गुर सीखकर ''गाँव की नाक सँभाल रही थी'' क्योंकि ''बड़ी-छोटी जाति के लोग वहाँ एक साथ बसते थे। ऊँच-नीच तो होता ही रहता था।'' (पृ. 173) 'बेदखल' के पदारथ महराज ने अपनी छोटी बहू का कत्ल इसलिए करवा दिया कि उसने उन्हें ''हाथ नहीं धरने दिया। उसको इस कदर प्रताड़ित किया कि वह बाहर निकल गई और माँग-जाँचकर खाने लगी। जगहँसाई होने लगी तो उसे समझा-बुझाकर घर ले आए...और कत्ल करवा दिया।'' (पृ. 55) सालिकराम के बेटे मथुरा की पत्नी की बाल-विधवा होने की नियति कुछ यूँ थी, ''घर में पाँव रखने के पहले ही भतार को खा लिया। अपना तो अपना, दूसरे का भी सुहाग उजाड़ दिया। बड़ी आई साज-सिंगारवाली। इतना ही शौक था तो बाप से बोलती, दुबारा कहीं बैठकी करा देते। जैसे सूदबाबर करते हैं।'' (पृ. 211) परिणामस्वरूप उसे आत्महत्या करनी पड़ती है।

उपन्यासकार जहाँ पितृसत्तात्मक सामन्ती समाज में नारी की त्रासदी को तत्कालीन सामाजिक सन्दर्भ देता है, वहीं वह पुरुष-नारी के बीच उन अनकहे, अपरिभाषित सम्बन्धों की तरलता के शब्दचित्र भी रचता है जिसकी बानगी 'पाहीघर' में क्लारा-दुर्बली और 'बेदखल' में साधु व सधुआइन तथा बाबा व धिराजी के बीच के नाजुक प्रसंगों में देखी जा सकती है। नारी सौन्दर्य के प्रति उपन्यासकार कामुक दृष्टि न अपनाकर मांसल श्रम सौन्दर्य की वह मोहक छवियाँ गढ़ता है जो उपन्यास में चित्रात्मक होकर पाठक की स्मृति में बाद तक बजती रहती हैं। निम्न शब्द-चित्र कुछ ऐसे ही हैं—

''(सहुआइन) सिर पर पल्लू डाले, आँचल को ठीक से सँभाले, एक खास लोच के साथ चलती पिछवाड़े की ओर से निकलकर आती। पैरों में गोड़हरा और पायजेब शरीर की लय के साथ धीरे-धीरे बजते।'' ('बेदखल', पृ. 53) एक औरत लम्बा घूँघट काढ़े, एक घड़ा कमर पर और दो सिर पर रखे आराम से बस्ती की ओर जा रही

थी। ऊपर से नीचे तक ढकी होने के बावजूद क्लारा को लगा उसकी सुडौल, स्वस्थ देह में एक नृत्य की सी लचक थी। ('पाहीघर', पृ. 71)

"ढलती दोपहरी के सन्नाटे में घाट के बगल, नदी के पेटे में बने एक बड़े से गड्ढे में कुछ लड़कियाँ नहा रही थीं। एक लड़की नहाने के बाद नदी के किनारे खड़ी हो कपड़े बदल रही थी। गीले बालों से चेहरे पर ढरकती पानी की बूँदें धूप में चमकती थीं। गीली धोती पैरों के पास गिर गई थी पर सूखी अभी ठीक से सँभल नहीं पाई थी। आँचल हवा में उड़-उड़ जाता था..." ('बेदखल', पृ. 85)

सौन्दर्य, प्रेम, प्रकृति व जीवन के राग-विराग की ढेरों स्थितियाँ कमलाकान्त त्रिपाठी ने इन दोनों ही उपन्यासों में जिस गहरी संलग्नता और मार्मिक अन्तरंगता के साथ प्रस्तुत की हैं, वह इधर के उपन्यासों में मैत्रेयी पुष्पा सरीखे अपवादों को छोड़कर कम ही देखने में आते हैं और जब यह इतिहास की प्रामाणिकता और दस्तावेजी समाजशास्त्रीयता से भी परिपूर्ण हो तो इतिहास का जो भिन्न पाठ प्रस्तुत होता है वह हाशिए के इतिहास व यथार्थ को केन्द्रीयता प्रदान करने के साथ-साथ औपन्यासिक विधा की नई सामर्थ्य और अपार सम्भावनाओं के प्रति भी आश्वस्त करता है। 'पाहीघर' और 'बेदखल' का औपन्यासिक महत्त्व यही है।

उपन्यास का जनतन्त्र और हाशिए का समाज

"हिन्दी उपन्यास की उल्लेखनीय सफलताओं के बावजूद भारत के सामाजिक यथार्थ के आकलन में उसकी सीमाएँ और न्यूनताएँ चुभनेवाली हैं।...भूमिहीन खेतिहरों, बँधुआ मजदूरों और औद्योगिक श्रमिकों पर जो लिखा गया है वह नाकाफी है और सन्तोष भी नहीं देता। आदिवासियों व दरिद्र समाज का दर्द भी अभिव्यक्ति नहीं पा सका है।...अधिकांश हिन्दी उपन्यास अभी भी नगरों और कस्बों के इर्द-गिर्द घूम रहे हैं, बहुत कम लेखक ग्रामीण और दलित जन से तादात्म्य स्थापित कर सके हैं..."

(डॉ. श्यामचरण दुबे, 'परम्परा, इतिहास-बोध और संस्कृति', 1991)

हिन्दी औपन्यासिक परिदृश्य पर प्रसिद्ध समाजशास्त्री डॉ. श्यामाचरण दुबे द्वारा की गई उपरोक्त टिप्पणी हिन्दी उपन्यास की सीमाओं को कम, उपन्यास विधा की सामर्थ्य को अधिक उजागर करती है। यह सुखद है कि इधर के वर्षों में हिन्दी उपन्यास ने अधिक सामर्थ्य के साथ अपनी चौहद्दियों का विस्तार किया है। अब उपन्यास के जनतन्त्र में ऐसे लोग व समाज केन्द्रीयता प्राप्त कर रहे हैं, जो भारतीय जनतन्त्र व विकास की भेड़चाल के चलते हाशिए पर ढकेल दिए जाने को अभिशप्त हैं। उपन्यास के इस नए समाज में 'विविधता में एकता' के सर्वग्रासी मुखौटे को बेपर्दा करके 'राष्ट्र' और 'एकता' सरीखी पदावलियों का विखंडन किया जा रहा है। यहाँ संस्कृति की राष्ट्रवाद से टकराहट है तो अस्मिता को अस्तित्ववाद में विलयित करने की छूट भी नहीं है। यहाँ 'संस्कृति' व अस्मिता के प्रश्न दार्शनिक अमूर्तन में विलयित न होकर जीवन की ठोस सच्चाइयों में नई अर्थवत्ता प्राप्त करते हैं। हिन्दी उपन्यास के इस इलाके में 'काला पहाड़' (भगवानदास मोरवाल) है, 'जंगल जहाँ शुरू होता है' (संजीव), 'जहाँ बाँस फूलते हैं' (श्रीप्रकाश मिश्र), 'गगन घटा घहरानी' (मनमोहन पाठक) है और 'काला पादरी' (तेजिन्दर) का वास है। भारत के पश्चिमोत्तर इलाके मेव-राजपूताना से लेकर उत्तर-पूर्व मिजोरम की लुसाई हिल्स और मध्य प्रदेश के आदिवासी बहुल जिले सरगुजा तक का विस्तार लिए इन उपन्यासों की कथा-भूमि महज भौगोलिक विस्तार न होकर औपन्यासिक कथा-दृष्टि का भी

विस्तार है। ये सभी उपन्यास डॉ. श्यामाचरण दुबे की उस समाजशास्त्रीय माँग को पूरा करते हैं, जो उपन्यास विधा को मात्र 'साहित्यिक संरचना' (लिटरेरी कंस्ट्रक्ट) तक ही सीमित न कर उसे 'सामाजिक संरचना' के रूप में भी पढ़े जाने का आग्रह करती है।

यहाँ यह तथ्य उल्लेखनीय है कि डॉ. श्यामाचरण दुबे की हिन्दी उपन्यास को लेकर इन चिन्ताओं से हिन्दी साहित्य का कुलीनतन्त्र बेखबर ही नहीं है, बल्कि उसकी चिन्ताएँ डॉ. दुबे की चिन्ताओं से भिन्न व विरोधी हैं। निर्मल वर्मा को इस बात पर आश्चर्य होता है कि, "साहित्य की गणना समाज-सम्बन्धी अनुशासनों (समाजशास्त्र, इतिहास, अर्थशास्त्र, मनोविज्ञान आदि) में की जाती है, जबकि वह अपनी प्रकृति में उनसे मूलतः भिन्न है।" (निर्मल वर्मा, 'आदि, अन्त और आरम्भ', पृ. 118)। निर्मल वर्मा की इस सोच के विपरीत प्रेमचन्द को इस बात से हैरत होती थी कि "आज तो हिन्दी में साहित्य के लिए प्रवृत्ति मात्र अलम समझी जाती है और किसी प्रकार की तैयारी की उसके लिए आवश्यकता नहीं। वह राजनीति, समाजशास्त्र या मनोविज्ञान से सर्वथा अपरिचित हो, फिर भी वह साहित्यकार है।" (प्रेमचन्द, 'कुछ विचार', पृ. 20)। डॉ. श्यामाचरण दुबे और निर्मल वर्मा की साहित्य-चिन्ताओं के ये दो छोर, दो दृष्टियों के परिचायक हैं, पहली दृष्टि साहित्य को मात्र कलात्मक संरचना मानती है तो दूसरी के अनुसार साहित्य होने के साथ-साथ यह एक सामाजिक संरचना भी है।

साहित्य को मात्र एक 'साहित्यिक संरचना' मानने की ही समझ के चलते निर्मल वर्मा यह प्रश्न उठाते हैं कि "यथार्थवाद की समूची बहस जो प्रेमचन्द के नाम पर पिछले पचास वर्ष से हिन्दी में चल रही है, क्या आज बिलकुल अप्रासंगिक नहीं हो गई है?" ('आदि, अन्त और आरम्भ', पृ. 121)। इस साहित्यिक सोच के चलते डॉ. श्यामाचरण दुबे की हिन्दी उपन्यास से उपरोक्त सन्दर्भित अपेक्षाएँ बाह्य व गैर-जरूरी होकर स्वतः खारिज हो जाती हैं। लेकिन शुक्र है कि हिन्दी साहित्य की मुख्यधारा को न तो प्रेमचन्द की परम्परा से परहेज है और न ही वह समाजशास्त्रीय अनुशासनों से विमुख है। वह अभिजन समाज के साहित्यिक मूल्यों की बन्दी भी नहीं है। अतः जरूरी है यह पड़ताल कि इधर के कुछ नए हिन्दी उपन्यासों में श्यामाचरण दुबे की अपेक्षाओं की पूर्ति किस रूप में, कहाँ तक हुई है और अभी भी क्या कुछ करना शेष है! लेकिन इसके लिए उस आस्वादपरकता को परे रखना जरूरी है जिसके चलते 'कसप', 'कुरु-कुरु स्वाहा', 'दीवार में एक खिड़की रहती थी' तथा 'मुझे चाँद चाहिए' सरीखे उपन्यास सफलता के मानक बन जाते हैं और 'काला पहाड़', 'जंगल जहाँ शुरू होता है', 'जहाँ बाँस फूलते हैं' व 'गगन घटा घहरानी' सरीखे उपन्यास अचर्चित।

इस आलेख में चर्चित उपन्यासों के शीर्षकों के साथ जुड़े पहाड़, जंगल, बाँस सरीखे पूर्व या उत्तर-पद भौगोलिक विस्तार या पर्यावरणीय व प्राकृतिक सन्दर्भ मात्र न होकर थारुओं, उराँव और मेव जनसमुदाय की वह स्वाभाविक शरण-स्थलियाँ हैं, जिसके बिना भारतीय राष्ट्र-राज्य की तस्वीर मुकम्मल नहीं होती, लेकिन जो राष्ट्रवाद की प्रभुत्ववादी अवधारणा से बहिष्कृत हैं। भगवानदास मोरवाल अपने उपन्यास 'काला पहाड़' में जिस मेवात को कथात्मक बनाते हैं : "ई वही मेवात है जाके मेवन्ने सैंतालीस की भग्गी में जिन्ना का बहकावा में न आके पाकस्तान जाण सू साफ मना कर दी..." ('काला पहाड़', पृ. 15)। लेकिन "इन बदकिस्मत गाँवों को अंग्रेजों ने तो जरूरी सहूलियतों से महरूम किया ही बल्कि आजादी के बाद आज भी ये गाँव उन सहूलियतों से महरूम हैं।" (वही, पृ. 20)। परिणाम यह कि लोग रोजी-रोजगार की तलाश में बड़े शहरों की ओर पलायन कर रहे हैं क्योंकि "या गाँवों में रहकर कोई भूखों थोड़े ही मरणो है।" (पृ. 30)। संजीव के उपन्यास 'जंगल जहाँ शुरू होता है' के थारुओं को "समाज और प्रशासन से कोई मदद नहीं मिली। उलटे इनके देवता या राजा सल्हेस बाबा हों या बराह बाबा, उन्हें चोर माना गया।" (पृ. 187)। श्रीप्रकाश मिश्र के उपन्यास 'जहाँ बाँस फूलते हैं' का "मिजोरम पिछड़ा है, गँवार है, दुखी है, दरिद्र है" यहाँ का गैर-मिजो वाइयो का दल "विकास के लिए मिले पैसे अपनी जेब में रख लेता है, यहाँ का अदरक, चावल मिट्टी के मोल ले जाकर अपने वतन में सोना बनाता है, यहाँ के सुरा-सुन्दरियों का उपभोग इस तरह से करता है कि जैसे मिजोरम उसकी जमींदारी हो, उपनिवेश हो और वह इस उपनिवेश का एकमात्र मालिक।" (पृ. 67)। तेजिन्दर का उपन्यास 'काला पादरी' जिस आदिवासी इलाके सरगुजा की कहानी है, वह "लोकतन्त्र का सबसे सस्ता सामन्तवादी संस्करण है।" (पृ. 16)। "यहाँ के आदिवासियों के लिए जमींदारों और भूत-प्रेतों में कोई खास फर्क नहीं था। दोनों ही एक बार जो इन्हें पकड़ते थे तो फिर पूरा निचोड़कर भी नहीं छोड़ते थे।" (पृ. 92)। मनमोहन पाठक के उराँव आदिवासी झारखंड के जिस इलाके में रहते हैं वहाँ "जमींदारी प्रथा समाप्त कहाँ हुई? रूप बदलकर बड़े किसानों और उनके परिवारों में ही तो सिमटी है। सामन्ती हुकूमत भी तो यहाँ ज्यों-की-त्यों है। हाकिम और पुलिस का सहारा लेकर बल्कि और भी परवान चढ़ी है।" (पृ. 228)

जनतन्त्र व विकास के लाभों से वंचित सामन्ती व सरकारी गठजोड़ व उत्पीड़न के शिकार हाशिए के लोगों के ये औपन्यासिक वृत्तान्त महाश्वेता देवी सरीखे गैर-हिन्दी कथाकारों के औपन्यासिक सरोकारों का स्वागत-योग्य विस्तार हैं। पिछड़े इलाकों के दलितों, पीड़ितों की यह 'सबाल्टर्न कथा' हिन्दी उपन्यास का वह जनतन्त्रीकरण है जहाँ मनुष्य, प्रकृति, जीव-जन्तु तथा देवी-देवता अपनी समस्त निश्छलता एवं दुर्दान्तता के साथ उपस्थित हैं। लेकिन यह निर्मल वर्मा के कल्पना-

लोक का वह आदिवासी इलाका नहीं है, "जहाँ जंगल के छोर पर चाँदी-सा चमचमाता तालाब, नहाती हुई गदराई गोड़ लड़कियाँ, पत्थरों पर कपड़े धोने की उनींदी और अनवरत आवाज...चाँदनी के भुतैले आलोक में घूमती, नाचती छायाएँ, ढोलक से निकलता एक जादुई बीहड़, फेनिल उबाल, जो एक-दूसरे के शरीरों को छूता; पैरों के बीच लिपटता, घुमड़ता हुआ एक अलौकिक उन्माद; मानो महुआ की महक कहीं बाहर से न आकर स्वयं उन नंगी, काली देहों की रगड़ से ऊपर उठती हो और कहीं दूर अतल अँधेरों में गुम हो जाती हो...।" ('रात का रिपोर्टर', पृ. 84)। ऐसे स्वप्निल व मोहक दृश्य को देखकर निर्मल वर्मा का नायक उचित ही सोचता है कि "मैं वहाँ रुक क्यों नहीं गया, लौट क्यों आया?" (वही)। निर्मल वर्मा के 'रात का रिपोर्टर' की ही तरह विनोद कुमार शुक्ल के 'दीवार में एक खिड़की रहती थी' के कथानायक के पिता भी इस सुरम्य प्राकृतिक स्थलों से आनन्द-विभोर होकर सहज ही यह प्रतिक्रिया व्यक्त करते हैं कि "यहाँ जीवन इतना अच्छा लग रहा है कि लगता है बहुत जी गए और मृत्यु यहाँ से बहुत समीप हो।" (पृ. 75)।

"जीव-जन्तुओं और देवी-देवताओं के सान्निध्य में प्रकृति के साथ मनुष्य के आत्मीय सम्बन्ध, इस संस्कृति के लुप्त हो जाने से मनुष्य की एक विशिष्ट छवि का तिरोहित होना" व परम्परा की जिस 'अनूठी विलक्षणता' के बीच आत्मीय संस्कृति को अक्षुण्ण रखने की निर्मल वर्मा की कुलीन चिन्ताओं के बरक्स हिन्दी उपन्यासकारों की यह नई पाँत इस हाशिए के समाज के जीवन-संग्राम के बीच से विकास व सभ्यता के स्वीकृत मॉडलों को सवालों के घेरे में खड़ा करती है। यहाँ सैलानी वृत्ति से उपजी आदिवासी जीवन को सुरक्षित व संरक्षित करने की संग्रहालयी व नृतत्व-शास्त्रीय चिन्ताएँ न होकर वे मानवीय सरोकार हैं जो आदिवासियों के यथार्थ के जादू-जंगल से परे जीवन की ठोस सच्चाइयों के बीच से उपजे हैं।

2

भगवानदास मोरवाल के उपन्यास 'काला पहाड़' को यूँ तो स्वातन्त्र्योत्तर भारतीय समाज के उस धर्मनिरपेक्ष ढाँचे की टूटन के रूप में पढ़ा जा सकता है, जो बाबरी मस्जिद के ध्वंस के साथ दरक चुका है। लेकिन उपन्यासकार इस विमर्श को मेव समाज की जिस भौगोलिक पृष्ठभूमि में औपन्यासिक बनाता है वह हाशिए का जीवन जी रहे उन मेव मुसलमानों की त्रासदी को उजागर करता है जो इस्लाम धर्म स्वीकार करके भी पक्के मुसलमान न बन सके और जो पक्के राष्ट्रवादी होने के बावजूद सांस्कृतिक राष्ट्रवादियों के विमर्श से बाहर हैं। उपन्यास के अन्त में मुख्य कथापात्र सलेमी का यह पछतावा कि "मैं तो रात-दिन बस वा घड़ी ए कोसतो रहूँ...जा घड़ी हमने पाकस्तान जाण सू ना कर दी थी।" (पृ. 455)। लेकिन 'काला पहाड़' के

सलेमी के भारतीय राष्ट्र-राज्य के धर्मनिरपेक्ष ढाँचे से इस मोहभंग को साम्प्रदायिक समस्या के घिसे-पिटे हिन्दू-मुस्लिम खाँचों से नहीं समझा जा सकता। कारण यह कि मेवात का मेव मुसलमान न विभाजन की मानसिकता से ग्रस्त रहा है और न ही उत्तर भारतीय मुसलमान की अल्पसंख्यक ग्रन्थि से पीड़ित। विभाजन के समय पाकिस्तान न जाने का निर्णय लेनेवाले ये मेव मुसलमान अटल देशभक्त रहे हैं। "अठारह सौ सत्तावन में दो सौ अट्ठावन मेव जाति के लोग शहीद हुए थे। इस इलाके में कोई फिरकाना फसाद न हुआ है, सबसू बड़ी बात तो ई है के या इलाका में हिन्दू और मेव एक कुड़बा की तरह रहता आया है।...मजाल है कि कोई काले की बहाड़ बेटी पे आँख तो उठा जाए।" (पृ. 16)। दरअसल मेवात के जिन मेवों को भगवानदास मोरवाल कथात्मक बनाते हैं, "हिन्दुओं से इस्लाम कुबूल करनेवाले शायद ये आखिरी हिन्दू हैं...वास्तव में मेव एक पुरानी क्षत्रिय कौम है, जिसने बाद में इस्लाम कुबूल कर लिया था। ज्यादातर हिस्टोरियंस की एक ही राय है कि मेवों के पुरखे चन्दरवंशी और सूरजवंशी राजपूत थे जो तोमर, राठौर और यादव के नाम से जाने जाते हैं।" (पृ. 93)। मेव ऐसे मुसलमान थे जिनके यहाँ, "रिश्ता करते वक्त हिन्दुओं की तरह माँ, दादी, नानी और खुद का गोत्र बचाया जाता है।...सिर्फ माँ का दूध नहीं बचाया जाता...आज भी इनके रस्मो-रिवाज हिन्दुओं के काफी नजदीक हैं।" (पृ. 87)।

धार्मिक भिन्नता के बावजूद मेव समुदाय की सांस्कृतिक एकता की यह विरल धरोहर बाबरी मस्जिद के ध्वंस की छाया में किस तरह छिन्न-भिन्न होती है, 'काला पहाड़' इसका प्रामाणिक आख्यान है। यह औपन्यासिक कथा यह विडम्बना भी लिए हुए है कि जिस मेवात के रणबाँकुरे हसन खाँ मेवाती ने बाबर को बाहर से आए हमलावर की संज्ञा देते हुए राणा सांगा के खिलाफ युद्ध करने से मना कर दिया था, उसी की मेव सन्तानों को यह पछतावा हो कि उन्होंने पाकिस्तान जाने से क्यों मना कर दिया! भारतीय राष्ट्र-राज्य से सलेमी जैसे मुसलमानों का यह अलगाव उस सांस्कृतिक राष्ट्रवाद का दुष्परिणाम है जो अयोध्या की राम जन्मभूमि एवं सोमनाथ मन्दिर को संस्कृति के प्रतीक के रूप में प्रचारित कर रहा है। सांस्कृतिक राष्ट्रवाद की यह ध्वंसलीला रणक्षेत्र में बाबर का मुकाबला करनेवाले हसन खाँ मेवातियों की सलेमी सरीखी आज की पीढ़ी से यह अवसर भी छीन लेती है कि वे बाबरी मस्जिद के ध्वंस की छाया में अपने "आँसुओं को थोड़ा-सा रोककर पीछे की ओर मुड़कर भी देख ले, कि जिस बाबर के कारण उसके माँजाए (हमसन खाँ मेवाती) को इतिहास के पन्नों में कभी जगह नहीं मिली और जिसने इस मेवात तथा देश की अस्मिता और अस्तित्व के लिए अपने आपको होम कर दिया, उसका भी वह भरे हुए मन से जरा-सा सुमरन कर ले।" (पृ. 417)। मेव समाज के इस ऐतिहासिक व सांस्कृतिक द्वन्द्व के माध्यम से उपन्यासकार मेव जन के उस बेगानेपन को दर्ज करता है जिसके चलते,

"कोई बड़ी बात नहीं कि यह इलाका एक दिन दूसरा पाकिस्तान ही बन जाए।" (पृ. 283)

भारत-विभाजन के दौरान पाकिस्तान जाने से इनकार से लेकर दूसरा पाकिस्तान बनने की मानसिकता तक मेव समाज की यन्त्रणा को जिस जीवन-राग में विन्यस्त कर उपन्यासकार ने कथात्मक बनाया है वह हाशिए का ऐसा इतिवृत्त है जो भारतीय राष्ट्र की प्रभुत्ववादी अवधारणाओं से मुठभेड़ करता है। मेव समाज से लुप्त होते भाई-चारे व निर्जन होते मेव इलाके के कारणों की तलाश करती यह उपन्यास कथा विकास की उस विकलांगता को भी रेखांकित करती है, जिसके चलते प्राकृतिक विपदाओं की विकरालता और भी बढ़ जाती है। लोग इलाका छोड़कर भाग रहे हैं क्योंकि "या गाँओ में रहके कोई भूखो थोड़ेई मरणो है। न कोई रुजगार, न धन्ध... लावणी भी अब ना रही...जब पेट ही भरणो मुसकल हो जाए तो आदमी यही करोगे...।" (पृ. 30)। मेवात की यह आर्थिक टूटन सामुदायिक एकता को आखिर कब तक बरकरार रख सकती है क्योंकि "चिमार चुल्ड़ा तलक तो हौले-हौले अपनी पुस्तैनी धन्धाने छोड़-छोड़ के दिल्ली गऊँ भगा जा रहा है।" (पृ. 260)। इन परिस्थितियों में सुभान खाँ "कब तक अपने बाप-दादा की तरह दादा खानू की मजार पर गलेप (चादर) चढ़ा-चढ़ाकर जिन्दगी ढोता" (पृ. 216)। और छोटेलाल कुम्हार शादी-ब्याह में मिट्टी के बर्तन की जजमानी करके कैसे जीवित रहता क्योंकि "जब पैदा-वैदा कुछ होई ना रही है तो ये बिला-बरात वाला हमन्ने कहाँ सू देगा।" (पृ. 197)

भगवानदास मोरवाल 'काला पहाड़' के औपन्यासिक कथ्य में यह तथ्य अत्यन्त स्वाभाविकता के साथ विन्यस्त करते हैं कि किसी इलाके की आर्थिक टूटन वहाँ के सामुदायिक व सांस्कृतिक जीवन को भी तोड़ती है। यही वह जमीन है जहाँ साम्प्रदायिक तत्त्वों की खेती फलती-फूलती है। दादा खानू की मजार पर गलेप (चादर) चढ़ाने के पुश्तैनी पेशे से छुटकारा पाकर सुभान खाँ रामदेई कुम्हारिन से दीवाली के दीये लेने से भी मना कर देता है, क्योंकि "रामदेई कौण-सा मुफ्त में देएगी...वाहे ना देनी पड़ेगी सेर-आध सेर अनाज...और फिर ताऊ सही बात तो ई है के हमारे कौण-सी होली-दीवाली मने हैं जो हम दीवा लेएँ...?" (पृ. 259)। सुभान खाँ का दीवाली के दीये लेने से यह इनकार महज आर्थिक दबाव का परिणाम न होकर उस मजहबी विलगाव का भी द्योतक है जो मेव संस्कृति के विरुद्ध है। उपन्यासकार इसे सलेमी के इस कथन द्वारा यूँ अभिव्यक्त करता है, "मैं कद कह रो हूँ के हमारे हदीस में होली-दीवाली मने है...पर ई भी तो सही है के हमारे मेवन में कदी तो मने ही।" (पृ. 259-260)। सलेमी का यह कथन उपन्यासकार की सदिच्छा का परिणाम न होकर उस मेव संस्कृति में विन्यस्त है जिसमें बकौल इतिहासकार मुशीरुल हसन

"अधिकांश लोगों के नाम या तो शुद्ध हिन्दू थे या हिन्दू नाम के आगे 'खान' शब्द लगा था। वे दीवाली, दशहरा और कृष्ण जन्माष्टमी मनाने के साथ सलार मसूद गाजी के 'सालार' (ध्वज) की भी इबादत करते थे। हिन्दुओं की तरह मेव अपने गोत्र में शादी नहीं करते थे और उनकी बेटियों को विरासत सम्बन्धी अधिकार भी नहीं थे।" (मुशीरुल हसन, 'नेशनलिज्म एंड कम्युनल पॉलिटिक्स इन इंडिया', पृ. 234)

मेव मुसलमानों की संस्कृति में रचा-पगा यह राष्ट्रवाद 'सांस्कृतिक राष्ट्रवाद' में इसलिए नहीं समाहित होता क्योंकि यह हिन्दुत्व की लक्ष्मण रेखा को लाँघ नहीं सकता। सांस्कृतिक राष्ट्रवाद की इसी हिन्दुत्ववादी समझ के चलते मेवात के हिन्दुओं को लगने लगा है कि "गांधी ने ये मेव रोक के या इलाका का हिन्दून की जान कू परेसानी खड़ी कर दी...अरे, वा बखत ये मेव पाकस्तान, चला जाता तो हमारा मन्दरन्ने ये दिन तो ना देखना पड़ता... ।" (पृ. 452)। यही कारण है कि सलेमी जैसों की यह प्रतिक्रिया है कि "मेवात अब पहले जैसा मेवात नहीं रहा...कि बँटवारे के समय गांधी द्वारा मेवों को पाकिस्तान जाने से रोकना बेमानी था...?" (पृ. 283)। सलेमी के मन की इस दरकन को उपन्यासकार ने एक व्यक्ति की दरकन के रूप में न प्रस्तुत करके समस्त मेव समाज की उस टूटन के रूप में प्रस्तुत किया है जहाँ, "ई फैसला हुओ है के मेवात का मुसलमान लू कुरान की जादा सू जादा तालीम मिलनी चाहिए" (पृ. 302), और "बालकण को निकाह सरीअत और हदीस के बीच ही होएगो।" (पृ. 350)

बाबरी मस्जिद के ध्वंस की छाया में मेवात की मेल-जोल की संस्कृति से कट्टर इस्लामी तहजीब तक के मेवात समाज के इस रूपान्तरण को भगवानदास मोरवाल ने जिन आत्मीय जीवन-प्रसंगों व छोटे-छोटे विवरणों द्वारा विश्वसनीय बनाया है वह मेवात के जनजीवन में उनकी गहरी पैठ का परिचायक है। 'काला पहाड़' की औपन्यासिक कथा में स्वातन्त्र्योत्तर भारतीय समाज की यह विडम्बना भी अन्तर्गुम्फित है कि पिछड़े कहे जानेवाले समाजों का सामुदायिक सन्तुलन और सौहार्द किस तरह विकास व जनतन्त्र के नारों द्वारा छला जाता है। उपन्यासकार मेव समाज की इस त्रासद नियति को भी उजागर करने में सफल हुआ है कि जिन मेवों ने बाबर और अंग्रेजों के विरुद्ध मोर्चा लिया था, जिन्होंने मुस्लिम लीग को भी मेवों का प्रवक्ता न होने देकर पाकिस्तान का विरोध किया था उन्हें ही बाबरी मस्जिद ध्वंस की छाया में चौधरी करीम हुसैनों, मुर्शीद अहमदों, अभयचन्द आर्यों एवं विसम्भर सत्यार्थियों के संकीर्ण राजनीतिक स्वार्थ के चलते विभाजन की मानसिकता का शिकार होना पड़ा।

इतिहास की तथाकथित राष्ट्रीय धारा व प्रभुत्ववादी विमर्श से बेदखल मेवों की विलुप्त कथा को औपन्यासिक केन्द्रीयता प्रदान कर भगवानदास मोरवाल ने निश्चित रूप से हिन्दी उपन्यास की विषयवस्तु को समृद्ध किया है। लेखक की प्रथम

औपन्यासिक कृति के रूप में भी यह स्वागत योग्य है। क्या ही अच्छा होता यदि उपन्यास थोड़ी अधिक चुस्ती व कसाव से युक्त होकर कुछ दुहरावों से मुक्त होता। विभाजन के समय आसपास के इलाकों में मेवों के पलायन के तथ्य भी यदि औपन्यासिक कथ्य में विन्यस्त हो सके होते तो उपन्यांस और भी पूर्णता प्राप्त कर सकता था। उपन्यास में कुछ तथ्यगत भूलें भी हैं, उदाहरण के लिए 6 दिसम्बर, 92 की घटना के बारे में उपन्यासकार का यह कथन कि "देर रात तक रेडियो और दूरदर्शन ने अयोध्या से सम्बन्धित किसी भी अप्रिय घटना की कोई खबर नहीं दी।" (पृ. 411)। इस सम्बन्ध में तथ्य यह है कि आकाशवाणी व दूरदर्शन द्वारा यह समाचार तो प्रसारित हुआ ही, बल्कि उसी रात तत्कालीन प्रधानमन्त्री पी. वी. नरसिंह राव ने इस सम्पूर्ण घटनाक्रम पर राष्ट्र के नाम सन्देश भी प्रसारित किया था। उत्तर प्रदेश की तत्कालीन कल्याण सिंह सरकार की बर्खास्तगी की घोषणा भी उसी रात हुई थी। इन तथ्यात्मक भूलों व कमियों के बावजूद मेवात के जनजीवन में हो रहे सूक्ष्म परिवर्तनों को जिस संलग्नता व राजनीतिक निहितार्थों के साथ 'काला पहाड़' में कथात्मक बनाया गया है, वह अत्यन्त महत्त्वपूर्ण है। उपन्यास में स्थानिक पुट लिए भाषायी अभिव्यक्ति तथा जीवन में रची-पगी 'जू के डर से कोई घाघरी छोड़ न जाए', 'बन्दरी का मरणा सू बिरन्दावन कहीं खाली न होए', 'लग जाए तो खाक की और ना लगे तो लाख की भी ना लगे' सरीखी मुहावरेदार अभिव्यक्तियाँ इसे अधिक आत्मीय तथा विश्वसनीय बनाती हैं। बोली-बानी, खान-पान, रहन-सहन के विस्तृत ब्योरे से भरपूर मेव समाज का यह जीवन्त औपन्यासिक वृत्तान्त इधर के हिन्दी उपन्यासों में एक पठनीय, सार्थक व स्थायी महत्त्व की कृति है।

3

जनतन्त्र की केन्द्रीयता व अवरुद्ध विकास की मार से 'काला पहाड़' का मेवात ही नहीं बल्कि देश के दूसरे इलाके भी प्रभावित हैं। संजीव का उपन्यास 'जंगल जहाँ शुरू होता है' बिहार के पश्चिमी चम्पारण की जिस थारु जनजाति के जीवन-संघर्ष व दुख-दर्दों को औपन्यासिक बनाता है, वहाँ 'प्रजातन्त्र' व 'विकास' एक प्रहसन के अतिरिक्त और कुछ भी नहीं हैं। संजीव बिना किसी लाग-लपेट के सीधे-सीधे यह प्रश्न अपने उपन्यास की अन्तर्वस्तु में विन्यस्त करते हैं कि "क्या राज्य की कल्याणकारी अवधारणा और वचनबद्धता से बाहर पड़ते हैं जोगी जैसे लोग?" (पृ. 281)। इस जोगी को बनाया किसने! सत्ता, व्यवस्था, संस्कृति और विकास के हड़बोंग की नाजायज सन्तान है यह जोगी। (पृ. 283)। "जोगी, बैल चुराकर बेचने से लेकर लड़कियाँ बेचने तक का कोई भी कुकर्म उससे छूटा नहीं है।" (पृ. 84) थारु जनजाति का बिसराम डाकू की शरण में न जाए तो क्या करे "पहले चीनी मिलें

बन्द हुईं, फिर खेत बन्धक हुए, मेहरारू मरन-सेज पर और बेटी को साँप ने डसा।" (पृ. 82)। और बिसराम के भाई काली ने भी "नहीं चुनी थी यह (डाकू) जिन्दगी" वह भी क्या करता, "हक की कमाई माँगने पर ठेकेदार के पास पैसे नहीं हैं...क्या वह इन हरामखोरों की बेगार करने...के लिए पैदा हुआ है?" (पृ. 93), और परेमा, परशुराम, बिन्दा, गोकुल सरीखे डाकुओं की एक ही दास्तान थी, "मकान ढहा, जमीन गई। क्या खाएँ, कहाँ रहें? फिर वे उगते हैं यहाँ के जमींदारों के पास, मिल के सेठों के पास। जबरन वसूली, बेगारी, बलात्कार, दमन—इसकी ट्रेनिंग यहीं मिलती है। कुछ दिनों बाद वे सोचते हैं कि जमींदार और सेठ हमारे ही बल पर यह सब करते हैं तो हम खुद क्यों न करें, तब शुरू करते हैं स्वतन्त्र डकैती। नाम कर गए, प्रभाव क्षेत्र का विस्तार हो गया तो मन्त्री लोगों के काम करने लगते हैं। जबरन चन्दा वसूली, पार्टी फंड, बूथ कैप्चरिंग, लठैती।" (पृ. 105)।

राजनीतिक सत्ता व प्रशासन तन्त्र जिस "डाकू समस्या के 'अजगर' को कानून व्यवस्था का मसला बनाकर 'ऑपरेशन ब्लैक पाइथन' सरीखे अभियानों के जरिए निटपाना चाहती है, संजीव ने उसे 'सामाजिक, आर्थिक और भूमि सुधारों' का परिप्रेक्ष्य देकर औपन्यासिक बनाया है।" वास्तविक सन्दर्भों में यह अपराध के समाजशास्त्र की औपन्यासिक पड़ताल है। उपन्यास में डी.एस.पी. कुमार उपन्यासकार का 'आल्टर-इगो' है। कुमार की धारणा है कि "डाकू समस्या कोई ऊपर का आवरण नहीं है कि आप उसे खरोंचकर फेंक दें। इनकी जड़ों में भूमि सुधार का न होना, ढीला प्रशासन, पॉलिटिकल शेल्टर, रोजगार की समस्या, धर्म, टिपिकल भौगोलिक स्थिति वगैरह हैं—ये सभी इंटररिलेटेड हैं, सारा कुछ दुरुस्त कर दीजिए, रोग खुद-ब-खुद खत्म हो जाएगा।" (पृ. 146)। पाँच वर्षों की मशक्कत के बाद कुमार कुछ भी खत्म नहीं कर पाता और "जिस शाम परशुराम (डाकू) की चुनावी जीत के जश्न की दीवाली मनाई जा रही थी" (पृ. 283) वह अपनी हार मानकर क्षेत्र से विदा ले लेता है, "जनतन्त्र के नाम पर पैसे और जाति और कमीनगी के प्रपंचतन्त्र से विदा।" (पृ. 284)। उपन्यास के अन्त में कुमार का यह पराजय-बोध और डाकू परशुराम यादव की विजयमुद्रा महज नाटकीय समक्षता न होकर, जो सम्पूर्ण सामाजिक विडम्बना लिए हुए हैं, वह जीवन व समाज में उपन्यासकार की अन्तरंग पैठ व गहरी सामाजिक-राजनीतिक अन्तर्दृष्टि के बिना सम्भव नहीं है।

खेतिहर मजदूर से डाकू और डाकू से नेता बनने की परशुराम की औपन्यासिक कथा को संजीव ने काले-उजले की सरलीकृत खानेबन्दी से परे जिस जटिल सामाजिक विमर्श में विन्यस्त किया है, वह अत्यन्त विश्वसनीय व प्रामाणिक बन पड़ा है। सोशल एक्टिविस्ट न होने के बावजूद संजीव अपने लेखन के माध्यम से अक्सर कार्यकर्ता लेखक की भूमिका अपनाते रहे हैं। उनका यह लेखकीय कार्यकर्ता कभी अपने

'आल्टर ईगो' कुमार साहब द्वारा काली सरीखे डाकू के हृदय-परिवर्तन हेतु राहुल सांकृत्यायन की पुस्तक 'भागो नहीं बदलो' व विवेकानन्द आश्रम की पुस्तक 'दिमाग को कैसे नियन्त्रित करें' भेंट करता है तो कभी उन्हें 'सोशल एक्टिविस्ट' की ही भूमिका में उतार देता है। संजीव का कार्यकर्ता लेखक कभी अपने पात्रों में इस तरह काया-प्रवेश करता है कि लेखक व पात्र का अन्तर मिट जाता है। इसी का परिणाम है कि उपन्यासकार डाकू काली से भी वही भाषा लिखवाता है जो स्वयं उसकी भाषा है। मुरली पांडे को काली द्वारा लिखे गए पत्र की भाषा (पृ. 139-142) इसका एक उदाहरण है। काली के कुछ लिखे-पढ़े होने तथा मिल की नौकरी की पृष्ठभूमि के बावजूद यह लेखकीय उपस्थिति का ही परिणाम है। यद्यपि यह सच है कि उपन्यासकार के इस अतिलेखन के बावजूद उपन्यास की समाजशास्त्रीय प्रामाणिकता व तार्किक अन्विति कहीं से नकारात्मक रूप से प्रभावित नहीं होती।

सच तो यह है कि 'जंगल जहाँ शुरू होता है' उपन्यास में डाकू समस्या के बहाने हाशिए के उस जीवन को विश्लेषित किया गया है जिसे अपराध की भूमि व शरणस्थली के रूप में चिह्नित कर 'सभ्य' समाज के अन्य की 'शत्रु' छवि में ढाला जाता है। उपन्यास के बिसराम और काली बेतिया इलाके की जिस थारु जनजाति से आते हैं वे 'कंगाल की जिन्दगी जी रहे हैं।' थारुओं के राजपूतवंशी होने के मिथक का भेदन उपन्यासकार काली के कथन के माध्यम से यूँ करता है, "इतिहास कुछ रहा भी हो तो, सड़-गलकर बदबू दे रहा है। बदबू को ढकने के लिए हमने तरह-तरह के तरीके अपनाए—थारु गाय का दूध नहीं पीते, थारु हिरन का मांस नहीं खा सकते वगैरह-वैगरह, मगर लाज थी कि उघड़ती चली ही गई।" (पृ. 137)। संजीव के उपन्यासकार की विशेषता है कि वे यथार्थ का चित्रण मात्र ही नहीं करते बल्कि उसे गतिशील बनाने के लिए लगातार तर्क-वितर्क की स्थितियाँ भी निर्मित करते हैं। काली, कुमार व मुरली पांडे सरीखे सकारात्मक पात्र कथा-स्थितियों में रच-बसकर इस भूमिका का बखूबी निर्वाह करते हैं। हिरन का मांस खाने व गाय का दूध पीने से अनर्थ होने सम्बन्धी थारुओं के अन्धविश्वास को मुरली पांडे प्रश्नों के घेरे में यूँ प्रस्तुत करते हैं : "हिरण का मांस अनजाने में खा लेने पर तो तुम बेचारी बिसराम बहू को इतना बड़ा दंड दे रही हो तो जिसने हिरण मारा उसका नाश क्यों नहीं कर देती? गाय का दूध लाचारी में बच्ची को पिला दिया बिसराम ने तो अनर्थ हो गया, लेकिन मलिकार उसकी भैंस ही ले गए—उनका क्या कर रही हो।" (पृ. 30)। यहाँ उपन्यासकार इस विडम्बना को भी रेखांकित करता है कि हिरन का मांस और गाय का जो दूध, बिसराम सरीखे थारु परिवारों को सहज उपलब्ध है उससे भी वे धार्मिक व परम्परागत षड्यन्त्री अन्धविश्वासों के चलते किस तरह वंचित कर दिए जाते हैं। उपन्यासकार की तर्क-वितर्क पद्धति का एक अन्य उदाहरण बिसराम के इस सवाल

में है कि "पुलिस मलिकार को तो कभी बन्द नहीं करती। सारा कानून गरीब के लिए है।" (पृ. 26)। उपन्यास के एक अन्य प्रसंग में "पड़ियाइन ने फेंकन बहू से हाथ-पाँव टीप देने (मालिश करने) को कहा था, इस पर फेंकन बहू ने इनकार कर दिया था, "हमसे आपका देह छुआ जाएगा।" (पृ. 92)। काली का यह आक्रोश कि "हक की कमाई माँगने पर ठेकेदार के पास पैसे नहीं हैं और हराम की कमाई डकारनेवाले दुराचारी लुटेरे परशुराम के लिए पन्द्रह हजार" (पृ. 3) और यह भी कि "...पेट से निकले नहीं कि साहब, बाबू साहेब, बबुआन, पंडित जी...और एक हम हैं बूढ़ा जाएँ तो भी कलिया!" (पृ. 94)। इन उदाहरणों से जहाँ अपराध को खाद-पानी देनेवाली जमीन का पता चलता है, वहीं प्रतिरोध की निर्मित होती मनोदशा का भी एहसास होता है।

अपराध के समाजशास्त्र को औपन्यासिक बनाते हुए संजीव धार्मिक व जातीय जकड़बन्दी का विमर्श भी रचते हैं। फेंकन दुसाध हो या काली थारु सबके पूर्वज 'सूर्यवंशी छत्तरी राजा थे। मोगल लोग से लोहा लिए थे। रानी भाग के गुफा में शरण ली...महाराना परताप...हमारी जात के थे..." (पृ. 189)। "दुसाधों की वंश कथा के अनुसार मुसलमानों का डिमांड था कि कोई भी दुल्हन हो, पहली रात उनके साथ बितानी पड़ेगी। सब कौम मान लिया, एक हमीं थे, जो नहीं माने। भाग गए जंगल में। कन्द-मूल फल खाए। जब नहीं सपरा, मरने लगे तो चोरी करने लगे।" (पृ. 188)। और थारु तो अपने मूल निवास गढ़वाल इसलिए भागे कि "मुगलों ने गढ़वाल पर हमला किया। लड़ाई लम्बी खिंच गई। गढ़वाली राजपूतों की शिकस्त अमूमन तय थी। कहीं उनकी आबरू खतरे में न पड़ जाए तो राजपूत रानियों ने अपने नौकरों के साथ भागकर यहाँ इस इलाके में पनाह ली..." (पृ. 87)। काली और फेंकन का वंश इतिहास कितना भी गौरवमय रहा हो, लेकिन परशुराम जैसे डाकुओं की मुख्यधारा उन्हें नीची निगाह से ही देखती थी, "सब थारु, धांगड़ भी, जौन बा से डकुआए लगलन। छेड़-भेड़ से खेती होता तो आदमी बरद को काहे पोसता?" (पृ. 148)। यानी कि डाका डालना यादव जाति में जन्मे परेमा और परशुरामों की स्वाभाविक परिणति थी क्योंकि "अत्याचार सभी पर होता है, मगर प्रतिक्रिया वही करते हैं जो कि मिलिटेंट होते हैं।...प्रान्त में इनकी संख्या भी ज्यादा है जो कहीं गहरे इमोशनल सिक्योरिटी भी देती है।" (पृ. 104)। डाकू परशुराम यादव "चमारों, दुसाधों, धोबियों, कुम्हारों, लुहारों व नोनियाओं का केस नहीं लेता" (पृ. 92) काली थारु को "औरत को भोगने में कोई झिझक नहीं होती। मगर उसका अपना उसूल है, औरत किसी बड़ी जात की होनी चाहिए। जाति का पता चलने पर वह दुनिया बदलती नजर आती है। इसी जाति से मान और अपमान जुड़ा हुआ है।" (पृ. 207)। इसी के चलते तो "अनपढ़ पड़ाइन, अपना ऊँचा जात के गुमान में फेंकू दुसाध की बहू को

कैसे अपना गोड़ तरे रखे, हर घड़ी यही चिन्ता'' करते-करते अपने सामने पति और भाई से उसका बलात्कार करा सकती है और पंचायत एक स्वर से फैसला दे सकती है कि ''पांडे या उनके साले ऊँची जाति के आदमी फेंकन बहू जैसी नीच जाति के साथ यह कर्म कर ही नहीं सकते।'' (पृ. 92)। इसी न्याय के चलते ''सुन्नर पांडे अपनी जाति के हीरो बनते गए और दुसाधों ने बामनों की हलवाही छोड़ दी, मगर वे शर्म और अपमान से किसी से आँख उठाकर भी बात न कर पाते।'' (पृ. 92)

दरअसल संजीव अपराध के समाजशास्त्र की औपन्यासिक पड़ताल करते हुए उस 'जनतन्त्र' का विखंडन करते हैं जो समाज के प्रभुत्वशाली वर्ग द्वारा अपहृत कर लिया गया है। राजनीति और प्रशासन का अपराध की दुनिया से गठबन्धन का खुलासा उपन्यास के पात्र दुबे जी, जो स्वयं केन्द्रीय मन्त्री हैं, के शब्दों में यूँ है, ''ये डाकू ठहरे और हम ठहरे मन्त्री, उसी सरकार के मन्त्री जो डाकू मरवाने पर ईनाम देगी–'ऑपरेशन ब्लैक पाइथन' और ऊ जो पुलिस के अपीसर लोग आए हैं–उन्हीं पर ये जिम्मेदारी है डाकू मारने की।'' (पृ. 36)। ''पिछले चुनाव में इन डाकुओं ने लाख-लाख वसूल कर दिए थे, पारटी फंड में। अकेले अपने बलबूते पचास बूथ घेरे रहा था बिन्दा।...बिन्दा, गोकुल और परशुराम के बूते जीत गए चुनाव।'' (पृ. 34)। डाकू परशुराम को भी अपने राजनीतिक बल का एहसास है, इसीलिए वह कुमार जैसे ईमानदार पुलिस अधिकारी को यह धमकी दे सकता है कि ''तुम जिस मन्त्री का वरदान पाके अजर-अमर बना घमंड से ऐंठ रहा है, ऊ भी हमरे बनावल है।'' (पृ. 41)। जनतन्त्र का चौथा स्तम्भ भी सत्ता व अपराध तन्त्र के गठबन्धन से मुक्त नहीं है, ''जगदम्बा जब तक पीत पत्रकारिता करता रहा, बोतल और दूसरी सुविधाओं पर बिकता रहा, दारू सप्लाई करता रहा, डकैतों का साथ देता रहा, तब तक सुरक्षित और शानदार जिन्दगी जीता रहा, लेकिन जैसे ही उसने सही पत्रकारिता या सच की डगर पकड़ी न अफसरों को सुहाया, न जमींदारों को, न डाकुओं को। जगदम्बा की बर्बर हत्या को भी सब सोख गए, खबर देनेवाला कोई खबर तक नहीं बन सका।'' (पृ. 24)

सत्ता, प्रशासन और अपराध का यह जंगल-तन्त्र परशुराम और परेमा सरीखे जिन भस्मासुरों की खेती कर रहा है, उपन्यासकार उनकी राबिन हुड छवि का भी भेदन करता है। यही कारण है कि परशुराम को मास्टर मुरली पांडे से शिकायत है कि, ''एक बार ई भी कह देते कि परशुराम गरीबों की मदद करता है, जिसको इंसाफ नहीं मिलता, उसको इंसाफ देता है, नियाव करता है, कराइम कंट्रोल करता है।'' (पृ. 274)। लेकिन मुरली पांडे की साफ समझ है कि ''जो परशुराम तुम बन डोलते रहे यह तो उस परशुराम का अपमान है। इससे विरोध हमारा रहा है और रहेगा।'' (पृ. 271)। मास्टर मुरली पांडे की यह साफगोई उपन्यासकार की उस गहरी

अन्तर्दृष्टि का परिणाम है जो परशुराम की चुनावी जीत को पिछड़ों-दलितों के सशक्तिकरण के सरलीकृत नुस्खे के रूप में न प्रस्तुत कर जनतन्त्र की विकृति व सत्तातन्त्र के बलापहरण के रूप में अनावृत्त करती है।

'जंगल जहाँ शुरू होता है' के कथ्य में विन्यस्त थारु समाज के काली, बिसराम व मलारी जैसों की नियति भारतीय समाज का जो अन्तर्पाठ तैयार करती है, उसमें यह प्रश्न उचित ही है कि "आखिर इन थारुओं में अपने इस शोषण के विरुद्ध कोई आक्रोश क्यों नहीं उपजता? अपना कोई नायक क्यों नहीं खड़ा कर पाई यह जाति?... अगर नारियाँ ही पुरुषों से जीवन्त हैं तो नायिका ही खड़ी होती कोई?"...(पृ. 280)। संजीव के उपन्यासकार द्वारा पूछे गए ये अनुत्तरित प्रश्न सम्भवतः उनके अगले उपन्यास की पूर्वपीठिका हों। लेकिन 'जंगल जहाँ शुरू होता है' का डाकू वृत्तान्त विवशता, उत्पीड़न तथा प्रतिरोध के जिस धरातल पर टिका है, वह उस समाजशास्त्रीय प्रामाणिकता से युक्त है जो हिन्दी उपन्यास की नई सामर्थ्य का परिचायक है जो इसे महज किस्सा-कहानी से उबारकर भारतीय समाज के विविध पक्षों को समझने का सशक्त माध्यम बनाता है। यद्यपि संजीव 'धार' एवं 'पाँव तले की दूब' सरीखी औपन्यासिक रचनाओं द्वारा पहले भी हाशिए के समाज को कथा की केन्द्रीयता दिलाने की पहलकदमी कर चुके हैं, लेकिन जिस व्यापक धरातल पर संजीव ने इस उपन्यास की अन्तर्वस्तु के जटिल विधान को साधा है, वह उनकी औपन्यासिक परिपक्वता का परिचायक है।

4

इधर के हिन्दी उपन्यासों ने पहाड़, जंगल से लेकर जनजातियों तक की जो यात्रा तय की है, वह हिन्दीभाषी क्षेत्र की सीमाओं को फलाँगकर सुदूर उत्तर-पूर्व की मिजो जनजाति व लुसाई पहाड़ियों तक विस्तृत हो गई है। चार वर्ष पूर्व प्रकाशित श्रीप्रकाश मिश्र का प्रायः अचर्चित उपन्यास 'जहाँ बाँस फूलते हैं' हाशिए के जिस वृत्तान्त को औपन्यासिक केन्द्रीयता प्रदान करता है, वह कई दृष्टियों से महत्त्वपूर्ण है। यह उस अजाने समाज की कहानी है जहाँ "पिछली सदी तक चूल्हे के ऊपर बने बाँस के मचान पर पुरखों की हड्डियाँ बाँस की टोकरियों में भरकर सुखा ली जाती थीं और पीढ़ी-दर-पीढ़ी विरासत में सरका दी जाती थीं। हेड हंटिंग के जमाने में कटे सिरों की ट्राफियाँ तोरण की तरह घर के अगवाड़े टाँग दी जाती थीं। ईसाइयत और अंग्रेजी हुकूमत के आने पर यह सब तो जाता रहा, लेकिन मनोवृत्ति नहीं गई। अब जानवरों के सिर टाँगे जाते हैं।" (पृ. 128)। भारतीय राष्ट्र-राज्य के सन्दर्भ में केन्द्रीय सत्ता के आधिपत्य और परिधि के प्रतिरोध का यह औपन्यासिक वृत्तान्त जिस मिजो विद्रोह की पृष्ठभूमि पर रचा गया है, वह विषय के रूप में हिन्दी में पहली बार है।

उत्तर-पूर्व की मिजो जनजाति की अस्मिता, स्वतन्त्रता व आर्थिक शोषण के प्रश्नों की भारतीय राजनीति व समाज की मुख्यधारा से टकराहट की यह औपन्यासिक कथा जिस मिजो समाज व भू-भाग से रू-ब-रू है उसका विस्तार तिब्बत, बर्मा और तत्कालीन पूर्वी बंगाल तक है। इस जटिल व वैविध्यपूर्ण कथात्मक वृत्तान्त की मुख्य शक्ति उपन्यासकार की मिजो जीवन में अन्तरंग पैठ और गहरी जानकारी है। उपन्यास में मिजोरम की संस्कृति, भाषा, भूगोल, जीवनचर्या, खान-पान, प्रकृति, जंगल, पहाड़ व पशु-पक्षियों की जीवन्त व सार्थक उपस्थिति उपन्यास को मूल्यवान बनाती है। लालडेंगा के नेतृत्व में सन् '66 के मिजो विद्रोह की पृष्ठभूमि, भूमिगत आन्दोलन, गैर-मिजो (वाइयों) द्वारा मिजोरमवासियों का शोषण, भेदभाव व उनकी संस्कृति में हस्तक्षेप, भारतीय सैन्य व गुप्तचर संगठनों की कब्जेदारी, संगठन के रूप में आततायी भूमिका व मिजो समाज की आन्तरिक शक्ति व दुर्बलताओं को कथा-सूत्र में पिरोता श्रीप्रकाश मिश्र का यह उपन्यास अपने कथ्य की मौलिकता के कारण अपनी अलग पहचान बनाता है।

'जहाँ बाँस फूलते हैं' के इस मिजो समाज में "भूख का मारा मिजो वर्षों तक इन्तजार करता, फिर जंगल को साफ कर धान लगा जाता था। फसल जब तैयार होने को होती थी तब अपना झोंपड़ा बना जाता था। फिर एक दिन रात को इलाके के पुराने जमींदार...अपने साथियों के साथ आ धमकते, इनके घरों को उजाड़ फसल काटकर ले जाते और खेती लायक जमीन दो-चार साल के लिए कब्जा कर लेते।" (पृ. 74)। मिजो विद्रोह के सूत्रों की तलाश करते हुए श्रीप्रकाश मिश्र अपने उपन्यास की अन्तर्वस्तु में ये प्रश्न विन्यस्त करते हैं कि "जब अनाज की तलाश में हथियार उठा लिए तो देश कहाँ से आ गया?" (पृ. 59)। मिजो विद्रोह व भारतीय राष्ट्र-राज्य की टकराहट को सूत्रबद्ध करते हुए उपन्यासकार इस तथ्य को भी रेखांकित करता है कि "मिजोरम पिछड़ा है, गँवार है, दुखी है, दरिद्र है। इसे बदलना चाहिए। इसे बदलना तो वाई (गैर-मिजो) भी चाहता है। पर वाई भी दो हैं—एक तो सरकार है, जो नीति बनाती है : उन्हें वैसा ही छोड़ दो, सिर्फ उन्हें लिखाओ-पढ़ाओ और आरक्षण के बदौलत नौकरी दो। सुरक्षा के लिए जरूरी हो तो सड़कें बनवा लो। लोग वाकई भूखों मरने लगें तो थोड़ा अन्न पहुँचा दो। किन्तु इन्हें छेड़ो नहीं। एक विशाल गणतन्त्र की विरासत 'एकता में अनेकता' के उदाहरणस्वरूप इनकी जीवन-पद्धति अक्षुण्ण रखो 'इन्थ्रापोलॉजिकल म्यूजियम पीस' के रूप में। दूसरा इस नीति को क्रियान्वित करनेवाले वाइयों का दल है, जो विकास के लिए मिले पैसे अपनी जेब में रख लेता है, यहाँ का अदरक, चावल मिट्टी के मोल ले जाकर अपने वतन में सोना बनाता है, यहाँ की सुरा-सुन्दरियों का उपभोग इस तरह से करता है, कि जैसे मिजोरम उसकी जमींदारी हो, उपनिवेश हो और वह इस उपनिवेश का एकमात्र

मालिक।" (पृ. 67)। उपन्यासकार गैर-मिजो वाइयों के इस दृष्टिकोण के समानान्तर मिजो विद्रोही नेता लालडेंगा के इस कथन को औपन्यासिक कथ्य में विन्यस्त करता है कि "हमने अपने मन से भारतीय गणराज्य में रहने की स्वीकृति ही न दी, भारतवर्ष का अंग कैसे बन गया? हमें गुलाम बनाए रखने के लिए दिल्ली के शासकों ने यह जालिम दुरभिसन्धि रची है, अपनी आजादी के लिए नए सिरे से लड़ना है।" (पृ. 139)

श्रीप्रकाश मिश्र मिजो जाति के अलगाव व विद्रोह की औपन्यासिक कथा को मात्र राजनीतिक रूप से ही नहीं सन्दर्भित करते, बल्कि इसके सांस्कृतिक व जन-पक्षधर रूप को भी उजागर करते हैं। वे मिजो समाज के बहिरंग पर ही ध्यान न केन्द्रित करके इसके अन्तरंग को भी अनावृत्त करते हैं। यहाँ शेर-भालू, कुत्ते-बिल्ली के शिकार व भोजन से लेकर जिन्दा मुर्गों को खौलते पानी में उबालकर बने पेय, जिन्दा भुने कुत्तों के पेट में सूअर की चर्बी के साथ सलाखों की गर्मी से पके चावलों का खाद्यान्न है। युवक-युवतियों के बीच ऐसे वर्जनाहीन सम्बन्ध हैं कि कोई त्लंगवाल (युवक) किसी नुला (युवती) को बहन नहीं कहता और "कन्धे पर मर्द का हाथ क्वाँरी लड़की के लिए सम्मानजनक माना जाता है।" (पृ. 298)। मिजो समाज में ईसाईकरण से हुए मूल्यगत बदलाव व मिजो परम्परा व हिन्दू धार्मिकता से इसकी टकराहट तथा भारतीय सेना के आधिपत्य से मिजो समाज के जीवन में उत्पन्न सामाजिक, सांस्कृतिक विकास व राजनीतिक संकट की यह अन्तर्कथा भारतीय समाज की समरसता के मिथक का भेदन करती है। शिक्षा, जनतन्त्र तथा राष्ट्रवाद सरीखे निर्विवाद-से पद भी यहाँ भिन्न परिप्रेक्ष्य प्रस्तुत करते हैं। उपन्यासकार शिक्षा को लेकर समाज की शंकाओं को यूँ अभिव्यक्त करता है, "किसी कौम को नपुंसक बनाना हो तो उसे पढ़ाका बना दो। समाप्त हो जाएगा उसका पुरुषत्व। अपने सफेद कपड़ों और चिकनी चमड़ी की रक्षा में इतना तल्लीन हो जाएगा कि उसका सब कुछ इशारों से लूट लो।" (पृ. 159)। उपन्यास में गैर-मिजो माइकल और मिजो विद्रोही भूचेंगा के बीच यह संवाद इस सम्बन्ध में दृष्टव्य है :

"तुम हमें विस्तारवादी क्यों मान रहे हो? अपने को शोषित क्यों समझ रहे हो? देखो, मिजोरम में प्रति व्यक्ति अड़तीस रुपए शिक्षा पर केन्द्रीय सरकार खर्च कर रही है, विकास पर..."

"...किन्तु यह कब से खर्च कर रही है। छाछठ के बाद से। क्यों खर्च कर रही है? क्योंकि हमारा निशाना अचूक है। हमारे तीन कमांडो तुम्हारी फौज की पूरी टुकड़ी खत्म कर देते हैं। तब अपनी मजबूरी को छिपाने के लिए हमें 'बैकवर्ड' कहते हो, हमारे 'अपलिफ्ट' के लिए पैसा भेजते हो। जबकि तुम्हारे आँकड़ों के अनुसार हम शत-प्रतिशत साक्षर हैं।...जैसे हम तुम्हारी निगाह में बैकवर्ड हैं वैसे ही लद्दाख के

लोग, कुमायूँ-गढ़वाल के लोग, दार्जिलिंग-बस्तर-कालाहांडी के लोग बैकवर्ड हैं। उन पर 'पर कैपिटा' कितना खर्च करते हो? क्या इसीलिए कि वे अभी हथियार नहीं उठाए हैं?" (पृ. 213)

जनतन्त्र की 'राष्ट्रीय' समझ को मिजो परिप्रेक्ष्य प्रदान करते हुए विद्रोही भूचेंगा का तर्क है कि "जनतन्त्र व जेसू का नाम विरोधी शब्द है।...तुम आर्यों का राज्य हम मंगोलों पर है। अपने यहाँ के नीग्रो को दबा रहे हो। और ऊपर से नकली ही सही डिमोक्रेटिक सोशलिज्म लाद रहे हो।...अपनी कौम के हर प्राण के बूते पर हमारा बच्चा-बच्चा भारत से अलग रहना चाहता है।" (पृ. 212)। लेकिन मिजो अलगाव की इस प्रक्रिया में उपन्यासकार भारतीय सेना की उस भूमिका पर भी प्रश्नचिह्न लगाता है जो "अतिथि की तरह घुसे और डकैत की तरह बरतने लगे।" (पृ. 161)। और "जिन चीजों की पहले मिजो लोगों को कोई जरूरत नहीं थी उन्हें पहले मुफ्त में दे लत लगा फौजवालों ने अब उन्हें निर्भर बना लिया है। गाहे-ब-गाहे उसकी लालच में वे (मिजो) अपनी आत्मा की आवाज भी बेच देते हैं।" (पृ. 306)। आत्मान्वेषण की मुद्रा में माइकल स्वयं से यह प्रश्न भी करता है कि "आखिर वह देश क्या है, जिसकी रक्षा के लिए हमारी भावनाओं को उपदेश द्वारा बलिदान की हद तक उभारकर धरती के लम्बे-लम्बे टुकड़ों को अपने वश में रखा जाता है, वाशिन्दों की इच्छा के खिलाफ?" (पृ. 207)। और विकास की विकलांगता को उपन्यासकार यूँ कथात्मक बनाता है, "केन्द्रीय सरकार ने पानी की तरह पैसा फेंका है आइजाल में। और आइजाल में विकास हो रहा है। चोरी यहाँ हो रही है। जिस्म यहाँ बेचे जा रहे हैं। ठीकेदारी के नाम पर पैसे की लूट यहाँ हो रही है। नौकरियों में धाँधली यहाँ हो रही है। कोई खाते-खाते मर रहा है, कोई खाने बिना मर रहा है। कोई पन्द्रह घंटे खट रहा है, तो कोई बिना काम किए परजीवी बना बैठा है। क्या बुरा हो रहा है? यही तो विकास के लक्षण हैं।" (पृ. 206)

'जहाँ बाँस फूलते हैं' उपन्यास का महत्त्व इस तथ्य में भी अन्तर्निहित है कि उपन्यासकार मिजो अस्मिता के प्रश्न को गैर-मिजो निगाह से न देखकर उसे मिजो समाज की अन्तरंगता में रच-बसकर प्रस्तुत करता है। मिजो पक्ष के प्रवक्ता की भूमिका का निर्वाह भी उसने काफी कुछ निष्पक्षता के साथ किया है। लेकिन उपन्यासकार जहाँ-तहाँ पुरुष रतिकवादी दृष्टि से नहीं बच पाया है। उपन्यासकार की यह अजब ग्रन्थि है कि वह नारी-देह को स्तन व नितम्ब की पदावली में कैद करके रख देता है। कटहल जैसे स्तन तो नुथलुई रौपारी की पहचान ही बन गए हैं। 'स्वस्थ मादा की कामुक अललाहट' सरीखी अभिव्यक्तियाँ भी उपन्यासकार के पुरुष रतिकवाद की ही परिचायक हैं। लेकिन इस उपन्यास की सबसे बड़ी सीमा इसकी भाषायी असावधानी, व्याकरण सम्बन्धी दोष तथा वर्तनी सम्बन्धी गम्भीर भूलें हैं।

शायद इसका कारण उपन्यासकार द्वारा अपनी पूर्वी उत्तर प्रदेश की भाषिक जड़ों से मुक्त न हो पाना है। भोजपुरी बोली से वह इतना मोहग्रस्त है कि मलयाली पृष्ठभूमि के माइकल की स्मृति में भी वह मोती बी.ए. का यह भोजपुरी गीत चस्पाँ कर देता है "जेठ की दुपहरी में हरिना बा पिआसा/एही दुपहरिया में बा रेतवे के आसा।" (पृ. 226)। 'बेला झुक गई थी', 'शमा बँध गई', 'मकानों की साया', 'बदन चमक रही थीं', 'कोई पूछा', 'बाँध लिए थी', 'तब्दील कर लिए थी', 'प्रचरण की चाल में' जैसे वाक्य-विन्यास औपन्यासिक कथ्य में खटकते हैं। 'अतिशय फलाकांक्षा कर्म के लिए लाघव पैदा करती है' सरीखी अभिव्यक्तियाँ उपन्यास की पठनीयता को बाधित करती हैं। उम्मीद की जानी चाहिए कि अगले संस्करण में उपन्यास इन दोषों से मुक्त हो सकेगा।

उपन्यास में जहाँ-तहाँ मिजो भूमिगत आन्दोलन व औपन्यासिक कथा के बीच लम्बी-लम्बी छलाँग के कारण कथा-संयोजन में फाँक भी है। इन कमियों के चलते उपन्यास अपनी सम्पूर्णता में न प्रभावित कर खंड-खंड में प्रभावित करता है। बावजूद इन कमियों के अपने नितान्त अछूते कथ्य तथा मिजो समस्या की गहन औपन्यासिक पड़ताल के कारण यह उपन्यास अपनी सार्थकता दर्ज कराता है।

5

हाशिए के जीवन का यह औपन्यासिक विमर्श मनमोहन पाठक के उपन्यास 'गगन घटा घहरानी' की चर्चा के बिना अधूरा है, क्योंकि झारखंड के पलामू क्षेत्र का आदिवासी जीवन व संघर्ष इस उपन्यास में अपनी सम्पूर्णता के साथ उपस्थित है। ओराँव जनजाति की इस संघर्षगाथा में आदिवासी जीवन का सौन्दर्य, शौर्य, विवशता, सरलता, कुरूपता, अभाव व बदलाव की चेतना एक साथ उपस्थित हैं। यह समूचे प्रान्तर तथा आदिवासी समाज के व्यक्तित्वान्तरण की औपन्यासिक गाथा है। 'जंगल जहाँ शुरू होता है' व 'जहाँ बाँस फूलते हैं' उपन्यासों में जनतन्त्र व विकास की जिस केन्द्रीकृत अवधारणा पर प्रश्नचिह्न लगाया गया है, वे प्रश्न यहाँ अधिक पैनेपन व आन्दोलनात्मक तेवर के साथ उपस्थित हैं।

'गगन घटा घहरानी' उपन्यास में प्रकृति 'मिडिल एज-क्राइसिस' से गुजरते अभिजन का न तो 'अन्तिम अरण्य' है और न ही 'दीवार में एक खिड़की रहती थी' की तर्ज पर यहाँ नदी, तालाब, चट्टान, तोतों, बन्दरों, नीलकंठों, पेड़ों व पहाड़ियों का वह गीतात्मक संसार है, जहाँ, "जीवन इतना अच्छा लग रहा है कि लगता है बहुत जी गए और मृत्यु यहाँ से बहुत समीप हो।" (पृ. 75)। यहाँ प्रकृति को बचाने व उससे संघर्ष का द्वन्द्व एक साथ उपस्थित है। यहाँ चाँदनी देहों की अकुलाहट का उद्दीपन न होकर, देहों को बेपरदा करने का उपादान है। उपन्यासकार के शब्दों में :

"इस बेतरह खिलखिलाती हुई चाँदनी को होश कहाँ है। उसे यह ज्ञान कहाँ कि कौन है पेड़, कौन चट्टान और नदी या पहाड़। उसे इन सोते हुए स्त्री-पुरुषों, बच्चों-बूढ़ों का भी ज्ञान कहाँ है! वह तो सबको उघाड़े जा रही है। पर्दे-पर्दे उड़ाए जा रही है।" (पृ. 78)। मनमोहन पाठक अपने इस कथा-वृत्तान्त में प्रकृति के मानवीकरण द्वारा सरस जीवन-स्थितियाँ गढ़ने के बजाय दैनन्दिन जीवन की कुरूपताओं व दारिद्रय को प्राकृतिक रूपकों में ढालते हैं, जैसे कि "तार-तार फटी धोती-सी आसमान की दरिद्रता हवा में उड़ रही है।" (पृ. 108)

जनतन्त्र, विकास और सभ्यता की पदावली को अस्थिर करते हुए उपन्यासकार ओराँव जनजाति की संघर्षगाथा को बूढ़े आदिवासी पैरुगनी की सोच में कुछ यूँ विन्यस्त करता है, "इन्हीं पहाड़ों से अपनी पीठ पर सभ्यता की रोशनी लादे मैदानों में उतरे थे। खेती करना और घर बनाना सीखा था। तब तो बाहर से आनेवालों से उन्हें कोई भय नहीं होता था। अतिथि मानकर सम्मान करते थे उनका। उन्हें कुछ सिखाते थे, कुछ सीखते थे उनसे।...उन्हीं मेहमानों ने यह कौन-सा रूप ले लिया है, उनकी छायाओं से भी भय लगने लगा है। उस भय के सामने वन के हिंस्र पशुओं का भय तो कुछ भी नहीं। भूत-प्रेत का भय तो कुछ भी नहीं।" (पृ. 179)।

'आदिम' व 'सभ्य' समाज की टकराहट को औपन्यासिक परिप्रेक्ष्य प्रदान करते हुए मनमोहन पाठक मूल वासी व मेहमान का जो विमर्श रचते हैं, वह शोषण के उस दुष्चक्र का खुलासा करता है; जहाँ सूखा पड़ने पर चैतू व दायडू सरीखे मेहनतकश आदिवासी अपने खेत जमींदार जगधारी राय के पास रेहन रखने के लिए विवश होते हैं और "राय बहादुर के हाथ चढ़ा खेत आज तक कोई नहीं लौटा पाया।" (पृ. 26)। उपन्यासकार आदिवासी जीवन की इस विडम्बना को भी रेखांकित करता है कि जो आदिवासी सेवकिया जागो राय साहब के बाड़े में चीते को पालकर उनकी दुर्दम्य छवि को बनाता है, उसी जागो को राय साहब ने हाथ-पैर बाँधकर भूखे चीते के सामने फेंक दिया क्योंकि उसकी ब्याहता ने बढ़ी हुई उम्र के कारण यह विवशता प्रकट की थी कि "जागो से अब गढ़ी का काम न होगा। सुनकर तन-बदन में आग लग गई थी राय बहादुर के। यह अच्छा मौका था। खतरनाक मौका था। इस समय उसे इस तरह छोड़ देने का मतलब सिर्फ एक आदमी को, एक चाकर को छोड़ देना भर नहीं था, एक परम्परा की शुरुआत करना था। अपने ही हाथों अपनी उँगली काट लेना था।" (पृ. 60)

जगधारी राय की सामन्ती बर्बरता और जागो सेवकिया की त्रासद नियति को व्यक्ति विशेष की दुखान्त गाथा न कहकर उपन्यासकार इसे जिन व्यापक सामाजिक सन्दर्भों से जोड़ता है, वह भारतीय जनतन्त्र की विकलांगता और विकास (?) को उजागर करता है। इसी तन्त्र के चलते जगधारी राय सरीखे परजीवी जमींदारी से

लेकर ठेकेदारी व चुनाव की राजनीति तक अपनी जड़ों का विस्तार करते हैं और जागो सेवकिया जैसे मेहनतकश अपने खेत, घर, गाँव से बेदखल होकर जड़विहीनता का अभिशाप झेलते हैं। उपन्यासकार जहाँ इस दुष्चक्र के बाह्य कारकों को चिह्नित करता है, वहीं धर्म और पाप-पुण्य के उन संस्कारों की भी पड़ताल करता है जो इन्हें शोषण का इच्छुक सहभागी बनाता है। ओराँव मुखिया की मान्यता है कि "कर्ज नहीं उतारना पाप है", लेकिन पाप-पुण्य यह जकड़बन्दी उसे उन कारकों की पड़ताल से रोकती है जिसके कारण जागो को बँधुआ मजदूरी का शिकार होना पड़ा। जागो ने "सत्तर रुपया और दू मन गोंदली के कारण जिन्दगी-भर सेवा की, मेहरू बेटी से मजूरी कराई, फिर भी बाकी है।" (पृ. 3)। आदिवासियों के बद्धमूल धार्मिक संस्कारों की जकड़न को उपन्यासकार चेतनासम्पन्न युवक सोना की इस सोच के माध्यम से तोड़ता है : "...उनका धर्म तो हमें सजा दे रहा है। उनका धर्म, उनका समाज तो हमारे समाज को लीलता जा रहा है।...हमारा धर्म, हमारा देवता क्या इतने कमजोर हैं कि वे अपने लोगों को बचा नहीं सकते।" (पृ. 79)। धार्मिक विश्वासों को धार्मिक तर्कों से काटता यह औपन्यासिक विमर्श बदलाव की जिस चेतना में रूपान्तरित होता है, वह मात्र एक कथात्मक संरचना न होकर प्रभुत्वशाली वर्गों से हाशिए के समाज की टकराहट का वह यथार्थ है, जो आए दिन आदिवासी लूटपाट की घटना या कानून-व्यवस्था की समस्या के रूप में अखबारों की सुर्खियाँ बनता है। बदलाव की इस चेतना को उपन्यासकार बूढ़े पैरुगनी की सोच में यूँ विन्यस्त करता है, "...हाथ-पर-हाथ धरे किसके आसरे बैठे हो। अरे तुम्हारा कर्जा तो कब का चुक गया। सूद-मूल समेत। तुम्हारे खेतों में धान की फसल पककर झरी जा रही है और तुम यहाँ झगड़ रहे हो। जाओ, मेरे भगत टूना पहान से कहो–डुगडुगी बजाए। हँसुआ उठाओ, धान काटो। भूखे बच्चों के मुँह में अन्न-दाना डालो।" (पृ. 185)

भूख से उपजी आदिवासी समाज की यह चेतना विनोद कुमार शुक्ल के उपन्यास 'खिलेगा तो देखेंगे' के भूख के उस प्रहसन से भिन्न है, जहाँ अन्न होते हुए भी काल्पनिक अभाव की चिन्ता में पिता बेटे को भूखा रहना 'सिखाता' है। उपन्यास का यह अंश इस सन्दर्भ में दृष्टव्य है :

"समय रहते हम लोग मुन्ना को भूखा रहना सिखाएँगे। मुन्ना को भूखा रहना सिखा सकते हैं क्योंकि मुन्ना को खिला सकते हैं। छुटपन में भूखा न रह गया हो के डर से तुम बहुत दूध पिला देती हो।"

"मुन्ना भूखा न रह जाए इसका डर तुमको ज्यादा था।" पत्नी ने कहा।

"मुन्ना को यह बतला देंगे कि माँ-बाप का साथ हमेशा नहीं होता और उसे खाना नहीं देंगे। बच्चों को साथ रखेंगे जैसे उनके साथ नहीं हैं। अपने न होने की आदत उनको डालेंगे।" ('खिलेगा तो देखेंगे', पृ. 177-178)।

रुग्ण मानसिकता से उपजी भूख के अनुकूलन की उपरोक्त 'साहित्यिक संरचना' के बरक्स मनमोहन पाठक 'गगन घटा घहरानी' के कथ्य में भूख से मुक्ति का जो औपन्यासिक वृत्तान्त रचते हैं, वह न तो नाटकीय है और न ही अविश्वसनीय। यही कारण है कि वे भूखे पेटों के बीच नए धान की आमद को इस शब्द-चित्र का रूप दे पाते हैं, "गाँव नए धान की खुशबू से महक उठा। बच्चे तो मुँह में भरकर चबाने लगे। धान के दूध से मुँह भर गया। कइयों के तालू में सट गया धान, कइयों की जीभ कट गई, सुई की नोंक की तरह गड़-गड़कर मुँह से खून निकल आया।" (पृ. 180)। भूख की यह त्रासद चित्रात्मकता 'खिलेगा तो देखेंगे' उपन्यास की तरह महज एक वर्णनात्मक कौशल न होकर उस गहरी यथार्थ-दृष्टि का परिणाम है, जहाँ कथ्य, भाषा व शिल्प एकाकार होकर साहित्यिक संरचना को सामाजिक संरचना में रूपान्तरित कर देते हैं।

'गगन घटा घहरानी' और 'खिलेगा तो देखेंगे' उपन्यासों में यूँ तो यथार्थ को बरतने की प्रविधि दो ध्रुवान्त लिए है, लेकिन यह एक दिलचस्प तथ्य है कि 'गगन घटा घहरानी' के कुछ प्रसंगों को पढ़ते हुए 'खिलेगा तो देखेंगे' का भाषायी कौशल अनायास स्मरण हो आता है। यहाँ यह तथ्य उल्लेखनीय है कि 'गगन घटा घहरानी' (1991) का रचनाकाल खिलेगा तो देखेंगे (1996) से पाँच वर्ष पूर्व का है। 'गगन घटा घहरानी' के निम्न उद्धरणों में इन भाषायी प्रयोगों को देखा जा सकता है, "सोचना भी क्या दिख सकता है किसी को? जंगल के सफेद-सफेद फूल मुस्कुरा रहे थे। फूल हैं तो खिलेंगे ही, मुस्कुराएँगे ही।" (पृ. 175)। उपन्यास के अन्य प्रसंग में, "नींद भी तो सबको लाकर वहीं नहीं छोड़ती जहाँ से चली थी। जगने पर चेतना को लौटना पड़ता है। कभी जोर देकर लौटाना पड़ता है।" (पृ. 179)। उपन्यास में ऐसी कलात्मक अभिव्यक्तियाँ यत्र-तत्र उपस्थित हैं। इन्हें 'खिलेगा तो देखेंगे' के साथ पढ़ने पर यह तथ्य शिद्दत से रेखांकित होता है कि जहाँ मनमोहन पाठक यथार्थजन्य अभिव्यक्तियों का कलात्मक रूपान्तरण करते हैं, वहीं विनोद कुमार शुक्ल कलात्मक अभिव्यक्ति के लिए यथार्थ का उपभोग करते हैं। यथार्थ के साथ इसी सुलूक के चलते भूख की दारुण व्यथा भी रुग्ण मानसिकता की नाटकीय संरचना बनकर रह जाती है।

6

भूख को रुग्ण मनोदशा में तब्दीली करती विनोद कुमार शुक्ल की औपन्यासिक कला के बरक्स भूख की दारुण यातना का परिप्रेक्ष्य इधर के जिस ताजातम उपन्यास में अभिव्यक्त हुआ है, वह है तेजिन्दर का उपन्यास 'काला पादरी'। तेजिन्दर ने भूख की राजनीति से भूख की 'थियोलॉजी' (धर्मशास्त्र) तक का जो सफर 'काला पादरी'

में तय किया है, वह सम्भवतः हिन्दी उपन्यास के लिए नई विषयवस्तु है। यद्यपि ईसाई मिशनरियों की भूमिका व धर्मान्तरण के प्रसंग 'धरती धन न अपना' (जगदीश चन्द्र) व 'मुखड़ा क्या देखे' (अब्दुल बिस्मिल्लाह) सरीखे उपन्यासों में पहले भी आते रहे हैं, लेकिन तेजिन्दर इसे जो अद्यतन सन्दर्भ देते हैं, वह 'लिबरेशन थियोलॉजी' (मुक्ति का धर्मशास्त्र) के 'बांडेड थियोलॉजी' में बदलने की प्रक्रिया को औपन्यासिक बनाने की साहसिक, जोखिम भरी व विवादास्पद पहलकदमी है। यह करते हुए उपन्यासकार जेम्स खाखा सरीखे उन आदिवासियों में कायाप्रवेश करता है, "जो बेगार की मजदूरी करते-करते अचानक बेगार की प्रार्थना में शामिल हो गए थे।" (पृ. 55)

'काला पादरी' उपन्यास भी 'गगन घटा घहरानी' की ही तरह ओराँव या उराँव आदिवासियों की पृष्ठभूमि पर केन्द्रित है। दो पीढ़ी पूर्व ईसाई धर्म अपनानेवाले उराँव परिवार में जन्मे जेम्स खाखा की विडम्बना को उपन्यासकार ने उसी के शब्दों में यूँ अभिव्यक्त किया है, "माँ कहती है कि चूँकि चर्च ने तुम्हारे पिता और दादा को रोटी दी थी, काम दिया था और राजा की बेगार से मुक्ति दिलवाई थी, इसलिए तुम्हें अपना पूरा जीवन चर्च की सेवा में बिताना है। क्या यह एक तरह का बँधुआ विचार नहीं है?" (पृ. 47)। उपन्यास के अन्त में जेम्स खाखा का यह संकल्प कि "अब हम और बर्दाश्त नहीं करेंगे न बेगार और न प्रार्थना।" (पृ. 10)। धर्म-परिवर्तन से उपजी उस जड़विहीनता का परिणाम है जो उसे रोटी तो देता है, लेकिन उससे उसकी अस्मिता छीन लेता है। उपन्यासकार ने इसे जेम्स खाखा के इस कथन के माध्यम से यूँ अभिव्यक्त किया है, "हम भले ईसाई बन गए हों, हमें एतराज नहीं लेकिन मूलतः हम उराँव हैं और उराँव होने के नाते वे उराँव जिन्होंने प्रभु यीशु के मार्ग को नहीं अपनाया है, उनसे हमारा कोई विरोध नहीं होना चाहिए, उनके और हमारे कन्सर्न एक हैं—अलग-अलग नहीं। अगर उनके पास चावल नहीं है तो दैट शुड बी अवर कन्सर्न आल्सो।" (पृ. 110)

उपन्यासकार ने जेम्स खाखा की इस चाहत कि "चर्च को भूखे लोगों का साथ देना चाहिए" (पृ. 12) और बिशपस्वामी की इस व्यावहारिक सोच कि "चर्च का उत्तरदायित्व केवल अपने विश्वासियों के प्रति है" (पृ. 212) की टकराहट के माध्यम से चर्च की जिस भूमिका को उजागर किया है वह ईसाई मिशनरियों द्वारा निःस्वार्थ सेवा की स्वीकृत धारणा को तोड़ती है। "हमारा इंटरेस्ट हमारे लिए सबसे बड़ा है। वी हैव टू ब्रिंग मैक्सीमम पीपल इन अवर फोल्ड दैट इज अवर ड्यूटी फार व्हिच गाड हैज सैंट अस टू दिस अर्थ, इसके लिए अगर कुछ लोग भूख से मर जाते हैं तो यह भी प्रभु की इच्छा है।" (पृ. 124)। बिशपस्वामी की यह स्वीकारोक्ति चर्च की हित-लाभ की भूमिका को स्वतः स्पष्ट करती है।

ईसाई मिशनरियों की 'परोपकारी' भूमिका के निहितार्थों को उजागर करते हुए उपन्यासकार हिन्दू पुनरुत्थानवादी संगठनों की उस साम्प्रदायिक भूमिका के प्रति भी सजग है जो साम्प्रदायिकता को बढ़ावा देकर स्टेंस जैसे मिशनरियों की हत्या एवं हिन्दू धर्म में ईसाइयों की पुनः वापसी के राजनीतिक अभियान की जमीन तैयार करते हैं। छत्तीसगढ़ के सरगुजा जिले में उराँव आदिवासियों के बीच सात दशकों का विस्तार लिए ईसाई मिशनरियों की भूमिका, आदिवासियों का धर्मान्तरण, संकीर्ण धार्मिक हितों के लिए धर्म का इस्तेमाल और राजनीतिक हित-लाभ की गणना का जटिल विमर्श जिस बेबाकी और अद्यतन सन्दर्भों के साथ औपन्यासिक कथ्य में विन्यस्त हुआ है, वह इसे अतिरिक्त समसामयिकता प्रदान करता है।

'काला पादरी' नए विमर्श का उपन्यास इन अर्थों में भी है कि यह न तो धार्मिक सभ्यताओं के संघर्ष का कथात्मक सरलीकरण करता है और न ही साम्प्रदायिकता के दबाव में धार्मिक आश्रय की विवशता का वृत्तान्त रचता है। धर्मनिरपेक्षता बनाम पुनरुत्थानवाद का भी सरलीकृत द्विभाजन यहाँ नहीं है। उपन्यास की तार्किक परिणति जेम्स खाखा के उस निर्णय में होती है जो उसे धर्म की चाकरी से मुक्त करता है। चर्च की संडे की प्रार्थना में शामिल होने के बजाय जेम्स खाखा द्वारा अपनी मित्र सोजेलिनं मिंज के साथ बाजार जाने का निर्णय मात्र वैयक्तिक स्वतन्त्रता न होकर एक ऐसा राजनीतिक वक्तव्य है, जिसके जटिल निहितार्थ हैं। लेकिन इस जटिलता के सूत्र आध्यात्मिक बंजरपन में सन्निहित न होकर भूख की उस त्रासदी में हैं जो मनुष्यजन्य हैं। उपन्यासकार इस मनुष्यजन्य त्रासदी को धार्मिकता में न विलयित करके हाशिए के लोगों के सशक्तिकरण में उसका हल ढूँढ़ता है। बँधुआ कुजूर द्वारा अपने साथियों के साथ सेठ के चावल के गोदाम का लूटा जाना इसी सशक्तिकरण का परिणाम है।

अपनी संरचना में यह उपन्यास आख्यानपरक न होकर संवादधर्मी है। सम्पूर्ण उपन्यास जिरह और बयानों से भरा-पूरा है। उपन्यास के प्रथम पुरुष की जेम्स खाखा से बहस, जेम्स खाखा की बिशपस्वामी से बहस, जेम्स और सोजेलिन मिंज के बीच संवाद और मैं के स्व-कथन में ही सम्पूर्ण कथावस्तु बिखरी और सिमटी हुई है। महज 130 पृष्ठों की सीमा में उपन्यासकार ने औपन्यासिक कथ्य की विविध पर्तों को जिस दक्षता के साथ सम्मिश्रित किया है वह सही औपन्यासिक दृष्टि के बिना सम्भव नहीं। पादरी स्टेंस की हत्या की छाया में जब ईसाई मिशनरियों पर हमले तेज हों और चर्च की उत्पीड़ित छवि सहज स्वीकार्य हो और उग्र हिन्दू संगठन चर्च के विरुद्ध आक्रामक होकर हिन्दू धर्म में वापसी का अभियान छेड़े हों; ऐसे समय में तेजिन्दर का उपन्यास 'काला पादरी' एक ऐसी धाराविरुद्ध साहसिकता है, जो बहसतलब होने के बावजूद स्वागतयोग्य है। 'न बेगार, न प्रार्थना' इस उपन्यास की वह 'सबाल्टर्न मुखरता' है

जो धार्मिकता की बाड़ तोड़कर उस 'नोमैंसलैंड' में शरणागत होती है, जहाँ अस्मिता के प्रश्न को नए परिप्रेक्ष्य तलाशने होंगे। 'काला पादरी' की सार्थकता इस तथ्य में भी अन्तर्निहित है कि जो बहस अभी समाजशास्त्रीय स्वरूप भी न ग्रहण कर सकी है, वह अपनी सम्पूर्णता में औपन्यासिक कथ्य के रूप में हमारे सामने है। यह पहलकदमी हिन्दी उपन्यास के लिए अच्छी खबर है।

7

स्वीकार करना होगा कि हिन्दी उपन्यास के जनतन्त्र में हाशिए के समाज की उपस्थिति कोई नई परिघटना नहीं है। प्रेमचन्द, निराला, नागार्जुन, रेणु, उग्र, रांगेय राघव से लेकर जगदीशचन्द्र आदि तक विस्तृत इसकी लम्बी परम्परा रही है। यह सुखद है कि इधर के उपन्यासों में हाशिए का समाज मात्र विवरणात्मकता में ही न उपस्थित होकर अपनी हस्तक्षेपकारी भूमिका में भी मौजूद है। महत्त्वपूर्ण यह भी है कि इस लेख में सन्दर्भित सभी उपन्यास प्रभुत्वकारी विमर्श व सामाजिक सोच की बनी-बनाई लीक से विपथन ही नहीं करते बल्कि एक प्रति-विमर्श भी रचते हैं। 'जीवन संग्राम' से उपजा यह प्रति-विमर्श जिस नई कथा-वस्तु को औपन्यासिक केन्द्रीयता प्रदान करता है वह औपन्यासिक संरचना को भी रूपान्तरित करता है। यह नई कथा-संरचना हाशिए के समाज को महज एक विषयवस्तु व आधार-भूमि के रूप में 'इस्तेमाल' न कर कथा-प्रविधि को हाशिए के समाज की मुखरता का साधन मानती है। यही कारण है कि न तो यहाँ कथा-रस की आस्वादपरकता है और न ही व्यक्तियों का नायकत्व। यह 'चरित्रों' के गाथा न होकर, वह प्रान्तर कथा है, जहाँ बदलाव की चेतना और परिवर्तन की आहट है।

आंचलिकता की 'बोली-बानी व प्रकृति' की रूढ़ समझ इन उपन्यासों के विश्लेषण के लिए अपर्याप्त है। यद्यपि यह सच है कि इन उपन्यासों की मांस-मज्जा स्थानिकता के रंग, बोली-बानी और प्रकृति में इतना सराबोर है कि ये सभी उपन्यास अपने इलाके के जीवन को काल-पात्र सरीखी प्रामाणिकता के साथ प्रस्तुत करते हैं। लेकिन इन उपन्यासों का बीज शब्द 'अंचल' न होकर 'भूख' है। 'भूख' का समाजशास्त्र 'प्रकृति की मार' और 'विकास की विकलांगता' के जिन दो छोरों पर टिका है, उसकी परिणति नई 'अस्मिताओं' की तलाश में होती है। ये उपन्यास इन 'नई अस्मिताओं' की उस उर्वर जमीन का पता देते हैं जहाँ अलगाववाद, आतंकवाद और साम्प्रदायिकता की खेती होती है। यह अकारण नहीं है कि अवरुद्ध विकास तथा जनतन्त्र के बलापहरण की अन्तर्धारा लिए इन उपन्यासों की तान राष्ट्रवाद की उस बहुसंख्यक राजनीति पर टूटती है जो दलित, आदिवासी तथा नारी अस्मिता सरीखे मुद्दों का भक्षण कर लेती है।

हिन्दी उपन्यास की यह नई सामर्थ्य है कि जिन लोगों, समुदायों व समाज को हाशिए पर ढकेल दिया गया है, वे औपन्यासिक केन्द्रीयता प्राप्त कर रहे हैं। यह काफी कुछ हिन्दी में समाजशास्त्रीय लेखन की क्षतिपूर्ति सरीखा है। शायद यह कहना अतिशयोक्ति न होगा कि अंग्रेजी में पी. साईनाथ, सिद्धार्थ दुबे और काँचा इल्लैय्या जैसे लोग जो समाजशास्त्रीय व 'सबाल्टर्न' लेखन कर रहे हैं, कमोबेश उसकी आहट इधर के हिन्दी उपन्यासों में देखी जा सकती है। दो राय नहीं कि हाशिए के समाज का वृत्तान्त रचते ये उपन्यास हिन्दी उपन्यास के कुलीन तन्त्र की चर्चा से बहिष्कृत ही रहेंगे, क्योंकि इन उपन्यासों की नई विषयवस्तु आलोचना की उस नई कसौटी की माँग करेगी जो कुलीन तन्त्र के मूल्यों को बहिष्कृत कर देगी। हिन्दी उपन्यास में हाशिए के समाज की केन्द्रीयता के यही निहितार्थ हैं।

नारी का उपन्यास बनाम उपन्यास की नारी

"कौन जाने सच ही जो औरत अलग मन-जीवन जीने लगती है, औरताना आकर्षण खो देती है। कोई आकार, जो औरत है, उसके बाहर फट पड़ती है। उसे देखकर आदमी की न पिपासा जगती है, न वासना। न मन में वात्सल्य उठता है, न तन में मांसल इच्छा।"

('तिरोहित', गीतांजलि श्री, पृ. 113)

"ऐ औरत, तूने जब भी किसी भी कोने में पुरुष से अलग अपना कुछ बनाया है, तो तुझे इसकी कीमत देनी पड़ी है। लेकिन...तुम इस 'अपने' पैसे की, जो कभी तुम्हारा नहीं था और न कभी तुम्हारे हाथ में था, आखिर कितनी कीमत चुकाओगी?"

('शेष कादम्बरी', अलका सरावगी, पृ. 78)

"एक खास तरह का सह-अस्तित्व भी कोई असम्भव स्थिति नहीं, बस एक अलग तरह का सच है–इस सदी का सच–दो या तीन बच्चे हो सकते हैं तो दो या तीन प्रियजन क्यों नहीं हो सकते?"

('अवान्तर कथा', अनामिका, पृ. 44)

"...वे अपनी आजादी औरतों के जरिए चाहते हैं, वे अपना अहं औरतों के दम पर सन्तुष्ट करना चाहते हैं।"

('विजन', मैत्रेयी पुष्पा, पृ. 41)

"हम जैसी लड़कियाँ प्रेम नहीं कर सकतीं क्योंकि हमारा प्रेम करना घरवालों के साथ विश्वासघात होगा...जिसका परिणाम मुझसे बड़ी बहन एवं आनेवाली स्त्री पीढ़ी को भुगतना पड़ेगा। जो खुली हवा सदियों बाद हमारी पीढ़ी को मिली है–उसे अन्धड़ कैसे बनने दूँ?"

('खुले गगन के लाल सितारे', मधु कॉँकरिया, पृ. 42)

गीतांजलि श्री, अलका सरावगी, मैत्रेयी पुष्पा, अनामिका व मधु कॉँकरिया के ताजातरीन उपन्यासों से उद्धृत उपरोक्त वाक्यांश हिन्दी उपन्यास में उस नए 'नारी-विमर्श' का पता देते हैं जिससे साहित्य की कुलीनतावादी धारा आज भी विमुख है। यहाँ 'नीर भरी दुख की बदली' का न तो शोक-गायन है और न ही 'अबला जीवन

हाय...' का कारुणिक आख्यान। न तो यहाँ जैनेन्द्र की 'सुनीता' का देह-दर्शन है और न ही यहाँ अज्ञेय के 'नदी के द्वीप' की रेखा की यौन-व्याकुलता। भोगवाद के दर्शन में नारी-मुक्ति की तलाश करती न तो यहाँ 'कसप' की गुलनार है और न 'मुझे चाँद चाहिए' की वर्षा वशिष्ठ। पियानो-सी बजती स्त्रियों का 'अन्तिम अरण्य' भी यहाँ नदारद है। लेकिन इसका अर्थ यह भी नहीं है कि उपरोक्त लेखिकाओं का कथा-संसार ब्रह्मकुमारियों की किसी इन्द्रिय-निग्रह मंडली में रचा-बसा है। इसके उलट पुरुष-सत्ता-संरचना को लाँघने की यहाँ वह स्त्री अकुलाहट है जिसमें ''खुशी की छलछलाहट है'' क्योंकि ''लाँघों तो तन अलग, दिल अलग फड़कता है।'' ('तिरोहित', पृ. 90)। इन महिला उपन्यासकारों की सबसे बड़ी शक्ति है 'स्त्री-विमर्श' को पुरुष एजेंडे से मुक्त करना। लेकिन यह करते हुए कोई एक भी लेखिका दूसरे की भूमि को न तो घेरती है और न ही उसका अतिक्रमण करती है।

नारी अस्मिता के भिन्न धरातलों की पड़ताल करते ये उपन्यास भारतीय समाज में स्त्री-प्रश्न का कोलाज-सा रचते दीखते हैं। जहाँ 'तिरोहित' स्त्री-सच का बेबाक बयान है। वहीं 'शेष कादम्बरी' का कथा-वृत्तान्त स्त्री-अस्मिता के पार जाकर 'अपने होने का अर्थ' ढूँढ़ता है। 'अवान्तर कथा' यदि भावनात्मक खालीपन को भरने का रूमानी उपक्रम है, तो 'विजन' पुरुष सत्ता से टकराती 'कैरियर वुमेन' का साहस-भरा पराक्रम। 'खुले गगन के लाल सितारे' की मणि के रूमान से रूमान तक के सफर की सार्थकता उपन्यास के उस स्त्री-विमर्श में है, जो धर्म की पुरुष-केन्द्रित सत्ता-संरचना का विखंडन करती है।

समृद्धि का वैराग्य बजरिए स्त्री-दुख

अलका सरावगी का उपन्यास 'शेष कादम्बरी' पढ़ते हुए यह प्रश्न बार-बार कौंधता है कि क्या है रूबी गुप्ता के दुख के मूल में? पितृसत्तात्मक समाज में स्त्री की नियति या विरासत का दंश! सुरक्षित जीवन बिताकर भी रूबी दी शरणार्थी मानसिकता की शिकार क्यों हैं और शरणार्थी होकर भी 'तिरोहित' की ललना भारतीय समाज में सर्वाधिक 'रूटेड' क्यों है? विडम्बना यह है कि ललना की 'रूटेडनेस' का ही परिणाम है पुरुष-सत्ता में उसकी कैद जिसे वह तोड़कर बाहर आना चाहती है। जबकि 'शेष कादम्बरी' की रूबी गुप्ता न तो पितृसत्ता से उत्पीड़ित हैं और न ही इसे तोड़ना चाहती हैं। उनकी अस्मिता का संकट अन्तरात्मा की जिस दुविधा का परिणाम है वह स्त्री-प्रश्न से परे है। रूबी गुप्ता को न अपने पिता से शिकायत है, न पति से। सच तो यह है कि ''रूबी दी के पास सिर्फ एक पिताजी और दूसरे सुधीर (पति) हैं, जिन्होंने रूबी से ऐसा कोई सवाल नहीं किया जिसका जवाब उसके पास नहीं था। रूबी दी उन दोनों के प्रति कृतज्ञ थीं।'' (पृ. 149)

रूबी गुप्ता के संकट के मूल में उनका यह 'आइडेंटिटी क्राइसिस' है कि "क्या रूबी गुप्ता में किसी को कुछ ऐसा दिख रहा है कि वह उनकी ओर खिंच रहा है और इसमें यह डर मिला हुआ है कि न जाने किस क्षण वह व्यक्ति उस भ्रम से मुक्त होकर उनसे मुँह मोड़ लेगा।" (पृ. 144)। इस 'आइडेंटिटी क्राइसिस' के साथ जुड़ा हुआ है, विरासत में उन्हें मिला सम्पन्नता का वह दंश "जिसकी कीमत वे न जाने कितनी बार दे चुकी हैं।" (पृ. 92)। लेकिन यहाँ यह भी सच है कि रूबी गुप्ता की अस्मिता का प्रश्न भले ही नारी-अस्मिता का प्रश्न न हो लेकिन 'शेष कादम्बरी' में स्त्री-प्रश्नों की भरपूर अनुगूँज है। जिस 'परामर्श' नामक स्वयंसेवी संस्था के माध्यम से वे अपने जीवन के खालीपन को भरना चाहती हैं, वह दुखी व सताई महिलाओं की ही मददगार संस्था है। अपनी समस्याओं का निदान पाने के उपक्रम में 'परामर्श' से जुड़ी फरहा, निवेदिता, सविता, माया बोस व सायरा सरीखी स्त्रियाँ नारी-प्रश्न के विविध आयामों को औपन्यासिक कथ्य में विन्यस्त करने का साधन बनती हैं। लेकिन इन स्त्रियों का टुकड़े-टुकड़े दुख 'शेष कादम्बरी' की अवान्तर कथा है, मूल कथा नहीं।

'शेष कादम्बरी' की मूल कथा में विन्यस्त रूबी गुप्ता की शरणार्थी मानसिकता पितृसत्ता के दुष्चक्र का परिणाम न होकर मातृसत्ता द्वारा बरती गई उस उपेक्षा का परिणाम है, जिसके कारण उन्हें 'न माँ का प्रेम मिला न बेटी का।' माँ से रूबी की शिकायत है कि "माँ, तुमने मुझे पूरे समाज-परिवार के सामने अपनाने में कोई रस्म अदा नहीं की।...इसीलिए मेरे लिए 'पाली हुई लड़की' जैसे अपमानजनक शब्दों का इस्तेमाल वकील ने करवाया।...तुमने मुझे 'गोद' लेकर अपनी लड़की घोषित करने की रस्म नहीं अदा की थी।...मैं तो न यहाँ की रही, न वहाँ की। मैं कहीं की नहीं रही माँ।" (पृ. 84)। उन्हें अपनी बेटी से शिकायत है कि "गौरी का कलकत्ते में रहना या न रहना एक बराबर है, वह मुझे कोई सान्त्वना (पति की मृत्यु के बाद) नहीं दे सकती।" (पृ. 108)। गौरी को अपनी माँ से शिकायत है कि, "तुमने मुझे कभी प्रेम ही नहीं किया क्योंकि मैं पापा की तरह साँवली थी। मुझे माँ का प्रेम नहीं मिला।" (पृ. 108) बेटियों की तरफ से रूबी गुप्ता के हाथ आई "गौरी की अपनी बिलकुल अलग दुनिया बनाने की जिद और जया की घोर चुप्पी।" (पृ. 109)

यहाँ यह तथ्य उल्लेखनीय है कि रूबी गुप्ता से उनकी बेटियों एवं पति की विमुखता के मूल में अपनी अभिजात जड़ों की ओर उनका बार-बार का वह लौटना है जिसके लिए उनका तर्क है कि "वे इन लोगों के साथ हैं तो किसी तरह की 'सोशल क्लाइम्बिंग'–विशिष्ट वर्ग तक पहुँचने–की इच्छा के कारण नहीं। वे इन लोगों के साथ हैं क्योंकि उन्हें मालूम नहीं कि वे और कहाँ या और क्या हो सकती हैं।" (पृ. 107)। रूबी दी के पक्ष को तर्क सिद्ध करते हुए लेखिका रूबी दी को ये शब्द देती है, "बहुत आसान है किसी को एक खाँचे में रखकर उस पर अपना ठप्पा लगा

देना—आभिजात्य, रईस, शोषक या ऐसा ही कुछ। जो आप देख नहीं सकते आसानी से, वह है उसकी चेतना।'' (पृ. 150) और यह भी कि ''रूबी गुप्ता इतना जानती हैं कि उन्होंने अपने धन का उपयोग सुख खरीदने में, उसे भोगने के लिए नहीं किया है। अच्छी चीजें उन्हें अच्छी जरूर लगती रही हैं, पर उनकी चेतना कभी उनसे आक्रान्त नहीं हुई।'' (पृ. 150)

स्वयंसेवी संस्थाओं के 'सेवा-दर्शन' में निकासी पाता अभिजात वर्ग की 'चेतना' का यह विमर्श; कहीं उस आरामतलब, मजे से जीवन बितानेवाले 'लेजर क्लास' का वह 'क्लास अपोलॉजिया' (वर्गीय पक्षधरता) तो नहीं, जिसकी 'चेतना' पर यह भार है कि ''आप दूसरों के हिस्से का खा रहे हैं, आप दूसरों के हिस्से के कपड़े पहन रहे हैं, आपके पास इतना कुछ है और बाकी लोग ऐसे ही आधा पेट खाकर जीवन पूरा कर रहे हैं।'' (पृ. 148)। यहाँ प्रश्न यह भी है कि रूबी गुप्ता का यह 'क्लास अपोलॉजिया' स्वयं लेखिका का कितना है? उपन्यास की प्रविधि की पड़ताल इस प्रश्न का जितना उत्तर देती है, उतना ही उसे छिपाती है, क्योंकि उपन्यास में सब कुछ लेखकीय होने के बावजूद कुछ भी लेखकीय नहीं है। उपन्यास के कथ्य में विन्यस्त रूबी गुप्ता की जुबानी अलका सरावगी का यह कथन उचित ही है कि ''कथा कथा है। वह आत्मकथा नहीं है। वह जो चुनती है और जो छोड़ती है, उसके पीछे कारण दूसरे लोग यानी कि वे पाठक हैं जिनके लिए वह लिखी जाती है। उन्हें जीवन को समझने के लिए जीवन का एक टुकड़ा देती है कथा। पर वह टुकड़ा एक खास कोण से देखे हुए जीवन का होगा—उस कोण से, जो मेरा कोण है क्योंकि मैं मैं हूँ, तुम नहीं या और कोई नहीं।'' (पृ. 147)

तो रूबी दी का यह 'क्लास अपोलॉजिया' क्या लेखिका का अपना कोण है? लेखिका को इस प्रश्न का उत्तर मालूम है, इसीलिए वह अपनी कथा का क्रिटीक उपन्यास की अन्तर्वस्तु में कादम्बरी के शब्दों में यूँ विन्यस्त करती है : ''इस व्यक्ति-विशेष का जीवन अपने समय, अपने जमाने, अपने खास तबके का सच बोलता है।'' (पृ. 162)। औपन्यासिक अन्तर्पाठ की 'टेक्स्ट विदिन टेक्स्ट' की यह तकनीक थोड़ी बौद्धिक मशक्कत की माँग जरूर करती है, लेकिन इससे लेखकीय मन्तव्य नहीं छिपता। इस तकनीक की भ्रम सामर्थ्य का अन्दाजा लेखिका को बखूबी है तभी तो उपन्यास के अन्त में वह कादम्बरी के बहाने पाठकों के लिए यह प्रश्न छोड़ जाती है कि ''उनके (रूबी गुप्ता) और सविता के कष्ट की एक जाति कैसे है, क्या यह कादम्बरी समझेगी? हालाँकि उन्होंने कथा में अपनी समझ में ठीक से लिख दिया है, पर वह ठीक उसी तरह न समझ पाई तो?'' (पृ. 200)

'शेष कादम्बरी' की यह औपन्यासिक तकनीक व संरचनात्मक ढाँचा वर्जीनिया वुल्फ या डारिस लेसिंस की भले ही कहीं-कहीं याद दिलाता हो, लेकिन हिन्दी में इस

प्रयोग का श्रेय अलका सरावगी को ही है। यद्यपि यह सच है कि उनके अपने ही उपन्यास 'कलि-कथा : वाया बाइपास' के बाद अब यह तकनीक उसी तरह दुहराव लगती है जिस तरह 'मैला आँचल' के बाद 'परती परिकथा'। लेकिन इसके बावजूद यह स्वीकार करना पड़ेगा कि अलका की यह तकनीक-सिद्धता स्वयं में बेजोड़ है। 'कलिकथा' में जहाँ यह पहली बार ताजगी-भरे झकोरे के रूप में उपस्थित थी, वहीं दुहराव के बावजूद 'शेष कादम्बरी' में यह अपने उत्कृष्टतम रूप में है। अन्य तकनीक-सिद्ध कथाकारों से अलका इन अर्थों में भिन्न हैं कि तकनीक की साधना करते हुए जहाँ वे मूर्त से अमूर्त की यात्रा करते हैं, वहीं अलका की खूबी यह है कि वे तकनीक को मूर्त संसार के अधिकतम दोहन का सफल साधन बनाती हैं। इतिहास, वर्तमान, व्यक्ति, समाज तथा राजनीति की आवाजाही जिस कुशलतम प्रविधि के साथ उनके कथा-वृत्तान्त में उपस्थित है, वह विरल है।

अलका सरावगी की तकनीक-सिद्धता का ही यह चमत्कार है कि कुल दो सौ पृष्ठों की 'शेष कादम्बरी' रूबी गुप्ता के 'आइडेंटिटी क्राइसिस' को साधने के साथ-साथ सम्पूर्ण बीसवीं सदी के वृत्तान्त के रूप में पढ़े जाने की उत्सुकता भी जगाती है। 'शेष कादम्बरी' की इस सदी कथा में निमित्त हैं रूबी गुप्ता के मामा देवीदत्त "जिनके जन्म के साथ पिछली शताब्दी शुरू हुई थी...देवीदत्त सब जगह थे।" लखनऊ कांग्रेस में गांधी के अभ्युदय के साक्षी होने के साथ, जलियाँवाला बाग के नरसंहार, कम्युनिस्ट पार्टी की स्थापना, एम.एन. राय का साथ, मोतीलाल नेहरू से लेकर जवाहर व लोहिया तक का सान्निध्य, सुभाषचन्द्र बोस की सेना में भागीदारी से लेकर हिटलर की सभाओं तक में उनकी सर्वव्यापी उपस्थिति रही थी। नृत्य-सम्राट उदयशंकर के वे मित्र थे तो उपन्यास सम्राट प्रेमचन्द के बम्बई के संघर्षशील दिनों के पनाहगीर। "हाशिए पर पड़े हुए व्यक्तियों के माध्यम से दूसरे मिलेनियम की अन्तिम शताब्दी की खोज" (पृ. 171) की इस प्रक्रिया में देवीदत्त की सर्वव्यापी उपस्थिति से जो छूट जाता है, उसकी पूर्ति उपन्यास के मनोरंजन व्यापारी नामक उस पात्र से हो जाती है जो उनकी ही तरह सर्वत्र उपस्थित है। मनोरंजन व्यापारी तुर्की सन्त लाल बेंगी के अनुयायियों की उस जमात से था "जो कभी हिन्दू रहे थे और अब आधे हिन्दू लगते थे और आधे मुसलमान।" (पृ. 115)। वह बाबरी मस्जिद के ध्वंस से लेकर गणेश की मूर्ति के दूध पीने तक के घटनाक्रम का सहभोक्ता है। वह व्यक्ति न होकर अलादीन के चिराग सरीखा हर पेशे में प्रवीण औरं सर्वव्यापी है। चाट बेचने, माली का काम करने, जूता गाँठने, गैस सिलिंडर के डिलीवरी मैन होने से लेकर रिक्शा खींचने व कार ड्राइवर तक का पेशा वह अपना चुका था।

दरअसल देवीदत्त और मनोरंजन व्यापारी 'शेष कदाम्बरी' के ऐसे औपन्यासिक पात्र हैं जो उपन्यास की परिधि पर होने के बावजूद अपनी केन्द्रीय उपस्थिति बनाए

रखते हैं। इन दोनों पात्रों के माध्यम से लेखिका अपने इस कथा-वृत्तान्त को रूबी गुप्ता द्वारा 'जीने की वजह' खोजने तक सीमित न कर, इसे जो वृहत्तर सदी-सन्दर्भ प्रदान करती है, वह उसकी तकनीक-सिद्धता का सशक्त उदाहरण है। लेकिन कठिनाई यह कि सदी का विस्तार लिए इस घटनाक्रम में किसी केन्द्रीय अन्तर्सूत्र की अनुपस्थिति के कारण कथा-वृत्तान्त उस इतिहास-दृष्टि से विच्छिन्न रह जाता है, जो 'कलिकथा...' के वृत्तान्त को पूर्णता प्रदान करता था।

'शेष कादम्बरी' में इतिहास-दृष्टि का यह अभाव किसी लेखकीय चूक का परिणाम न होकर उस मूल कथा-सूत्र की तार्किक परिणति है जहाँ समसामयिक सन्दर्भ व इतिहास की कोई कारगर भूमिका नहीं है। रूबी गुप्ता के 'आइडेंटिटी क्राइसिस' की इस कथा में इतिहास मात्र एक 'फिलर' के रूप में उपस्थित है। अमिताभ बच्चन के सीरियल 'कौन बनेगा करोड़पति' से लेकर अम्बेडकर की मूर्तियों की बढ़ती संख्या तक का तथ्य इस 'फिलर' की भूमिका में शामिल है। लेकिन समसामयिक राजनीति व जीवन से जुड़ी कुछ टिप्पणियाँ उपन्यास की मुख्य थीम को समृद्ध व संवर्द्धित करती हैं। उदारीकरण की नई आर्थिक व उद्योग-नीति का उल्लेख उपन्यास के 'क्लास अपोलॉजिया' होने के तर्क की पुष्टि करता है। नई आर्थिक नीति का विमर्श उपन्यास की कथावस्तु में उषा भरतिया के शब्दों में यूँ है : "अब तो सारे उद्योगपतियों की हालत देश के रजवाड़ों की तरह हो गई है। उनके पास बस जमीन-जायदादें बची हैं, उन्हें बेच-बेचकर काम चला रहे हैं। विदेशी पूँजी के नाम पर सरकार ने सब चौपट कर दिया है। हर इंडस्ट्री घाटे में है।" (पृ. 170)। इस सन्दर्भ में उपन्यास की रूबी दी को भी लगता है कि "सचमुच हर जगह कुछ गड़बड़ तो है—उनकी एक दूसरी सहेली की चीनी मिलें बन्द पड़ी हैं क्योंकि सरकार ने बाहर से इतनी चीनी मँगवा ली है कि चीनी के दाम एकदम गिर गए हैं। सविता कह रही थी कि बिलासपुर में उसके मामा की तेल मिल सरकार की नई नीति के कारण बन्द हो गई है।" (वही)

उपन्यास में देवीदत्त अपना आत्मवृत्तान्त लिखते हैं और रूबी दी अपना। कादम्बरी पर देवीदत्त और रूबी दी दोनों की 'शेष कथा' लिखने का दायित्व है। लेकिन अलका सरावगी इन तीनों की 'शेष कादम्बरी' लिखते हुए सिर्फ अपने वर्ग की कथा कहती हैं। सवाल कथा-वस्तु का न होकर कथा-दृष्टि का है। प्रश्न यह नहीं है कि अलका सरावगी रईस उद्योगपतियों का पक्ष क्यों प्रस्तुत करती हैं, प्रश्न यह है कि क्या वे जिस वर्ग का पक्ष प्रस्तुत कर रही हैं, उसके प्रति आलोचनात्मक व वस्तुपरक दृष्टि का निर्वाह कर पाती हैं या नहीं। आखिर क्यों उपन्यास में अन्तर्निहित 'समृद्धि के वैराग्य' का दर्शन समृद्धिशाली समाज की पक्षधरता में ही रिड्यूस होकर उपस्थित होता है। पक्ष-विपक्ष का चुनाव लेखिका इसी समाज के बीच से करती है,

"कितनी अलग थी वह दुनिया, जिसमें रूबी बड़ी हुई और कितनी अलग थी वह दूसरी दुनिया, जिसमें वह इसे छोड़कर गई।" (पृ. 81)। लेकिन इन दो दुनियाओं का अन्तर्विरोध कोई व्यापक सामाजिक अन्तर्विरोध न होकर पुश्तैनी रईसों व नवधनाढ्यों का वह अन्तर्विरोध है जो इस प्रकार है : "उस रईसी का अर्थ तमाम श्रेष्ठतम उपलब्ध चीजों को भोगने की सुविधा और आनन्द था; अब के लोगों की तरह दुनिया को दिखाने से आनेवाला मजा नहीं।" (पृ. 81) 'रईसी का वैराग्य' रचते हुए लेखिका रूबी दी से कहलाती है, "बुद्ध के लिए सब कुछ त्यागकर बुद्ध बनना इसलिए आसान था क्योंकि एक राजपुत्र को और अधिक कुछ पाने की इच्छा नहीं सताती, बाकी लोग तो एक किलो सोना पाने की तृष्णा से ही सारे जीवन उबर नहीं पाते, उसे त्यागने की बात तो दूर है।" (पृ. 150)

रूबी गुप्ता का यह 'क्लास अपोलॉजिया' यदि एक औपन्यासिक पात्र का अपना नजरिया है तो लेखिका का प्रतिपक्ष कहाँ है? कलकत्ता यूनिवर्सिटी की अंग्रेजी की एम.ए. गोल्ड मेडलिस्ट रईसजादी रूबी गुप्ता 'ऐन इक्वल म्यूजिक' पढ़ते हुए जिस 'अकेलेपन' की यातना से ग्रस्त हैं, वह ऐसा 'कॉस्मोपॉलिटन' दुख है जहाँ देश-काल के सारे अन्तर्विरोध विलयित हो जाते हैं। रूबी दी की इस दुख की प्रकृति को लेकर लेखिका पूरी तरह आश्वस्त है इसीलिए तो कादम्बरी उपहास-भरे लहजे में कहती है, "अब तो आपके दुख को किसी एक खास टाइप का होना चाहिए, तभी उसकी कोई कीमत है। जैसे दलित-दुख, स्त्री-दुख, सर्वहारा-दुख या 'सबाल्टर्न' दुख।" (पृ. 91)। उपन्यास की केन्द्रीय पात्र रूबी गुप्ता का दुख यदि 'दलित, स्त्री, सर्वहारा या सबाल्टर्न' कोटि से अलग है तो यह निश्चय ही उस अभिजात दृष्टि का परिणाम है जो, "अपने खास तबके का सच बोलता है" (पृ. 162) और जो उसे "जस्टिफाई करता हो, उसे न्यायपूर्ण ठहराता हो।" (पृ. 150)

'अपने खास तबके का सच बोलने' की इस प्रक्रिया में लेखिका इतिहास व राजनीति की घटनाओं को प्रायः उनके व्यापक सन्दर्भों से मुक्त कर अपने कथ्य में खर्च कर देती है। लेखिका 'पर्सनल' को 'पॉलिटिकल' बनाने के बजाय 'पॉलिटिकल' को 'पर्सनल' बनाती है। उन्नीस सौ छियालीस के कलकत्ता के हिन्दू-मुस्लिम दंगे और विभाजन के समय का खूनखराबा 'शेष कादम्बरी' के औपन्यासिक दृश्य में रूबी गुप्ता और मुस्लिम युवक आदिल के प्रेम सम्बन्धों के बहाने दर्ज होता है। रूबी दी जब सत्तर के बाद की उम्र की थकान महसूस करती हैं तो उन्हें याद आता है "जिन्ना जब पाकिस्तान बनने के एक साल बाद मरा तो देवीदत्त मामा ने कहा था चालीस की उम्र के बाद किसी को नेतागिरी नहीं करने देनी चाहिए।...चालीस के बाद? वे तो अब सत्तर के बाद हैं। तो क्या अब उनके रिटायर होने का समय आ गया है?" (पृ. 111)। श्रीलंकाई सोशलिस्ट शीला परेरा की त्रासद मृत्यु को गौरी के अकेलेपन

से जोड़कर लेखिका 'पॉलिटिकल' को 'पर्सनल' प्रसंगों में इस्तेमाल करती है। औपन्यासिक कथ्य में विन्यस्त न होने के बावजूद लेखिका नक्सलवाद को उपमा के रूप में इस प्रकार प्रस्तुत करती है : "रूबी दी ने उन्नीस सौ सत्तर के साल में यानी तीस साल पहले बंगाल की राजनीति जैसी ही दिशाहारा अपनी जिन्दगी को एक नया मोड़ देने के लिए घर की चहारदीवारी के बाहर कदम रखा था।" (पृ. 26)। लेखिका राजनीतिक प्रसंगों को किस तरह घरेलू बनाती है इसकी एक बानगी उपन्यास में निम्नवत है : "पिताजी की शौकीनी और अंग्रेजियत के खिलाफ माँ ने गांधी जी के नमक की तरह घर में चाय को मुद्दा बना लिया था।"(पृ. 55)। लेखिका अपने पात्रों के जीवन की घटनाओं को किसी महत्त्वपूर्ण राजनीतिक प्रसंग, ऐतिहासिक तिथि या घटना से जोड़ने की प्रविधि इस हद तक अपनाती है कि रूबी गुप्ता के रोने के एक प्रसंग को वह रवीन्द्रनाथ टैगोर की शवयात्रा में रोनेवालों के साथ जोड़ देती है।

राजनीतिक व ऐतिहासिक प्रसंगों एवं स्मृति के प्रयोग को अलका सरावगी अपनी तकनीक में इस प्रकार विन्यस्त कर लेती हैं कि अक्सर तकनीक ही कथ्य लगने लगती है। 'शेष कादम्बरी' की तकनीक कई अर्थों में 'कलिकथा' का ही विस्तार है। 'कलिकथा' की तरह 'स्मृति' की छलनी ही यहाँ नहीं है, बल्कि 'कलिकथा...' के किशोर बाबू भी सशरीर यहाँ उपस्थित हैं। किशोर बाबू 'शेष कादम्बरी' की रूबी दी के दूर के रिश्तेदार हैं। जब वे अपनी सनक के चलते "पागलों की तरह तीन-तीन गाड़ियाँ होते उनमें न बैठकर सड़कों पर पैदल घूमते रहते थे। किशोर बाबू की लड़की 'परामर्श' में रूबी दी से इस मसले पर सलाह माँगने आई।" (पृ. 180-81)। 'कलिकथा' के कई प्रसंग 'शेष कादम्बरी' में ज्यों-के-त्यों उपस्थित हैं। 'कलिकथा' में किशोर बाबू की विधवा भाभी की एक ही ख्वाहिश है कि "किशोर बाबू मेरी अर्थी को नीमतल्ला पहुँचा आएँ। औरत एक बार घर छोड़ दे तो उसे कहीं ठौर नहीं है इस धरती पर।" (पृ. 59)। 'शेष कादम्बरी' की शकुन्तला भाभी भी विधवा होने के बाद किशोर बाबू की विधवा भाभी की ही तर्ज पर यह कहती हैं कि, "औरत एक बार घर से बाहर कदम रख दे तो उसके लौटने का रास्ता बन्द हो जाता है। मेरी तो अन्तिम इच्छा यही है कि मैं अपने देवर रामबाबू और उनके बेटों के कन्धों पर नीमतल्ला श्मशान पहुँच जाऊँ।" (पृ. 41) जिस तरह 'कलिकथा' के किशोर बाबू की अपनी भाभी से आसक्ति थी, उसी तरह 'शेष कादम्बरी' की "रूबी दी के पति सुधीर की भाभी भी अपने देवर की हमउम्र तो थी ही, बल्कि दोनों की अच्छी-खासी दोस्ती भी थी।" (पृ. 120)। किशोर बाबू की ही तरह रूबी गुप्ता के "पिताजी भी कब समय के किस खंड में चले जाएँगे और कब बिलकुल अभी की बातें करने लगेंगे, कोई ठीक नहीं।" (पृ. 57)। 'शेष कादम्बरी' के औपन्यासिक वृत्तान्त में 'कलिकथा' की अनुगूँज देर तक बजती है। अन्तर इतना अवश्य है कि जहाँ किशोर बाबू की

'कलिकथा' मारवाड़ी समाज व अपने देश-काल में अधिक 'रूटेड' है, वहीं 'शेष कादम्बरी' की रूबी दी के 'विस्थापन' और 'अकेलेपन' का वृत्तान्त सार्वदेशिक व सार्वकालिक अधिक है, 'डेटेड' और 'रूटेड' कम।

कहा जा सकता है कि अपनी अन्तिम परिणतियों में 'शेष कादम्बरी' का 'अकेलेपन' के उदात्तीकरण का यह कथा-वृत्तान्त सामाजिक मुहावरे में लिखी गई वह तपोगाथा है जिसमें समाज, इतिहास व राजनीति के प्रसंग हवि-सामग्री की तरह इस्तेमाल किए गए हैं। यह भी स्वीकार करना होगा कि 'पर्सनल इज पॉलिटिकल' मुहावरे को जो 'पॉलिटिकल इज पर्सनल' के उल्था रूप में अलका सरावगी ने 'शेष कादम्बरी' में रचा है, वह उनकी अपनी मौलिकता है। अलका सरावगी के इस उपन्यास का पाठ आभिजात्य के अकेलेपन को बरतने की भिन्न प्रविधि के रूप में भी किया जा सकता है। यह जानना वास्तव में दिलचस्प है कि 'मिडिल एज क्राइसिस' से उपजे जिस अकेलेपन का अध्यात्म रचते हुए निर्मल वर्मा समाज, राजनीति व इतिहास सबको 'नेति-नेति' कहते हुए अपने 'अन्तिम अरण्य' में शरणागत होते हैं; उसी 'अकेलेपन' को समसामयिक सन्दर्भों, ऐतिहासिक प्रसंगों व घर-परिवार के बीच गुजारकर अलका सरावगी किस तरह अकेलेपन का सामाजिक विमर्श गढ़ती हैं।

इतिहास, राजनीति व आभिजात्य के इस सहमेल को अलका सरावगी ने जिस खिलन्दड़ी तकनीक से सम्भव बनाया है, वह उनका अपना कथा-मुहावरा है। लेकिन यह सच है कि जिस महारत के साथ उन्होंने 'कलिकथा...' के अपने इस कथा-मुहावरे को 'शेष कादम्बरी' में निःशेष किया है, उससे अब नए कथा-मुहावरे की जरूरत दरपेश है। उम्मीद की जानी चाहिए कि अब अलका सरावगी के नए उपन्यास का मुहावरा भी नया होगा।

'जो औरत पकड़ में नहीं आती वह औरत नहीं?'

गीतांजलि श्री के नए उपन्यास 'तिरोहित' को पढ़ते हुए बार-बार यह लगता है कि उन्होंने इस उपन्यास से हिन्दी की स्त्री लेखिकाओं के स्त्री-विमर्श को वयस्क दृष्टि प्रदान कर दी है। कृष्णा सोबती व मृदुला गर्ग के नारी-केन्द्रित लेखन को जिन्होंने 'मर्द मुहावरे' में ढला पाया था, उन्हें गीतांजलि श्री के इस वयस्क मुहावरे को समझने के लिए अधिक धैर्य व सहानुभूति के साथ स्त्री-मानस में प्रवेश करना होगा। थोड़े भिन्न सन्दर्भों के साथ 'तिरोहित', 'शेष कादम्बरी' से उलट यात्रा इसलिए है कि जहाँ अलका सरावगी समाज से निज की यात्रा करती हैं वहीं गीतांजलि श्री निजी सच को सामाजिक बयान में ढालती हैं। 'शेष कादम्बरी' की रूबी गुप्ता के विपरीत 'तिरोहित' की ललना "अतीत-अधिकार भविष्य-अधिकार से मुक्त एक अनाम जड़विहीन

नारी पात्र है। मोहल्ला उसे लल्लन की बहू के नाम से जानने लगा।...लल्लन मर गया और लल्लन का बाप उसे धन्धे में बिठाना चाहता था इसलिए वह भाग आई।'' (पृ. 10-11)

'तिरोहित' में ललना और चच्चो की युगलबन्दी से गीतांजलि श्री जिस स्त्री-राग की रचना करती हैं वह नारी-विमर्श का नया आयाम है। स्त्री-संसार की अजानी पर्तों को खोलने के लिए गीतांजलि स्त्री या मर्द मुहावरा न अपनाकर जो वयस्क मुहावरा अपनाती हैं, वह कई स्त्री लेखिकाओं की आक्रामक मुद्रा को गैर-जरूरी सिद्ध कर देता है। मृदुला गर्ग के उपन्यास 'कठगुलाब' की असीमा के इस प्रश्न कि ''अगर मर्द- औरत के बीच का रिश्ता शोषक-शोषित का रिश्ता है, तो क्या उसका विकल्प लैज्बियनिज्म है?'' को गीतांजलि श्री 'तिरोहित' में जो सामाजिक सन्दर्भ प्रदान करती हैं, वह कई दृष्टियों से मौलिक व महत्त्वपूर्ण है।

'तिरोहित' के वृत्तान्त में 'स्त्री समलैंगिकता' का प्रश्न शारीरिक पसन्द या यौन विकल्प तक सीमित न होकर स्त्री की उस व्यापक दुनिया में रचा-बसा है जिसे नारीवादी सिद्धान्तकार एंड्रीन रिच ने 'लेस्बियन कांटिन्युम' की संज्ञा दी है। उनके अनुसार ''सम्पूर्ण इतिहास-क्रम में हर स्त्री जीवन के सभी स्त्री चिह्नित अनुभव इसमें शामिल हैं। मात्र यह नहीं कि किसी स्त्री ने किसी अन्य स्त्री से यौनेन्द्रिय अनुभव प्राप्त किया या सजग रूप से इसकी कामना की।'' ('कम्पलसरी हेट्रोसेक्सुअलिटी एंड लेस्बियन इक्जिस्टेंस', पृ. 51)। स्त्री की वह आन्तरिक दुनिया जिसकी उपस्थिति से पुरुष सत्ता जान-बूझकर अनभिज्ञ बनी रहती है, 'तिरोहित' के पृष्ठों पर जिस शान्त, थिर मुहावरे में अनावृत्त होती है उसकी अपनी एक अलग लय है।

'तिरोहित' की ललना 'अदृश्य नहीं, अदृश्य दिखलाई गई' (पृ. 90) क्योंकि बकौल ललना, ''कथरी पर पड़ी सोती रहूँ तो भी वहाँ नहीं न, इसकी गोद में, उसकी कमर से लिपटी ही दिखूँगी।'' (पृ. 46)। ललना और चच्चो ''दोनों को साथ कोई नहीं देखता क्योंकि एक को किसी और के साथ देख रहे हैं और एक को देख ही नहीं रहे सिरे से।'' (पृ. 46)। ललना जड़-विहीन होकर पुरुष सत्ता की वह 'आउटसाइडर' 'अन्य' है जिसकी खल-छवि रची जानी है और चच्चो के पुरुष सत्ता में एकीकृत होने के कारण उसके 'दीखने' को भी अदेखा किया जाता है। उपन्यास का 'लेबरनम हाउस' पुरुष सत्ता की वह सामाजिक निर्मिति है जहाँ ''सबके अमन-चैन के लिए जरूरी था कि ललना हर हाल में उनसे अलग दिखे। उनकी बनाई कसौटी पर खरी उतरने का दुस्साहस न दिखाए। ऐसा करने दिया तो एक दिन लोग भूल जाएँगे वह क्या थी? कहाँ अन्त होगा? लेबरनम हाउस ही न ढह जाएगा?'' (पृ. 156)। ललना सरीखी ''औरतें तो होती ही हैं पर वह सही-गलत का सबक बनके ही रह पानी चाहिए।'' (पृ. 157)

'लेबरनम हाउस' की प्रभुत्वशाली मूल्य-पद्धति का प्रतिपक्ष रचती ललना से सारा लेबरनम हाउस पीछा छुड़ाना चाहता है। "लोग कहते न हों नौकरानी पर नौकरानी सी तो है तो रहना चाहिए न वैसे ही। यह क्या कि सिर उठा के घुस लेती है किसी के भी साथ, हमारे बेटों को बरगलाने खेलने लगती है आइस-पाइस उनके संग और यह क्या कि दुपट्टा फेंककर, चप्पल उतारकर नंगे पाँव, नंगे सिर, छत पर कुहराम मचाए रखती है!" (पृ. 48)। ललना 'लांछित अतीतवाली वह औरत' है जिसके लिए चच्चो ने लेबरनम हाउस को "अस्वीकार करके (उसे) दुनिया-भर की हिम्मत दे दी थी।" (पृ. 157)। स्त्री चेतना का विमर्श रचती ललना और चच्चो के सम्बन्धों की एक अदृश्य कड़ी है भतीजा (बिटवा) जिसको दुख है कि उसे "गलत गर्भ ने धारण कर लिया और कितने रौशन जन्मसिद्ध अधिकारों से अलग कर दिया?" (पृ. 36)। ललना ही वह 'गलत गर्भ' थी जिसके बिटवा को यह दुख बचपन से सालता रहा था कि चच्चो उसकी माँ नहीं थी जिसे वह 'हर हालत में अपनी माँ ही मानता' था। (पृ. 35)

चच्चो, दुनिया-भर की निगाह में "भले घर की भली लड़की, हांगकांग में कमाते सम्पन्न पति की पत्नी, शान्त, सौम्य, सहमकर रहनेवाली, रातों में घर के अन्दर के सिवा कहीं न हो सकनेवाली, वह उनमें नहीं जो लम्पट अँधेरों में दिखें।" (पृ. 46)। चच्चो को "जब सिर्फ पति चाहिए था तो ओमबाबू उसे फिलहाल स्थगित कार्यक्रम की तरह एक तरफ छोड़, पैसा जनने में रम गए। जब उसने पति को नामंजूर कर डाला तो पति धन्धा समेट पालतू कुत्ते-सा उसके आगे-पीछे नजर आने लगा! पर इस नई औरत को पकड़ें कैसे उन्हें कतई नहीं सूझता कि जैसे अगर उनके सोच से फर्क उसका दिमाग है तो अब कुछ अपने हाथ में नहीं उनके।" (पृ. 113)

पुरुष-सत्ता का प्रतिपक्ष रचती यह 'नई औरत' न तो पश्चिमी 'फेमिनिज्म' का अनुकरण करती है और न ही वह नारीवाद के किसी स्वीकृत साँचे में ढली है। घर, परिवार और समाज के पाखंडी मुखौटे को बेपर्दा होने की प्रक्रिया से उपजा ललना और चच्चो का 'पारस्परिक अवलम्बन' जिस 'लेस्बियन कांटिन्युम' को रचता है, वह पुरुष-सत्ता का 'ध्वस्तीकरण' (सबवर्जन) है। जिन छोटे-छोटे प्रसंगों, बारीक व अन्तरंग ब्यौरों से गीतांजलि श्री 'तिरोहित' के स्त्री-वृत्तान्त का अन्वेषण करती हैं, वह कहीं मांसल है तो कहीं मारक, कहीं कारुणिक है तो कहीं निर्मम। स्त्री के स्त्रीत्व से मुक्त होने की प्रक्रिया में गीतांजलि श्री स्त्री की जिस आन्तरिक बुनावट को रेशे-रेशे उजागर करती हैं, वह स्त्री मनो-संरचना में उनकी गहरी पैठ का परिचायक है।

स्त्रीत्व से मुक्त होने की प्रक्रिया में "जो औरत अलग मन-जीवन जीने लगती है, औरताना आकर्षण खो देती है...जिसे देखकर आदमी की न पिपासा जगती है,

न वासना। न मन में वात्सल्य उठता है, न तन में मांसल इच्छा।" (पृ. 113) ऐसी औरत के प्रति मर्द का यह फूत्कार कि "मुझे औरत चाहिए तुम नहीं!...और दुखी, दूर खड़ी, जलती चच्चो को दिखा-दिखाकर" चाचा जो कर रहे हैं "आदमी की एक औरत पर फतह के इस अनोखे अट्टहास पर पूरा पलँग थर्रा जाएगा।" (पृ. 73)

अलग मन-जीवन जीती चच्चो के स्त्रीत्व के इस तिरस्कार की ही प्रतिक्रिया है 'लेस्बियन कांटिन्युम' में रचा-बसा चच्चो और ललना का 'प्रोग्राम'। इसी की परिणाम है चच्चो की वह मनोदशा जो बीमार पति के स्वास्थ्य सुधार को अपने 'बँधने का कोई नया शगूफा' मानकर आशंका-ग्रस्त हो जाती है। इसी मनोदशा में सम्भव है पति की आसन्न मृत्यु का वह दृश्य जिसमें चच्चो, ललना और डॉक्टर तीनों शामिल थे—

"जाने दो इन्हें" डॉक्टर ने कहा था।

बहनजी की आँखें मुझे ढूँढ़तीं।

हाँ-हाँ ललना ही गई थी अन्दर उस बेहोशी की दवा से महकते अस्पताल के कमरे में जहाँ ओमबाबू साँसों की गिनती कर रहे थे—"एक-दो-तीन...डॉक्टर के साथ। खींच दो नली। कर दो जीवन से डिसकनेक्ट।" (पृ. 152)

ओमबाबू की मृत्यु के साथ चच्चो के कानों में कोयल की 'कुहू कूक' की अनुगूँज नारी की उस व्यक्तित्व-सम्पन्नता का परिणाम है जो उस पति संरचना को खारिज कर देती है जहाँ उसकी स्वयं की कोई उपस्थिति नहीं थी। चच्चो की पति की जरूरत को ओमबाबू ने जिस प्रतिशोध के साथ खारिज किया था, आदमी से लौकी बन गए ऐसे पति के लिए जमाने व समाज की इस सीख का चच्चो के लिए कोई अर्थ नहीं था कि "अपने नाम का साया पति ही तो देता है...सत्यवान की सावित्री बन जाना तुम, इसलिए क्योंकि लौकी के पास खड़ी एक औरत उस लौकी की विधिवत् ब्याही पत्नी है।" (पृ. 117-118)

'नई औरत' के रूप में चच्चो सरीखी स्त्रियों का यह व्यक्तित्वान्तरण प्रायः इसलिए अलक्षित रहता है कि 'भले घर की लड़की और सम्पन्न पति की पत्नी' के रूप में यह 'इज्जतदारों की छीछालेदर करना होगा' क्योंकि वह पुरुष सत्ता के प्रतीक लेबरनम हाउस की 'इनसाइडर' है। ललना इस पुरुष सत्ता का अन्य है इसलिए "लोगों का मानना है कि प्रेमानन्द जी जैसा सज्जन व्यक्ति और कितना सहता? जिसे घर में खाने-ओढ़ने की जगह दी, पढ़ाने तक की कोशिश की, वह उनकी जगहँसाई पर तुल गए। प्रेमानन्द जी के भतीजे का कोई कसूर नहीं था, इस लड़की के लक्षण जगजाहिर थे। आप उसे अच्छा उढ़ा-पहना देंगे, उसके संस्कार कहाँ से बदल डालेंगे?" (पृ. 57)। यही कारण है कि प्रेमानन्द के घर से निष्कासित होने और ओमबाबू के घर में शरणागत होने के बाद "चन्द्रवात-सी निडर ललना पौर के पास बन्द कमरे में चुहिया बन जाती है।" (पृ. 99)

'तिरोहित' का नारी-विमर्श जहाँ उस 'साझी परम्परा को पहचानता है जो दो लड़कियों को वसीयत में मिलती है' वहीं जाने-अनजाने इस 'साझी परम्परा' की पग-बाधा को भी रेखांकित करता है। उपन्यास इस विडम्बना को भी रेखांकित करता है कि चच्चो का 'नई औरत' में व्यक्तित्वान्तरण जिस पुरुष-सत्ता का प्रतिफल है, उसी की आर्थिक विरासत पर टिका है उसका सम्पूर्ण अस्तित्व। कारण यह कि कहाँ होती चच्चो पति की सामाजिक स्थिति व आर्थिक सुदृढ़ता के आधार के बिना? चच्चो की यह विवशता ललना की उड़ान को भी सीमित करती है। जिस अम्बिका बहन (चच्चो) ने ललना को ''पंख फैला के नीचे दुबका लिया। (कहा) तू मेरी सहेली है। छोड़, नहीं करता लफंगा शादी, हम सहेलियाँ हैं। भूल जा कोई गाँव, कोई खुर्राट वहाँ। कोई नहीं अब कहनेवाला यह घूँघट, यह बिछिया, यह पल्लू, हम तो हैं न साथ।'' (पृ. 107)। वही ललना जब बदले हालात में प्रेमानन्द ताऊ के उस घर को खरीदने की चाह कर बैठी जिससे वह निकाली गई थी तो बहन जी ने अस्वीकार कर दिया था क्योंकि लेबरनम हाउस के ''घेरे में आ जाने पर (वह) हर बार की तरह मरने लगती है, मरती जाती है, उनके मार्फत पुनः स्थापित अपनी मूरत को तोड़ती नहीं। बस मूरत खोखली करती जाती है।'' (पृ. 156)

चच्चो और ललना की सामाजिक स्थिति का ही परिणाम है कि चच्चो पुरुष-सत्ता की 'इनसाइडर' होने के कारण स्त्री मूरत को खोखला तो करती है, तोड़ती नहीं, जबकि ललना कोई भी मूरत गढ़ने या तोड़ने से वंचित है क्योंकि वह पुरुष-सत्ता से बहिष्कृत है, इसीलिए वह 'बार-बार ठुकराई गई।' उसके बेटे तक ने उसे दुत्कार दिया क्योंकि वह ''रोबदार वंश वृक्षवाला, जन्म संस्कार वाला होना चाहता है।'' (पृ.154)। ललना की स्त्री-नियति की ही यह विडम्बना है कि वह जिस लेबरनम हाउस (पुरुष सत्ता) द्वारा लांछित व अवांछित है, उसका अपना पेट-जाया उसी लेबरनम हाउस की परम्परा का अविभाज्य अंग बनकर 'चच्चो व चाचा' की सम्पूर्ण विरासत का वारिस बन गया। और इस सबके बाद ललना के हिस्से में लेबरनम हाउस का यह व्यंग्य बाण ही आया कि ''न जाने कहाँ की हो गई।'' (पृ. 168)। 'तिरोहित' का वह अन्तिम दृश्य गहरी अर्थ-छवियों से भरा-पूरा है जिसमें ''मौत के घर के सारे असबाब के बीच ललना यों खड़ी थी कि जाने किसी की अर्थी फूँकनेवाली है या खुद अपनी अर्थी जलानेवाली है।'' (पृ. 172)

'तिरोहित' होते स्त्री-आख्यान को गीतांजलि श्री ने स्मृति, स्वकथन, चेतना की प्रवाही धारा तथा स्वप्न-दृश्यों के कोलाज की जिस गझिन बुनावट के साथ सम्भव बनाया है, वह विरल रचनात्मक अनुभव है। दो राय नहीं कि अभ्यस्त रुचि के पाठकों के लिए यह एक सरल पाठ नहीं है। औपन्यासिक कथ्य में अन्तर्निहित चुप्पियों, अन्तराल व अनकहे को धैर्य से पढ़े बिना इसके मर्म तक पहुँचना कठिन है। जो

भाषायी खिलन्दड़ेपन को कथा की शक्ति मानते हैं, उन्हें इस उपन्यास का 'पाठ' यह समझने का अवसर भी प्रदान करता है कि खिलन्दड़ापन महज भाषिक प्रयोग न होकर एक ऐसा चुस्त सम्प्रेषण भी है जो प्रकट से अधिक प्रच्छन्न है।

एक उपन्यासकार के रूप में गीतांजलि श्री का अतिरिक्त महत्त्व यह भी है कि वह एक ही कथा का पुनर्मिश्रण नहीं करती हैं। 'हमारा शहर उस बरस' के रास्ते गुजरता उनका औपन्यासिक ग्राफ 'तिरोहित' के मुहाने तक पहुँचकर भिन्न ऊँचाई का स्पर्श करता है। गीतांजलि के इन दोनों उपन्यासों का कथा-मुहावरा भले ही एकरूपता लिए हुए हो लेकिन कथ्य का भिन्न धरातल उनके वैविध्यपूर्ण अनुभव-संसार का पता देता है। उनसे भारतीय समाज के वृहद यथार्थ की किसी सम्पूर्ण औपन्यासिक कृति की अपेक्षा स्वाभाविक ही है।

'चौखटों में फिट होने के लिए हर तस्वीर नहीं होती'

अनामिका के उपन्यास 'अवान्तर कथा' की नन्ना पुरुष चौखटे को तोड़ती तो नहीं लेकिन उसमें अपनी कल्पना का रंग जरूर भरना चाहती हैं। उनकी माँग है कि ''दो या तीन बच्चे हो सकते हैं तो दो या तीन प्रियजन क्यों नहीं हो सकते?'' (पृ. 44)। नारी-मुक्ति का यह मर्दवादी विमर्श पुरुष धरातल पर खड़े होकर स्त्री समानता का पक्षधर है। नन्ना 'लिबरेटेड' हैं, ''सारे आचार-विचार काई की तरह काछकर वे अपने ढंग से वैतरणी तैरती गई थीं।'' (पृ. 20)। नन्ना पितृसत्तात्मक व्यवस्था या पुरुषवादी वर्चस्व से न तो पीड़ित हैं और न ही उससे मुक्त होना चाहती हैं। वे मर्दवादी सत्ता को ध्वस्त करने के बजाय उसमें अपना 'स्पेस' तलाशती हैं।

नन्ना स्वयं पेशे से डॉक्टर हैं, सुप्रीम कोर्ट के वकील की बेटी हैं, पति जज हैं और प्रोफेसर सुधाकर उनके 'आदि सखा' हैं। उन्हें अपने पति ''दीनानाथ से कोई बैर नहीं था, वे अभी भी उनसे स्नेह तो करती ही थीं पर प्रेम?...उनसे प्रेम करने का जोर कलेजे में जुटा लेना उनके लिए एकदम सम्भव नहीं हो पाया था।'' (पृ. 29)। ''रह-रहकर हूक-सी उठती थी कि जीवन अकारथ गया—इतनी बड़ी धरती पर कोई इस अर्थ में उनका अपना नहीं है जिस अर्थ में शिव पार्वती के अपने थे या कृष्ण राधा के।'' (पृ. 67), और फिर प्रकट हुए सुधाकर जिनके संग-साथ से ''जीवन कितना सार्थक, कितना सरस, कितना सोद्देश्य हो गया।'' (पृ. 68)। जस्टिस दीनानाथ की पत्नी नन्ना के सुधाकर के साथ सन्तुलन के त्रिकोण पर ही टिकी है अनामिका की 'अवान्तर कथा'। नन्ना के लिए यह कोई नई बात नहीं थी क्योंकि नन्ना की दादी ने भी दो-दो मर्द बड़े 'इक्विलिब्रियम' से पाले थे।

'अवान्तर कथा' की अधिकांश नारियाँ 'स्वयंवरा' हैं। उपन्यास की तरु के शब्दों में, ''उन्होंने वरण कर लिया है—अपना स्वावलम्बन-स्वाभिमान का और अपनी

स्वाधीनता का।'' (पृ. 35)। 'अवान्तर कथा' की नन्ना, तरु और दीक्षा सरीखी स्त्रियों की समस्या उस 'कॉस्मोपॉलिटन' नारी से एकाकार है जो घर-परिवार और समाज के बन्धनों से मुक्त होकर अपने उस भावनात्मक स्पेस को भरना चाहती है, जो अलग-अलग कारणों से रिक्त है। यही कारण है कि 'अवान्तर कथा' का स्त्री-विमर्श पितृसत्तात्मक समाज की जड़ों एवं बन्धनों से उस तरह निःसृत नहीं है जिस तरह 'तिरोहित' की ललना एवं चच्चो का। सच तो यह है कि 'शेष कादम्बरी' की रूबी गुप्ता की तरह 'अवान्तर कथा' की नन्ना भी पितृसत्ता से उत्पीड़ित न होकर अपने अहं और स्वतन्त्र व्यक्तित्व के चलते उसे 'समस्या केन्द्रित' (प्राब्लेमेटाइज) करती हैं। यह अकारण नहीं है कि 'शेष कादम्बरी' की रूबी गुप्ता के पति सुधीर और 'अवान्तर कथा' की नन्ना के पति दीनानाथ खल-पात्र न होकर ऐसे विनम्र, सहिष्णु व क्लीन चरित्र हैं, जो स्वयं सहानुभूति के पात्र हैं।

दरअसल अनामिका 'अवान्तर कथा' में 'स्त्री दुख' का वह स्टीरियोटाइप रचती हैं जो 'भावनात्मक स्खलन' तक सीमित रहता है। पति से विलगाव के बाद प्रोफेसर सुधाकर की बेटी दीक्षा को अनामय से क्या चाहिए था, ''न शारीरिक अवलम्ब, न आर्थिक-सामाजिक सुरक्षा, न घर, न बच्चे?'' (पृ. 41)। कारण यह कि ''चौखटों में फिट होने के लिए हर तस्वीर नहीं होती'' (पृ. 107) इसीलिए वह पति को यह एहसास कराने के लिए कि ''कुछ आधारभूत जीवन-मूल्यों का उसने उल्लंघन किया'' वह अनामय का हाथ न थामकर अकेलेपन का वरण करती है। नन्ना, दीक्षा व तरु सरीखी 'अवान्तर कथा' की स्त्रियाँ इतनी किताबी व बुद्धिपगी हैं कि इनसे न तो पुरुष-सत्ता का कोई प्रतिपक्ष बनता है और न ही 'स्त्रीत्व का मानचित्र!' सखाभाव से ओत-प्रोत 'अवान्तर कथा' की ये स्त्रियाँ स्वयंवरा होकर भी 'नई औरत' नहीं बन पातीं क्योंकि उनकी स्त्री-चेतना वायवीय व प्लेटोनिक होने के कारण उन्मुक्त सम्बन्धों की चाह में तिरोहित हो जाती है।

इसके बावजूद एक स्त्री लेखिका के उपन्यास के रूप में 'अवान्तर कथा' का पढ़ा जाना यह जानने के लिए जरूरी है कि स्त्री मुहावरे में लिखने का क्या अर्थ होता है? अलका सरावगी और गीतांजलि श्री से अलग अनामिका की भाषा जिस स्त्री-संसार में रची-बिंधी है, वह किसी पुरुष लेखक द्वारा सम्भव नहीं है। कृष्णा सोबती के मर्द मुहावरे और गीतांजलि श्री के वयस्क मुहावरे से भिन्न अनामिका के स्त्री मुहावरे की कुछ अभिव्यक्तियाँ निम्नवत हैं :

''छोटे बच्चे जैसे जिद से छितरा-छितरा जाते हैं—टेलीफोन की घंटी कभी कमरे की दीवार से सिर टकराती थी, कभी फर्श पर लोट-लोट जाती थी...'' (पृ. 15)

''मरीजों के बीच मुवक्किलों की उपस्थिति ऐसी थी जैसी परात-भर खिचड़ी में जीरे की छौंक।'' (पृ. 24)

"कड़वा तेल है मेरी बातें। छन्न-छन्न साँस मारेंगी।" (पृ. 29)

"चौके से तुरन्त जमे दही की मन्द्र छलछलाहट, अँकुराई मूँग की हरिअई और जीरा-प्याज-इलायची की ताजा-ताजा छौंक उचक-उचककर लगती थी झाँकने कि कौन आया, कौन आया!" (पृ. 36)

"चाँदी में चमकते, चौके की दीवारों से उठंगे खाली-खाली बर्तन 'चाँदी की कटोरिया में दूध-भात ले ले आव' का मर्म समझा रहे थे।" (पृ. 38)

"स्वेटर की सलाइयों की तरह इनके जीवन के भी दो ही फन्दे होते हैं; उलटा फन्दा, सीधा फन्दा।" (पृ. 69)

"जैसे जेली की पुरानी शीशी में गरम मसाला भरकर कोई मोम से उसका मुँह सील कर दे।" (पृ. 80)

यहाँ यह जिज्ञासा उचित ही है कि अनामिका 'अवान्तर कथा' में घर, परिवार व चूल्हा-चौका-रसोई की अर्थ-ध्वनियों से लैस जिस भाषा से अपना कथा-वृत्तान्त रचती हैं उसकी कथात्मक अन्विति उपन्यास की अन्तर्वस्तु में क्यों नहीं है? शायद इसलिए कि इन घरेलू अभिव्यक्तियों में रोजमर्रा के जीवन का जो यथार्थ विन्यस्त है वह 'इन्द्रियों के रास्ते इन्द्रियों के पार की अनन्त यात्रा' की अनुमति नहीं देता। और फिर है भी तो यह 'अवान्तर कथा' ही! मुकम्मिल कथा से ही तो भाषा और यथार्थ की दूरी पाटी जा सकती है। उम्मीद की जानी चाहिए कि अनामिका की यह 'अवान्तर' कथा-यात्रा पूर्णता का वृत्तान्त भी रचेगी।

'टेक एडवांटेज ऑफ युअर वुमेनहुड'

मैत्रेयी पुष्पा का नवीनतम उपन्यास 'विजन' पुरुष सत्ता-संरचना में नारी की जिस अधोगति का वृत्तान्त रचता है, उससे यह भ्रम-निवारण हो जाता है कि अभिजात समाज की सभी स्त्रियाँ 'स्वयंवरा' हैं। स्वयंवरा होने की चाह में चहकती, डूबती डॉक्टर नेहा और डॉक्टर आभा किस तरह पुरुष-सत्ता द्वारा व्यक्तित्वविहीन कर दी जाती हैं, इस तथ्य का खुलासा मैत्रेयी पुष्पा ने चिकित्सीय पेशे की पृष्ठभूमि में गहरी संलग्नता के साथ किया है। 'विजन' के माध्यम से मैत्रेयी पुष्पा अपनी ग्राम्य-यथार्थ की एकल छवि से मुक्त होकर वृहत्तर नारी-यथार्थ की रचनाकार के रूप में अपनी सार्थक उपस्थिति दर्ज कराती हैं। यहाँ यह तथ्य दृष्टव्य है कि जहाँ मैत्रेयी के ग्राम-केन्द्रित उपन्यासों की मन्दा, सारंग, शीलो तथा अल्मा सरीखी नारी पात्र अधिक स्वतन्त्र, निर्द्वन्द्व तथा 'लिबरेटेड' हैं, वहीं 'विजन' की नेहा और आभा सरीखी आत्मनिर्भर उच्च शिक्षित नारियाँ पुरुष सत्ता-तन्त्र की बन्दी हैं। कारण यह कि "पुरुष अपनी आजादी औरतों के लिए चाहते हैं, वे अपना अहं औरतों के दम पर सन्तुष्ट करना चाहते हैं।" (पृ. 41)

'विजन' के माध्यम से मैत्रेयी स्त्री-विमर्श से जुड़ी इस सर्व-स्वीकृत मान्यता को भी प्रश्नों के घेरे में खड़ा करती हैं कि उच्च शिक्षा व आर्थिक स्वावलम्बन स्त्री-मुक्ति को सुनिश्चित करता है। पितृसत्तात्मक व्यवस्था किस षड्यन्त्रकारी ढंग से स्त्री की शिक्षा-दीक्षा को भी अपनी हित-रक्षा के साधन में तब्दील कर लेता है, यह तथ्य अत्यन्त बेबाकी के साथ 'विजन' के कथ्य में विन्यस्त हुआ है। नेहा के पति "अजय को पढ़ने जाना है, इसलिए नेहा को रेजीडेंसी छोड़कर शरण आई सेंटर जाना होगा।" (पृ. 109)। नेहा की भरपूर चाहत के कारण यह फैसला कुछ दिनों के लिए स्थगित तो हुआ, लेकिन बदला नहीं क्योंकि "डॉक्टर नेहा के सामने अब कोई विकल्प नहीं था, सिवा इसके कि वह छुट्टी लेकर आगरा चली जाए क्योंकि शरण आई सेंटर के हित में एक योग्य डॉक्टर का होना वहाँ जरूरी था।" (पृ. 158)। स्वयं से कमतर व अयोग्य डॉक्टर पति के कैरियर में सीढ़ी बनी नेहा का यह स्वगत प्रश्न अनुत्तरित रह जाता है कि "अपने जीवन में मैं कहाँ हूँ" (पृ. 14) क्योंकि "वह पिता के घर भी अकेली और पति के घर भी अकेली।" (पृ. 142)। नेहा की स्त्री-नियति की यह अजब विडम्बना है कि सर्जरी की दक्षता के बावजूद जिस आई सेंटर में नेहा को ओ.पी.डी. व रिसेप्शन की जिम्मेदारी के बहाने सर्जरी कार्य से अलग रखा जाता है, उसी आई सेंटर में ऑपरेशन की लापरवाही के चलते मरीज की मौत होने पर उसे संकटमोचक की भूमिका निभानी पड़ती है। कारण यह कि उस आई सेंटर का मालिक चिकित्सा को व्यवसाय में तब्दील करनेवाला उसका श्वसुर डॉक्टर आई.पी. शरण है और वह अनाड़ी डॉक्टर जिसके हाथों मरीज की मौत हुई है, उसका पति डॉक्टर अजय है, जो नेहा को उसके स्त्रीत्व का वास्ता देते हुए कहता है, "नेहा, टेक एडवांटेज ऑफ युअर वुमेनहुड।" (पृ. 207)

मनोरोगी होने के कगार पर ढकेल दी गई नेहा से अलग नहीं है उसकी 'आल्टर ईगो' डॉक्टर आभा की नियति, जिसे अपने चिकित्सकीय कैरियर को बचाए रखने के लिए विवाह-विच्छेद का निर्णय लेना पड़ता है; क्योंकि उसके पति मुकुल को लगता है कि वह 'उसके पैरेंट्स के खिलाफ ही नहीं उसके खिलाफ भी हो गई है।' (पृ. 110)। लेकिन पुरुष-प्रधान समाज में 'कैरियर वुमेन' बनना इतना ही आसान होता तो क्या उसे डॉक्टर चोपड़ा के ये व्यंग्य-बाण सुनने पड़ते—"डॉक्टर आभा इज मैड। शी इज सिनिकल...फ्रस्ट्रेटेड वुमेन। साली ने पति क्या छोड़ा पुरुषों की दुश्मन हो गई। आई फेमिनिज्म की नानी।" (पृ. 154)

पितृसत्तात्मक समाज में स्त्री अस्मिता के बरक्स स्त्री-नियति की टकराहट से मैत्रीय पुष्पा जिस स्त्री-व्यक्तित्व की रचना करती हैं वह भारतीय पारम्परिक समाज में अपनी अस्मिता की तलाश करती उस स्त्री की संघर्ष-गाथा है जिसे उच्च शिक्षा और अच्छे कैरियर के बावजूद अभी भी स्त्री-नियति से मुक्त होना है। सुखद यह

भी है कि अपने इस उपन्यास से मैत्रेयी पुष्पा स्त्री-मुक्ति को 'देह-मुक्ति' तक रिड्यूस करने की अपनी उस रूढ़ि से मुक्त भी हुई हैं, जो 'चाक' तथा 'अल्मा कबूतरी' के नारी-विमर्श को एकायामी बनाता था। 'विजन' के माध्यम से पितृसत्ता के प्रत्याख्यान की जो विश्वस्त आधार-भूमि मैत्रेयी पुष्पा ने तैयार की है, वह उनके दृष्टि-विस्तार तथा परिपक्व नारी-विमर्श के प्रति आश्वस्त करता है।

'उतनी ही उड़ान से सन्तुष्ट जितना आकाश थमा दे पुरुष'

मधु काँकरिया अपने पहले उपन्यास 'खुले गगन के लाल सितारे' की मणि को 'बादल-बादल बहता इश्क और भरी-भरी वह' की जिस रूमानी छवि में ढालती हैं वह उनके औपन्यासिक विमर्श की चौहद्दियाँ तय कर देता है। लेखिका का यह रूमानी दृष्टिकोण नक्सलवाद की पृष्ठभूमि पर लिखित इस उपन्यास को गम्भीर राजनीतिक विमर्श बनने से रोकता है। लेकिन राजनीति की भरपूर छलकन व फिसलन से समृद्ध व सीमित इस उपन्यास का स्त्री-विमर्श इसे भिन्न सार्थकता प्रदान करता है। यह सच है कि राजनीतिक सन्दर्भों से रचे-पगे इस उपन्यास में स्त्री-विमर्श पृष्ठभूमि के ही रूप में उपस्थित है, लेकिन निम्नवित्त नौकरी-पेशा मारवाड़ी परिवार की तीन बेटियों के कथा-वृत्तान्त के माध्यम से मधु काँकरिया जिस स्त्री-दुख को अनावृत्त करती हैं, वह नारी-विमर्श का नया सन्दर्भ है।

उपन्यास की मुख्य पात्र मणि की मँझली बहन पारसी द्वारा जैन धर्म में दीक्षा लेने का प्रसंग धर्म की जिस दमनकारी भूमिका को रेखांकित करता है, वह स्तब्धकारी है। सिर मुँड़वाकर दीक्षा की वेदी पर जाती पारसी किसी वध्य पशु के 'स्वेच्छा' से वधस्थल तक जाने का जो दृश्य-बिम्ब रचती है वह उपन्यास का अत्यन्त मार्मिक व विडम्बनात्मक प्रसंग है। पारसी का यह निर्णय पितृसत्तात्मक समाज के चलते जिस मानसिक अनुकूलन का परिणाम है उसका लेखिका ने वस्तुगत चित्रण किया है। बेटी को पितृसत्ता का पालतू बनाने की प्रक्रिया में माँ की भूमिका पर उपन्यास में यह टिप्पणी माँ के मानसिक अनुकूलन की ही परिचायक है : "हर अन्याय करनेवाली माँ स्वयं अन्याय का शिकार हो चुकी रहती है। शोषित होते-होते स्वयं जब वह परिवार की पालनहार बनती है तो स्वयं शोषक के साथ मिलकर शोषक की भाषा बोलने लगती है।" (पृ. 58)। पारसी की माँ गंगाबाई बेटी द्वारा जैनधर्म में दीक्षित होने के निर्णय से इसलिए 'गदगदायमान' थी कि "अतृप्त चाहवाली युवा कन्या जाने क्या गुल खिलाए...इस कारण पारसी के धर्म की राह पकड़ लेने से अपने विश्वासों के अनुरूप वे परम सन्तुष्ट थीं।" (पृ. 128)। कारण यह कि उन्हें यह कदम "...न सिर्फ पारसी के लिए वरन् पूरे घर के लिए भी कल्याणकारी लग रहा था।" (पृ. 129)। सच भी यही था क्योंकि पारसी अपने इस निर्णय से "अपने भार से इन्हें

मुक्त करना चाहती थी।" क्या करती पारसी? विवाह के पूर्व जलने की घटना में चेहरे की जिस कुरूपता के कारण पारसी भावी पति द्वारा तिरस्कृत की गई थी, माँ भी तो उसे स्वीकार न कर 'मुँहजली' होने का ताना दे रही थी।

बेटी का अविवाहित रह जाना उसके बहक जाने की आशंका पैदा करता है इसलिए माँ की यह दलील कि "बेटी का मन इधर-उधर भटके, वह व्यभिचारिणी हो जाए तो तुम लोगों को मंजूर लेकिन धर्म की राह पर चले तो मंजूर नहीं।" (पृ. 138) कैसी है यह धर्म की राह? कितनी मुक्त है यह पुरुष-सत्ता की जकड़बन्दी से? क्या सांसारिकता से विमुख होकर भी पारसी को पितृसत्ता की दुरभिसन्धि से छुटकारा मिला? इन सारे प्रश्नों का उत्तर लेखिका धार्मिक सत्ता के उस विखंडन द्वारा करती है, जो अन्ततः पुरुष-केन्द्रित ही है। मणि की डायरी की टीपों के बहाने लेखिका यह तथ्य दर्ज करती है कि "पूरे जैन साधु-समाज के छब्बीस सौ वर्षों के इतिहास में आज तक आचार्य-प्रमुख कोई भी साध्वी नहीं हुई थी। किसी भी साध्वी को यह बात परेशान नहीं करती थी कि संन्यास-आयु में वरिष्ठ होने के बावजूद साधु नियमों के अनुसार उन्हें एकदम नए बने साधु की भी वन्दना करनी पड़ती थी।" (पृ. 136)। धर्म की इस पुरुष-सत्ता में तिरोहित पारसी के दीक्षा-समारोह के यातना-प्रसंग को जिस विवरणात्मकता के साथ लेखिका ने रचनात्मकता प्रदान की है वह सम्भवतः हिन्दी उपन्यास के लिए नई विषयवस्तु है।

स्वीकार करना होगा कि समसामयिक राजनीति और नक्सलवाद की पृष्ठभूमि के बावजूद 'खुले गगन के लाल सितारे' की औपन्यासिक प्रासंगिकता उपन्यास के उस नारी-विमर्श पर टिकी है जिसके केन्द्र में विवाह-संस्था की प्रताड़ना है। कारण यह कि "कन्याओं को अविवाहित देखने का माद्दा पिता-भाई की पीढ़ी में आज भी नहीं। आज भी इस देश की कुँवारी कन्या सगे पिता-भाई तो क्या, गाँव के पिता-भाई तक के कलेजे में हूक पैदा कर देती है।" (पृ. 164)। मणि की बड़ी बहन मुन्नी की व्यक्तित्वविहीनता और शोषण में उसकी इच्छुक सहभागिता के मूल में यदि एक अर्धपागल व्यक्ति से उसका विवाहित होना है तो पारसी के सिर मुँड़ाकर जोगन बनने का कारण भी तो अविवाहित रह जाने का दंश ही है। लेकिन उपन्यास की सबसे बड़ी बाधा इस नारी-विमर्श का मुख्य कथावस्तु न होकर एक फिलर की भूमिका के रूप में उपस्थित होना है।

उपन्यास की मुख्य पात्र मणि की अस्मिता और व्यक्तित्वान्तरण के जिस विमर्श पर उपन्यास की संरचना टिकी है वह अत्यन्त भावुक, वायवीय और किताबी है। मणि को जनजीवन असहज लगने लगा "तो वह खुद को देर रात तक किताबों में, गीता में और मार्क्स में डुबो देती। ऐसे में चेखव उसे सँभालता...उपनिषद उसे चेताते।" (पृ. 156)। यहाँ यह तथ्य ध्यान देने योग्य है कि मधु काँकरिया समसामयिक

राजनीति व इतिहास के प्रसंगों को अलका सरावगी की तरह सन्दर्भित तो करती हैं लेकिन उन्हें औपन्यासिक अन्तर्वस्तु में पचाकर नहीं प्रस्तुत करतीं। 'शेष कादम्बरी' में यदि राजनीति व इतिहास का सिरा देवीदत्त के हाथों में है तो 'खुले गगन के लाल सितारे' में इस भूमिका का निर्वहन गोविन्द दा और नवल झा करते हैं। नक्सलवाद से जुड़ी घटनाओं के सूत्र हों या आपात्काल; इन्दिरा गांधी का उल्लेख हो या कि ज्योति बसु का, नव धनाढ्यों के बीच अपसंस्कृति का मसला हो या अमेरिकी संस्कृति का प्रसंग, सब कुछ जिस चलताऊ ढंग से उपन्यास में सन्दर्भित होता है उससे समसामयिकता का कोलाज तो बनता है, लेकिन कोई सम्पूर्ण विमर्श नहीं।

दरअसल यह औपन्यासिक पात्रों के विचलन या विशृंखलता का परिणाम न होकर उस वैचारिक धुरीहीनता की उपज है, जिसके चलते लेखिका की 'आल्टर ईगो' मणि को जहाँ 'बुद्ध, मार्क्स और नीत्शे सब अधूरे सत्य नजर आते' (पृ. 145) वहीं 'मार्क्स और विवेकानन्द उसे कुश्ती लड़ते दिखाई पड़ते।' (पृ. 78)। आखिर मणि की चेतना को 'लड़कीपन के घोंघे से निकालकर स्वतन्त्र चेतना विकसित' करनेवाला इन्द्रनील भी तो 'मार्क्स, लेनिन, चाणक्य, कौटिल्य व सुभाष' के विचारों का अन्वेषी ही था। ऐसे में मणि की दुविधा 'स्टैच्यू ऑफ लिबर्टी तथा लाल झंडा' के बीच होनी ही थी।

एक उपन्यासकार के रूप में मधु काँकरिया की कठिनाई यह है कि मणि को दुविधा मुक्त करने की प्रक्रिया में वे स्वयं दुविधाग्रस्त हो जाती हैं। सब कुछ समेटने व अद्यतन अखबारी प्रसंगों के अति-प्रयोग से बचकर यदि वे अपने औपन्यासिक वृत्तान्त को नारी-विमर्श तक सीमित करतीं तो शायद वे इस उपन्यास को नक्सलवाद और स्त्री-विमर्श की फाँक से बचाकर अधिक सार्थक कृति के रूप में बचा पातीं।

और अन्त में

कहना न होगा कि स्त्री उपन्यासकारों की इस नई खेप ने नारी उपन्यास के एजेंडे को नया विस्तार दिया है। कृष्णा सोबती के जिस मर्द-वादी नारी-विमर्श पर हिन्दी संसार चौंक-चौंक जाता था, उसे गीतांजलि श्री के वयस्क मुहावरे को पचाने के लिए अपना मानसिक विकूलन (डि-कंडीशनिंग) करना होगा। 'हमारा शहर उस बरस' के बाद पूरी तरह भिन्न धरातल पर 'तिरोहित' का लिखा जाना एक ऐसे नए कथा-मुहावरे की ईजाद है जो कलात्मक होकर भी पूरी तरह यथार्थवादी है। नए इलेक्ट्रॉनिक माध्यमों से जिन्हें मुद्रित शब्दों पर खतरा मँडराता दीखता है, उन्हें शब्दों को बचाए रखने के सूत्र गीतांजलि श्री के कथात्मक गद्य में मिल सकते हैं, बशर्ते कि गीतांजलि के गद्य के सुर-ताल से संगत बिठाई जा सके। अलका सरावगी ने अपने उपन्यास 'शेष कादम्बरी' में 'वैभव की दुनिया' से 'अकेलेपन' की यात्रा जिस कथा-मुहावरे में

की है, वह यथार्थवादी कथा-दृष्टि का नवाचार ही है। कई अर्थों में यह विनोद कुमार शुक्ल के प्रयोगशील मुहावरे से अधिक सार्थक व प्रासंगिक है। अलका सरावगी की शक्ति यह है कि वे हिन्दी कथा के चालू मुहावरे से बेखबर होकर अपने कथा-मुहावरे को वैश्विक सम्पदा से समृद्ध करती हैं। यही कारण है कि उन पर न किसी हिन्दी कथाकार की छाप है और न किसी को पछाड़ने की जल्दबाजी। 'शेष कादम्बरी' को पढ़ते हुए यदि डारिस लेसिंग के उपन्यास 'दि गोल्डेन नोटबुक' की तकनीक और इसके पात्रों अन्ना और मॉली की छवि कौंध जाती है तो इससे न तो रूबी दी निष्प्राण हो जाती हैं और न ही कादम्बरी मॉली की छाया-छवि। अलका की चुनौती अपनी ही कथा-प्रविधि को रूढ़ि बनने से बचाने की है। कहने की जरूरत नहीं कि जो नया मुहावरा गढ़ सकता है, अपने मुहावरे को बासी होने से बचाने का हुनर भी उसे आता ही होगा।

'विजन' के रूप में यह अच्छी खबर है कि मैत्रेयी पुष्पा ने स्वयं को अपनी कथा-रूढ़ि से बचा लिया है। 'विजन' के औपन्यासिक कथ्य में विन्यस्त 'कैरियर वुमेन' बनाम स्त्री-अस्मिता का विमर्श 'कठगुलाब' सरीखे उपन्यासों की 'फेमिनिस्ट' नारेबाजी से अलग 'छिन्नमस्ता' सरीखे उपन्यासों के उस स्त्री-विमर्श का विस्तार है, जो भारतीय समाज के लिए अधिक प्रामाणिक व प्रासंगिक है।

स्वीकार करना होगा कि हिन्दी के वर्तमान औपन्यासिक परिदृश्य की समृद्धि में इधर की कथा लेखिकाओं का महत्त्वपूर्ण अवदान है। औपन्यासिक विषयवस्तु की नवीनता के साथ नए कथा-मुहावरे की तलाश का यह रचनात्मक परिदृश्य अत्यन्त उम्मीदों-भरा व आश्वस्तकारी है। एक ऐसे कथा-समय में जब सिद्ध कथाकार अपने देश-काल से आँखें मूँदे 'विचारधारा के विष होने' की चिन्ता में ध्यानस्थ हों, तब स्त्री कथाकारों की यह वैचारिक दस्तक वह जरूरी दायित्व-निर्वाह है जिसकी अनुगूँज स्त्री-विमर्श के पार साहित्य की समूची दुनिया तक होती है। जरूरत है इसे और समृद्ध व व्यापक बनाने की।

महज 'उन्माद' नहीं है फासीवाद

तब काली कुर्तीवालों के बारे में जो हरगौरी कहता था, उन लोगों को बुला लिया जाए? कहता था लाठी-भाला सिखानेवाला मास्टर आवेगा। संयोजक जी या संचालक जी, क्या कहता था सो आवेंगे। हिन्दू राज-महराना प्रताप और शिवाजी का राज होगा।...

('मैला आँचल', फणीश्वरनाथ रेणु, पृ. 69)

हमने तो दिल्ली में प्रेस कायम करने का फैसला कर लिया और आप हिन्दू राइटर्स ऐसे हैं कि हिन्दू पब्लिशर्स की जड़ें काटने के लिए मुसलमान पब्लिशर्स को अपनी किताबें देते हैं। उन लोगों में अपने दीन-कौम का कितना खयाल है लेकिन आप लोगों में जरा भी नहीं। हिन्दू को तो पैसा चाहिए, पैसा! तभी तो हिन्दुओं का यह हाल है। वरना लाहौर का पूरा ट्रेड हिन्दुओं के हाथ में था।

('झूठा सच' प्रथम भाग, यशपाल, पृ. 288)

...त मातादीन पंडित तकरीर किहिन। कहिन की मलिच्छ मुसलमानों को भारतवरश से निकाल देवे को चाहिए। अउर ई बहनचोद को मन्दिर बनाए के वास्ते जमीन हम दिया रहा। खाए-पीए को दस मंडा जमीन अलग से दिया। अउर ई साला तकरीर कर रहा अउर ईहो ना सोच रहा कि आखिर फुन्ननों मुसलमाने हैं।

('आधा गाँव', राही मासूम रजा, पृ. 284)

दम भरते हैं साले डेमोक्रेसी का! हर जगह भूमि-पूजन है, हर तकरीब में संस्कृत का गाना और देवी-देवताओं का नाच-कूद! कोई पूछे, हिन्दुओं के अलावा और किसी को इससे क्या मतलब? हम हिन्दी तक राजी हुए तो कहने लगे अब तो तुम्हें संस्कृत भी सीखनी पड़ेगी! क्या होगा इस मुल्क में मुसलमानों का।

('सूखा बरगद', मंजूर एहतेशाम, पृ. 145-146)

हमारे स्कूल में न, शाम को 'शाखा' लगती है, मुझे उसमें जाने नहीं देते। कहते हैं, तुम मियाँ हो, 'शाखा' में तुम्हारा क्या काम? और अब सारे लड़के हमें मियाँ-मियाँ, मुसल्ला, कटुवा कहके चिढ़ाते हैं। बहुत बुरी-बुरी गालियाँ बकते हैं। अब मैं स्कूल नहीं जाऊँगा।

('मुखड़ा क्या देखे', अब्दुल बिस्मिल्लाह, पृ. 123)

हिन्दू महासभा, राष्ट्रीय स्वयंसेवक संघवाले क्या गलत कहते हैं? जब हजार सालों में भी हिन्दू और मुसलमानों को साथ रहना नहीं आया, तो अब आगे कैसे आ जाएगा?...मुसलमानों को कोई पछतावा नहीं है कि उन लोगों ने हिन्दुओं के मन्दिरों को तोड़ा और हम लोग ठेका लें उनकी मस्जिदों की रक्षा का?

('कलिकथा : वाया बाईपास', अलका सरावगी, पृ. 171)

साम्प्रदायिकता और सांस्कृतिक राष्ट्रवाद का यह औपन्यासिक विमर्श मात्र एक साहित्यिक संरचना न होकर उस अन्ध-धार्मिकता का प्रतिफल है जो 'एक राष्ट्र, एक धर्म व एक संस्कृति' की आड़ में उन हिन्दुत्ववादी शक्तियों का पोषण करती रही है, जिनके लिए 6 दिसम्बर, 1992 एक विजय-पर्व है। यह अकारण नहीं है कि हिन्दी के जिन उपन्यासों में साम्प्रदायिकता की समस्या एक केन्द्रीय विमर्श के रूप में नहीं भी उपस्थित रही है, वहाँ भी इसका ताप जाने-अनजाने महसूस किया जा सकता है। 'गोदान' में भोला के माध्यम से प्रेमचन्द जब यह सूचना दर्ज करते हैं कि उसकी बेटी झुनिया का 'आदमी बम्बई में दूध की दुकान करता था। उन दिनों वहाँ हिन्दू-मुसलमानों में दंगा हुआ, किसी ने उसके पेट में छुरा भोंक दिया' ('गोदान', पृ. 23) तो वे भारतीय समाज की जिस त्रासद विडम्बना को लक्षित करते हैं, वह आज भी उतनी ही बड़ी सच्चाई है, जितनी 'गोदान' के देशकाल में। 'गोदान' की मूल कथा में इस तथ्य से कोई अन्तर न पड़ने के बावजूद कि झुनिया का पति साम्प्रदायिक दंगों में मारा गया या बीमारी की भेंट चढ़ गया, यदि प्रेमचन्द 'गोदान' के इस अनाम पात्र की मौत का कारण साम्प्रदायिक दंगा उल्लिखित करते हैं, तो यह उस गहरी औपन्यासिक दृष्टि का परिणाम है, जो प्रकट रूप से गैर-जरूरी विवरण को भी गहरी अर्थवत्ता प्रदान करता है।

यहाँ यह तथ्य स्वीकार करना होगा कि प्रेमचन्द, रेणु, यशपाल से लेकर प्रायः इधर के सभी उपन्यासकारों ने साम्प्रदायिकता व फासीवाद को उस निश्चित वैचारिकता व सामाजिक सोच का परिणाम माना है जो भारतीय समाज की बहुलवादी संरचना को ध्वस्त करने के मंतव्य से अपना धार्मिक वर्चस्व कायम करना चाहती है। भारत-विभाजन की त्रासदी से लेकर बाबरी मस्जिद के ध्वंस तक विस्तृत धार्मिक वर्चस्व का यह विमर्श आज जिस सांस्कृतिक राष्ट्रवाद के कुतर्क के रूप में हमारे सम्मुख उपस्थित है, आज के उपन्यास उसका दस्तावेजी साक्ष्य प्रस्तुत करते हैं लेकिन भगवान सिंह का उपन्यास 'उन्माद' साम्प्रदायिकता और फासीवाद को लेकर नितान्त भिन्न प्रविधि और दृष्टिकोण अपनाता है। भगवान सिंह साम्प्रदायिकता को निश्चित सामाजिक व राजनीतिक दृष्टिकोण का परिणाम न मानकर इसे मनोविकार व दमित व्यक्तित्व की विकृत परिणतियों के रूप में प्रस्तुत करते हैं।

'उन्माद' उपन्यास पढ़ते हुए विल्हैम राइश की पुस्तक 'दि मास साइकोलॉजी ऑफ फासिज्म' बहुत शिद्दत से याद आती है। पेशे से मनोचिकित्सक डॉ. राइश की यह पुस्तक जब पहली बार 1933 में जर्मनी में प्रकाशित हुई थी, तब इसे जर्मन फासिस्टों ने यह कहकर प्रतिबन्धित कर दिया था कि इससे सार्वजनिक सुरक्षा व कानून-व्यवस्था को खतरा है। डेनमार्क और नार्वे के कम्युनिस्टों ने भी इसे 'प्रति-क्रान्तिकारी' करार देकर इसकी भर्त्सना की थी। फासीवादियों व कम्युनिस्टों—दोनों द्वारा निन्दित व बहिष्कृत इस पुस्तक में डॉ. राइश ने यह मान्यता प्रतिपादित की है कि फासिज्म न तो कोई विचारधारा है और न ही यह किसी व्यक्ति, राष्ट्रीयता, जातीयता या राजनीतिक समूह की कार्यप्रणाली का हिस्सा है। वे इसकी कोई सामाजिक या आर्थिक व्याख्या न करके, इसे व्यक्ति की उस अतार्किक चारित्रिक संरचना का परिणाम मानते हैं जिसकी जैविक आवश्यकताओं एवं मनोसंवेगों को हजारों वर्षों से दमित किया गया है। भगवान सिंह भी डॉ. विल्हैम राइश की फासीवाद की इसी मनोव्याख्या को आधार बनाते हुए अपना औपन्यासिक विमर्श रचते हैं। अन्तर इतना अवश्य है कि जहाँ विल्हैम राइश का यह मनोविश्लेषण हिटलर की मनोग्रन्थियों को समझने व सुलझाने में किंचित् सहायक है, वहीं भगवान सिंह का 'उन्माद' भारतीय सामाजिक सन्दर्भों में साम्प्रदायिकता व फासीवाद की समस्या को मनोग्रन्थियों में उलझाकर उसे कुछ अमूर्त ही बनाता है।

विल्हैम राइश की चिकित्सकीय मनोवैज्ञानिक पद्धति को आधार बनाते हुए भगवान सिंह अपने उपन्यास-वाचक मनोज सारस्वत को 'मनोरुग्ण व्यक्तियों का परिवेश और उसका प्रभाव' विषय पर शोधार्थी के रूप में प्रस्तुत करते हैं। इस शोधार्थी की राय में यह दुनिया एक बड़ा पागलखाना है क्योंकि "पागलखाने इतने छोटे हैं, और पागलों की संख्या इतनी अधिक, कि यदि पागलखानों को चंगे लोगों के रहने के लिए और उससे बाहर की दुनिया को पागलों के लिए रखा जाए तो व्यवस्था अचूक होगी।" (पृ. 9)। जिन डॉ. मिश्रा के निर्देशन में उपन्यास-वाचक यह शोध कार्य कर रहा है उनकी राय में "हमारे कानून, धर्मविधान, सामाजिक संस्थाएँ और आर्थिक ढाँचा सभी आदमी को पागल बनाने के लिए ही बनाए गए हैं।" (पृ. 19)। व्यक्ति को विक्षिप्त बनाती उपन्यास के कथ्य में विन्यस्त सामाजिक संस्थाओं की यह अवधारणा विल्हैम राइश की इस सोच से मेल खाती है कि "मैं मनुष्य को उस प्राणी के रूप में देखता हूँ जो निकृष्टतम सम्भव सामाजिक परिस्थितियों के आधिपत्य की गिरफ्त में है। ये परिस्थितियाँ उसने स्वयं रची हैं और इसे अपने व्यक्तित्व में समाहित करने के बाद अब वह इससे मुक्त होने के निष्फल प्रयास कर रहा है।" ('दि मास साइकोलॉजी ऑफ फासिज्म', पृ. 25)। उपन्यास के वाचक का सामाजिक संस्थाओं के इस पागलखाने में अपनी केस-स्टडी के लिए रतन

के रूप में 'सही पागल और सही परिवार' से साक्षात् इस उपन्यास की मुख्य कथा-भूमि है।

पितृ छवि और छाया में पला-बढ़ा रतन भारतीय समाज के निम्न मध्यमवर्गीय परिवार का वह हिन्दू 'स्टीरियोटाइप' है जो बारह वर्ष की उम्र से ही राष्ट्रीय स्वयंसेवक संघ की शाखा में जाता है, हिन्दू गौरव व मर्यादा में दीक्षित होता है, फिर कम्युनिस्टों की संगत में विधर्मी होकर मुस्लिम युवती आबिदा के प्रेम में पागल हो जाता है। प्रतिभाशाली छात्र रतन से पागल रतन के रूप में उपन्यास नायक के इस व्यक्तित्व विघटन के माध्यम से उपन्यासकार साम्प्रदायिकता व फासीवाद का जो विमर्श प्रस्तुत करता है, वह किंचित् चौंकानेवाला व हिन्दी उपन्यास के लिए सम्भवतः पहली बार है। मनोरुग्णतावादी सैद्धान्तिकी की पुष्टि के लिए उपन्यासकार अपने पात्रों को सहज रूप से जीवन से न उठाकर उनके इर्द-गिर्द काल्पनिक स्थितियों का जाल बुनता है। विवाह व परिवार जैसी सामाजिक संस्थाओं को व्यक्ति के विकास में बाधक दमनकारी साधन के रूप प्रस्तुत करने के मंतव्य से वह रतन सहित कई प्रमुख औपन्यासिक पात्रों को इसकी जकड़बन्दी का शिकार होते, उससे मुक्ति की छटपटाहट और विद्रोह की भंगिमा अपनाते प्रस्तुत करता है।

आर्यसमाजी सदानन्द शर्मा का जो 'सही परिवार' इस उपन्यास की केस-स्टडी के मूल में है, वह विभाजन की पृष्ठभूमि लिए हुए है। रतन के पिता सदानन्द की विभाजन के बारे में राय थी कि "यह सब अंग्रेजों की चाल से हो रहा है। अंग्रेज मुसलमानों का दिल और दिमाग है और मुसलमान अंग्रेजों का हाथ और हथियार।" (पृ. 35) रतन की माँ मनोरमा की मुसलमानों के बारे में सोच थी कि "इन मुसल्लों के मन में दया-माया तो होती ही नहीं। ये तो बकरा भी, गला रेतकर काटते हैं। इनका तो दीन भी इन्हें जीवों को सताने में मजा लेने की सीख देता है।" (पृ. 34) कम्युनिस्टों के बारे में सदानन्द जी की धारणा थी कि 'वेद-पुराण' में जिन राक्षसों का वर्णन है, उन्हीं के ये कलजुगी रूप हैं। न शान्ति से रहते हैं, न किसी को सुख-शान्ति से रहने देना चाहते हैं? (पृ. 60) सदानन्द शर्मा दम्पति के सुख-शान्ति भरे जीवन को उजाड़ने का दायित्व इन्हीं मुसलमानों व कम्युनिस्टों पर है। कम्युनिस्ट अध्यापक वर्मा ने जहाँ शर्मा-दम्पति के एकमात्र पुत्र रतन को अपनी तार्किक समझ के चलते राष्ट्रीय स्वयंसेवक संघ के बारे में शंकालु बनाकर शाखा-विमुख कर दिया था, वहीं आबिदा की संगत ने उसे विधर्मी बनाकर विक्षिप्त कर दिया था।

सदानन्द शर्मा परिवार की त्रासदी के मूल में मुस्लिम व कम्युनिस्ट शत्रु छवि का खाका रचते हुए उपन्यासकार ने राष्ट्रीय स्वयंसेवक संघ की भूमिका, कार्य प्रणाली व सोच की विस्तृत विवेचना पात्रों के बीच बहस-मुबाहिसे के माध्यम से की है। सदानन्द शर्मा, वेद जी, सुधीर जी, दीनानाथ जी व पंडित चिन्तामणि राष्ट्रीय

स्वयंसेवक संघ की सोच व सामाजिक आधार का प्रतिनिधित्व अपने-अपने ढंग से करते हुए संघ की जो छवि प्रस्तुत करते हैं वह हिन्दुओं के हित-चिन्तन व सुरक्षा का निर्वाह करनेवाले कट्टर हिन्दू संगठन की है। कट्टरता के बावजूद यह हिन्दू संगठन की वह धार्मिक छवि है, जो इसकी फासीवादी भूमिका को कमतर करते हुए यह दावा करता है कि "उसने अभी दूसरे धर्मों के लोगों को न तो धर्मान्तरित किया, न उनके देवालय गिराए, न ही उनके पवित्र ग्रन्थों और धार्मिक पुरुषों का अपमान किया।" (पृ. 151) डॉ. देव के विरुद्ध रतन द्वारा बाँटे गए पर्चे 'हिन्दू जागो देश बचाओ' में हिन्दू एकता की जो अपील की गई है, वह हिन्दू साम्प्रदायिकता व फासीवाद का आक्रामक चेहरा न उजागर करके हिन्दुत्व की वह नरम-उत्पीड़ित छवि प्रस्तुत करती है जो राष्ट्रीय स्वयंसेवक संघ, विश्व हिन्दू परिषद् व बजरंग दल से कहीं मेल नहीं खाती। 'हिन्दू जागो और देश बचाओ' पर्चे की इस अपील से किस हिन्दू का विरोध होगा कि "हिन्दुओं को एकता का पाठ मुसलमानों से और सेवा का पाठ ईसाइयों से सीखना चाहिए। गरीब हिन्दुओं, विशेषकर हरिजनों की सेवा करना प्रत्येक हिन्दू का धर्म है।...सारे संसार के मुसलमान, ईसाई, यहूदी, सभी अपने धर्म के हितों की रक्षा करते हैं, हिन्दुओं को भी उनसे शिक्षा ग्रहण करनी चाहिए।" (पृ. 147)

कहना न होगा कि हिन्दू साम्प्रदायिकों की इस नरम छवि से न तो बाबरी मस्जिद का ध्वंस समझा जा सकता है और न ईसाई पादरी ग्राहम स्टेंस व उनके पुत्रों का जिन्दा दहन। उपन्यास में वर्णाश्रम व्यवस्था व दलितों के सम्बन्ध में राष्ट्रीय स्वयंसेवक संघ व अन्य हिन्दुत्ववादी संगठनों की राय भी वस्तुगत निष्कर्षों का परिणाम न होकर उपन्यासकार द्वारा हिन्दुत्व का सर्वग्राही चेहरा प्रस्तुत करने का एक उपक्रम है यद्यपि आबिदा राष्ट्रीय स्वयंसेवक संघ द्वारा वर्णाश्रम व्यवस्था को न मानने को 'फरेब' की संज्ञा देती है, लेकिन उपन्यासकार हिन्दुत्व की शक्तियों एवं वर्णाश्रम विरोधी ताकतों के बीच के द्वन्द्व को न उभारकर जो समाधान-परक रुख अपनाता है वह आज के उत्तर-मंडल हिन्दू मस्तिष्क को समझने में मददगार नहीं है। लगभग पाँच दशक पूर्व रेणु ने 'मैला आँचल' में भारतीय सामाजिक संरचना के इस वर्णाश्रमी लोक को राष्ट्रीय स्वयंसेवक संघ की जिस भूमिका के सन्दर्भ में उद्घाटित किया था, भगवान सिंह 'उन्माद' में इसका कोई संकेत नहीं देते। रेणु जहाँ 'मैला आँचल' में इस तथ्य को रेखांकित करते हैं कि राष्ट्रीय स्वयंसेवक संघ के संयोजक जी "छोटी जाति के लोगों की सभा में नहीं जा सकते" (पृ. 110) वहीं भगवान सिंह हिन्दू एजेंडा की उद्घोषणा करनेवाले पर्चे में इस संकल्प को शामिल करते हैं कि "गरीब हिन्दुओं, विशेषकर हरिजनों की सेवा करना प्रत्येक हिन्दू का धर्म है।" (पृ. 147) उपन्यास के 'प्रोटैगनिस्ट' मनोज

सारस्वत की मान्यता है कि "जब दंगे होते हैं तो उनके मोर्चा सँभालनेवाले तो ये ही लोग होते हैं जिन्हें हिन्दुओं में छोटी और नीची जातियाँ कहा जाता है और मुसलमानों में रजील और कमीन।" और इसके कारणों की व्याख्या वे इस प्रकार करते हैं, "अपने उसी समाज के ऊँचे लोगों की नजर में कम-से-कम कुछ घंटों के लिए ऊपर उठ जाने का मोह भी हो सकता है। अपने दबे हुए अपमान और उपेक्षा का बदला लेने की इच्छा भी हो सकती है।...साथ ही यह भी हो सकता है कि दंगे भड़कने पर पहचान के दूसरे सारे कोण खत्म हो जाते हैं और बची रहती है अकेली मजहबी पहचान।" (पृ. 173)

साम्प्रदायिक दंगों के दौरान छोटी व नीची कही जानेवाली दलित जातियों की 'संस्कृतीकरण' की आकांक्षा व धार्मिक अस्मिता का यह तर्क भारतीय समाज के उस वर्णाश्रमी वर्गीकरण की अनदेखी करता है जो हिन्दुत्व की शक्तियों की लक्ष्य प्राप्ति में सबसे बड़ी बाधा है। दलित व निम्न जातियों की साम्प्रदायिक दंगों में हिस्सेदारी को समझने के लिए आवश्यक है उनकी जीवन शैली व उस सामाजिक आधार की पहचान जो बेरोजगारी, दारुण जीवन-स्थितियों व आपराधिक शक्तियों की जकड़बन्दी के कारण अपनी स्वतन्त्र भूमिका का निर्वाह करने में अक्सर असफल रहती है। फुटपाथ, झुग्गी-झोंपड़ियों व मलिन बस्तियों में रहनेवाले साम्प्रदायिक दंगों में किस प्रकार धर्मान्ध व आपराधिक शक्तियों द्वारा कच्चे माल की तरह इस्तेमाल होते हैं, इसके पर्याप्त संकेत मुम्बई के दंगों के बारे में प्रस्तुत श्रीकृष्ण आयोग की रिपोर्ट व विभूति नारायण राय की पुस्तक 'कम्बैटिंग कम्युनल कांफ्लिक्ट्स' में देखे जा सकते हैं। साम्प्रदायिकता व हिन्दुत्व को लेकर दलितों के एजेंडा को समझने के लिए दलित चिन्तक काँचा इल्लय्या की पुस्तक 'व्हाई आई ऐम नाट ए हिन्दू' का पाठ अत्यन्त जरूरी है। काँचा इल्लय्या हिन्दू व मुस्लिम के सीधे-सीधे विभाजन को अस्वीकार करते हुए दलित अस्मिता की पहचान दलित बहुजन, मुसलमान व ईसाई एकता में करते हैं। यह दलित चिन्तन 'धर्मनिरपेक्षता और साम्प्रदायिकता' के आज के विमर्श का इस आधार पर विरोध करता है कि यह उदार ब्राह्मणों एवं अभिजात मुसलमानों की सैद्धान्तिक संरचना का परिणाम है। इस सम्बन्ध में काँचा इल्लय्या की मान्यता है कि "ब्राह्मणवाद (ब्राह्मण नहीं) की शत्रु छवि का गढ़ा जाना और लगातार इसका प्रतिकार करना जरूरी है ताकि ब्राह्मणवादी मूल्यों व विचारधारा को परिवर्तित किया जा सके।" ('कम्युनलिज़्म कम्बैट', दिसम्बर '99)

'हिन्दू राष्ट्र, हिन्दू संस्कृति व हिन्दू धर्म' के एकात्मवाद में सूराख करती उपरोक्त दलित सोच का विमर्श यदि भगवान सिंह के 'उन्माद' में अनुपस्थित है और रेणु के 'मैला आँचल' व अब्दुल बिस्मिल्लाह के 'मुखड़ा क्या देखे' में उपस्थित है तो

यह साम्प्रदायिकता व हिन्दुत्व को लेकर दो दृष्टियों का अन्तर है। एक दृष्टि जहाँ साम्प्रदायिकता की जड़ों की तलाश करती हुई हिन्दू कट्टरता व मुस्लिम कट्टरता के अन्तर्द्वन्द्व के बीच से मनोविज्ञान आधारित साम्प्रदायिकता विरोधी एजेंडा तैयार करती है, वहीं दूसरी दृष्टि साम्प्रदायिकता को हिन्दू फासीवाद के रूप में चिह्नित करके इसे भारतीय राष्ट्र-राज्य के समक्ष बड़ा खतरा मानती है। पहली दृष्टि जहाँ साम्प्रदायिकता को शक-शुबहे, भ्रम व मानसिक विकार के रूप में प्रस्तुत करती है, वहीं दूसरी दृष्टि इसे हिन्दुत्व के सामाजिक व राजनीतिक एजेंडे के रूप में रेखांकित करती है।

यह अकारण नहीं है कि 'उन्माद' के कम्युनिस्ट अध्यापक वर्मा जी राष्ट्रीय स्वयंसेवक संघ को 'विचारधाराविहीन' (पृ. 214) मानते हैं और प्रगतिशील बुद्धिजीवी डॉ. देव साम्प्रदायिकता को 'दिमागी बुखार' मानते हैं। यहाँ यह तथ्य द्रष्टव्य है कि वर्मा जी के विचार न तो कम्युनिस्टों की सोच से मेल खाते हैं और न ही डॉ. देव की सोच प्रगतिशीलों का प्रतिनिधित्व करती है। उन्माद के औपन्यासिक विमर्श में वर्मा जी और डॉक्टर देव उपन्यासकार की ही सोच का प्रतिबिम्बन करते हैं जो डॉ. विल्हैम राइश की तर्ज पर साम्प्रदायिकता व फासीवाद को मनोविकृति के रूप में परिभाषित करती है। यही कारण है कि 'उन्माद' में भगवान सिंह जिस साम्प्रदायिक दंगे का उल्लेख करते हैं, वह किसी धार्मिक कट्टरता के राजनीतिक लक्ष्यों से परिचालित न होकर मात्र ''एक जमीन पर कब्जा जमाने की खुराफात'' थी जिसे ''दो समुदायों के बीच का झगड़ा बताया गया।'' (पृ. 274) ''सबसे तकलीफ की बात यह थी कि इस दंगे में एक हिन्दू और एक मुसलमान को हलाक दिखाकर हिसाब भी बराबर कर दिया गया था। किसी अखबार ने यह नहीं लिखा कि मरनेवाले मुसलमान और हिन्दू दोनों एक ही ओर थे और दोनों उन्हीं गुंडों के हाथों मारे गए थे, जो थे तो मुसलमान, मगर उनका इस्तेमाल जिस आदमी ने किया था वह मजहबी नुक्ते से हिन्दू था।'' (पृ. 275)

साम्प्रदायिक दंगे की इस सरलीकृत व्याख्या से न तो साम्प्रदायिकता के उभार को समझा जा सकता है और न हिन्दुत्व के एजेंडे की पड़ताल। उपन्यासकार साम्प्रदायिकता को संकीर्ण राजनीतिक हितों से विच्छिन्न मानकर इसे 'मॉब बिहेवियर' के रूप में विश्लेषित करता है। आबिदा के कथन के माध्यम से उपन्यासकार इसे यूँ प्रस्तुत करता है, ''हम एक समुदाय में नहीं, एक मजहबी भीड़ में रह रहे हैं। यह अपनी ही तैयार की हुई घेरेबन्दी में सिमटकर रहने के कारण जलालत अनुभव करती है और इसका बदला लेने के लिए गुस्से से भरी रहती है और छोटे-से-छोटे उकसावे पर तैश में आ जाती है। इसमें समुदाय का सबसे कमअक्ल आदमी, सबसे अधिक उत्तेजित हो जानेवाला आदमी, अपने को किसी दूसरे गुण के

कारण आगे न रख पानेवाला आदमी, सबसे मूर्खतापूर्ण पहल करने के कारण दूसरों को कायर और नामर्द करार देता हुआ हीरो बन जाता है और उसके कारनामों की सजा सभी को भुगतनी पड़ती है। यह भीड़ किसी तरह की सुरक्षा नहीं देती। उलटे यह हमें अधिक लाचार, अधिक असुरक्षित, अधिक नासमझ बनकर जीने को मजबूर करती है।" (पृ. 279) 'मॉब बिहैवियर' का यह तर्क विभिन्न धर्मों को जिस शत्रुतापूर्ण भूमिका में ढालता है, वह भारतीय समाज की उस बहुलवादी संरचना से बेमेल है, जहाँ लम्बे समय से भिन्न मतावलम्बियों, धर्मों एवं सम्प्रदायों के बीच सहिष्णुता व सहअस्तित्व का भाव रहा है। भारतीय सामाजिक संरचना के मूल तत्त्वों, सहिष्णुता व सहअस्तित्व की अनदेखी करने का ही परिणाम है कि उपन्यासकार धर्मनिरपेक्षता को शंकालु दृष्टि से देखता हुआ उसी जमीन पर अपने पाँव टिकाता है जहाँ हिन्दू साम्प्रदायिक। आबिदा की जुबानी उपन्यासकार का धर्मनिरपेक्षता सम्बन्धी विमर्श हिन्दू साम्प्रदायिक तर्कों की ही पुष्टि इन शब्दों में करता है, "जिस तरह तुम विश्व नागरिक नहीं हो सकते, उसी तरह तुम धर्मनिरपेक्ष नहीं हो सकते। हो ही नहीं सकते।...अपने को धर्मनिरपेक्ष कहनेवाला जिस समुदाय से हमदर्दी जताता है, उसका वह असली दुश्मन होता है।" (पृ. 128) विभिन्न धर्मों को शत्रुतापूर्ण खेमे में विभाजित करनेवाली यह समझ हिन्दू धर्म की उस आन्तरिक संरचना की अनदेखी करती है जिसके चलते हीरा डोम यह शिकायत करते हैं कि–"हड़वा मसुइया कै देहियाँ है हमनी कै/ओकरै के देहियाँ बभनवों कै बानीं/ओकरा के घरे घरे पुजवा होखत बाजे/सगरै इलकवा भइलैं जजमानी/हमनी के इनरा के निगिचे न जाइलेजाँ/पाँके से भरि भरि पिअतानी पानी/पनहीं से पिटि पिटि हाथ गोड़ तुरि दैलें/हमनी के एतनी काही के हलकानी?"

दरअसल 'उन्माद' की सबसे बड़ी कठिनाई विल्हैम राइश की पुस्तक 'दि मास साइकोलॉजी ऑफ फासिज्म' से इसकी छाया-ग्रस्तता है। आबिदा के अब्बा 'मॉब बिहैवियर' की जिस पुस्तक को अपनी तर्क-सिद्धि के लिए प्रस्तुत करते हैं (पृ. 227) सम्भवतः यह पुस्तक वही है। 'उन्माद' की आबिदा के पूर्व-उद्धृत तर्क विल्हैम राइश की उन निष्पत्तियों का कमोबेश औपन्यासिक रूपान्तरण है जिसके अनुसार "दुनिया के सारे देशों, राष्ट्रों व नस्लों के फासीवाद के मूल में जन-साधारण का गैर-जिम्मेदाराना व्यवहार ही रहा है। फासिज्म व्यक्ति की हजारों वर्षों की विकृति का परिणाम है। यह किसी भी देश या राष्ट्र में पनप सकता है।...यह दुनिया के हर व्यक्ति में सन्निहित है।" (दि मास साइकोलॉजी ऑफ फासिज्म, पृ. 351) 'मॉब बिहैवियर' का यह तर्क बाबरी मस्जिद के ध्वंस के अपराध से जहाँ हिन्दुत्ववादी शक्तियों को दोषमुक्त करता है, वहीं इस जघन्य कृत्य में राज्य (स्टेट) की भूमिका को भी नगण्य बनाता है।

साम्प्रदायिकता और फासीवाद को 'विचारों के पागलपन' और 'कानून, धर्मविधान, सामाजिक संस्थाएँ व आर्थिक ढाँचे' को पागल बनाने के दमनकारी साधन के रूप में प्रस्तुत करके राइश की तर्ज पर भगवान सिंह जो औपन्यासिक विमर्श रचते हैं वह इसके राजनीतिक, सैद्धान्तिक व व्यावहारिक पक्ष की अनदेखी करता है। उपन्यास के मुख्य पात्र रतन और उसके पिता सदानन्द शर्मा के बीच राष्ट्रीय स्वयंसेवक संघ को लेकर जो तर्क-वितर्क होते हैं (पृ. 54-55), वे संघ के जिस क्रिटीक की रचना करते हैं वे पद्धति-मूलक अधिक हैं, हिन्दुत्व की शक्तियों का आलोचनात्मक भाष्य कम। संघ को लेकर रतन का यह निष्कर्ष "आज इस तरह के जितने भी निजी संगठन दुनिया के किसी भी देश में हैं उनकी एक ही भूमिका है। किसी जाति या जनसमुदाय को लक्ष्य बनाकर तनाव पैदा करना और समाज को निरन्तर अस्थिरता की स्थिति में रखना" संघ की भूमिका का सामान्यीकरण करता है। इससे संघ का वह फासीवादी चेहरा नहीं अनावृत्त होता जो एक समुदाय या धर्म के लोगों की शत्रु छवि बनाकर भारतीय राष्ट्र-राज्य को हिन्दू राष्ट्र में तब्दील करना चाहता है।

भगवान सिंह 'उन्माद' की औपन्यासिक अन्तर्वस्तु में अक्सर साम्प्रदायिक शक्तियों के तर्क को जनसाधारण की समझ बनाकर पेश करते हैं। संघ और विद्यार्थी परिषद् के प्रभाव से मुक्त होने के बाद भी रतन इस चिन्ता से ग्रस्त था कि "ईसाइयों और मुसलमानों की संख्या तेजी से बढ़ती जा रही है। वह इसी तरह बढ़ती रही तो अगली शताब्दी में ही हिन्दू भारत में अल्पमत में आ जाएँगे।" (पृ. 214) आबिदा के अब्बू यूँ तो "खासे काफिर किस्म के इनसान थे। अल्लाह और किताब के चक्कर में नहीं रहते थे", लेकिन वे मुसलमानों की बस्ती में स्वयं को 'महफूज' समझते थे। उनकी सोच थी कि "अक्लीयत में होने के नाते हमें जिस तरह की हिफाजत और सुकून चाहिए, वह यहीं हमें मिल सकता है उन कॉलोनियों में नहीं, जहाँ यह जानते ही कि तुम मुसलमान हो कोई तुमसे बात नहीं करेगा। तुम्हारी पीठ पीछे मुसलमान शब्द इस हिकारत से सुनने को मिलेगा जैसे यह गाली हो।" (पृ. 277) संघ से मोहभंग के बाद भी रतन की मुसलमानों की बढ़ती जनसंख्या सम्बन्धी चिन्ता और आबिदा के काफिर अब्बा का मुसलमानों के बीच स्वयं को महफूज समझना साम्प्रदायिक व गैर-साम्प्रदायिक हिन्दू-मुस्लिम के भेद को मिटा देता है। धार्मिक खानों में भारतीय समाज का यह बँटवारा दलित चिन्तक काँचा इल्लय्या की इस शिकायत के लिए कोई 'स्पेस' नहीं छोड़ता कि "कई नगरों में दलितों व पिछड़ों को किराए पर मकान नहीं दिए जाते। किराए के लिए खाली मकानों पर 'सिर्फ शाकाहारियों के लिए' की पट्टी लगाई जाती है। लेकिन आन्ध्र प्रदेश का उदाहरण सामने है जहाँ ऊँची जाति के रेड्डी, वेलम्मा और कम्मास को शाकाहारी न होने के बावजूद मकान

किराए पर दिए गए और मदिगा, माला और चकाली सरीखी नीची जातियों के लोगों को नहीं दिए गए।...ऐसा भी देखने में आया है कि मुस्लिम को तो किराए पर मकान दिया गया लेकिन दलित व पिछड़ी जाति के लोगों को नहीं दिया गया।" ('कम्युनलिज्म कम्बैट', दिसम्बर, 99)

दरअसल हिन्दू धर्म का इस्लाम व ईसाई धर्म की तर्ज पर एक पवित्र पुस्तक द्वारा संचालित न होना एवं इसका वर्णाश्रमी व जातिगत वर्गीकरण भारतीय समाज की किसी भी शुद्ध धार्मिक व्याख्या को अपूर्ण व संशयालु बनाती है। उपन्यास में हिन्दू-मुस्लिम साम्प्रदायिकता को भड़कालेवाले पर्चे छापने व बाँटनेवालों से आबिदा के गैर-मजहबी काफिर सरीखे अब्बा का सहअस्तित्व और उनके बारे में यह धारणा कि "सच मानो तो ये बुरे लोग नहीं होते। अपनी समझ और जानकारी के अनुसार ये अपने समाज का भला करना चाहते हैं। उसे खतरे से बचाना चाहते हैं। वे दहशत इसलिए फैलाते हैं कि दहशत सचमुच उनके भीतर है।" (पृ. 148) साम्प्रदायिकता की इस मनोवादी व्याख्या के अनुकूल ही उपन्यासकार राष्ट्रीय स्वयंसेवक संघ को 'अनुशासन, रेवड़बन्दी व समझ को कुन्द करनेवाली सोच' के रूप में विश्लेषित करते हुए पारिवारिक इकाई को फासिस्ट सत्ता के लघुकाय रूप में प्रस्तुत करता है। परिवार के इस फासिस्ट प्रतिरूप में पिता 'तानाशाह' और 'अनुशासन' दमनकारी साधन के रूप में प्रस्तुत होता है।

राष्ट्रीय स्वयंसेवक संघ और परिवार की लगभग एक सरीखी व्यक्तित्व को कुन्द करनेवाली भूमिका के कारण रतन इन दोनों संस्थाओं से एक साथ विमुख होता है। वह अपने पिता को लांछित करते हुए कहता है, "आपने मुझे अपनी महत्त्वाकांक्षाओं से कुचलकर रख दिया। मुझे आपने अपने सपने की तरह जिन्दा रखा और स्वयं उस सपने को बचाने में अपनी जिन्दगी भी नहीं जी पाए। मैं भीतर से कितना पिसा हुआ, रौंदा हुआ, महसूस करता रहा हूँ, यह न आपने देखा, न मैंने कभी चेता।" (पृ. 19) व्यक्ति को व्यक्तित्वहीन बनाने की इस पितृसत्तात्मक पारिवारिक भूमिका का विस्तार उपन्यासकार आबिदा के अब्बा की इस ख्वाहिश में करता है, "तू मेरी बेटी ही नहीं है। मेरा ख्वाब भी है।" (पृ. 185) आबिदा इस पितृ छवि में ढलती हुई यह स्वीकार करती है कि "वह मेरे पिता ही नहीं थे। मेरे हीरो थे। मेरे आदर्श। इनसानी ऊँचाइयों की मिसाल।" (पृ. 184) "रतन के लिए पिताजी की इच्छा ही आदेश हुआ करती थी।" (पृ. 49) तो आबिदा तो "कई बार सोचती कि मैं अपना खाविन्द वैसा ही चुनूँगी जैसे अब्बा हैं।" (पृ. 192) और अब्बा का कहना था कि "यह मेरी लड़की भी है और लड़का भी। सारी ख्वाहिशें इसी से तो पूरी करनी हैं" (पृ. 226) रतन और आबिदा दोनों अपने पिताओं के व्यक्तित्व व सोच में ढले थे। "हमारे स्वभाव में यह एक समानता थी। इन किताबी बातों में बहुत-सी हमारी पढ़ी हुई नहीं होती थीं।

उसकी, उसके पिताजी की, बचपन से ही ठोंक-ठोंककर दिमाग में उतारी हुई और मेरी अब्बा की, उनके दोस्तों के साथ बातचीत में सुनी हुई।'' (पृ. 130)

उपन्यासकार द्वारा रतन और आबिदा के पितृसत्तात्मक साँचे में ढले इस व्यक्तित्व की रचना की पृष्ठभूमि में विल्हैम राइश की वह स्थापना है कि ''पिता के रूप में फासीवादी सत्ता का प्रतिनिधि हर घर में मौजूद रहता है ताकि परिवार इस सत्ता का प्रमुख उपकरण बनकर रह सके।'' ('दि मास साइकोलॉजी ऑफ फासिज्म', पृ. 87) ''पिता की यह सत्ता स्त्रियों व बच्चों पर कठोरतम यौन नियन्त्रण रखती है। स्त्रियाँ निम्नमध्यवर्गीय प्रभाव के चलते इस स्थिति को स्वीकार करने की मानसिकता विकसित कर लेती हैं जिसका प्रतिफलन अक्सर दमित यौनाकांक्षा के विद्रोह में होता है। बेटों में यह सत्ता के प्रति मुखापेक्षी होने के साथ पिता के व्यक्तित्व के प्रति एकीकृत होने का जो भाव जगाता है वह हर प्रकार की सत्ता से भावात्मक लगाव पैदा करता है।'' (वही, पृ. 88) स्त्री के बारे में दमित यौनाकांक्षा के विद्रोह की राइश की इस स्थापना को उपन्यासकार पंडित सदानन्द तिवारी की बेटी रंजना के माध्यम से औपन्यासिक बनाता है। पिता के नियन्त्रण और पितृछाया में पली रंजना की भूमिका केवल 'आदेशों व उपदेशों के पालन' की थी। उसकी दमित यौनाकांक्षा ने जब विद्रोह किया तो वह ''इतनी उन्मत्त हो चली थी कि एकान्त सुख के क्षणों में वह जिस तरह चहकती थी...वह बेतुका लगता था। मनोज उसे चुप कराता, तुम्हारी माँ या पिताजी के कान में पड़ रही होगी यह आवाज, इसका असर उलटा होता है। वह किलक या हँसी या आह-ऊह को अधिक श्रव्य बनाने लगती जैसे कह रही हो, ''यही तो मैं चाहती हूँ। मैं अपने सुख से उन्हें रौंद देना चाहती हूँ। उनके अवसाद को और बढ़ाकर।'' (पृ. 342)

रंजना का अपने परिवार से यह प्रतिशोध उस पितृसत्ता से विद्रोह है जो अपने 'अनुशासन' व 'सत्ता' के चलते परिवार को बिखराव के कगार पर पहुँचा देता है। रंजना की छोटी बहन ''शर्मिष्ठा को लगा वह कुँआरी ही रह जाएगी। उसने पता तक नहीं चलने दिया कि उसका किसी से परिचय भी है। वह उसके साथ निकल गई।'' (पृ. 160) रतन तो आबिदा के प्यार की गिरफ्त में आकर 'संघ' और 'परिवार' दोनों के अनुशासन से विद्रोह करता है। लेकिन उपन्यासकार जिस 'शक' को रतन के पागलपन का आधार बनाता है, वह सामाजिक 'शक' न होकर वैयक्तिक 'शक' है। रतन को ''इस बात का शक हो गया कि आबिदा को किसी और से प्यार हो गया है।'' उपन्यासकार यहाँ 'शक' के मनोविज्ञान को सैद्धान्तिक पूर्णता प्रदान करते हुए यह सादृश्य उपस्थित करता है कि जो शक रतन को विक्षिप्त बनाकर उसकी व्यक्तिगत दुनिया उजाड़ सकता है, वही शक पर टिके सम्प्रदायों को किसी भी क्षण धराशायी कर सकता है।

पितृसत्ता, अनुशासन और शक के इस जटिल मनोविज्ञान के इर्द-गिर्द भगवान सिंह 'उन्माद' का जो औपन्यासिक विमर्श रचते हैं, वह दमित यौन व धार्मिकता के अन्तर्सम्बन्धों का सूत्र लिए हुए है। विल्हैम राइश ने 'दि मास साइकोलॉजी ऑफ फासिज्म' में दमित यौन व धार्मिकता के रिश्ते की पड़ताल करते हुए लिखा है कि "हर तरह का रहस्यवाद अपनी सर्वाधिक सक्रिय ऊर्जा और आंशिक रूप से, इसकी अन्तर्वस्तु भी दमित यौन की बाध्यता से ग्रहण करता है।" (पृ. 89) भगवान सिंह 'उन्माद' में मिसेज मेहता के चरित्र के माध्यम से दमित यौन व धार्मिकता के इसी अन्तर्सम्बन्ध की पुष्टि करते हैं। मिसेज मेहता "जो एक बच्चे की माँ बनने के बाद ही विधवा हो गई थीं।...उन्होंने इतने त्याग और तपस्या का जीवन बिताया था जिसे लोग उदाहरण के रूप में पेश किया करते...। जब उनके लड़के का विवाह हो गया और वह उनकी पुत्रवधू के साथ सुखी जीवन बिताने लगा तो श्रीमती मेहता की वे सारी लालसाएँ उग्र होकर जाग पड़ीं जिन्हें वह जवानी में दबाए रही थीं। (पृ. 13)...वह अपने लड़के से बदला ले रही थीं, जिसे उन्होंने इतना कष्ट उठाकर पाला था और जो अब मजे ले रहा था।" (पृ. 17) इस दमित यौन मनोविज्ञान से लेकर मुक्त यौन तक की मिसेज मेहता की 'सत्संग' यात्रा भोग के जिस दर्शन को प्रचारित कर रही थी, वह कुछ यूँ था, "यह जीवन भोग है और इसे भोगकर ही समझा जा सकता है कि हमें जीवन मिला है। जो इसे भोग नहीं सकता, वह जीवित ही नहीं है। मैं आपके सामने कह सकती हूँ, क्योंकि मैंने आपके समाज द्वारा निर्मित मर्यादाओं को ओढ़कर अपनी उम्र के सबसे गौरव भरे काल को शीतनिद्रा में गुजार दिया।...मैंने तय किया, अब मैं निर्भय होकर अपना सुख और भोग प्राप्त करूँगी और किया।" (पृ. 293)

पारम्परिक रूप से मर्यादित विधवा हिन्दू युवती से लेकर 'लिबरेटेड' साध्वी तक की मिसेज मेहता की देहयात्रा विल्हैम राइश के दमित यौनाकांक्षा के विद्रोह की सैद्धान्तिकी की पुष्टि तो करती है; लेकिन उपन्यासकार द्वारा उनकी साड़ी का रंग 'भगवा' दिखाना धर्म और मुक्त भोग का औपन्यासिक साक्ष्य नहीं बन पाता। 'उन्माद' के सम्पूर्ण औपन्यासिक कथ्य में धर्म, परिवार और संघ के अनुशासन को फासीवादी अनुशासन के समानान्तर प्रस्तुत किया गया है, अतः धर्म के ही मुहावरे में यह 'सेक्स-लिबरेशन' असम्बद्ध व उपन्यास की तार्किकता को खंडित करनेवाला है। मिसेज पाराशर स्त्री यौन मनोविज्ञान का दूसरा छोर प्रस्तुत करती हैं, "जहाँ स्त्री जिस चीज को सबसे अधिक चाहती है, वह समानता नहीं सुरक्षा है। यह सुरक्षा उसे बराबरी से नहीं मिलती। इस बोध से मिलती है कि कोई उसके ऊपर है, जिसने उसे बाँध रखा है। कोई उसको अपना समझता है। सर्वांग सम्पूर्ण और अविभाज्य रूप से अपना। अपनी सम्पदा और अपना सम्मान।" (पृ. 339) स्त्री की यह पुरुष-निर्भर

छवि 'उन्माद' की उस स्त्री छवि के अनुकूल है, जहाँ यौन विद्रोह के बावजूद रंजना की समझ है कि "जो तुम नहीं हो, जिस रूप में विधाता ने बनाया ही नहीं, वह होने चलो तो यन्त्रणा और अपमान ही हाथ लगता है। कोई स्त्री होकर पुरुष की जिम्मेदारी सँभालने चले तो वह न स्त्री रहेगी, न पुरुष।...मैंने अपने अहंकार में अपने को यही बना लिया था। अब मैं सिर्फ तुम्हारे पास रहूँगी, या जिनके पास तुम रखोगे, उनके पास। सिर्फ स्त्री बनकर, बस।" (पृ. 312) रंजना की पारम्परिक स्त्री की इस भूमिका के साथ उसका मनोज से यह कहना असंगत है कि "तुमसे शादी नहीं करूँगी। बस साथ रहूँगी। बाँधूँगी नहीं, बँधकर रहूँगी। शादी पाशविक सम्बन्ध है। जैसे जानवरों को कसकर, बाँधकर, नाथकर रखते हैं, इस डर से कि बन्धन हटते ही वह छूटकर भाग न जाएँ।" (पृ. 313)

पुरुष के दासत्व को स्वीकारना लेकिन शादी के बन्धन को पाशविक करार देना रंजना के ही व्यक्तित्व की असंगति नहीं है, बल्कि यह असंगति और अतार्किकता 'उन्माद' के सम्पूर्ण औपन्यासिक कथ्य में अन्तर्निहित है। 'मनोरुग्ण प्राणियों के परिवेश' के केस-स्टडी के रूप में इसकी औपन्यासिक संरचना इसकी पर्याप्त छूट भी देती है, लेकिन जब अतार्किकता का तर्क भी बाधित होने लगे तो कई तरह की विसंगतियाँ उत्पन्न होती हैं। इन विसंगतियों की संगति उस लेखकीय तानाशाही से ही बैठाई जा सकती है, जो अपने औपन्यासिक विमर्श की तर्क सिद्धि के लिए पात्रों को अराजक छूट प्रदान करता है। रतन और आबिदा के प्रेम सम्बन्धों के ताने-बाने में अन्तर्गुम्फित यह हिन्दू-मुस्लिम 'उन्माद' कथा यह अस्वाभाविकता लिए हुए है कि दोनों इसलिए विवाह न कर सके क्योंकि 'दोनों में से कोई कमाता तो था नहीं' और जिन परिवारों के वे आश्रित थे, उन्होंने उनको धर्मान्तरण की अनुमति नहीं दी। जो माँ अपनी अविवाहित बेटी को अपने घर में उसके मित्र के साथ दम्पति के रूप में रहने की खुली छूट देती हो, वही अपने बेटे को मुस्लिम लड़की से विवाह की अनुमति न दे! रतन स्वयं तो आबिदा के प्रेमबन्धन में उन्मत्त हो, लेकिन अपनी बड़ी बहन रंजना एवं उसके मित्र के सम्बन्धों को लेकर असहज हो जाए! और अन्ततः रतन अपने मृत पिता का दाह-संस्कार इसलिए न कर सके क्योंकि माँ को आपत्ति हो सकती है कि उसने आबिदा से विवाह कर लिया।

इस तरह की अनेक विसंगतियाँ उपन्यास में हैं, लेकिन उपन्यास की कुछ अभिव्यक्तियाँ इतनी विकृत और नारी विरोधी हैं कि इससे उपन्यासकार को बचना चाहिए था। उपन्यास-वाचक द्वारा बलात्कार का यह औचित्य द्रष्टव्य है—"वह एग्रेसिव हो रही थी। विचित्रता की इसी भूख में शायद दुस्साहसी तरुण, प्रेम करके किसी स्त्री को पाने की जगह, जो जँच जाए उसे किसी तरह का भी खतरा उठाकर, उससे बलात्कार करना चाहते हैं।" (पृ. 239) स्त्री के काइयाँपन के बारे में उपन्यास के नैरेटर का यह

कथन भी इस सन्दर्भ में उल्लेखनीय है–"स्त्री की मूर्खता पर पुरुष आदिमकाल से ही जान देता रहा है। ऐसे में वह अधिक सुन्दर, अधिक आकर्षक, अधिक मादा लगने लगती है।...स्त्री अपनी ऋजुता या मूर्खता के समय सबसे काइयाँ होती है और पुरुष के तर्क करने, बचने और पीछे हटने के सारे रास्ते बन्द कर देती है। मूर्खता का अभिनय करके वह उसे मूर्ख ही नहीं बनाती, अशक्त भी बना देती है।" (पृ. 237) उपन्यास-वाचक का एक अन्य कथन इस प्रकार है, "स्त्री के लिए पुरुष की बुद्धि का एक ही प्रमाण है कि वह यह समझता है या नहीं कि वह क्या चाहती है। 'समझदार' आदमी केवल उसके बारे में सोचता रहता है। इसीलिए लम्पट लोग जो स्त्री की इस कमजोरी को जानते हैं, उसकी चापलूसी करके, चुटकी बजाते उसे फाँस लेते हैं।" (पृ. 238) उपन्यास-वाचक की ये टिप्पणियाँ स्त्री की जो मादा छवि गढ़ती हैं वह उपन्यासकार के पुरुष-रसिकतावादी दृष्टिकोण का ही परिचायक है। अपने इसी दृष्टिकोण के चलते वह रंजना की लगभग 'निम्फो' सरीखी वह छवि गढ़ता है जो एक प्रेमी से धोखा खाने के बाद भी इस बात से सन्तुष्ट होती है कि उसने उससे "वह पाया जो एक स्त्री अपने पति से पाती है।" वह अपने दूसरे प्रेमी से कहती है, "काश कोई दूसरी बार वैसा ही धोखा करनेवाला मिल जाता और मैं इसे भाँप भी लेती तो उसे इनकार नहीं कर पाती। तुम दोगे ऐसा धोखा? बोलो।" (पृ. 253) और वह उसे "अपने कमरे में लगभग घसीटती हुई ले गई और कमरा भीतर से बन्द कर लिया।" रंजना की माँ भी इतनी 'लिबरेटेड' है कि वह बेटी के प्रेमी से कहती है, "बेटा, तुम रोज आ जाया करो न। तुम्हारे आने से घर, घर जैसा लगने लगता है।" (पृ. 254)

हिन्दू-मुस्लिम साम्प्रदायिकता की ही तरह उपन्यास का नारी-विमर्श भी साँचे ढला है। उपन्यास की मनोविश्लेषणवादी पद्धति औपन्यासिक पात्रों का इस्तेमाल निर्दिष्ट भूमिका के लिए ही करती है। फासिज्म को दमित व्यक्तियों की विद्रोही मनोरुग्णता के रूप में ग्रहण करते हुए भगवान सिंह फासिज्म का जो तर्क गढ़ते हैं उसकी जड़ें व्यक्ति के अवचेतन मन और समाज के हज़ारों वर्षों के इतिहास तक विस्तृत हैं। मनोरुग्णता को दमन की विस्फोटक पराकाष्ठा के रूप में ग्रहण करने का ही परिणाम है कि उपन्यास में यह तर्क विन्यस्त है कि "पागलपन किसी समाज की उन्नति का मापदंड है।" (पृ. 19) विल्हैम राइश की मान्यता है कि "फासिज्म के रूप में यान्त्रिक व सर्वसत्तावादी सभ्यता उसी फसल को काटती है जिसे पराधीन व्यक्तियों के बीच धार्मिक रहस्यवाद, सैन्यवाद व स्वचालनवादी के रूप में सैकड़ों वर्षों तक बोया गया है।" उपन्यासकार फासिज्म की इसी अवधारणा के अनुकूल राष्ट्रीय स्वयंसेवक संघ की शाखा को ऐसी संस्था के रूप में विश्लेषित करता है जहाँ दमित यौन व कुंठा की जमीन पर 'राष्ट्रीय स्वाभिमान, राष्ट्र प्रेम, कर्तव्य, वीरता व आत्म नियन्त्रण' का प्रशिक्षण दिया जाता है।

निश्चित रूप से फासिज्म के इस मनोविज्ञान को 'उन्माद' के रूप में औपन्यासिक बनाकर भगवान सिंह ने साम्प्रदायिकता की समझ को वृहत्तर परिप्रेक्ष्य प्रदान किया है। लेकिन यह करते हुए उन्होंने औद्योगिक रूप से पूर्णतया विकसित यूरोपीय समाज की एकल धार्मिक संरचना व लम्बे समय तक औद्योगिक रूप से पिछड़े बहुलवादी सामाजिक-धार्मिक संरचनावाले भारत के अन्तर को दृष्टिगत नहीं रखा है। मनोरुग्णतावाद की 'केस स्टडी' भले ही भिन्न समाजों के इस अन्तर की अनदेखी करने की छूट प्रदान करती हो, लेकिन भारतीय समाज में फासिज्म की कोई भी व्याख्या इस अन्तर को दृष्टिगत रखे बिना अपूर्ण ही रहेगी, क्योंकि महज 'उन्माद' नहीं है फासीवाद!!!

घेरेबन्दी के समय में 'आखिरी कलाम'

'किंवदन्तियों में एक फासिस्ट तत्त्व होता है, लोग उन्हें जैसा चाहें गढ़ लेते हैं, उन्हें तर्क पर चढ़ाना बेकार है, उनके साथ वितर्क का रस ही सम्भव है।''
('आखिरी कलाम', पृ. 268)

बाबरी मस्जिद ध्वंस की पृष्ठभूमि में अयोध्या के मिथक-भेदन के माध्यम से दूधनाथ सिंह अपने उपन्यास 'आखिरी कलाम' में धर्म का जो विखंडन करते हैं वह हिन्दी के वैचारिक संसार में नई पहलकदमी है। नरम हिन्दुत्व के इस दौर में जब कट्टर 'हिन्दुत्व' की शक्तियों के मुकाबले 'अच्छा हिन्दू' कहलाने व 'हिन्दू माइंड' को समझने की होड़ लगी हो, तब उपन्यास के केन्द्रीय पात्र आचार्य प्रोफेसर तत्सत पांडे का यह कथन कि ''धर्म ही एक षड्यन्त्र है'' एक गहरी पड़ताल की माँग करता है। साम्प्रदायिकता और धर्मनिरपेक्षता जैसे जटिल मुद्दों को समझने का यह एक नया परिप्रेक्ष्य भी है। 6 दिसम्बर, 1992 की घटनाओं के इर्द-गिर्द केन्द्रित यह औपन्यासिक आख्यान भारतीय समाज के 'पार्टीशन' की उन जड़ों तक पहुँचने की कोशिश है, जिसे 'धर्मनिरपेक्षता' के फार्मूले से पाटे जाने की जितनी कोशिशें होती रही हैं, उतना ही वह बढ़ता गया है। 'दो राष्ट्रों के सिद्धान्त' को झुठलाकर इस्लामी पाकिस्तान की टूट से जन्मे बांग्लादेश ने भारतीय राष्ट्र-राज्य की धर्मनिरपेक्षता को जो वैधता प्रदान की थी, वह बाबरी मस्जिद के ध्वंस और गुजरात-2002 के बाद सवालों के घेरे में है।

इस सन्दर्भ में दूधनाथ सिंह के उपन्यास 'आखिरी कलाम' को पढ़ते हुए इन्हीं दिनों प्रकाशित अंग्रेजी में लिखित भारतीय लेखकों के जिन उपन्यासों पर ध्यान जाता है, उनमें 'रायट' (शशि थरूर), 'इन टाइम्स ऑफ सीज' (गीता हरिहरन) और 'परवेज' (मेहर पेस्टन जी) विशेष रूप से उल्लेखनीय हैं। यद्यपि मंजू कपूर और मो. आरिफ ने भी अपने अंग्रेजी उपन्यासों क्रमशः 'ए मैरिड वुमेन' व 'दि ड्रीमी ट्रैवलर' में इसी पृष्ठभूमि को कथात्मक बनाया गया है लेकिन जहाँ मंजू कपूर सफदर हाशमी की शहादत व 'सहमत' के साम्प्रदायिकता विरोधी अभियान को कच्चे माल की तरह इस्तेमाल करते हुए इसे लेस्बियन विमर्श का बिकाऊ उत्पाद बनाती हैं, वहीं

मो. आरिफ बाबरी मस्जिद प्रकरण पर गहरी पकड़ के बावजूद खुशवन्त सिंह के सेक्स केन्द्रित मुहावरे से मोहग्रस्त होकर अपने उपन्यास को 'पल्प लिटरेचर' के स्तर तक गिरा देते हैं। लेकिन इसके बावजूद उपरोक्त सन्दर्भित लगभग सभी उपन्यासों में साम्प्रदायिकता व कट्टर धार्मिकता की मनोभूमि के उद्घाटन द्वारा हिन्दू फासीवादी प्रवृत्ति को जिस गम्भीर खतरे के रूप में रेखांकित किया गया है वह लेखकीय सरोकारों व औपन्यासिक विधा की सोद्देश्यता के प्रति आश्वस्त करता है। उल्लेखनीय तथ्य यह है कि साम्प्रदायिक फासीवाद का विमर्श रचते हुए जहाँ कमोबेश इन सभी उपन्यासों में 'धर्मनिरपेक्षता' का क्रिटीक रचा गया है, वहीं 'आखिरी कलाम' एक कदम आगे बढ़कर 'धर्म' का ही क्रिटीक रचता है।

दूधनाथ सिंह के उपन्यास 'आखिरी कलाम' के प्रोफेसर तत्सत पांडे का "पूरा जीवन एक आदमी के जिद की नैतिक रिपोर्ट है।" (पृ. 126) इसी जिद के चलते ब्राह्मण पुरोहित परिवार में जन्म लेने के बावजूद उनका विचार था कि "...ब्राह्मणवाद ही इस देश की प्रगति में बाधक है। यह एक अलग तरह का उपनिवेशवाद है जिससे जनता को लड़ना पड़ेगा। कोई भी आजादी मुकम्मल नहीं होगी जब तक ब्राह्मण उपनिवेश का खात्मा नहीं होगा।" (पृ. 69) वे मानते थे कि "ईश्वर एक अफवाह है" और "धर्मशास्त्र अन्धों के लिए है।" (पृ. 34) आज़ादी के पूर्व लन्दन के छात्र जीवन में सज्जाद जहीर सरीखों के साथ कम्युनिस्ट हुए तत्सत पांडे की तार्किकता व नैतिक विवेक का ही परिणाम था कि "इमरजेंसी में पार्टी ने समर्थन दिया लेकिन वे जेल गए। जेल से लौटकर पार्टी से इस्तीफा दिया" और अब वे 83 वर्ष की आयु में अयोध्या के 'गदर में अपनी प्रोटेस्ट' दर्ज कराने के लिए मौजूद थे। दरअसल 'आखिरी कलाम' के तत्सत पांडे के माध्यम से दूधनाथ सिंह वैज्ञानिक चेतना, आधुनिक दृष्टि व गहरे नैतिक विवेक से लैस नेहरू की उस समकालीन पीढ़ी की पराजय-गाथा को दर्ज करते हैं जिसके राष्ट्रीय आदर्श व राजनीतिक मूल्य चेतना 6 दिसम्बर, 1992 को बाबरी मस्जिद के ध्वंस के साथ कहीं गहरे दफन हो गए। बाबरी मस्जिद ध्वंस के तीन दिनों पूर्व से लेकर तीन दिनों बाद तक के अयोध्या प्रवास के दौरान, तत्सत पांडे की मृत्यु-पूर्व का यह 'आखिरी कलाम' भारतीय सत्ता तन्त्र तथा सामाजिक संरचना के विविध पहलुओं का जो विवेचन करता है, वह मौलिक होने के साथ-साथ अत्यन्त साहसपूर्ण तथा बेलाग है।

अपनी सम्पूर्ण औपन्यासिक संरचना में 'आखिरी कलाम' हिन्दू फासीवादी खतरे की पृष्ठभूमि में एक ऐसी जीवन्त जिरह है जो धर्म, धर्मनिरपेक्षता, जनतन्त्र, मीडिया, मुसलमान व वामपंथ से लेकर लोहियावादी राजनीति तक का विस्तार लिए है। लेकिन उपन्यासकार सर्वाधिक मुखर है हिन्दू धर्म की मनुष्यविरोधी ब्राह्मणवादी संरचना को बेपर्दा करने तथा धर्मनिरपेक्ष शक्तियों के उस पोले आधार को उजागर करने में जो

उसकी विफलता के लिए जिम्मेदार हैं। अयोध्या में कारसेवकों की आक्रामकता व बाबरी मस्जिद के आसन्न ध्वंस पर धर्मनिरपेक्ष शक्तियों से उसका सीधा चुनौतीपूर्ण सवाल है, "कहाँ है तुम्हारे वर्ग-मुक्त मानस की जनता? कहाँ है? क्यों धर्म के सवाल पर इस देश के सारे लोग ब्राह्मण हो जाते हैं? यह मन्दिर-मस्जिद का सवाल नहीं...यह मनुष्य होने या न होने का सवाल है।" (पृ. 150)

'आखिरी कलाम' के तत्सत पांडे के उपरोक्त सवाल की अनुगूँज मेहर पेस्टन जी के उपन्यास 'परवेज' के पात्र दिलीप द्वारा कुछ यूँ सुनी जा सकती है, "...यह दूसरे विभाजन की तरह है...मुझे शक है कि 6 दिसम्बर के बाद भी भारत वही रहेगा जैसा पहले था...अयोध्या में उस दिन और उसके बाद जो कुछ हुआ, उसे किसी भी तरह माफ नहीं किया जा सकता। एक हिन्दू के रूप में मैं अपने सिर को शर्म से झुकाता हूँ। मैं सिर्फ इतना ही कर पाया कि इकबाल और अपने अन्य मुस्लिम दोस्तों से बात करके उनके साथ सहानुभूति व्यक्त करूँ।" ('परवेज', पृ. 231) शशि थरुर भी अपने उपन्यास 'रायॅट' में रामशिलापूजन की छाया में धर्मनिरपेक्ष शक्तियों के निष्प्रभावी होने तथा हिन्दू धार्मिक शक्तियों के साथ राज्य की सहभागिता को जिला मैजिस्ट्रेट लक्ष्मण के कथन के माध्यम से यूँ व्यक्त करते हैं, "मैंने देखा कि जो कुछ हो रहा था वह राजनीति के धर्मनिरपेक्ष मूल्यों पर आघात था। मैंने अपने जिले में जुलूसों पर पाबन्दी की अनुमति माँगी। इसे अस्वीकार कर दिया गया...वे धर्मनिरपेक्षता की बात तो करते थे लेकिन इसे बरकरार रखने के लिए कुछ नहीं कर रहे थे। उत्तेजना के इस माहौल में सरकारी निष्क्रियता ने मुस्लिम समुदाय को अलग-थलग कर दिया। और उनमें से बहुतों का चार दशकों पुराना भारतीय धर्मनिरपेक्षता में विश्वास डिग गया।" ('रायॅट', पृ. 72)

धर्मनिरपेक्षता की इस गोठिल धार का ठीकरा सिर्फ हिन्दुत्ववादी शक्तियों के सिर पर न फोड़कर दूधनाथ सिंह अपने उपन्यास 'आखिरी कलाम' में उन सभी लोगों को कटघरे में खड़ा करते हैं जो अयोध्या के "इस भेड़ियाधसान को नहीं रोक रहे। सब झूठे मक्कार और मिले हुए हैं। सब हिन्दू। सब केवल हिन्दू। सभी बर्बर। सभी कारसेवक।" (पृ. 150) उनका सीधा सवाल है "क्यों धर्म के नाम पर इस देश के सारे लोग ब्राह्मण हो जाते हैं?" यहाँ जिस 'ब्राह्मणत्व' की ओर उपन्यासकार का संकेत है वह हिन्दू धर्म का ऐसा एकरूपीकरण (मोनोलिथ) है जो अयोध्या को 'वैटिकन', 'रामचरित मानस' को धर्मग्रन्थ तथा राम को मनुष्योचित मर्यादा पुरुषोत्तम रूप से बहिष्कृत करके देवत्व के अकेले सिंहासन पर आरूढ़ करता है। ब्राह्मणत्व का यह वर्चस्व, बकौल उपन्यासकार "डराता है, अन्धत्व प्रदान करता है" और "मनुष्य की सांसारिक, मनोवैज्ञानिक कमजोरी को भुनाता है।" (पृ. 150) धर्म का यह वह रूप है जो "घोषित तौर पर कर्फ्यू और देखते ही गोली मारे जाने के आदेश के

बावजूद मस्जिद के मलबे के ढेर पर आरती के समय इतने लोगों का एक साथ 'जै श्रीराम' बोले जाने पर कोई रोक नहीं लगाता।" (पृ. 389) इसी ब्राह्मणवादी धार्मिक वर्चस्व के कारण ब्राह्मण परिवार में जन्मा दरोगा जिस जातीय श्रेष्ठता का दम्भ पालता है, वह कुछ यूँ है, "...चूल्हे भाड़ में जाए नौकरी...अरे धरम ही नहीं रहेगा तो नौकरी लेकर चाटेंगे? मैं बाँभन हूँ सुच्चा। तीन कौड़ी पांडे का बेटा। और ये साला लाला-फाला मुझे मुअत्तली का डर दिखा रहा है? हो जाए मुअत्तली...रामलला फला बोलता है! जीएमडी कर देंगे रामलला तो पता चलेगा। फट जाएगी मुंशी जी! सारी मुंशिआई झर जाएगी। अरे, किया वजीरगंज में जुलुम तो किया...बरमहल करेंगे...और ये साला प्रोफेसर...कैसा पांडे है रे। पांडे है तो पांडे होना चाहिए...गोसाईं जी की खिल्ली उड़ाओगे तो कैसा पांडे रे?" (पृ. 327) धर्म के इस मानसिक अनुकूलन के ही चलते कम्युनिस्ट पार्टी के लोकल सेक्रेटरी को यह आत्मधिक्कार करना पड़ता है कि "डी क्लास होकर भी शुभ-अशुभ का विचार? तुम्हारी बम्हनई उतरी नहीं रामदीन मिसिर।" (पृ. 237) इसी धार्मिक संसार के चलते रामलला के द्वार पर पुलिस जवान नंगे पाँव पहरा देता है और प्रोफेसर तत्सत पांडे के सवाल पर झिड़क देता है, "चुप बे, रामलला के जन्मस्थान को मस्जिद बोलता है? फेरा लगाएगा? दिखाएँ जूता?" (पृ. 321) इसी धर्मोन्माद के वशीभूत अयोध्या से लौटे कारसेवकों द्वारा बाजार में लूट का प्रतिरोध करने पर नेता भाई जी की टिप्पणी है कि "...गड़बड़ लोग हैं इधर, कभी भी कुछ भी कर सकते हैं। राष्ट्र-धर्म नहीं जानते। नीची जातियाँ हैं और उनमें धर्मचेतना का अभाव है।" (पृ. 425)

ब्राह्मण श्रेष्ठता पर टिके इस हिन्दू धर्म को 'आख़िरी कलाम' की ही तर्ज पर नकारते हुए शशि थरुर के उपन्यास 'रायॅट' के जिला मैजिस्ट्रेट लक्ष्मण का कहना है कि "सच तो यह है कि 'हिन्दू' नामकरण तो दूसरे लोगों द्वारा भारत में पैदा उस धर्म के लिए किया गया जिसे अधिकांश हिन्दू सनातन धर्म की अनन्त आस्था के रूप में जानते हैं, इसका सर्वग्राही रूप बहुत से सिद्धान्तों व पद्धतियों को समाहित किए हुए है जो मूर्ति पूजा, अनीश्वरवाद, पुनर्जन्म से लेकर जाति व्यवस्था तक विस्तृत है, लेकिन हिन्दू होने के लिए इनमें से एक भी शर्त अनिवार्य नहीं है, कोई नहीं।" ('रायॅट', पृ. 143) लेकिन जब गीता हरिहरन के उपन्यास 'इन दि टाइम्स ऑफ सीज' के प्रोफेसर शिवमूर्ति बारहवीं शताब्दी के सन्त कवि बासवन्ना के बहुलवादी हिन्दू विचारों को पाठ्यक्रम के लिए तैयार करते हैं तो उन्हें 'इतिहास सुरक्षा समिति' के हमले का उसी तरह शिकार होना पड़ता है जिस तरह अयोध्या में कारसेवकों के हाथों 'आखिरी कलाम' के प्रोफेसर तत्सत पांडे को। दोनों पर ही इतिहास व हिन्दुत्व के विकृतीकरण व धार्मिक भावनाओं पर चोट पहुँचाने का आरोप है। अन्तर मात्र इतना है कि जहाँ प्रोफेसर तत्सत पांडे तुलसीदास और रामचरितमानस को ब्राह्मणवादी

घटाटोप से मुक्त कर तथ्यपरक पड़ताल करने का अपराध करते हैं वहीं प्रोफेसर शिवमूर्ति सन्तकवि बासवन्ना की वह यथार्थवादी व्याख्या करते हैं जो हिन्दुत्ववादियों की दृष्टि में "ब्राह्मणों व पुरोहितों के विरुद्ध है तथा जाति समस्या को बढ़ा-चढ़ाकर पेश करती है।" ('इन टाइम्स ऑफ सीज', पृ. 54)

यहाँ यह संयोग स्वाभाविक ही है कि बाबरी मस्जिद राम जन्मभूमि की पृष्ठभूमि में धार्मिक उन्माद को औपन्यासिक बनाते हुए दूधनाथ सिंह के साथ-साथ शशि थरुर और मेहर पेस्टन जी भी अयोध्या, तुलसीदास और रामचरितमानस को अपने कथ्य में विन्यस्त करते हैं। 'रायॅट' (शशि थरुर) के औपन्यासिक पात्र इतिहासकार प्रोफेसर मोहम्मद सरवर के शब्दों में, "कहा नहीं जा सकता कि राम पैदा हुए थे या कि सन्तकवि वाल्मीकि की कल्पना मात्र हैं...यदि वे अयोध्या में पैदा भी हुए थे जैसा कि महाकाव्य में कहा गया है तो भी निश्चयपूर्वक यह नहीं कहा जा सकता कि उत्तर प्रदेश की अयोध्या वही अयोध्या है। राम का कोई मन्दिर दसवीं शताब्दी के पूर्व भारत में कहीं था, इसका कोई साक्ष्य नहीं है...आज राम के नाम पर यह उन्माद एक विडम्बना ही है क्योंकि सबसे पहले राम की पूजा दक्षिण भारत में शुरू हुई थी। राम पूजकों के पहले रामानन्दी सम्प्रदाय का अभ्युदय 14वीं-16वीं शताब्दी के मध्य काश्मीर में हुआ था। और उसके बाद तुलसीदास ने 16वीं शताब्दी में रामचरितमानस लिखा जिसमें राम को देवत्व प्रदान करते हुए उनके जीवन चरित के उन पहलुओं को दृश्य ओझल किया गया जिन्हें इसके पूर्व के ग्रन्थों में ईश्वरीय नहीं माना गया था और इस तरह उन्होंने राम को हिन्दू देवताओं के बीच सर्वोच्च स्थान प्रदान किया।" (पृ. 182) मेहर पेस्टन जी भी अपने उपन्यास 'परवेज' में इस तथ्य को औपन्यासिक पात्र पत्रकार सिद्धार्थ की जबानी यूँ दर्ज करती है, "हमें बताया गया कि अयोध्या में लगभग दस हजार मन्दिर हैं जिनमें से बहुत से राम को समर्पित हैं। कम-से-कम आधे तो पुराने हैं। लेकिन राम भक्ति की लोकप्रियता 16वीं शताब्दी में तुलसीदास द्वारा रामचरितमानस लिखे जाने के बाद बढ़ी और लगभग उन्हीं वर्षों बाबरी मस्जिद का निर्माण हुआ था।" ('परवेज', पृ. 127-128)

जहाँ शशि थरुर और मेहर पेस्टन जी अपने उपन्यासों में तुलसीदास और रामचरितमानस की भूमिका की चर्चा प्रसंगवश करते हैं, वहीं दूधनाथ सिंह इसे अपने औपन्यासिक विमर्श में केन्द्रीयता प्रदान करते हैं। अयोध्या के धार्मिक स्थल की महिमा, राम के देवत्व, तुलसीदास के घटाटोप और रामचरितमानस के धार्मिक ग्रन्थ होने का मिथक-भेदन करते हुए वे उस गढ़न्त को अनावृत्त करते हैं जो ब्राह्मणवादी संरचना का परिणाम है। उपन्यासकार अपने केन्द्रीय पात्र प्रोफेसर तत्सत पांडे से अयोध्या को 'धरम की मंडी' ही नहीं कहलाता बल्कि इसकी पड़ताल भी करता है। अचेतानन्द सरीखे सफेदपोश हत्यारे मठाधीशों की अयोध्या का चित्रण उपन्यासकार

यूँ करता है, "धर्म का मखौल है...बस...वास्तुकला-रहित इन मन्दिरों, गढ़ियों, अखाड़ों, भवनों की कुरूप कालिख और लूटपाट से इस जगह को मुक्त करो...हर एक गर्भ-गृह में सईं-साँझ जो एक मुस्टंडा जजुमानों को ताकता दिया बारे बैठा है...उसकी एक वंशावली है रची हुई। उसमें जघन्य हत्याओं के सिलसिले हैं। चीत्कार करती श्रद्धालु भगतिनें हैं...अपने प्रेत-संसार के भीतर सुबकती हुई। कमाई के जरिए हैं। माफी हैं, वन हैं, चढ़ावा है, मूर्ति के नीचे छीन-झपटकर लाया और दफनाया गया शैप्य भंडार है। तो यह है तुम्हारे 'वेटिकन' की कल्पना की सँकरी, संडास भरी गलियाँ, जिन पर तुम फिदा हो...यह सत्ता का मात्र एक घिनौना खेल है, गेरुए रंग में लपेटा हुआ। यह किसी भी कौम का सरीहन अपमान है।" (पृ. 273)

राम के देवत्व की ब्राह्मण निर्मिति का खुलासा करते हुए 'आखिरी कलाम' के आचार्य तत्सत पांडे की जिज्ञासा है कि "किंवदन्ती है कि राम ने बाकायदा पवित्र सरयू में जल-समाधि ली। यहीं, इसी जगह और इसीलिए यह स्वर्गद्वार है यानी आत्मघात के बाद भी स्वर्ग सम्भव है? 'अथर्ववेद' में तो लिखा है कि आत्मघाती की आत्मा प्रेतात्मा बनकर सदा-सर्वदा के लिए वायुमंडल में भटकती रहती है। उसे कभी मुक्ति नहीं मिलती...फिर भगवान राम को आत्मघात के बाद स्वर्ग कैसे मिला?...इसमें भी ब्राह्मणों ने विधान रच रखा है। अगर तुम बड़े आदमी हो, अगर तुम पंच पांडव हो, अगर तुम भगवान राम हो तो तुम्हें आत्मघात के बाद स्वर्ग-नरक कुछ तो मिलेगा ही...जो दीन-हीन, बेसहारा ऊबकर मर जाते हैं; जो अपनी इज्जत-आबरू के लिए कुआँ-इनार झाँकती हैं; फाँसी के फन्दे से लटक जाती हैं, वे सब प्रेत-योनि में जाने के लिए बने हैं। ब्राह्मणों ने इसमें भी वर्ग-विभाजन कर रखा है।" (पृ. 269) इसी तरह वे तुलसी के 'उत्कृष्ट कवि कर्म' के 'विचारों की तानाशाही' में रूपान्तरण व 'मूढ़ और अन्धी आस्था तैयार करने' की प्रक्रिया की भी तार्किक पड़ताल करते हैं। तुलसी की 'डिवाइस' को वे प्रोफेसर तत्सत पांडे के तर्कों में यूँ विन्यस्त करते हैं, "जो तुलसीदास करते हैं, शिव के मुँह से करते हैं। क्योंकि शिव ही रामकथा को बखाननेवाले हैं, तो यह तो एक 'डिवाइस' है...एक ढंग...एक तकनीक...लेकिन वह तुलसीदास ही हैं...बहुत ही सघन कवित्व है लेकिन विचारों की तानाशाही में जाकर खत्म होता है...उसी अन्धी आस्था का कमाल है यह...जो आप देख रहे हैं...उसी वैचारिक तानाशाही का कमाल, जो अब जाकर उभरा है। जो कथा 1575 ई. में रची गई, उसका असर चार सौ वर्षों बाद उजागर हो रहा है...कोई भी कवि कर्म अगर हिंसक धर्म ग्रन्थ में परिणत हो जाए तो उसे आप क्या कहेंगे?" (पृ. 314)

यह अनायास नहीं है कि 22 नवम्बर, 1949 को बाबरी मस्जिद में रामलला की मूर्ति रखे जाने से लेकर 6 दिसम्बर, 1992 के बाबरी मस्जिद विध्वंस तक अयोध्या या उसके आसपास के ग्रामीण इनाकों में रामचरितमानस का पाठ धार्मिक उन्माद

को भड़काने के लिए किया गया। रामलला की मूर्ति के बाबरी मस्जिद में प्रकटीकरण के 'चमत्कार' के बारे में फैजाबाद जिला कांग्रेस के तत्कालीन सचिव अक्षय ब्रह्मचारी द्वारा उत्तर प्रदेश के तत्कालीन गृहमन्त्री लाल बहादुर शास्त्री को लिखे गए पत्र के हवाले से इस तथ्य की पुष्टि करते हुए ए. जी. नूरानी का मत है कि "वास्तव में यह 'चमत्कार' अखिल भारतीय रामायण महासभा द्वारा मस्जिद के बाहर 'रामचरितमानस' के नौ दिनों के अखंड पाठ का चरमबिन्दु था।" ('एनाटॉमी ऑफ ए कन्फ्रंटेशन', पृ. 68) मो. आरिफ अपने उपन्यास 'दि ड्रीमी ट्रैवलर' में बाबरी मस्जिद ध्वंस अभियान के दौरान 'रामचरितमानस' के इस्तेमाल का प्रसंग भयभीत व पलायन करते मुसलमानों की जुबानी कुछ यूँ प्रस्तुत है, "चौक में रामचरितमानस का अखंड पाठ चल रहा था। रामायणपाठ के दौरान नफरत भरे नारों के स्वर उस शान्त रात में आसानी से सुनाई पड़ रहे थे। इसलिए हमने बाज़ार से पहले मेन रोड से फूटनेवाले रास्ते से गाँव लौटने का फैसला लिया।" (पृ. 293)

'रामचरितमानस' के 'हिंसक धार्मिक ग्रन्थ' में रूपान्तरण की जड़ में जो ब्राह्मणवादी मानस है वह दूधनाथ सिंह की महज कपोल कल्पना न होकर इतिहास द्वारा पुष्ट है। इस सम्बन्ध में इतिहासकार रोमिला थापर का मत है कि "आम धारणा है कि 'रामचरितमानस' की रचना मुस्लिम मुगल शासकों के विरुद्ध हिन्दुओं को संगठित करने के लिए की गई थी। सच यह है कि जब-जब ब्राह्मण कृतिकारों को लगा कि ब्राह्मणवादी व्यवस्था खतरे में है, उन्होंने कलियुग की बुराइयों का चित्र गढ़ा और यह इस्लाम के भारत आने के पूर्व भी बहुत बार हो चुका था। एक ब्राह्मण होने के नाते तुलसी निःसन्देह उन समकालीन धार्मिक आन्दोलन (जो आज उस व्यापक दायरे में हैं जिन्हें हिन्दू नाम से जाना जाता है) को लेकर उद्विग्न थे, जो ब्राह्मण आधिपत्य एवं उनके ग्रन्थों का निषेध कर वैकल्पिक धार्मिक मतों का प्रचार करते थे और गैर-ब्राह्मणों के बीच जिसका प्रभाव बढ़ रहा था। पौराणिक व शाक्त पूजन से प्रेरणा प्राप्त अधिकतर सम्प्रदाय रूढ़िवादी ब्राह्मण परम्परा के विरोधी थे।" ('एनाटॉमी ऑफ ए कन्फ्रंटेशन', पृ. 155)

गैर-ब्राह्मणवादी धार्मिक सम्प्रदायों के विरुद्ध ब्राह्मणवादियों की जिस उपरोक्त भूमिका का उल्लेख रोमिला थापर ने इतिहास के माध्यम से किया है, उसे ही गीता हरिहरन अपने उपन्यास 'इन दि टाइम ऑफ सीज' में बारहवीं शताब्दी के वीर शैव सम्प्रदाय के कन्नड़ कवि व समाज सुधारक बासवन्ना के जीवन वृत्तान्त के माध्यम से कथात्मकता प्रदान करती हैं। उपन्यास के अनुसार, "बासव के मन में कई प्रश्न थे। वे स्वीकृत पारम्परिक मान्यताओं पर उसी तरह पुनर्विचार व चिन्तन-मनन जरूरी समझते थे जिस तरह साँस लेना। इस हेतु उन्होंने अपने इर्द-गिर्द समाज-सुधारकों व ज्ञानियों का अद्‌भुत जमावड़ा कर लिया था। वे सब मिलकर रचनात्मक व साहसी

प्रयोग के रूप में एक ऐसे सम्प्रदाय का निर्माण करना चाहते थे जिसमें कोई भी बहिष्कृत न हो–न स्त्रियाँ, न निम्नजन, न अछूत जातियाँ। कवि, कुम्हार, सुधारक, रजक, दार्शनिक, वेश्याएँ, विद्वान, ब्राह्मण, गृहणियाँ, चर्मकार, केवट सभी उस कल्याण राज्य की गरिमा में शामिल थे। सभी इस रूप में समान थे कि वे सब वीर शैव यानी शिव के वीर थे...बासव व उनके कई अनुनायियों ने उस जातिप्रथा के विरोध में अभियान छेड़ा जिसने जनसाधारण को लगभग बन्दी-सा बना लिया था। आन्दोलन तेजी से बढ़ा और स्थिति चरम पर तब पहुँची जब उन दो वीर शैव दम्पति की सन्तानों के बीच विवाह तय हो गया जिनमें से भावी दुल्हन ब्राह्मण सन्तान श्री और दूल्हा चमार...परम्परावादी पहले से ही ईश्वर पर अपने एकाधिकार, सत्ता व पुनर्जन्म को चुनौती दिए जाने के कारण कुपित थे और अब ब्राह्मण व चमार का विवाह। इससे बेहतर तो कल्याणनगर रसातल में चला जाए।'' (पृ. 61-62) परिणामस्वरूप वीर शैव सम्प्रदाय तो रहा लेकिन इसका क्रान्तिकारी सुधारवादी स्वरूप ब्राह्मणवादियों द्वारा हड़प लिया गया। और इसे इतिहास के रूप में दर्ज करने पर प्रोफेसर शिवमूर्ति को हिन्दुत्ववादियों की जो प्रताड़ना झेलनी पड़ी उसी का आख्यान है गीता हरिहरन का उपन्यास 'इन दि टाइम्स ऑफ सीज'।

यहाँ यह प्रश्न उचित ही है कि तुलसीदास की जिस 'रामचरितमानस' का प्रयोग ब्राह्मणवादी शक्तियों ने गैर-ब्राह्मणों पर आधिपत्य व 'म्लेच्छ' विरोधी 'हिंसक ग्रन्थ' के रूप में किया उसे ही अवध किसान आन्दोलन (1920-22) के दौरान बाबा रामचन्द्र ने जमींदारों व अंग्रेजों के विरुद्ध 'रेडिकल टेक्स्ट' के रूप में कैसे इस्तेमाल किया? इस सम्बन्ध में अवध किसान आन्दोलन के अध्येता व इतिहासकार कपिल कुमार का स्पष्ट मत है कि ''बाबा रामचन्द्र ने कहीं भी अपने लेखन में 'राम राज्य' के विचार को न तो महत्त्व दिया और न ही उन्होंने रामायण का प्रयोग धार्मिक भक्ति जगाने के लिए किया। बल्कि उन्होंने तो इसका इस्तेमाल तत्कालीन सामाजिक संरचना के शोषणमूलक चरित्र का खुलासा करने के लिए किया।'' ('पीजेंट्स इन रिवोल्ट', पृ. 89) सामान्य जन में 'रामचरितमानस' की लोकप्रियता को दृष्टिगत रखते हुए बाबा रामचन्द्र ने इसके दोहों, चौपाइयों को जमींदारों के विरुद्ध रूपक के रूप में इस्तेमाल किया ना कि 'लिबरेशन थियोलॉजी' के अस्त्र के रूप में। कारण यह कि जिन किसानों का वे नेतृत्व कर रहे थे वे अपनी मूल सामाजिक संरचना में उस सवर्ण ब्राह्मणवादी आधिपत्य वे विरुद्ध थे जो बड़े जमींदारों का व अंग्रेजों का हितसाधक था।

दूधनाथ सिंह 'आखिरी कलाम' में ब्राह्मणवाद द्वारा गैर-ब्राह्मण प्रवृत्तियों के भक्षण का विमर्श तैयार करते हुए उसे समसामयिक सन्दर्भ भी प्रदान करते हैं। 'मंडल' आन्दोलन के सन्दर्भ में उपन्यास के कामरेड सर्वात्मन का सोच है कि 'वह खडमंडल'

ही है जिसने आज दमदार संघर्ष का रूप ले लिया है...अपने हक के लिए अपने मत का उपयोग यही तो है। इससे घबराना क्या! लेकिन खतरा वहाँ है जहाँ इस संघर्ष के अगुवा चौधरी वर्ग को ब्राह्मणी शक्तियाँ अपने चंगुल में फँसा लेंगी। इनके भीतर जो अवसरवादी, मूर्ख और माफिया हैं, उनका इस्तेमाल कर लेंगी।" (पृ. 195) द्विजात्मा के षड्यन्त्र के विरुद्ध उपन्यासकार की यह चेतावनी उचित ही है लेकिन उसे यहाँ दलितों-पिछड़ों के राजनीतिक उभार के उन सकारात्मक पहलुओं को भी उपन्यास में दर्ज करना चाहिए था जिनके चलते बिहार में हिन्दुत्व के रथ को रोका जा सकता था और 1991 में बाबरी मस्जिद को गिराने से बचाया जा सका था। यह करने के बजाय वह कामरेड मिसिर के मुँह से कहलाता है, "सच पूछिए तो जिन्हें आप 'पिछड़े' और 'दलित' कहते हैं, उनमें कोई चेतना ही नहीं है। वे इसे अपनी समस्या नहीं मानते।" (पृ. 199) और मिसिर जी के तर्कों की काट करने के बजाय वह सर्वात्मन को भी सोच में डाल देता है। और अन्ततः उसका निष्कर्ष है, "जाति के नेतृत्व के नाम पर दुनिया-भर के लुच्चे-लफंगे, विचारहीन, अवसरवादी, विधान-सभाओं और संसद में आ बैठे हैं...दुनिया का सबसे बड़ा प्रजातन्त्र जातिवादी सरगनाओं का अखाड़ा है और चाहे सर्वहारा हों या उच्चकोटि के वैज्ञानिक—सब उनके जरखरीद गुलाम, मूर्खता की एक उजड्ड दृश्यावली है जिसे संसदीय बहस कहते हैं..." (पृ. 194)

हाशिए के समाज के करोड़ों लोगों के जनतान्त्रिक उभार की अनदेखी करते हुए प्रजातन्त्र के विरुद्ध कामरेड सर्वात्मन की यह सपाटबयानी कम्युनिस्ट नेतृत्व के उस अहंवाद का परिचय देती है जो सर्वहारा की राजनीति भी आभिजात्य मुहावरे में करता है। दलितों व पिछड़ों के जिस उभार पर 'इंडिया'ज साइलेंट रिवोल्युशन' (क्रिस्टोफर जेफ्रेलाट), 'कास्ट एंड डेमोक्रेटिक पॉलिटिक्स इन इंडिया' (घनश्याम शाह), 'कास्ट्स ऑफ माइंड' (निकोलस बी. डर्क), 'दलित असर्सन एंड दि अनफिनिश्ड डिमोक्रेटिक रिवोल्युशन' (सुधा पई) सरीखी समाजशास्त्रीय पुस्तकें अभी हाल में लिखी गई हों, उसका पूर्णतः नकार उपन्यास के विमर्श को संकुचित करता है।

यह अजब दिलचस्प विरोधाभास है कि जहाँ 'आखिरी कलाम' उपन्यास की सबसे बड़ी शक्ति ब्राह्मणवाद पर टिके धर्म का विखंडन है, वही इसकी सीमा इस विखंडन की कारक शक्तियों की पहचान में संकोच का होना है। हिन्दुत्व की शक्तियाँ इसे बखूबी पहचानती थीं तभी वे 'मंडल' के समानान्तर 'मन्दिर' का विमर्श रच सकीं। प्रेमचन्द व रेणु को भी इसकी पहचान थी तभी 'गोदान' का हरखू चमार पंडित दातादीन मिसिर को ललकारकर कहता है, "तुम हमें ब्राह्मण नहीं बना सकते, मुदा हम तुम्हें चमार बना सकते हैं...हमारी इज्जत लेते हो, तो अपना धरम हमें दो।" (पृ. 208) रेणु भी 'मैला आँचल' में हिन्दुत्व की एकरूपता का भेदन यूँ करते हैं,

"कटिहार से काली टोपीवाले दल (आरएसएस) के संयोजक जी आए हैं। लाठी-भाला टरेनिं देते हैं। छोटी जाति के लोगों की सभा में वे नहीं जा सकते।" ('मैला आँचल', पृ. 110)

दरअसल 'आखिरी कलाम' की दुविधा प्रोफेसर तत्सत पांडे और उनके शिष्य कामरेड सर्वात्मन के उस कम्युनिस्ट मानस की है जो लोहिया के कथन "भारत में जातियाँ ही वर्ग हैं" में 'इतिहास-सत्य' स्वीकार करने के बावजूद अन्ततः इस निष्कर्ष पर पहुँचता है कि "लोहिया के अधिकांश अनुयायी एक-न-एक दिन धर्मतत्त्ववादियों के साथ चले जाएँगे। अन्ततः 'हिन्दू' हो जाएँगे।" लेकिन उपन्यासकार को इसका प्रति-विमर्श रचना चाहिए था। कारण यह कि औपन्यासिक वृत्तान्त में विन्यस्त द्विजात्मा की पौराणिक कथा के कबीलों के मुखिया के द्विजत्व के 'हंडे में घुसकर उकड़ूँ बैठना' तो ठीक है, लेकिन बाकी जनता 'अपने लगातार परोसे जाने' को कभी नहीं समझेगी इसमें उपन्यासकार को भी संशय है।

वास्तव में प्रोफेसर तत्सत पांडे का धर्म के विरुद्ध सात्विक क्रोध ज्ञान के जिस वैयक्तिक मुहावरे में अभिव्यक्त हुआ है वहाँ वह सामाजिक पड़ताल दृश्य ओझल हो जाती है जो भगत सिंह के दस्तावेज 'मैं नास्तिक क्यों हूँ' और काँचा इल्लय्या की 'व्हांई आई एम नाट ए हिन्दू' की स्थापनाओं में उपस्थित है। यहाँ यह तथ्य भी विचारणीय है कि गांधी के धर्मतत्त्व का उत्तराधिकारी होने के कारण तत्सत पांडे लोहिया और जयप्रकाश नारायण की व्याख्या तो करते हैं लेकिन गांधी के वर्णाश्रमी व्यवस्था समर्थक विचारों पर मौन धारण कर लेते हैं। गांधी के बारे में वे इतना ही कहते हैं, "गांधी ने बड़ा काम करना चाहा, लेकिन वह धर्मों के मिलाने से थोड़े होगा। धर्मों को धीरे-धीरे खत्म करने से होगा।" (पृ. 303) गांधी के प्रति उपन्यासकार की नरमी तत्सत पांडे के इस कथन में देखी जा सकती है, "महात्मा जी के व्यक्तित्व का प्रसार तो सिर्फ नेहरू में दिखाई पड़ता है।" जबकि सच यह है कि गांधी के धार्मिक विचार नेहरू के लिए खीझ और गुस्से का आधार तैयार करते थे और इस मुद्दे को लेकर उनकी गांधी से काफी असहमतियाँ थीं, जिन्हें उन्होंने समय-समय पर अभिव्यक्त भी किया था। उपन्यासकार को इसे अपने कथ्य में दर्ज करना चाहिए था। धर्म को कटघरे में खड़ी करनेवाली इस समूची बहस में अम्बेडकर की अनुपस्थिति भी एक बड़ी चूक है। कारण यह कि अम्बेडकर ही वह पहले आधुनिक राजनेता थे जिन्होंने हिन्दू धर्म पर प्रश्नचिह्न लगाते हुए 'मनुस्मृति' जलाने की पहलकदमी 1927 में की थी और जिन्होंने हिन्दू धर्म छोड़ने की घोषणा करके बौद्ध धर्म अपनाया। जब औपन्यासिक विमर्श में गांधी, नेहरू, लोहिया व जयप्रकाश नारायण सभी उपस्थित हों तो अम्बेडकर की उपस्थिति की भरपूर गुंजाइश भी थी।

'आखिरी कलाम' के सघन पाठ से यह एक तथ्य सुस्पष्ट है कि उपन्यासकार इसकी वृहत् (मैक्रो) स्तर की सैद्धान्तिकी का ठोस जीवन के स्तर पर ज्यों-का-त्यों उल्था नहीं करता। उपन्यास के केन्द्रीय पात्र आचार्य तत्सत पांडे के 'वैज्ञानिक मार्क्सवाद में अनन्त आस्था' वाले व्यक्तित्व की संरचना व स्मृति लोप की 'कथा-डिवाइस' जहाँ उपन्यासकार को धार्मिक फासीवाद के सैद्धान्तिक विवेचन का खुला अवसर देती है, वहीं उनकी (तत्सत पांडे) 'नितान्त अवैज्ञानिक, ठेठ और घरऊ जीवन शैली' उनकी व्यावहारिक सीमा का भी पता देती है। धर्मग्रन्थों और शास्त्रों की मनुष्यविरोधी स्थापनाओं का विरोध करनेवाले आचार्य तत्सत पांडे अपने पारिवारिक जीवन में पुत्र मोह के चलते पुरुष ग्रन्थि में मुक्त नहीं हैं। विशेषकर बहू गायत्री के प्रसंग में। उनके अनुसार गायत्री के ही कारण "उनके छोटे-से खुशहाल और बुद्धिजीवी परिवार में खासा तनाव और सन्नाटा है।" (पृ. 60) कारण यह कि 'गायत्री एक मेंटल केस है' और तत्सत पांडे बेटे को 'उसे छोड़ देने' की सलाह देते हैं और 'खा जाएगी ये उसको (बेटे को)। हजम कर जाएगी' जैसे लांछना युक्त वाक्य भी उच्चारित करते हैं। वे उसे कभी माफ नहीं करते। आचार्य जी की पत्नी भी गायत्री को 'औरत है कि बाघिन' और 'खा जाएगी मेरे बेटे को' सरीखे बोल बोला करती हैं। बेटे माधवानन्द का निष्कर्ष है कि "स्त्रियाँ अपने अधिकार का कैसा दुरुपयोग करती हैं। वे चाहे बौड़म हों या विदुषी, वे परम ढीठ हो जाती हैं। यह इतिहास की किस ग्रन्थि की प्रतिक्रिया है जिसमें वे अपना और दूसरों का जीवन नष्ट कर देती हैं।" (पृ. 70) माधवानन्द की यह समूची स्त्री जाति विरोधी प्रतिक्रिया आचार्य तत्सत पांडे के उस पारिवारिक माहौल पर टिप्पणी है जिसके बारे में आचार्य जी की पौत्रवधू सुहासिनी का मत है कि "सारी स्त्रियाँ चुप ही तो हैं इस घर में! क़ौन बोलता है! कोई बोल सकता है?" (पृ. 96) यहाँ उपन्यासकार आचार्य तत्सत पांडे के व्यक्तित्व में मार्क्सवादी सैद्धान्तिकी व व्यावहारिक जीवन के जिस द्वैत की ओर संकेत करता है वह उन्हें 'रोबोकरण' से बचाकर हाड़-मांस का मनुष्योचित कमजोरियों से युक्त पात्र बनाता है। इस समूचे प्रसंग का पटाक्षेप गायत्री और सुहासिनी की स्त्री-दुख की सहभागिता के जिस प्रसंग से होता है वह स्मरणीय है। विशेषकर उपन्यासकार की यह अभिव्यक्ति, "भोर के उस अगम सन्नाटे में एक-दूसरे में बन्द दो स्त्रियाँ निःशब्द विलाप में एक-दूसरे से लिपटी हुई न जाने कब सो गईं।" (पृ. 97) यह पुरुष सत्ता की मार खाई दो स्त्रियों की अपने अव्यक्त दुख में स्वाभाविक हिस्सेदारी थी, ना कि मंजू कपूर के उपन्यास 'ए मैरिड वुमेन' की आस्था व पिपीलिका सरीखी दो स्त्रियों के देह सुख का समलैंगिक आस्वाद।

जीवन की सान्ध्यवेला में घर, परिवार और समाज से आचार्य प्रोफेसर तत्सत पांडे का प्रकट विलगाव (एलिएनेशन) उनकी स्वयं की असफलता न होकर उस

धारा-विरुद्ध नैतिक चेतना का परिणाम है जहाँ 'सुखी' और 'सार्थक' जीवन बिताने के भिन्न मानदंड हैं। ''जीवन को सच सिद्ध करने की जिद'' ही उन्हें बाबरी मस्जिद ध्वंस के दिनों में अयोध्या खींच लाई थी, तिरासी साल के इस बूढ़े विद्वान के सात्विक आक्रोश की अभिव्यक्ति के बहाने सृजित इस कथा वृत्तान्त की सबसे बड़ी शक्ति है हिन्दुत्व की ब्राह्मणवादी संरचना का विखंडन। यह करते हुए उपन्यासकार बाबरी मस्जिद विध्वंस की पृष्ठभूमि में आक्रामक हिन्दुत्व के उस 'अन्य' पर भी ध्यान केन्द्रित करता है जो इसके द्वारा उत्पीड़ित है।

अयोध्या की बाबरी मस्जिद के पिछवाड़े की मुस्लिम बस्तियों के लोगों में भय, निराशा, अलगाव, बेबसी और पलायन की स्थितियों की जो कथा छवियाँ दूधनाथ सिंह ने उपन्यास में रची हैं, वे इस उपन्यास के कुछ बेहद मार्मिक व अर्थपूर्ण प्रसंगों में से हैं। ऐसा ही एक प्रसंग उपन्यास के एक अनाम मुस्लिम पात्र की जुबानी कुछ यूँ है, ''खसरा में हमीं हैं हुजूर! नजूल की ज़मीनों के पट्टेदार भी हमीं हैं हुजूर! मौरुसी हक है। अभी तो हम जोत-बो रहे हैं लेकिन कब ले लेंगे, पता नहीं, कोई मुआवजा नहीं। आधा-तीहा देते हैं। जो मुसलमान हैं, वे अपना पट्टा 'होल सेल' बेच सकते हैं। अब पट्टेदार हम, रामआसरे दास ने कब्जा ले लिया। क्या हो सकता है! मजूरी से पेट काटकर कब तक लड़ते हुजूर! और फिर कतल-खून की धमकी दिन-रात अलग से'' (पृ. 276) ये वे मुसलमान हैं, ''जिनके दादा राजा अयोध्या के उन्तालिस साल तक दर्जी रहे। 32 से 39 तक नगर कांग्रेस कमेटी के मेम्बर रहे। फिर 'भारत छोड़ो आन्दोलन' से आज़ादी तक और उसके बाद सन् '49 तक जिला कांग्रेस कमेटी में रहे।'' (पृ. 276) और अब ''ईमान और रोजी-रोटी दोनों पर आ बनी है।'' और बाबरी मस्जिद ध्वंस के दस साल बाद इसी परिवार के मियाँ जमील घर से बेघर होकर पागलों जैसी हरकतें करते हुए कहते हैं, ''मेरे कमरे में सियासत हो रही है...बड़ा शोर है? सोने नहीं देते। अल्लामा इकबाल आए थे। उन्होंने दाढ़ी रख ली है।'' (पृ. 433)

आचार्य तत्सत पांडे धर्म की इन्हीं परिणतियों को लेकर कुपित हैं। उनका सीधा कथन है कि ''जो इस बर्बरता को रोक नहीं सकते, उन्होंने जनता पर से अपना नैतिक दावा उठा लिया है।'' (पृ. 150) इसीलिए 'साम्प्रदायिक फासीवाद' से लड़ने का दावा करनेवाली शक्तियाँ भी उनके निशाने पर हैं। वे चाहे वामपन्थी हों, सेक्युलरिस्ट हों या मीडिया के लोग हों। उपन्यासकार इन सबकी भूमिका, ऊहापोह, नियति, सुविधाजीविता व सैद्धान्तिकी का विमर्श औपन्यासिक कथ्य में यत्र-तत्र विन्यस्त करता है। जहाँ वह कामरेड सर्वात्मन की इस चिन्ता में शामिल है कि ''विचार, रणनीति और जनता की सोच-समझ में तालमेल क्यों नहीं बैठता'' वहीं वह कामरेड रामदीन मिसिर के हवाले से यह तथ्य भी दर्ज कर लेता है कि जब-तब मिसिर

नी का दाना-पानी मठाधीश स्वामी अचेतानन्द के यहाँ से आता है। और मिसिर जी के हवाले से यह भी कि "माने आचार्य जी जब एक टिन लुट-पिटकर आएँगे तो उनके आराम की व्यवस्था कहाँ होगी?" (पृ. 191) और क्यों "पहले जो कॉमरेड्स थे, उनमें बहुत सारे अब अपनी जातियों के मूर्धन्य नेता हैं।" (पृ. 194)

"धर्म ही एक षड्यन्त्र है तो जाहिर है धर्मनिरपेक्षता का क्या मतलब" की अवधारणात्मक साफगोई के साथ उपन्यास के आचार्य जी की खीझ भरी प्रतिक्रिया है, "सभी को भला-भला लग रहा है! सिर्फ जिन पर विपत्ति है, उन्हीं को छोड़कर। सभी एक-दूसरे के लहू के प्यासे। और उचारेंगे—धर्मनिरपेक्षता। कोई यह क्यों नहीं कहता कि सभी धर्म धोखे की टट्टी हैं। उसकी आड़ में कौन झाड़ा फिर रहा है, और क्यों फिर रहा है...?" (पृ. 173) खाए-पीए अघाये आभिजात्य बौद्धिकों की धर्मनिरपेक्षता के रस्मी कर्मकांड को उपन्यासकार 'पूरब के ऑक्सफोर्ड में उस दिन' शीर्षक अंश में बखूबी प्रहसनात्मक बनाता है। जहाँ एक विश्वविद्यालयी बौद्धिक की घोषणा है कि "मैं धर्मनिरपेक्ष आज भी हूँ लेकिन मैं मस्जिद ढहाने की निन्दा भी नहीं करूँगा।" वहीं दूसरे की राय है कि "...धर्मनिरपेक्ष का पोज, जो गुरुमन्त्र तुमने दिया था और ड्राफ्ट कुछ ऐसा, जो बाएँ-दाएँ, ऊपर-नीचे हर ओर लगे।" (पृ. 387) उपन्यासकार का आक्रोश उस अर्थहीन बौद्धिक जुगाली पर है, "जहाँ 'अल्पसंख्यक' भी एक अन्तर्वस्तु थी और लोग इसे लेकर बहुत भावुक हो रहे थे। 'धर्मनिरपेक्ष' शब्द की बड़ी छानबीन हो रही थी।" (पृ. 369)

धर्मनिरपेक्षता को महज एक शगल, सामाजिकता और कुलीन समाज की रस्म अदायगी में तब्दील होने का विमर्श इस पृष्ठभूमि पर लिखे गए इधर के अंग्रेजी उपन्यासों में भी विस्तार से आया है। मेहर पेस्टन जी अपने उपन्यास 'परवेज' में सहमत की कला प्रदर्शनियों की चर्चा के साथ-साथ आभिजात्य वर्ग के उस धर्मनिरपेक्ष शगल को भी उजागर करती हैं जिसकी परिणति बम्बई की मलिन बस्ती धारवी के हिन्दू-मुसलमानों के पिकनिक पर ले जाने एवं 'हम होंगे कामयाब' गाने में होती है। गीता हरिहरन के उपन्यास 'इन दि टाइम्स ऑफ सीज' की अन्तर्वस्तु का तो यह बड़ा हिस्सा है। बैठक, धरना, पर्चा तैयार करना, सेमिनार से लेकर टीवी साक्षात्कार सभी कुछ इसमें शामिल हैं। मंजू कपूर के 'ए मैरिड वुमेन' की पात्र आस्था तो इन्हीं साम्प्रदायिकता विरोधी कला प्रदर्शनियों में चित्र बेचकर अपनी आत्मनिर्भरता का रास्ता खोजने के उपक्रम में है। आस्था और पिपीलिका के लेस्बियन सम्बन्ध भी इसी साम्प्रदायिकता विरोधी धरना, प्रदर्शनों, रैलियों व सभाओं के बीच परवान चढ़े हैं।

यहाँ इस दिलचस्प संयोग को रेखांकित करना प्रासंगिक है कि 'आखिरी कलाम' उपन्यास की ही तरह साम्प्रदायिक फासीवाद पर लिखे गए इधर के सभी अंग्रेजी उपन्यासों के वृत्तान्त में तिथियों, डायरी, यात्रा-वृत्तान्त, अखबारी समाचारों की

कतरनों आदि का भरपूर इस्तेमाल किया गया है। शशि थरुर के उपन्यास 'रायॅट' का तो सम्पूर्ण औपन्यासिक विन्यास ही डायरी, साक्षात्कार और अखबारी कतरनों से निर्मित है। शायद उसके पीछे उपन्यासों की अन्तर्वस्तु में विन्यस्त स्थितियों की तात्कालिकता व प्रामाणिकता का दबाव रहा हो। दूधनाथ सिंह और गीता हरिहरन अखबारी कतरनों के इस्तेमाल द्वारा साम्प्रदायिक मनोदशा के निर्माण में इनकी भूमिका को भी उजागर करते हैं। 'आखिरी कलाम' में तो उपन्यासकार 'अखबार एक विरचना है' शीर्षक एक अंश ही इस तथ्य का खुलासा करने के लिए शामिल करता है।

हिन्दी उपन्यास में जब-जब संरचनात्मक तोड़-फोड़ हुई है उसका गाजे-बाजे के साथ स्वागत हुआ है। लेकिन 'आखिरी कलाम' महज संरचनात्मक तोड़-फोड़ नहीं करता, यह एक ऐसी वैचारिक तोड़-फोड़ है जहाँ बहुत-सी स्वीकृत मान्यताएँ और निर्मितियाँ ध्वस्त हो जाती हैं। 'धर्म' को खारिज करते हुए 'धर्मनिरपेक्षता' पर सवाल खड़ा करना आज के समय की सबसे बड़ी तोड़-फोड़ है। विशेषकर तब और भी जब 'धर्मनिरपेक्षता' के अध्यात्मीकरण, धर्म के 'लिबरेशन थियोलॉजी' में रूपान्तरण तथा 'रामकथा' को साम्प्रदायिकता विरोधी इस्तेमाल के तर्क दिए जा रहे हों, सच तो यह है कि औपन्यासिक संरचना में यह एक ऐसा वैचारिक अस्त्र है जो अपनी पूरी आक्रामकता के साथ हिन्दी में पहली बार है। विश्वस्तर पर ऐसी कई रचनाएँ पहले भी प्रकाशित हुई हैं। अभी चन्द वर्षों पूर्व (1994) ग्रेनाडा (वेस्टइंडीज) के लेखक डेविसन बद्दू का अंग्रेजी में लिखित उपन्यास 'नाइट ऑफ डेस्टिनी' प्रकाशित हुआ है जिसमें विश्व बैंक व अन्तर्राष्ट्रीय मुद्राकोष की जनविरोधी भूमिका पर प्रश्नचिह्न लगाया गया है।

आज जब बाबरी मस्जिद के ध्वंस और 'गुजरात 2002' के बाद साम्प्रदायिक फासीवाद एक दुःस्वप्न नहीं वास्तविकता बन गया है, तब उन कारकों की पहचान जरूरी है जिनसे यह मानस बनता है। 'आखिरी कलाम' जहाँ धर्मोन्मादी फासीवाद की निर्माण प्रक्रिया से साक्षात् कराता है वहीं इसके मूल उत्स पर प्रहार का भी आवाहन करता है। फासीवादी घेरेबन्दी के इस समय में दूधनाथ सिंह का यह 'आखिरी कलाम' हमारी नींद में सूराख करने के लिए जरूरी किताब है। देखना यह है कि 'किताबों पर शक करने' का आवाहन करनेवाली यह किताब हिन्दी समाज में कितना 'खड़मंडल' करेगी!!!

'दि इंडियन इंग्लिश नॉवेल' और भारतीय यथार्थ

लगभग चार दशक पूर्व सलमान रुश्दी के उपन्यास 'मिडनाइट चिल्ड्रेन' (1981) के प्रकाशन के साथ भारतीय अंग्रेजी उपन्यास का जो नया दौर शुरू हुआ था, सदी के अन्त में पंकज मिश्रा के उपन्यास 'दि रोमांटिक्स' (फरवरी, 2000) के प्रकाशन के बाद उसने एक वृत्त पूरा कर लिया है। इस बीच 1997 में अरुंधती राय के उपन्यास 'दि गॉड ऑफ स्माल थिंग्स' ने प्रसिद्धि, पुरस्कार तथा साहित्यिक व व्यावसायिक सफलता के जो विरल कीर्तिमान स्थापित किए वह कुछ-कुछ परी लोककथा जैसा ही है। इसी दौर में विक्रम सेठ के उपन्यास 'ए सूटेबल ब्वाय' (1993) ने भारतीय अंग्रेजी उपन्यास का जो विश्व बाजार बनाया था, इधर के वर्षों में वह कमोबेश सट्टा बाजार सरीखा रूप ग्रहण करने लगा है। 'दि गॉड ऑफ स्माल थिंग्स' को बुकर पुरस्कार दिए जाने की पूर्व सन्ध्या में लन्दन के सटोरियों ने बाकायदे व्यावसायिक सौदे किए थे। लेकिन तब से अब तक टेम्स और गंगा के बीच काफी पानी बह चुका है। अब तो उपन्यास लिखे जाने के पूर्व ही करोड़ों की अग्रिम राशि का भुगतान, प्रकाशन पूर्व अधिकारों की छीना-झपटी की होड़ और अलिखित उपन्यास का धुआँधार प्रचार करके साहित्यिक कृति को 'उत्पाद' बनाने की पूरी तैयारी है। राजकमल झा का उपन्यास 'दि ब्लू बेडस्प्रेड' (1999) और पंकज मिश्रा का उपन्यास 'दि रोमांटिक्स' (2000) इसी बाजारवाद की देन है।

इस सम्बन्ध में अमेरिकी पत्रिका 'टाइम' के 1 मार्च, 1999 के अंक में 'राइटिंग फार फन एंड प्राफिट' शीर्षक लेख में भारतीय अंग्रेजी औपन्यासिक परिदृश्य पर निम्न टिप्पणी दृष्टव्य है :

"पंकज मिश्रा की साहित्यिक यात्रा (लिटरेरी ओडिसी) एक ट्रेन में शुरू हुई। एक अन्तर्राष्ट्रीय प्रकाशन गृह के नई दिल्ली कार्यालय में सम्पादक के रूप में कार्यरत तब सत्ताईस वर्षीय मिश्रा हिमालय की तलहटी से भारतीय राजधानी की यात्रा पर थे। वे एक लेखक के पहले उपन्यास की पांडुलिपि का गहन पाठ कर रहे थे, तभी ट्रेन एक अनिर्धारित स्थान पर रुकी। अन्धाकुप्प में डूबे उस स्टेशन पर वे लपककर उपन्यासकार को लम्बी दूरी की खड़खड़ाती टेलीफोन लाइन पर यह सूचना

देने के लिए भागे कि "वह जीनियस है। वह लेखिका अरुंधती राय थीं और उपन्यास था 'दि गॉड ऑफ स्माल थिंग्स', जिसने लेखिका के लिए करोड़ों रुपए का धनार्जन किया और ब्रिटेन के प्रतिष्ठित पुरस्कार बुकर को जीता। यह मिश्रा की खोज थी।"

"अध्याय दो : अठारह महीने बाद मिश्रा ने प्रकाशन गृह छोड़ दिया था। लेकिन आकांक्षी लेखकों ने उन्हें अपनी पांडुलिपियाँ भेजना जारी रखा। इकतीस वर्षीय राजकमल झा नाम के एक पत्रकार ने उनसे अपनी छह कहानियाँ पढ़ने को कहा। मिश्रा ने 'ई' मेल से लेखक को मशविरा दिया–दोनों की कभी मुलाकात न हुई थी–कि कहानियों को कैसे उपन्यास में ढाला जाए। पांडुलिपि के मात्र बीस पृष्ठों के आधार पर झा को एक लाख तिरसठ हजार डॉलर की अग्रिम राशि मिली; अमेरिका, जर्मनी, फ्रांस, डेनमार्क, इटली और इजराइल तथा दो इस्पहानी बोलियों के संस्करण प्रस्तावित हैं। 'दि ब्लू बेडस्प्रेड' अप्रैल '99 में प्रकाशित होने जा रहा है। यह मिश्रा की खोज थी।"

"अध्याय तीन : मिश्रा, तीस वर्ष की आयु में अन्ततः स्वयं को खोज लेते हैं। शुरुआती फरवरी में नौ सप्ताहों में लिखित उनके उपन्यास 'दि रोमांटिक्स' के प्रकाशनाधिकार लन्दन व जर्मनी में तीन लाख डॉलर की कीमत पर बिके।"

'टाइम' पत्रिका में प्रकाशित उपरोक्त किस्सेनुमा वृत्तान्त साहित्यिक दुनिया की हलचल का समाचार न होकर किसी सट्टे बाजार सरीखा दृश्य उपस्थित करता है, जहाँ 'पहले बोली लगाओ और पहले पाओ' का सिद्धान्त लागू होता है। भारतीय अंग्रेजी उपन्यास के इस सट्टा बाजार में पंकज मिश्रा को किसी 'एग्जाटिका' की तरह प्रस्तुत करते हुए 'टाइम' पत्रिका ने अपना लेख जिस बिन्दु पर समाप्त किया है, वह खासा रोचक है–"...मिश्रा स्वयं चकाचौंध से दूर रहना चाहते हैं। उन्होंने स्वयं को 1220 मीटर की ऊँचाई पर स्थित पश्चिमी भारत में मन्दिरों के पहाड़ी नगर माउंट आबू के एकान्त में मठ सरीखे दो कमरों में कैद कर लिया है, ताकि वे प्रकाशन हेतु अपने उपन्यास 'दि रोमांटिक्स' को नोक पलक दुरुस्त कर सकें। यह खासा जंगली स्थान है, यहाँ रात में भालू और चीतों की आवाजें सुनाई पड़ती हैं, कहीं इनसे मुठभेड़ न हो जाए इसलिए यहाँ के कुछ लोग साथ में पिस्तौल रखते हैं। जब वे (पंकज मिश्रा) पहाड़ से नीचे की यात्रा पर होंगे तो निश्चय ही वे भारत के नए साहित्यिक सुपरस्टार होंगे...अगले वर्ष तक के लिए तो अवश्य ही...।"

और सचमुच इन्तजार की घड़ियाँ समाप्त हुईं, 'दि गॉड ऑफ स्माल थिंग्स' के भारतीय प्रकाशनाधिकार के साथ अस्तित्व में आए प्रकाशन गृह 'इंडिया इंक' द्वारा 395 रुपए में आकर्षक व सुरुचिपूर्ण मुखपृष्ठ के साथ प्रकाशित यह उपन्यास अब हमारे हाथों में है। प्रकाशन के पूर्व जहाँ इस उपन्यास को लेकर यह चर्चा थी कि

इसे कैसे 'भालू और चीतों' की आवाजों के बीच लिखा जा रहा है तो प्रकाशन के बाद यह गुर बताए जा रहे हैं कि इसे कैसे पढ़ा जाए। 'काली फार वीमेन' की ऋतु मेनन की सलाह है कि "पंकज मिश्रा के उपन्यास 'दि रोमांटिक्स' को पढ़ने का सर्वोत्तम तरीका यह है कि इसे वैकेशन (छुट्टियाँ) बिताने अपने साथ ले जाएँ और दो अलस दुपहरियों में धूप का सेवन करते हुए इसका आनन्द लें..." ('दि बुक रिव्यू', जनवरी-फरवरी 2000)

'दि कैट इज आउट ऑफ दि बैग' की उक्ति को चरितार्थ करती ऋतु मेनन की यह सलाह छुट्टियाँ बितानेवाले जिस अंग्रेजीदां आभिजात्य वर्ग को सम्बोधित है, 'दि रोमांटिक्स' उसी कुलीन वर्ग की कथा है। ब्राह्मणवादी शुद्धता में रची-पगी इस कुलीन वर्ग की गाथा अपूर्ण ही रहती यदि उपन्यास का नायक समर ब्राह्मण चेतना से ओत-प्रोत न होता। इलाहाबाद विश्वविद्यालय से स्नातक की डिग्री लेने के बाद उन्नीस वर्षीय समर स्वाध्याय व सिविल सर्विस की परीक्षाओं की तैयारी हेतु 1989 में बनारस आता है। आत्मकथात्मक शैली में लिखित इस उपन्यास के प्रथम पृष्ठ पर ही उपन्यासकार अपने कथा नायक के ब्राह्मण होने व बनारस शहर को 'मुस्लिम व ब्रिटिश शासन के दौरान कितनी ही बार विध्वंस किए जाने व पुनर्निर्मित' होने की सूचना देते हुए इसके सहस्राब्दियों से हिन्दुओं की पवित्र धार्मिक नगरी होने का परिचय देता है।

वैराग्य का 'ओरियंटलिज्म'

'दि रोमांटिक्स' की मौलिकता इस स्तब्धकारी तथ्य में अन्तर्निहित है कि अंग्रेजी व हिन्दी में लिखित आधुनिक उपन्यासों में सम्भवतः यह पहला उपन्यास है जिसमें ब्राह्मण पुनरुत्थानवादी दृष्टिकोण को पूरी तरह प्रतिष्ठित किया गया है। इस उपन्यास की सम्पूर्ण कथा संरचना 'पूरब' के समाज को उस प्राच्य दृष्टिकोण (ओरियंटल) में ढालकर प्रस्तुत करने की है, जिसमें समय व समाज ठहरा हुआ है; जो ठहरा व स्थिर है वही स्वर्णिम व मोहक है। जो परिवर्तित हो रहा है वह पतनशील व विध्वंसकारी है। यही अतीतोन्मुखी भारत पश्चिम में 'एग्जाटिक' व बिकाऊ है, इसीलिए पंकज मिश्रा के लिए रोमांटिक भी।

जीवन व समाज की व्यापक चिन्ताओं व तात्कालिक सरोकारों से मुक्त 'दि रोमांटिक्स' का नायक समर ब्राह्मणत्व का लाभ उठाता हुआ, ब्राह्मणोचित ज्ञान की खोज में गंगा तट स्थित अस्सी घाट के एक कमरे में किर्केगार्द, प्रूस्त, फ्लाबेयर, शोपेनहावर, तुर्गनेव व एडमंड विल्सन आदि की पुस्तकों के बीच किसी साधक की तरह धूनी रमाता है। यहीं उसकी मुलाकात अंग्रेज युवती मिस वेस्ट और अन्य विदेशी सैलानियों से होती है, जो पश्चिमी समाज के ऐसे ऊबे और सुखी लोग हैं जो आत्मिक

शान्ति के लिए भारत प्रवास पर हैं। इन्हीं में से एक है पेरिस की अमीरजादी कैथरीन जो अपने 'बुर्जुआ' माँ-बाप से विद्रोह करके पूरब की शरण में है और भारतीय सितार वादक मित्र आनन्द से अस्थायी बेवफाई करके समर को रोमांस व देह सुख का विरल अनुभव प्रदान करती है। ब्राह्मणवादी ताने-बाने में रचा-पगा यह उपन्यास अन्ततः इसी क्षणिक देहानुभूति, गहन आकर्षण, वियोग और मोहभंग की वह वैश्विक कथा है, जिसमें बनारस के घाट, हरिद्वार की गंगा, पांडिचेरी का आश्रम व धर्मशाला (हिमाचल प्रदेश) स्थित तिब्बतियों की शरणस्थली उपन्यास के कथ्य को 'एग्जाटिक' व 'इथनिक' बनाते हैं।

शताब्दी के अन्तिम दशक और उत्तर भारतीय समाज की जिस पृष्ठभूमि का उल्लेख उपन्यास में है, वह नितान्त आत्मपरक और कृत्रिम है। बनारस व इलाहाबाद के विश्वविद्यालयों के छात्र आन्दोलन का उपन्यास में मात्र सतही उल्लेख भर है न तो उसका कोई सामाजिक सन्दर्भ है न ही कोई राजनीतिक परिणति। इलाहाबाद विश्वविद्यालय का छात्र नेता विजय केवल ब्राह्मण छात्रों के हित संरक्षक की भूमिका का निर्वाह करते हुए "इन पढ़ाकू ब्राह्मण छात्रों को नीची जाति के 'लम्पटों' और समाज विरोधी तत्त्वों से बचाने का कार्य करता था।" (पृ. 22) यह वास्तव में विस्मित करनेवाला तथ्य है कि उत्तर भारत के जिस राजनीतिक समय (1989 के बाद का) को सामाजिक न्याय की शक्तियों व दलितों के उभार और ब्राह्मणवादी ताकतों के पराभव के रूप में चिह्नित किया जाता है, उसे उपन्यासकार ब्राह्मणवाद के आधिपत्य के रूप में महिमामंडित करता है। उपन्यास के नायक समर का व्यक्तिगत और सामाजिक जीवन भी ब्राह्मणवादी दृष्टिकोण से ही निर्देशित होता है। गंगा घाट के मल्लाह रामचन्द के बारे में समर की स्वीकारोक्ति है कि "यद्यपि मैं वही भाषा बोलता हूँ जो रामचन्द और उसी देश में रहता हूँ, फिर भी हमारे बीच संवाद की सीमित सम्भावनाएँ ही थीं। जाति और वर्ग के बेशुमार संकोच हमारे बीच थे; उसके द्वारा की गई हमारी सेवा-टहल ही हमारे बीच की शामिल शब्दावली थी।" (पृ. 38) यहाँ समर के इस वर्णाश्रमी चिन्तन को किसी पुनर्विचार या अपराध बोध के साथ गड्ड-मड्ड करने की कोई गुंजाइश नहीं है, क्योंकि समर का यह चिन्तन उसकी विदेशी मित्र मिस वेस्ट द्वारा मल्लाह से उस सामान्य व्यवहार व बातचीत का परिणाम है, जिसे वह 'गैर भारतीय स्वाभाविकता' मानकर 'असहज' हो जाता है। मानव मन की परस्पर विरोधी प्रवृत्तियों, काल्पनिक दुखों और पीड़ाओं से उदासीन व वीतरागी भाव में लीन जब वह तिब्बती शरणार्थियों की आश्रय स्थली में सन्तुष्ट अध्यापक का सादगी भरा जीवन बिताता है, तो उसे लगता है कि वह ब्राह्मणोचित लक्ष्य की पूर्ति कर रहा है। उपन्यास में नायक का स्व-कथन यहाँ दृष्टव्य है, "...यहाँ तक कि मैं यह भी सोचता था कि यह अलग-थलग घटनाविहीन जीवन पलायनवाद के उस

ब्राह्मण विचार के काफी अनुरूप था, जिसका स्मरण मुझे मेरे पिताजी अपने पत्रों द्वारा पूर्वजों के प्रति दायित्व निर्वाह के रूप में कराते रहते थे।" (पृ. 239) समर की ब्राह्मण अस्मिता उसके रग-रग में इस तरह व्याप्त है कि मसूरी के निकट काल्पी के विश्राम गृह में जब वह पहली बार फ्रांसीसी युवती के साथ देह संसर्ग करता है तो वह "अपने 'कॉमिक' अजनबीपन के बाद में यह सोचता है कि—इलाहाबाद का एक ब्राह्मण शिक्षार्थी दुनिया के इस कोने में पूरी तरह अकेले एक फ्रेंच युवती के साथ।...सम्भवतः एक शुद्धतावादी भय।" (पृ. 127)

उपन्यास का एक अन्य पात्र राजेश तो जैसे ब्राह्मण अस्मिता का प्रतिरूप ही है। समर के लिए तो वह देशज दुनिया की खिड़की सरीखा ही है। समर को वह कदम-दर-कदम ब्राह्मणत्व की याद दिलाता रहता है और उसका ब्राह्मण स्वाभिमान "नीची जाति के दुकानदारों और व्यवसायियों के साथ काम करने में उसके आड़े आता था।" (पृ. 170) उसकी माँ का सन्ताप था कि "सारी सरकारी नौकरियाँ इन दिनों नीची जाति के लोगों को दी जा रही हैं, राजेश की जाति ही गलत नहीं है, बल्कि उसके सम्बन्ध भी दूसरे लोगों से नहीं हैं।" (पृ. 170) राजेश छात्र नेता के आवरण में पेशेवर अपराधी व भाड़े पर काम करनेवाला हत्यारा है, लेकिन वह संस्कृत श्लोकों का पाठ करता हुआ 'शून्यता' और 'माया' की बारीकियों को समझाता है। फैज और इकबाल की इंकलाबी शायरी सुनाता है और ट्राटस्की का गहराई से अध्ययन करने में दिलचस्पी रखता है। उसकी नोटबुक में 'वड्र्सवर्थ' और शेली की कविताएँ दर्ज हैं और फ्लाबेयर के उपन्यास 'दि सेंटीमेंटल एजूकेशन' के नायक को तो वह अपनी प्रतिकृति ही मानता है। उसका कहना है कि "यह मेरी दुनिया की कहानी है। मैं इन लोगों को जानता हूँ।" (पृ. 175)

राजेश के रूप में ब्राह्मणत्व, बौद्धिकता व अपराध का यह सहमेल अन्तर्राष्ट्रीय बाजार में जिस साहित्यिक उत्पाद को बिकाऊ बनाता है वहाँ भारत का गरीब चरवाहा बालक भी 'निःसंगता, सन्तुष्टि और सौन्दर्य की पूर्ण प्रतिमा का बिम्ब' प्रस्तुत करता है और उपन्यास नायक के मन में उस सादगी भरे जीवन के दिवास्वप्न जगाता है—"जिसमें बच्चे सारी सुबह गायें चराते हैं और देर दुपहर घर लौटकर गोबर के कंडों पर बना खाना खाते हैं।" (पृ. 217) यह वह औपन्यासिक यथार्थ है जिसमें गरीब नंग-धड़ंग मल्लाह रामचन्द का नख-सिख वर्णन उपन्यासकार इन शब्दों में करता है, "वह बला का सुन्दर व्यक्ति था। मांसपेशियों से उभरे उसके छरहरे चाकलेटी भूरे अधिकांशतः नंगे बदन पर लँगोटीनुमा धोती, कूल्हे व चूतड़ के गिर्द कसकर बँधी हुई थी।" (पृ. 38) उसे देखकर मिस वेस्ट की टिप्पणी है कि "इंग्लैंड में होता तो या तो कोई फिल्म स्टार होता नहीं तो कम-से-कम मॉडल तो होता ही।" (पृ. 38)

इस सबके बावजूद 'दि रोमांटिक्स' के लगभग सभी पात्रों समर, उसके माता-पिता, राजेश, आनन्द, मिस वेस्ट, कैथरीन आदि में एक हिन्दू वानप्रस्थी हमेशा उपस्थित रहता है, जो मौका लगते ही अपने 'अरण्य' में जा पहुँचता है। सबके अपने-अपने अरण्य हैं। समर का अरण्य हिमाचल प्रदेश की धर्मशाला नामक जगह है तो उसके पिता का अरण्य पांडिचेरी का अरविन्द आश्रम, उसकी माँ काशी का गंगा तट तलाशती है तो मिस वेस्ट अस्सी घाट की अटारी। उपन्यास के लगभग सभी प्रमुख पात्रों की अपनी 'स्मृतियाँ, दुख, छलावे, महत्त्वाकांक्षाएँ, निराशाएँ व पछतावे' हैं, जो अधिकांशतः अपरिभाषित, अज्ञेय और जीवन यथार्थ से विच्छिन्न हैं। मिस वेस्ट जीवन के निरर्थक क्षणों में अचानक फूट पड़ती है, ''इट इज ऑल सच ए वेस्ट। सच ए ब्लडी वेस्ट'' (पृ. 269) और जीवन की निस्सारता का हिन्दू एहसास कराती है।

'दि रोमांटिक्स' ब्राह्मणवादी मुहावरे में रची गई एक ऐसी उथली औपन्यासिक गाथा है, जो न तो आध्यात्मिक है और न सांसारिक। आध्यात्मिक कहे जानेवाले अनुभवों को कर्मकांडी धार्मिकता में रूपान्तरित करने का ही परिणाम है कि हिमालय को देखकर उपन्यास नायक को ''उन रविवारी सुबहों का स्मरण हो आता है, जब कमरों में चन्दन की लकड़ी के धुएँ की गन्ध भर जाती थी और पिताजी अपने लघुकाय मन्दिर से समक्ष मृगछाला पर बैठे हुए ध्यानमग्न होते हैं। अग्नि से उठते धुएँ का वह वर्तुल तब भी मुझे हिमालय की चोटियों की याद दिलाता था।'' (पृ. 124) ''इतना ही नहीं फ्लाबेयर के औपन्यासिक नायक की नियति उसे उस दार्शनिक दृष्टि का स्मरण करा जाती थी, जो हिन्दू नियतिवाद से मिलता-जुलता था।'' (पृ. 155)

चिन्ता की बात यह है कि 'दि रोमांटिक्स' का 'हिन्दू एजेंडा' उपन्यास का ही नहीं, बल्कि स्वयं उपन्यासकार का भी एजेंडा है। आत्मकथात्मक वृत्तान्त के रूप में लिखित इस उपन्यास के नायक समर और लेखक पंकज मिश्रा के जन्म वर्ष (1969) का एक होना भले ही एक संयोग मात्र हो (वैसे सलमान रुश्दी अपने उपन्यास 'मिडनाइट चिल्ड्रेन' में इस अंग्रेजी नुस्खे को पहले ही अपनाकर इसे बासी कर चुके हैं) लेकिन समर की ही तर्ज पर उपन्यासकार की यह स्वीकारोक्ति कि ''...मैं अपनी ब्राह्मण विरासत की अस्मिता के बारे में कभी कम जागरूक नहीं रहा। मैं अब यह समझ सकता हूँ कि ब्राह्मणत्व की अनुभूति की इस गरिमा—जो मेरे परिवार के असुरक्षित वित्तीय हालात के चलते हमेशा खतरे में थी—ने ही मुझे लेखन का रास्ता सुझाया।...मैं यह भी जानता हूँ कि ब्राह्मणत्व की गरिमा के इस विचार ने ही, (भले ही दूसरों को यह कितना भी हास्यास्पद लगे) मुझे छोटे वेतनवाली सरकारी नौकरियों में जाने से रोके रखा, इसने मुझमें अन्य सम्भावनाओं का भाव जगाया और अधिक परिश्रम करने के लिए बाध्य किया।'' (आउटलुक, 17 जनवरी, 2000) ब्राह्मण

कुलीनता के जिस धरातल पर पंकज मिश्रा खड़े हैं, शायद उसी का परिणाम उनकी यह सोच है कि ''धर्मनिरपेक्षता असफल हो चुकी है, धर्मनिरपेक्षता का सम्पूर्ण विचार सदा सन्देहास्पद रहा है। धर्मनिरपेक्षता की हमारी अवधारणा को पुनरीक्षित किए जाने की आवश्यकता है...बी.जे.पी. एवं आर.एस.एस. जैसे संगठनों का उभार इसी बेचैनी एवं जिज्ञासा का परिचायक है, जो आज नए रूप में हमारे सामने है।'' (दि स्टेट्समैन, 7 फरवरी, 2000)

यह वास्तव में विडम्बनात्मक है कि जिन पंकज मिश्रा ने अपने कई उत्कृष्ट आलोचनात्मक लेखों में भारतीय लेखकों द्वारा लिखित अंग्रेजी उपन्यासों की आभिजात्य प्रवृत्ति एवं देशज को 'एग्जाटिक' बनाने के जिस करतब को पूरी तार्किकता के साथ कटघरे में खड़ा किया था, उनका उपन्यास उन सभी प्रवृत्तियों एवं दोषों से ग्रस्त है। आखिर क्यों उपन्यास में बाबरी मस्जिद का उल्लेख 'दि दैन स्टिल स्टैंडिंग' (पृ. 216) के अवान्तर उल्लेख के साथ एक-दो पंक्तियों में निपटा दिया जाता है जबकि दाल में छौंक लगाने की क्रिया का चाक्षुष वर्णन पूरी चौदह पंक्तियों के पैराग्राफ में किया जाता है।

माघ, आषाढ़, फागुन, संक्रान्त, अमावस्या, नौ रात्रि, संस्कृत बोलते साधु, नागा साधुओं के छल्ले लटकते लम्बे शिश्न, तान्त्रिकों का यौन कौशल, वृहद्आरण्यक उपनिषद्, हर की पैड़ी पर आरती का दृश्य, मल विसर्जन करते लोग, गोबर से कंडे पाथती ब्लाउज विहीन औरतें, गायों के गले में बँधी घंटी की सुमधुर टिन-टिन की आवाजें आदि सब कुछ एक साथ इतना रमणीक, वीभत्स और 'ओरियंटल' कि दो करोड़ रुपए की अग्रिम राशि पलक झपकाते वसूल। यही है 'इंडियन इंग्लिश नावेल' की 'नैटिव' को 'एग्जाटिक' बनाती वह नई खेप जो इन दिनों विश्व बाजार में नई लक-दक के साथ उपस्थित है। सलमान रुश्दी इसे 'वर्नाकुलर' भारतीय भाषाओं पर भारी मानते हैं। लेकिन रुश्दी का यह अज्ञान ही है कि वे 'कुलीनों का, कुलीनों द्वारा, कुलीनों के लिए' रचे गए इस साहित्य पर अंग्रेजी लिखनेवालों का एकाधिकार मानते हैं। शायद उन्हें निर्मल वर्मा, कृष्ण बलदेव वैद व महेन्द्र भल्ला सरीखे हिन्दी लेखकों की खबर नहीं है जो हिन्दी में लिखते हुए भी सार्वकालिक व सार्वदेशिक हैं।

अपने-अपने अरण्य

पंकज मिश्रा के उपन्यास 'दि रोमांटिक्स' और निर्मल वर्मा के नए उपन्यास 'अन्तिम अरण्य' का एक साथ प्रकाशन निश्चित रूप से एक संयोग है, लेकिन इन उपन्यासों की कथा भूमि व इन उपन्यासकारों के वैचारिक सरोकारों का एक होना महज संयोग नहीं है। पंकज मिश्रा की ही तरह निर्मल वर्मा भी धर्मनिरपेक्षता का विरोध करते हैं और ब्राह्मणवादी वर्णाश्रमी व्यवस्था को भारतीय (हिन्दू) संस्कृति की

अनिवार्य परिणति मानते हैं। अंग्रेजी उपन्यासों के सन्दर्भ में निर्मल वर्मा और 'अन्तिम अरण्य' की यह चर्चा मात्र इस तथ्य को रेखांकित करने के लिए हैं कि अंग्रेजी में लिखे जाने के कारण ही न तो सभी भारतीय लेखकों के अंग्रेजी उपन्यास 'एग्जाटिक' हैं और न ही महज हिन्दी में लिखे जाने के कारण हिन्दी के सभी उपन्यास 'नैटिव'।

अतः महत्त्वपूर्ण है औपन्यासिक दृष्टि और लेखकीय सरोकार न कि भाषागत विभाजन। यद्यपि भारतीय उपमहाद्वीप के लिए औपनिवेशिक व देशी शासकों तथा कुलीन व आभिजात्य वर्ग की भाषा होने के कारण अंग्रेजी की प्रकृति अन्य भारतीय भाषाओं से निश्चित रूप से भिन्न है। अंग्रेजी का अन्तर्राष्ट्रीय स्वरूप भी इसे वर्चस्व की भिन्नता प्रदान करता है, लेकिन इसके बावजूद यह सच है कि भाषा मात्र से न तो साहित्य की प्रकृति का निर्धारण होता है और न ही साहित्यिक निकष गढ़े जा सकते हैं। यदि ऐसा होता तो न हिन्दी में विजातीय संवेदना के 'नदी के द्वीप' व 'अन्तिम अरण्य' सरीखे उपन्यास सम्भव होते और न ही अंग्रेजी में 'अनटचेबल' व 'कुली' सरीखे निम्नवर्गीय सरोकारों के उपन्यास लिखे जा सकते। यही कारण है कि भिन्न भाषाओं में लिखे जाने के बावजूद 'दि रोमांटिक्स' और 'अन्तिम अरण्य' एक ही सरोकार व संवेदना के उपन्यास हैं। ये दोनों ही उपन्यास आध्यात्मिक व्याकुलता से ग्रस्त खालीपन को जीते सुखजीवी समाज के कथा वृत्तान्त हैं।

किंचित् अवान्तर चर्चा के मोह का खतरा उठाकर भी यहाँ यह जानना दिलचस्प होगा कि किस तरह भाषागत विभाजन को पाटते हुए निर्मल वर्मा और पंकज मिश्रा एक ही कथ्य को औपन्यासिक बनाते हैं। प्रथम पुरुष वाचन की आत्मकथात्मक शैली में लिखित इन दोनों उपन्यासों के प्रमुख पात्र जीवन व समाज से कटकर 'टूरिस्ट रिजार्ट' सरीखे स्थानों पर अपने दिन बिताते हैं। ये सभी विदेशी लेखकों की अंग्रेजी पुस्तकों के अध्येता व पुस्तकालय प्रेमी हैं। 'दि रोमांटिक्स' की ही तरह 'अन्तिम अरण्य' के पात्रों की मिलन स्थली भी लाइब्रेरी है। पंकज मिश्रा के नायक समर के लिए जिस तरह "अतीत वर्तमान के साथ इतना अन्तर्गुम्फित था कि उसे इतिहास की कोटि में रखना कठिन था।" (दि रोमांटिक्स, पृ. 67) उसी तरह 'अन्तिम अरण्य' के नायक की मनोदशा उसी के शब्दों में कुछ यूँ है, "कभी-कभी मैं सोचता हूँ कि जिसे हम अपनी जिन्दगी, अपना विगत और अपना अतीत कहते हैं, वह चाहे कितना यातनापूर्ण क्यों न रहा हो, उसमें हमें शान्ति मिलती है। वह चाहे कितना ऊबड़-खाबड़ क्यों न हो, हम उसमें एक संगति देखते हैं।" (पृ. 10-11) 'दि रोमांटिक्स' का नायक इस शान्तिमय अतीत की वर्तमान से संगति बिठाता हुआ इस बात से संतप्त है कि "उसका परिवार सदियों से जिस ब्राह्मण समाज के शान्तिमय एकान्त में समय गुजारता रहा था वह अब उससे दूर है।" (पृ. 68)

शान्तिमय एकान्त की यह तलाश 'दि रोमांटिक्स' के नायक के पिता की ही तरह 'अन्तिम अरण्य' के नायक के साहिब जी (मिस्टर मेहरा) को भी हिमालय की तलहटी में स्थित बहादुरगंज के उस पहाड़ी शहर ले जाती है जहाँ से जर्मन महिला अन्ना को "...हिन्दुस्तान उतना ही दूर लगता है, जितना अपना जर्मनी।" (पृ. 39) यह औपन्यासिक संयोग नहीं बल्कि आभिजात्य दृष्टि से लिखे गए उपन्यासों की जरूरत है कि वे अपने विमर्श को स्थानिकता से उबारने के लिए विदेशी पात्रों से संवाद स्थापित करें, भले ही वे देशी राज परिवारों की गवर्नेस ही क्यों न रही हों।

'अन्तिम अरण्य' जिस अंग्रेजीदां भारतीय कुलीन वर्ग की कथा है, उसको पूर्णता प्रदान करते हुए निर्मल वर्मा निरंजन बाबू का चरित्र निर्माण करते हैं। भौतिक सुख-सुविधाओं से आश्वस्त घर-परिवार से ऊबे सुखी ये लोग अपने निर्जन एकान्त में महिला संगिनी के साथ पियानो का संगीत सुनते हुए कहते हैं, "जब मैं आपका पियानो सुनता हूँ, तो मन के सारे छिलके उतरने लगते हैं, भीतर कुछ ठिठुरने लगता है...यह कैसा संगीत है, जो आपके पियानो से बाहर निकलता है..." (अन्तिम अरण्य, पृ. 226) 'दि रोमांटिक्स' की मिस वेस्ट भी समर को अपने 'स्टिरियो सिस्टम पर शूबर्ट, ब्राह्म, मेंडलशां, बीथावेन और सिबेनियस का संगीत सुनवाती हैं।" (पृ. 224) और कैथेरिन व आनन्द के बीच रागात्मक सम्बन्धों की कड़ी तो संगीत के तार से ही जुड़ी थी।

'दि रोमांटिक्स' और 'अन्तिम अरण्य' इन दोनों ही उपन्यासों में स्मृति, यात्रा, आत्मकथा व प्रवासी मानसिकता के अन्तर्सूत्र लगातार उपस्थित हैं। यह भी अजब संयोग है कि ये दोनों ही लेखक एक ही नगर शिमला में जन्मे हैं और दोनों के कथा नायक उच्च शिक्षित होने के बावजूद पूर्णकालिक नौकरियों से विमुख रहते हैं और हिमालय की तलहटी में अपने-अपने अन्तिम अरण्य तलाशते हैं। अपने 'मिडिल एज क्राइसिस' के खालीपन को भरने के लिए जहाँ 'अन्तिम अरण्य' का नायक, रिटायर्ड रईस मेहरा साहब का अनुचर (गवर्नेस की तर्ज पर) बनकर 'वह जो कुछ कहते हैं, याद करते हैं, सोचते हैं' उनके नोट्स लेता है, डिकेंस और हार्डी को पढ़कर सुनाता है और साथ में बियर, वाइन व ब्रांडी पीता है। उसी के शब्दों में "मैं अपनी कोठरी (कॉटेज) के बरामदे में बैठा हुआ बारिश की बौछार देवदारों पर गिरती हुई देखता हूँ, तो लगता है कि मेरी 'मिडिल एज' का सन्ताप पहाड़ की अविरल शान्ति में घुल गया है।" (पृ. 24) 'दि रोमांटिक्स' का नायक समर हिमांचल की धर्मशाला में तिब्बती बच्चों को पढ़ाते हुए अपनी आत्मिक शान्ति का वर्णन कुछ यूँ करता है, "परिवेश की प्राकृतिक नीरवता—सामने लॉन, जंगल के बीच छायादार रास्ते, ओक और पाइन के वृक्ष जिसके आगे काँगड़ा घाटी प्रसरित थी—ने मुझे वह आन्तरिक दिलासा दी थी जिसकी मुझे उन दिनों बहुत आवश्यकता थी।" (पृ. 225)

निर्मल वर्मा और पंकज मिश्रा के इन उपन्यासों में समानता के और भी अनेक बिन्दु हैं, लेकिन कुछ भिन्नताएँ भी हैं, जिनका उल्लेख जरूरी है। पहली भिन्नता तो यही है कि निर्मल वर्मा पंकज मिश्रा की तरह 'नेटिव' यथार्थ को 'एक्साटिक' बनाकर नहीं पेश करते हैं, बल्कि इसके विपरीत वे विदेशी (पश्चिमी) यथार्थ से देशज यथार्थ को ही प्रतिस्थापित कर देते हैं। पंकज मिश्रा के कथानायक समर की अपनी विदेशी मित्र कैथेरीन से मुलाकात बनारस में गंगा किनारे अस्सी घाट की सीढ़ियों पर होती है, जबकि निर्मल वर्मा का कथानायक 'अनाम व अपरिभाषित रिश्ते से बँधी अपनी संगिनी तिया से पहली बार 'सिमिट्री' में मिलता है। पंकज मिश्रा विदेशी सैलानियों को हिप्पी के रूप में पेश करते हैं, जबकि निर्मल वर्मा अपने निरंजन बाबू को ही 'आधा अरिस्टोक्रेट' बना देते हैं। 'दि रोमांटिक्स' के विदेशी पात्र 'समर टूरिस्ट' की तरह भारत आते हैं, लेकिन 'अन्तिम अरण्य' की मिसेज मेहरा अपने घर में ही 'समर टूरिस्ट' की तरह रहती है। उपन्यास नायक 'मैं' के शब्दों में ''मैंने उन्हें मेहरा साहब के घर में देखा था, तो सोचा गर्मियों के लिए आई हैं...समर टूरिस्ट की तरह।'' (पृ. 36)

सिमिट्री, वीक एंड, बिलियर्ड, बैडमिंटन कोर्ट, स्विमिंग पुल, सेबों के बगीचे, पियानो, लाइब्रेरी, बियर का हल्का-सा नशा, पाईन की पत्तियों की सूखी गन्ध, पहाड़ी धूप की अलसाई नींद, हॉर्स राइडिंग, कॉटेज, ईजी चेयर, गवर्नेस, ट्रेनर, मिस्ट्रेस, आउट हाउस, गेस्ट हाउस, गर्ल गाइड, सेंक्चुअरी, सर्वेंट क्वार्टर, यूक्लिपटस, फासिल, सेंट सेबास्टिन, वाल्टर स्काट, किपलिंग एवं कार्बेट के मेमायर्स के इस 'अन्तिम अरण्य' के 'इंडिया' की तुलना में पंकज मिश्रा के 'दि रोमांटिक्स' का 'भारत' अधिक जाना-पहचाना और विश्वसनीय है। लेकिन यह स्वीकार करना होगा कि निर्मल वर्मा का औपन्यासिक यथार्थ चाहे कितना भी पाश्चात्य जीवन छवियों से अटा पड़ा हो लेकिन खालीपन को जीते उनके पात्रों की 'आध्यात्मिक व्याकुलता' हिन्दू बिम्बों में ही अभिव्यक्त होती है। आध्यात्मिक व्याकुलता के इन हिन्दू बिम्बों के लिए वे तीर्थ यात्री, गंगा मैया की गोद, भिक्षुक, धर्मशाला, तृष्णाओं को चुगते पंछी, बलि, देवता, जादू मन्त्र, पुरोहित ब्राह्मण, पोटली, बद्रीनाथ-केदारनाथ सरीखी अभिव्यक्तियों का इस्तेमाल करते हैं।

यहाँ यह प्रश्न स्वाभाविक है कि निर्मल वर्मा और पंकज मिश्रा दोनों ही सांसारिक लिप्साओं में जीवन भर लिथड़े, अनैतिकता में गले-गले डूबे, आत्मिक रूप से बंजर इस ऐयाश, कुलीन, अभिजन समाज के खालीपन को 'आध्यात्मिक व्याकुलता' से भरने का उपक्रम क्यों करते हैं? टालस्टाय और बाल्जाक ने भी इसी वर्ग की कथा कही थी, लेकिन उन्होंने सामन्ती आभिजात्य वर्ग की कथा कहते हुए इस वर्ग का क्रिटीक तैयार किया था। श्रीलाल शुक्ल ने भी 'बिस्रामपुर का सन्त' में कुँवर जयन्ती

प्रसाद सिंह के चरित्र के माध्यम से इसी वर्ग की लिप्सा गाथा को आलोचनात्मक सन्दर्भ दिए हैं। लेकिन निर्मल वर्मा और पंकज मिश्रा दोनों ही इस सामन्ती, आभिजात्य एवं कुलीन समाज के 'आत्मिक बंजरपन' को 'आध्यात्मिक व्याकुलता' के रूप में महिमामंडित करके इस वर्ग के प्रवक्ता, बौद्धिक पहरुए और रक्षक की भूमिका का निर्वाह करते हैं। निर्मल वर्मा और पंकज मिश्रा की अन्तर्राष्ट्रीय पहचान के मूल में कमोबेश सार्वदेशिक आभिजात्य और देशज हिन्दू मानस का यही सहमेल है।

नीली चादर का जहर

इधर के ऊँची बोली पर बिकनेवाले जिन अंग्रेजी उपन्यासों में 'मिडिल एज क्राइसिस' आत्मिक बेचैनी के रूप में अभिव्यक्त हुआ है उनमें राजकमल झा द्वारा लिखित 'दि ब्लू बेडस्प्रेड' (1999) एक बहुप्रचारित हाईप्ड उपन्यास है। 'दि रोमांटिक्स' के लेखक पंकज मिश्रा, जो अरुंधती राय के लिए दुनिया की खिड़की खोलने के दावेदार हैं, इस उपन्यास के मानस पिता सरीखे हैं, क्योंकि यदि उन्होंने सलाह न दी होती तो राजकमल झा अपनी छह स्वतन्त्र कहानियों के कोलाज को यह औपन्यासिक एकसूत्रता न प्रदान करते। यह समाचार भी हमारे सामने है कि "अपनी सनसनीखेज औपन्यासिक उपस्थिति दर्ज कराने के बाद राजकमल झा की पुस्तक 'दि ब्लू बेडस्प्रेड' को प्रथम प्रकाशित सर्वोत्तम उपन्यास हेतु कामनवेल्थ यूरेशिया पुरस्कार प्रदान किया गया है।" वेबसाइट के चैट शो में यह पूछे जाने पर कि भारतीय प्रेस में उपन्यास की ठंडी प्रतिक्रिया क्यों हुई, राजकमल झा का जवाब था, "क्या पता कुछ भारतीय समीक्षकों को मेरे बाल न पसन्द हों। और फिर आप उन्हें ही गम्भीरता से लेते हैं, जिनकी राय का आपके लिए कुछ महत्त्व हो।" ('दि इंडियन एक्सप्रेस', दिल्ली, 13 मार्च, 2000)

राजकमल झा के इस बौद्धिक अहंकार की पृष्ठभूमि में अंग्रेजीदां आभिजात्य की पश्चिमी स्वीकृति की लालसा और धन-वैभव की वह महावृष्टि है जो उन्हें भारतीय यथार्थ और साहित्यिक मानदंडों के प्रति बेपरवाह बनाती है। 'इंडियन इंग्लिश नावेल' के रुश्दी स्कूल का यही ककहरा है। 'मिडनाइट चिल्ड्रेन' व 'दि रोमांटिक्स' की ही तर्ज पर यह उपन्यास भी आत्मकथात्मक शैली में लिखा गया है। यहीं इन दोनों उपन्यासों से इसके सादृश्य समाप्त होते हैं और मौलिकता शुरू होती है। राजकमल झा का औपन्यासिक मुहावरा निर्मल वर्मा के अधिक निकट है, क्योंकि वे भी शान्त, निरुद्वेग, कोलाहल विहीन तथा जीवन व समाज से कटे हुए पात्रों की रचना करते हैं। इस अन्तर के साथ कि जहाँ निर्मल वर्मा अपने पात्रों के लिए शान्तिमय 'अरण्य' तलाश लेते हैं, वहीं राजकमल झा कलकत्ता जैसे शोरगुल से भरे शहर में भी अपना

अरण्य बना लेते हैं। इस उपन्यास का राजनीतिक समय आपातकाल है, लेकिन इसके पात्रों में आपातकाल की कोई व्याप्ति नहीं है। 'रात का रिपोर्टर' की तरह आतंक युक्त न होने के बावजूद यह उपन्यास उस रात की रिपोर्ट है, जिस रात कथानायक एक सद्यः प्रसूता बच्ची के लिए उसके होने के रहस्य को 'अपनी आत्मस्वीकृतियों', स्मृतियों व किस्सों के दस्तावेज के रूप में लिपिबद्ध करता है।

आपातकाल और कलकत्ता के देशकाल के बावजूद काव्यमय तरलता और अस्तित्ववादी मुहावरे में लिखित यह उपन्यास पाश्चात्य संवेदना और जीवन दृष्टि के अधिक निकट है। 'नैटिव' को 'एग्जाटिक' बनाकर 'सेलेबल' बनाने का संकट भी यहाँ नहीं है क्योंकि यह पूरी तरह विजातीय संवेदना व पराये यथार्थ का उपन्यास है। पश्चिमी समाज के बहु प्रचलित बाल यौन शोषण, अन्तर्पारिवारिक यौन सम्बन्ध (इनसेस्ट) व पारिवारिक हिंसा सरीखी कुप्रवृत्तियों को इस उपन्यास में एक साथ उत्सवी उल्लास व अस्तित्ववादी वीतराग के साथ वर्णित किया गया है।

'दि ब्लू बेडस्प्रेड' का कथा सूत्र इस रहस्य में अन्तर्निहित है कि उपन्यास का पात्र 'मैं' जिस सद्यः प्रसूता बच्ची को उसके 'होने' का रहस्योद्घाटन करता है उसका पिता वह स्वयं है और उसकी माँ कथा नैरेटर 'मैं' की बड़ी बहन। 'आई एम दि फादर ऑफ माई सिस्टर्स चाइल्ड' (मैं अपनी बहन की बच्ची का पिता हूँ) कहने का कलात्मक उपक्रम और उसमें अन्तर्निहित अस्तित्ववादी पीड़ा ही इस उपन्यास की मुख्य कथावस्तु है। यह रहस्य अभी भी उपन्यास के 'टेक्स्ट' से बाहर है कि लम्बे समय तक बहन के लापता रहने और 'एक दिन व आधी रात' की उस मुलाकात में भाई-बहन के दैहिक संसर्ग के बाद वह फिर कहाँ, क्यों अदृश्य हो गई? औपन्यासिक गद्य में इस 'पोइटिक स्पेस', वृत्तान्त की एक रैखिकता से मुक्ति और यथार्थ व स्वैरकल्पना के सहमेल से जो औपन्यासिक रसायन राजकमल झा निर्मित करते हैं वह आस्वादपरक पाठकों को जिस नए कला अनुभव से गुजारता है वह कई अंग्रेजी उपन्यासकारों की जानी-पहचानी कला प्रविधि है।

पिता, माँ, बहन, भाई और आगन्तुक शीर्षक उपखंडों में विभाजित 'दि ब्लू बेडस्प्रेड' के औपन्यासिक परिवार में पिता और पुत्र, भाई व बहन तथा सास और बहू के बीच जिन विकृत सेक्स सम्बन्धों को सम्भव बनाया गया है वह उपन्यास पढ़कर ही विश्वास करने योग्य है। यहाँ यह तथ्य भी उल्लेखनीय है कि उपन्यासकार माँ और पिता के बीच के सेक्स सम्बन्धों की—जो कि स्वाभाविक रूप से स्वीकृत हैं—की कोई चर्चा नहीं करता। उपन्यास का परपीड़क पिता "अपनी बेटी की सैनेटिरी नैपकिन छिपा देता है ताकि वह अपने भाई का रूमाल माँगने को विवश हो...वह अपने बेटे को नंगा देखना चाहता है और धमकी देता है कि उसे पता है कि बहन और उसके बीच रात में क्या होता है। वह बेटी से इसका खुलासा कर उन्हें

अलग-अलग कमरों में सुलाने की बात कहता है।" (पृ. 58-59) और बेटा पियक्कड़ पिता के सामने अपने रहस्य को खुलता देख नीली चादर पर (दि ब्लू बेडस्प्रेड) नंगा होकर लेट जाता है...और कथावाचक 'मैं' के शब्दों में, "उस रात मेरी बहन ने बिस्तर के नजदीक रखे लैम्प को नहीं बुझाया...हम एक-दूसरे को कसकर भींचे हुए थे। चादर वर्षा से नम थी, जहाँ मेरे पैरों से ढुलककर वीर्य गिरा था वहाँ चादर कड़ी धब्बेदार हो गई थी। लेकिन लगता था कि बिना कुछ बोले लेटी हुई मेरी बहन को इसका पता नहीं था। उसकी लाल शर्ट ऊपर तक चढ़ी थी ताकि मेरे होंठ उसके स्तनाग्रों में शरणागत हो सकें, मेरी ठोढ़ी उसके स्तनों की छोटी तकिया पर विश्राम पा सके और मेरे गर्म और मुलायम हाथ उसकी टाँगों के बीच दबे रहें।...यद्यपि उस शाम मेरे शरीर की उस जगह पर बहुत दर्द था जहाँ पिता ने अपना सम्पूर्ण वजन रख दिया था, लेकिन फिर भी (अब) मैं झरने और नदी से होता हुआ सुख के सागर में डूबने लगा।" (पृ. 61-62) और फिर कुछ अन्तराल के बाद "नीली चादर पर जुलाई की वह रात जब बहन को भाई के देहसंसर्ग से गर्भ ठहरा था हमारे जीवित बचे रहने के अमूल्य क्षण थे।" (पृ. 63) वर्जित यौन सम्बन्धों का यह उदात्तीकरण सास व बहू के बीच दैहिक सम्बन्धों का जो संस्पर्श प्रदान करता है, उसका वर्णन बहू के शब्दों में इस प्रकार है, "...हर रात मैं अपनी सास के बगल में एक-दूसरे में गुँथी हुई लेटती हूँ। वह मेरी टाँगों के बीच होंठों और जीभ से अपने घुसपैठिए बेटे, मेरे पति के अवशिष्ट चिह्नों को मिटाती है।" (पृ. 146)

इस तरह की अन्य विकृतियों एवं काल्पनिक जीवन स्थितियों से परिपूर्ण इस अंग्रेजी उपन्यास पर करोड़ों रुपए की महावृष्टि का यथार्थ इस उपन्यास के स्वैर कल्पना से भी अधिक विचित्र है। भारतीय यथार्थ के साथ राजकमल झा अपनी आभिजात्य मंडली सरीखा ही सुलूक करते हैं। 'दि रोमांटिक्स' और 'अन्तिम अरण्य' की तरह चिता यहाँ भी एक कला बिम्ब की तरह उपस्थित है। 'अन्तिम अरण्य' में चिता की लकड़ियों का 'सैंडविच' सरीखा बिम्ब यहाँ मोटे लट्ठों के नीचे व पतली लकड़ियों के ऊपर होने की चित्रात्मकता के साथ 'कुरकुरे व सफेद' कागजों में गड्ड-मड्ड हो जाता है। (पृ. 20) यह उपन्यास जिस भारतीय यथार्थ का अन्वेषण करता है उसकी बानगी उपन्यास के कुछ इन उप शीर्षकों में देखी जा सकती है—क्रीमेशन ग्राउंड, स्टेयरिंग क्लिनिक, गार्डेन चाइल्ड, दि ब्लू बेडस्प्रेड, स्ट्रीट क्रॉसिंग, व्हाइट वाशबेसिन, स्नोफाल, सारा पार्कर, डेड पिजन, नाईट गेम, मैटर्निटी वार्ड, मर्डर मिस्ट्री, डमस्टिक हेल्प, केबिल टेलीविजन, अमेरिकन ड्रीम, बेबी फूड, ऑल एलोन, डायल टोन, स्ट्रांग विंड, दि हाई वे मैन आदि।

'दि ब्लू बेडस्प्रेड' के विकृत कथा यथार्थ एवं गढ़ी हुई जीवन स्थितियों का भारतीय यथार्थ से दूर का भी रिश्ता नहीं है। वास्तविक अर्थों में यह उपन्यास

'साहित्यिक कृति' न होकर पश्चिमी ब्रांड का एक ऐसा 'साहित्यिक उत्पाद' है जिसमें अमेरिकी उपन्यास के विकृत सेक्स, आत्मकथात्मक शैली तथा काव्यात्मक मुहावरे सरीखे सभी आजमाए हुए नुस्खे मौजूद हैं। लेकिन इसके बावजूद इस उपन्यास की अन्तिम परिणति बड़े बजट की बहु प्रचारित उस फ्लाप फिल्म की तरह है, जो बॉक्स ऑफिस पर हिट न हो सकी। न तो यह गैबरेल गार्सिया मारकेज व मिलान कुन्देरा के बौद्धिक पाठकों को प्रभावित करने में सक्षम है और न ही इसमें खुशवन्त सिंह व शोभा डे के पाठक वर्ग को लुभाने का आकर्षण है। स्वीकार करना होगा कि अरुंधती राय ने अपनी साहित्यिक गुणवत्ता से भारतीय अंग्रेजी उपन्यास के वैश्विक बाजार को जो विश्वसनीयता प्रदान की थी, उसे राजकमल झा ने अपने बाजारू नुस्खों एवं अति प्रचार के प्रकाशन पूर्व लटके-झटकों से अधोबिन्दु तक पहुँचा दिया है।

'दि ब्लू बेडस्प्रेड' की असफलता मात्र एक लेखक की असफलता नहीं है, बल्कि यह उन हाई प्रोफाइल साहित्यिक दलालों को भी असफलता है जो भारतीय यथार्थ को महज एक पृष्ठभूमि व कच्चे माल की तरह इस्तेमाल करके भारतीय अंग्रेजी लेखन को बिकाऊ माल बनाना चाहते हैं। विगत दिनों प्रकाशित चर्चित उपन्यास 'दि ग्रैबियल क्लब' (1999) के लेखक जयदीप राय भट्टाचार्य की आपबीती इस सम्बन्ध में उल्लेखनीय है। 'दि इंडियन एक्सप्रेस' (3 अक्टूबर, 1999) में उद्धृत एक टिप्पणी के अनुसार "जब राय भट्टाचार्य ने अपने इस उपन्यास (जिसकी न पृष्ठभूमि में भारत था, न वह भारतीय यथार्थ पर केन्द्रित था, न जिसके पात्र भारतीय थे) के प्रकाशन के लिए साहित्यिक एजेंट से सम्पर्क किया तो उसने तुरन्त सलाह दी कि वे इसे भारतीय परिवेश में रूपान्तरित कर दें, क्योंकि इन दिनों भारतीय परिवेश के अंग्रेजी उपन्यासों का बाजार अच्छा है।" यह बात दीगर है कि बाजार के इस समीकरण की परवाह न करते हुए राय भट्टाचार्य ने अपने उपन्यास के मूल स्वरूप को अक्षुण्ण रखा और इसे अपेक्षित सराहना भी मिली। पूर्वी यूरोप के कम्युनिस्ट शासित देशों के बिखराव की पृष्ठभूमि में असन्तुष्ट बुद्धिजीवियों के सन्ताप को अस्तित्ववाद के काव्यात्मक मुहावरे में अभिव्यक्त करनेवाले इस उपन्यास को भारतीय परिवेश में ढालने की सलाह के पीछे इसका वह यौन मुहावरा भी था, जो इन दिनों अच्छे दामों में बिक रहा है। यह अनायास नहीं है कि अरुंधती राय ने 'दि गॉड ऑफ स्माल थिंग्स' में जुड़वा भाई-बहन ईस्था व राहेल के बीच के जिस नाजुक दैहिक सम्बन्धों को कलात्मक सच्चाई के रूप में उदात्तीकृत किया था, उसे ही जयदीप राय भट्टाचार्य ने अपने उपन्यास के जुड़वाँ भाई-बहनों के बीच दोहराया और राजकमल झा ने 'दि ब्लू बेडस्प्रेड' में उसे किंचित् विस्तार देते हुए औपन्यासिक थीम ही बना डाला। भारतीय अंग्रेजी औपन्यासिक परिदृश्य की यह भी एक विडम्बना है कि जिन पारिवारिक यौन विकृतियों (इनसेस्ट) के चटखारेदार प्रसंगों के कारण हिन्दी में मनोहरश्याम जोशी के

उपन्यास 'हमजाद' की साहित्यिक गुणवत्ता पर प्रश्नचिह्न लगता है, उसे ही अंग्रेजी उपन्यासकार सफलता के साधन के रूप में इस्तेमाल करते हैं।

पर्सनल इज पॉलिटिकल

यहीं यह प्रश्न भी विचारणीय है कि बाजारवाद के अनुकूल होने और व्यावसायिक सफलता के कीर्तिमान स्थापित करने के बावजूद 'दि गॉड ऑफ स्माल थिंग्स' बाजारू उपन्यास क्यों नहीं है? भले ही प्रकट रूप से यह बात उलटबाँसी-सी लगे लेकिन सच यही है कि कई अर्थों में यह उपन्यास बाजारवाद के विरुद्ध भी है। एक तो यह कि जैसे हिन्दी में 'गुनाहों के देवता' के पाठक को 'आधा गाँव' एक कठिन पाठ लगता है, उसी तरह शोभा डे और खुशवन्त सिंह के पाठकों के लिए अरुंधती राय का यह उपन्यास सहज पाठ नहीं है। दूसरा यह कि अपनी समग्रता में यह उपन्यास किसी अंग्रेजी-अमेरिकी उपन्यास को दुहराता नहीं है। इस उपन्यास को पढ़ते हुए हिन्दी के गम्भीर पाठकों के मन में यदि हिन्दी के किसी एक उपन्यास की स्मृति बज सकती है तो वह है रेणु का 'मैला आँचल'। मिथिलांचल की प्रकृति, जनजीवन, राग-विराग, शब्द, ध्वनियों एवं वनस्पतियों का जो रचनात्मक आविष्कार रेणु ने किया था; केरल के जनजीवन व प्रकृति की अन्तरंग लय की रचनात्मक तलाश का वही कार्य अरुंधती ने अपने इस उपन्यास में किया है। तीसरा, यह कि यह उपन्यास अभिजन सरोकारों का अतिक्रमण करता हुआ अपनी कथावस्तु का विस्तार उन क्षेत्रों में करता है, जहाँ मुख्यधारा के अंग्रेजी उपन्यासों की पहुँच नहीं है। रोहिन्तान मिस्त्री के उपन्यास 'ए फाइन बैलेन्स' (1995) को छोड़कर इधर के किसी अन्य उपन्यास में सम्भवतः दलित विमर्श की उपस्थिति नहीं है। 'दि गॉड ऑफ स्माल थिंग्स' में दलित व नारी-विमर्श का आक्रोशपूर्ण मुहावरा उपन्यास की सम्पूर्ण कथा में विन्यस्त है। दलित युवक वेलुथा और कुलीन सीरियाई ईसाई परिवार की महिला अम्मू के पारस्परिक, पारिवारिक और सामाजिक अन्तर्द्वन्द्वों के माध्यम से अरुंधती ने समाज के प्रभुत्वकारी वर्ग की दलित व नारी विरोधी भूमिका को भी अनावृत्त किया है।

'दि गॉड ऑफ स्माल थिंग्स' इस दृष्टि से भी महत्त्वपूर्ण है कि भले ही वह राजनीतिक उपन्यास न हो, लेकिन वह राजनीतिक मुहावरे में अवश्य लिखा गया है। राजनीति को लेकर अरुंधती का नजरिया सलमान रुश्दी की तरह न तो खिलन्दड़ा है और न विक्रम सेठ (ए सूटेबल ब्वाय) की तरह पारम्परिक। उनकी औपन्यासिक दृष्टि साँचे ढले राजनीति के खाँचों में न ढलकर उसको 'अस्थिर' करती है। उपन्यास में मार्क्सवादी कम्युनिस्ट पार्टी के सत्तासीन नेतृत्व द्वारा दलित वेलुथा के विरुद्ध षड्यन्त्र सम्बन्धी प्रसंग भले ही अरुंधती को 'कुजात' लेखकों की पाँत में खड़ा कर दे, लेकिन वे राजनीतिक रूप से सही कही जाने के मोह में अपने रचनात्मक सच

से समझौता नहीं करतीं। यद्यपि यह करते हुए वे जिस प्रकार ई.एम.एस. नम्बूदरीपाद का नामोल्लेख करती हैं, वह अनावश्यक, अप्रासंगिक और रुश्दी की गलत प्रवृत्ति का अनुसरण है। सम्भवतः वामपंथ के पारम्परिक मुहावरे से मोहभंग एवं नक्सली राजनीति के प्रति मोहाकर्षण के चलते ही यह हुआ होगा। यहाँ यह तथ्य भी उल्लेखनीय है कि वे राजनीति को अन्य अंग्रेजी उपन्यासकारों की तर्ज पर प्रहसनात्मक न बनाकर उसे जीवन व समाज की सच्चाइयों के बीच से उठाकर रचनात्मक बनाती हैं। यही कारण है कि 'दि गॉड ऑफ स्माल थिंग्स' में न तो सलमान रुश्दी के उपन्यास 'दि ग्राउंड बिनीथ हर फीट' के पीलू दूधवाला (लालू प्रसाद यादव की विकृत प्रतिकृति) सरीखा कार्टून राजनीतिज्ञ मिलेगा और न ही पंकज मिश्रा के 'दि रोमांटिक्स' का मोहन सरीखा काल्पनिक वामपंथी छात्र नेता जो सदी के अन्तिम दशक में 'लेनिनग्राद पर नाजी घेरा' और 'चिली में एलेंडे के पतन' पर कविताएँ सुनाता हो। राजनीति के प्रति इस हेय व कौतुकपूर्ण दृष्टिकोण का ही परिणाम है कि उपमन्यु चटर्जी के उपन्यास 'इंग्लिश अगस्त' के सार्वदेशिक आई.ए.एस. नायक को आन्ध्र में रहते हुए भी ''तेलंगाना आन्दोलन के बारे में उतना ही पता है, जितना हिन्दू मन्दिरों की दीवारों पर उत्कीर्ण सेक्स के बारे में।'' ('इंग्लिश अगस्त', पृ. 286) दरअसल इस अराजनीतिक, राजनीति विरोधी खिलन्दड़े भाव का बीजारोपण इस दौर के 'मैग्नम ओपस' 'मिडनाइट चिल्ड्रेन' से ही शुरू होता है। इस उपन्यास के मुख्य पात्र सलीम के इस कथन में इसे लक्ष्य किया जा सकता है, ''...राजनीति हमेशा एक घटिया निकृष्ट चीज रही है। हमें इससे दूर रहना चाहिए था।'' ('मिडनाइट चिल्ड्रेन', पृ. 518)

अरुंधती राय निजी जीवन की कथा कहते हुए भी राजनीति से विलग नहीं होतीं। कहना कठिन है कि दलित वेलुथा की त्रासद परिणति में कितना योगदान उसकी व्यक्तिगत परिस्थितियों का है और कितना प्रभुत्वकारी राजनीति का। 'दि गॉड ऑफ स्माल थिंग्स' की अम्मू तो 'पर्सनल इज पॉलिटिकल' को पूरी तरह अपनाती प्रतीत होती हैं। उपन्यास के अन्तिम अध्याय 'दि कास्ट ऑफ लिविंग' में अम्मू और वेलुथा के बीच यौन संसर्ग के जिस अन्तरंग दृश्य को बिम्बों के नएपन व अनुभूति की कात्यात्मकता के लिए याद किया जाता है, वास्तव में वह सम्पूर्ण भारतीय्र अंग्रेजी उपन्यास में नारीवाद की परिपक्वता की उद्घोषणा है। अम्मू यहाँ पुरुष के समक्ष 'पियानो' की तरह न बजकर एक ऐसी व्यक्तित्व सम्पन्न नारी के रूप में प्रस्तुत होती हैं जो भोग्या न होकर बराबरी की साझेदार है। ''उसकी (अम्मू) आँखों ने उससे (वेलुथा) कहा कि सिर्फ वही भेंट देने में सक्षम नहीं है, बल्कि स्वयं उसके पास भी भेंट देने योग्य कुछ है।'' (पृ. 332) दलित वेलुथा से अम्मू का प्रेम और देह संसर्ग अम्मू की दैहिक मुक्ति भर न होकर वेलुथा की 'अछूत' देह की भी मुक्ति है।

महत्त्वपूर्ण तथ्य यह है कि इस सम्पूर्ण प्रकरण में नियामक और सूत्रधार की भूमिका का निर्वाह अम्मू ही करती हैं। अम्मू के रूप में नारी का यह सशक्तिकरण भारतीय अंग्रेजी उपन्यास को अरुंधती का मौलिक योगदान है।

अरुंधती राय का एक महत्त्वपूर्ण अवदान यह भी है कि उन्होंने सलमान रुश्दी के भाषायी चमत्कार और औपन्यासिक यथार्थ के जादुई 'चटनीकरण' का भूत उतार दिया है। यह वास्तव में दयनीय है कि अब वे अपने नवीनतम उपन्यास 'दि ग्राउंड बिनीथ हर फीट' की गुणवत्ता के कारण चर्चित न होकर अपनी चौथी पत्नी या पाँचवीं प्रेमिका के कारण खबरों में हैं। अरुंधती भी साहित्येतर कारणों से इधर लगातार खबरों में रही हैं, लेकिन उनकी खबर हमें उनके आदिवासी महिलाओं के बीच होने, सरदार सरोवर व परमाणु बम निर्माण के विरोध तथा केरल की दलित संस्था को अपनी रॉयल्टी राशि के दान तथा जन संघर्षों के बीच होने का पता देती है। भारतीय अंग्रेजी उपन्यास में अरुंधती 'कॉस्मोपॉलिटन', 'एग्जाटिक' एवं 'मार्केट फ्रेंडली' रुश्दी का देशज प्रतिपक्ष है। प्रतिपक्ष की इस भूमिका में वे 'ए सूटेबल ब्वाय' के, विक्रम सेठ से भिन्न इसलिए हैं कि विक्रम सेठ भारतीय यथार्थ को औपन्यासिक बनाते हुए भारतीय उपन्यास की उस महावृत्तान्तीय शैली का नवोन्मेष नहीं करते जो अमृतलाल नागर और भगवतीचरण वर्मा से लेकर उपेन्द्रनाथ अश्क तक में प्रवहमान है। कहना कठिन है कि यदि अंग्रेजी में 'ए सूटेबल ब्वाय' न लिखकर विक्रम सेठ हिन्दी में 'कोई अच्छा-सा लड़का' लिखते तो उसे हिन्दी साहित्य में कौन-सा दर्जा मिलता। भारतीय यथार्थ को लेकर भी उनकी दृष्टि 'दि ग्रेट ट्रेडिशन' का ही अनुसरण करती हुई प्रत्यक्ष और सुपरिचित की पुनर्प्रस्तुति करती है, उसका नवसन्धान नहीं।

यह भी एक अजब विरोधाभास है कि हिन्दी में 'कोई अच्छा-सा लड़का' के यथार्थ का 'रोजमर्रापन' और अलंकरण मुक्त शैली जहाँ उसे सामान्य और पारम्परिक औपन्यासिक स्वरूप प्रदान करती है, वहीं अंग्रेजी के, विशेषकर विदेशी पाठकों के लिए वह भारतीय समाज का अन्तरंग परिचय देनेवाला एक पठनीय व लुभाऊ औपन्यासिक दस्तावेज लगता है। स्वाधीनता के तत्काल बाद के हिन्दी क्षेत्र और सामाजिक व राजनीतिक पृष्ठभूमि में लिखित इस उपन्यास में संयुक्त परिवार, होली, एकादशी, नवरात्रि व साम्प्रदायिक दंगे से लेकर विवाह, प्रेम व मुजरे तक विस्तृत जीवन व समाज की हर हलचल यहाँ हिन्दू-मुस्लिम की साझी संस्कृति में रच-पगकर वर्णित है। विक्रम सेठ के इस उपन्यास की मौलिकता यही है कि वे अंग्रेजी में लिखते हुए भी हिन्दी मुहावरा अपनाते हैं, जबकि हिन्दी में लिखकर भी निर्मल वर्मा सरीखे 'एकान्तजीवी' उपन्यासकार अंग्रेजी मुहावरे का उपन्यास लिखते हैं। विक्रम सेठ के उपन्यास में 'नहले पर दहला', 'दाने-दाने पर लिखा है खानेवाले का नाम', 'कोयले की दलाली', 'भूखे भजन न होई गोपाला', 'न नौ मन तेल होगा न राधा नाचेगी',

जैसी मुहावरेदार अभिव्यक्तियाँ अंग्रेजी में शब्दतः अनूदित हैं। 'बूँद और समुद्र' (अमृतलाल नागर) की जो अति विवरणात्मकता कलाधर्मियों को रास नहीं आती। विक्रम सेठ उसे ही भारतीय यथार्थ की प्रामाणिक अभिव्यक्ति के रूप में अंग्रेजी उपन्यास की शक्ति बना देते हैं। लेकिन विक्रम सेठ का यह प्रकृतवादी मुहावरा अंग्रेजी में सफल होने के बावजूद सलमान रुश्दी के 'जादुई यथार्थवाद' व भारतीयता के 'चटनीकरण' का कोई विकल्प नहीं प्रस्तुत करता। यहीं अरुंधती राय का महत्त्व उजागर होता है।

अरुंधती राय की विशिष्टता व मौलिकता इस तथ्य में अन्तर्निहित है कि वे गुंटर ग्रास व मारकेज को पचाकर जो औपन्यासिक मुहावरा अपनाती हैं, वह यथार्थवादी होने के साथ-साथ कलात्मक भी है। अरुंधती का यह कलात्मक यथार्थवाद सलमान रुश्दी के खिलन्दड़े कलावाद को प्रतिस्थापित कर उस यथार्थवादी मुहावरे को पुनः साहित्यिक केन्द्रीयता प्रदान करता है, जिसे उत्तर-आधुनिकों ने अपने विमर्श से खारिज करने का अभियान छेड़ रखा था। यह अकारण नहीं है कि आलोचना की बौद्धिक जुगाली में 'यथार्थवाद' को अक्षम, पुराना या अप्रासंगिक करार देकर हाशिए पर धकेलने की जो प्रवृत्ति पिछले दिनों काफी तेज थी, वह इन दिनों स्थगित-सी है। 'दि गॉड ऑफ स्माल थिंग्स' की अन्तर्राष्ट्रीय साहित्यिक स्वीकृति ने उत्तर-आधुनिकता की इस फैशनपरस्त बौद्धिकता को गम्भीर प्रश्नों के घेरे में खड़ा किया है।

बाजार का खिलन्दड़ापन

यह भी सच है कि उत्तर-आधुनिकता की बौद्धिक आलोचनात्मक सरगर्मियों के बावजूद भारतीय अंग्रेजी औपन्यासिक लेखन प्रमुखतः यथार्थवादी ही रहा है। यद्यपि इस बीच यह जरूर है कि भारतीय यथार्थ के साथ खिलन्दड़ा और अन्यस्थानिक (एग्जाटिक) सुलूक करनेवाले लेखक प्रचार-प्रसार की चकाचौंध में रहे हैं, जबकि देशज यथार्थ के प्रति विश्वस्त भारतीय दृष्टिकोण अपनानेवाले उपन्यासकार दृश्य ओझल रहे हैं। उपमन्यु चटर्जी के उपन्यास 'इंग्लिश अगस्त' की चर्चा और रोहिन्तान मिस्त्री के महत्त्वपूर्ण उपन्यासों 'सच ए लाँग जर्नी' व 'ए फाइन बैलेंस' की अपेक्षाकृत गुमनामी के पीछे कमोबेश यही कारण रहे हैं। 1988 में प्रकाशित 'इंग्लिश अगस्त' के उपशीर्षक 'एन इंडियन स्टोरी' से ही उपन्यासकार के मन्तव्य और लक्षित पाठक वर्ग का अन्दाजा लगाया जा सकता है। 'मिडनाइट चिल्ड्रेन' की व्यापक चौहद्दी के भीतर ही यह उपन्यास भारतीय यथार्थ को जिस तरह प्रहसनात्मक बनाता है, वह अत्यन्त रोचक व पठनीय है। लेकिन यह उस 'ओरियंटल' दृष्टि का भी परिचय देता है जो भारतीय यथार्थ को बिक्री योग्य औपन्यासिक उत्पाद में बदलकर अपनी औपनिवेशिक मानसिकता से मुक्त नहीं हो पाता। भारत की गरीबी, गन्दगी, धर्म,

संस्कृति, सेक्स और नारी सहित सभी कुछ इस औपन्यासिक संरचना में जिस खिलन्दड़ेपन व चलताऊ दृष्टि के साथ प्रस्तुत किया गया है, वह सलमान रुश्दी के साहित्यिक बाजार में नई दुकान सजाने जैसा है।

कैथेरिन मेयो की 'मदर इंडिया', वी.एस. नायपाल की 'एन एरिया इन डार्कनेस' व 'वुंडेड सिविलाइजेशन' और लुई मैले के 'ओह कैलकटा' सरीखी भारत की नकारात्मक छवियोंवाली कृतियों को पीछे छोड़ता 'इंग्लिश अगस्त' का औपन्यासिक यथार्थ भारत की गरीबी, धार्मिक आस्था, रीति-रिवाज, संस्कृति, खान-पान तथा यहाँ के निवासियों के दैनन्दिन जीवन का विकृत स्वरूप प्रस्तुत करता है। यह उपन्यास अंग्रेजी उपन्यासों की उस फार्मूलाबद्धता का नमूना है, जिसमें भारतीय यथार्थ को 'इनसाइडर' निगाहों से न देखकर सैलानी दृष्टि अपनाई जाती है। इसी दृष्टि का परिणाम है कि उपन्यास में उल्लिखित सभी नारियाँ 'सेक्स ऑब्जेक्ट' के रूप में और सभी पुरुष कैसोनोवा की भूमिका में साँचे ढले हैं। उपन्यास भारतीय समाज की संश्लिष्ट संरचना को न उद्‌घाटित करके भोगवादी दृष्टि अपनाता है।

उपमन्यु चटर्जी के उपन्यास 'इंग्लिश अगस्त' का नायक अगस्त्य सेन गवर्नर बाप का बेटा है और प्रशिक्षु आई.ए.एस. के रूप में उसकी नियुक्ति विन्ध्य पार के किसी कस्बे मदना में होती है। अगस्त्य सेन के मदना प्रवास के अनुभवों, कस्बाई यथार्थ से साक्षात् तथा उससे उपजी ऊब के कारण नौकरी से विमुख होकर घर वापसी की इस औपन्यासिक कथा को सेक्स, जातीयता, हिन्दू बिम्बों एवं पाश्चात्य दृष्टि के जिस औपनिवेशिक मुहावरे में प्रस्तुत किया गया है वह उपन्यास का जनतन्त्र न होकर कुलीनतन्त्र है। इस कुलीनतन्त्र के नायक अगस्त्य सेन के नाम में सन्निहित 'इथनिसिटी' (जातीय बोध) का परिचय उपन्यासकार इन शब्दों में कराता है, "अगस्त्य रामायण के अत्यन्त तपस्वी जंगल निवासी ऋषि का नाम है। उनकी उपस्थिति महाभारत में है। वे विन्ध्य पहाड़ियों को लाँघकर उनकी बाढ़ रोक देते हैं।" (पृ. 4)

उपन्यासकार ने कथानायक अगस्त्य सेन को उन गोरा साहबों की औपनिवेशिक छाया में ढाला है, "जो किसी भी भारतीय भाषा से अधिक फर्राटेदार अंग्रेजी बोलते हैं", हशिश और मारिजुआना का सेवन करते हैं और अपने सहकर्मियों की पत्नियों को लम्पट निगाहों से देखते हैं। उनका खाली समय अपने सहधर्मी मित्रों के साथ 'ए पैसेज टू इंडिया' व 'ज्वेल इन इंडियन क्राउन' सरीखी ब्रिटिश राज से सम्बन्धित फिल्में देखने, टैगोर व कीथ जैरेट के पियानो संगीत के कैसेट सुनने व हस्तमैथुन न करने के संकल्प में बीतता है। समय मिलने पर वह डान क्विगजोट, गीता व कामसूत्र का पारायण भी करता है। पुरुष रतिकवाद एवं कामुक शब्दावली से परिपूर्ण इस उपन्यास के नायक और उसके स्कूल के सभी सहपाठी मित्रों की "कैशोर्यवय की

यह कल्पित इच्छा थी कि वे अपने सहपाठी ध्रुव की माँ, जो उनकी अध्यापिका भी थीं, के साथ सम्भोग करें क्योंकि वह इतनी छरहरी, तरोताजा और अलभ्य-सी लगती थीं। उनकी इस सामूहिक इच्छा में स्वयं ध्रुव भी शामिल था, लेकिन वह इसकी स्वीकारोक्ति न कर सकता था।'' (पृ. 33) 'ईडिपस कॉम्प्लेक्स' से लेकर 'चाइल्ड एब्युस' की ग्रन्थि से ग्रस्त ''अगस्त्य की निगाहें छह वर्षीय बच्ची (सुन्दर-सी) की पैंटी पर पड़ी, फिर वह कुछ झेंपकर माँ की जाँघों को देखने लगा'' सरीखी अभिव्यक्तियों एवं यौन विकृतियों से युक्त इस उपन्यास में एक ऐसे व्यक्ति का उल्लेख है, ''जो इस ईर्ष्या में पागल हो जाता है कि उसका दूसरा भाई बहन के साथ खुद सोता था और उसे न सोने देता था।'' (पृ. 31) इस दौर के अंग्रेजी उपन्यासकारों की 'एग्जाटिका' का पिटारा धार्मिक बिम्बों के बिना अपूर्ण रहता है। इसलिए 'इंग्लिश अगस्त' में ''शिवलिंग की पूजा करती औरतें ब्लू फिल्म सरीखा दृश्य उपस्थित करती हैं।'' (पृ. 128) और ''वीर्य स्खलन के बाद की पूर्णता और इस क्षणजीवी एहसास से उपजे दुनिया के नश्वरता बोध के अतिरिक्त अन्य सब कुछ 'माया' सरीखा लगता है।'' (पृ. 123)

भारत के बारे में उपन्यासकार अपने दृष्टिकोण की अभिव्यक्ति औपन्यासिक वृत्तान्त में इन शब्दों में विन्यस्त करता है, ''भारत उदात्त और सम्मोहक विरोधाभासों की ऐसी भूमि है, जहाँ आत्मा का हिमालय गोबर से उत्पन्न होकर शिवलिंग के साथ गलबहियाँ डालकर नृत्यलीन हो जाता है।'' (पृ. 208) उपन्यासकार का यही उपहासयुक्त नकारात्मक (सिनिकल) दृष्टिकोण ही उपन्यास की अन्तर्धारा है। भारत का कस्बा, यहाँ के लोग, उनकी बोली-बानी, जीवनचर्या, संस्कृति व सामाजिक वातावरण के प्रति वह जो उपहासपूर्ण अजनबी दृष्टिकोण अपनाता है, वह भारत को अज्ञान, निर्धनता व अन्धविश्वास के ऐसे द्वीप की छवि प्रदान करता है, जहाँ अगस्त्य सेन और उसके कुलीनवर्गीय साथी निर्वासन की यातना भुगत रहे हैं। परिणामस्वरूप 'दि रोमांटिक्स' और 'अन्तिम अरण्य' के कथानायकों की ही तर्ज पर वह जीवन व समाज के प्रति पलायनवादी दृष्टिकोण अपनाता है। उसे 'पाथेर पांचाली' और 'गोरा' की समस्याग्रस्तता रास नहीं आती। उसका मन मारकस आरेलियस की पुस्तक 'मेडिटेशंस' में उसी तरह लगता है, जिस तरह 'दि रोमांटिक्स' के समर का मन एडमंड विल्सन की पुस्तक 'सेंटीमेंटल एजूकेशन' में और 'अन्तिम अरण्य' के निरंजन बाबू का 'मिस्टीरियस यूनिवर्स' में। उपमन्यु चटर्जी के नायक को 'मेडिटेशंस' इसलिए आकर्षित करती थी क्योंकि ''इसमें गरीबी की उस समस्या पर विचार नहीं किया गया था, जो आत्मा का भुरता बना देती है, बल्कि इसमें पूरी आत्मलीन व्यक्ति की आह्लादकारी अमूर्त समस्याएँ थीं।'' ('इंग्लिश अगस्त', पृ. 69) अगस्त्य सेन भी सलमान रुश्दी के 'मिडनाइट चिल्ड्रेन' के नायक सलीम की इस सोच के साथ

एकाकार होता है कि "मैं इस परिणाम पर पहुँच रहा हूँ कि अपना एकान्त और व्यक्ति की अपनी निजी छोटी-सी जिन्दगी दुनिया की हलचलों-हंगामों से बेहतर है।" ('मिडनाइट चिल्ड्रेन', पृ. 518) सुखजीवी अगस्त्य सेन का सबसे बड़ा दुख यही है कि "उसका जीवन सफलता की मखमली कहानी है, अंग्रेजीदां और महानगरीय संस्कृति में पला-बढ़ा वह ऐसा आई.ए.एस. है, जिसे अपनी आजीविका हेतु, थोड़ा तिरछे होकर पादने के अतिरिक्त और कुछ नहीं करना पड़ता।" ('इंग्लिश अगस्त', पृ. 224) ऊबे, सुखी लोगों की यह पलायनगाथा ही वह 'एग्जाटिका' है जो आज भारतीय अंग्रेजी लेखन का बाजार बनकर, भारत की 'ओरियंटल' छवि को भुना रही है। अंग्रेजी उपन्यासों के 'एग्जाटिक' फार्मूले की ही तर्ज पर 'इंग्लिश अगस्त' के नायक को भी राजनीति से नफरत है। आदिवासियों को चेतना सम्पन्न बनाती नक्सली युवती के बारे में उसकी सोच है कि "हरामियों का एक कुनबा दूसरे कुनबों के हरामियों को चेतना सम्पन्न बना रहा है।" (पृ. 267)

बलात्कृत आदिवासी युवती की यातना के सम्बन्ध में उसकी धारणा है कि यदि "उसका दैहिक शोषण किया गया तो बदले में उसे भी रति-सुख की प्राप्ति हुई होगी।" अपनी सम्पूर्णता में यह उपन्यास नारी को देह के रूप में परोसता एक ऐसा पुरुषवादी रोचक औपन्यासिक आख्यान है जो साहित्यिक कृति को 'बिक्री योग्य उत्पाद' बनाने के सभी नुस्खों से भरा-पूरा है। इस उपन्यास की कुछ अभिव्यक्तियाँ इतनी अश्लील, भोंडी व सड़क छाप हैं कि वे इसे खुशवन्त सिंह और शोभा डे के स्तर तक गिराती हैं।

उपमन्यु चटर्जी के 'इंग्लिश अगस्त' और सलमान रुश्दी के 'मिडनाइट चिल्ड्रेन' के मिश्रित मुहावरे को इतिहास व मिथकीय सन्दर्भ देते हुए विक्रम चन्द ने अपने उपन्यास 'रेड अर्थ रंड पोरिंग रेन' (1995) में महाभारत और कथा सरित्सागर की कथा शैली को अपनाया है। धर्म, सेक्स, अध्यात्म, हिन्दुत्व, परम्परा, वर्ण व्यवस्था, अंग्रेजों का शासन, 1857 का विद्रोह, शान्तनु, गंगा, सिकन्दर महान, बौद्ध धर्म, काली, कपिल मुनि, सांख्य दर्शन, बेगम समरू, प्ले ब्वाय, झाँसी की रानी, हिरण्यकश्यप, प्रह्लाद, शिव, हनुमान से लेकर अमेरिकी समाज तक विस्तृत यह उपन्यास एक ऐसा 'पैश्टिचे' है जहाँ न कथा की एक रैखिकता है और न समय की चक्रीयता। बाजार की 'वन विंडो' सरीखी 'लिटरेरी सर्विसिंग' करता यह उपन्यास अपनी सारी चुस्त, चालाक प्रविधियों के बावजूद कोई स्थायी प्रभाव नहीं छोड़ता। हाँ, यह अवश्य है कि पहली बार किसी भारतीय अंग्रेजी उपन्यास में बन्दर के मुँह से कथा सुनवाई गई है और श्रोताओं में हनुमान, गणेश तथा यम हैं जो घायल बन्दर की आत्मा को तभी तक बख्शते हैं, जब तक वह कथा सुनाता रहता है। इस कथा में कहीं ब्लू फिल्म का चाक्षुष वर्णन है तो कहीं वर्णाश्रम व्यवस्था का माहात्म्य। कथ्य

और शिल्प दोनों में 'इथनिक' और 'ओरियंटल' यह उपन्यास रुश्दी और उपमन्यु के औपन्यासिक फार्मूले को 'इंडोलॉजी' की चासनी में पागकर एक नए साहित्यिक उत्पाद का विपणन करता है। विक्रम चन्द्र के इस उत्पाद में जिन रसायनों का इस्तेमाल किया गया है, उनमें महानिर्वाण तन्त्र, तन्त्र आसन, दि वांडर दैट वाज इंडिया (बाशम), मो. तकी मीर, डॉ. राधाकृष्णन का भारतीय दर्शन, भागवद्गीता, विलियम शेक्सपियर आदि प्रमुख हैं। लेकिन इतनी विविधता के बावजूद यह उपन्यास किसी केन्द्रीय औपन्यासिक विजन को नहीं रचता।

दरअसल जिस तरह कुछ भारतीय अंग्रेजी उपन्यासकारों ने भारतीय यथार्थ को उसकी वास्तविकता से विच्छिन्न करके महज एक सन्दर्भ बिन्दु के रूप में अपनाया है, उसी तरह कथा की वाचिक परम्परा एवं महाभारत व कथासरित्सागर की आख्यान परम्परा को भी कुछ उपन्यासकारों ने शैलीगत नवीनता के 'इथनिक' नुस्खे के रूप में प्रस्तुत किया है। राजा राव ने जब अपने उपन्यास 'कंठपुरा' (1938) के लिए बूढ़ी दादी के मुँह से 'हरि कथा' की वाचिक शैली अपनाई थी तो उन्होंने अपने कथ्य व रूप में सन्तुलन बनाए रखकर उपन्यास को नई अर्थ छवियों से समृद्ध किया था। जी.वी. देसानी ने जब अपने उपन्यास 'आल एबाउट एच. हट्टर' (1949) में न्याय दर्शन की शैली अपनाई थी तो उन्होंने भी देशज यथार्थ की अभिव्यक्ति के लिए देशज मुहावरा चुना था। लेकिन सलमान रुश्दी के इस नेतृत्वकारी दौर में भारतीय कथा मुहावरा भी अंग्रेजी 'एग्जाटिका' में सजावट का एक साधन भर बनकर रह गया है। शशि थरुर ने अपने उपन्यास 'दि ग्रेट इंडियन नावेल' (1989) में तो महाभारत की सम्पूर्ण संरचना को ही आधार बनाया है। महाभारत के वेद व्यास की तर्ज पर 'दि ग्रेड इंडियन नावेल' के वेद व्यास भी कथा लिखने के लिए अपना गणपति तलाश लेते हैं। कुरुक्षेत्र, धृतराष्ट्र, गांधारी, द्रोपदी, अर्जुन, कर्ण आदि सहित महाभारत के सभी पात्र यहाँ आधुनिक महाभारत की भूमिका में प्रस्तुत हैं। कुन्ती यहाँ मिस कुन्ती यादव की भूमिका में हैं तो इन्दिरा गांधी प्रिया दुर्योधनी के रूप में। विदुर, भीष्म पितामह, अश्वत्थामा से लेकर दुःशासन तक सभी अपनी-अपनी आधुनिक भूमिका में यहाँ उपस्थित हैं। महाभारत की यह आधुनिक पैरोडी यद्यपि एक पठनीय औपन्यासिक प्रयोग है, लेकिन यदि इसमें से महाभारत की संरचना को परे कर दिया जाए तो यह अत्यन्त सरलीकृत भारतीय यथार्थ बनकर रह जाता है।

अमिताव घोष अपने उपन्यास 'दि शैडो लाइंस' (1988) में कहानी के बीच कहानी की 'कथा सरित्सागरीय' शैली को तो अपनाते हैं, लेकिन वे अपने औपन्यासिक कथ्य को राजनीतिक स्वतन्त्रता, राष्ट्रवाद तथा साम्प्रदायिकता के जिस विमर्श में ढालते हैं वह भारतीय अंग्रेजी उपन्यास की उस कुलीन परम्परा से भिन्न है, जो राजनीति को अस्पृश्य या उपहास की विषयवस्तु मात्र बनाकर रख देती है।

अस्सी के दशक में सलमान रुश्दी व उपमन्यु चटर्जी सरीखे लेखकों ने राजनीति के साथ जो खिलन्दड़ा सुलूक शुरू किया था, अमिताव घोष ने उसे अपनी गहरी औपन्यासिक दृष्टि के साथ बदला। स्मृतियों के सूत्रों के सहारे उपन्यासकार ने सन् चौंसठ के कलकत्ता के साम्प्रदायिक दंगे, चौरासी के दिल्ली के सिख विरोधी दंगे तथा उन्नीस सौ सत्तासी के मेरठ के दंगों की पृष्ठभूमि में सामाजिक व राजनीतिक असहिष्णुता की गहरी औपन्यासिक पड़ताल की है। लेकिन अमिताव घोष का औपन्यासिक मुहावरा कमोबेश भारतीय राजनीति के प्रभुत्वकारी विमर्श के भीतर ही जन्म लेता है और उसका अतिक्रमण नहीं करता। इस प्रभुत्वकारी विमर्श को उपन्यास का पात्र त्रिदीब मध्यवर्गीय जीवन की चाहत के रूप में दादी कें माध्यम से इन शब्दों में व्यक्त करता है, ''उन्हें सिर्फ मध्यवर्गीय जीवन की चाहत थी, दुनिया के मध्यवर्ग की तरह उनका राष्ट्रीय व भू भागीय एकता, आत्म-सम्मान व राष्ट्रीय शक्ति में पूरा भरोसा था, बस उन्हें यही चाहिए था—आधुनिक मध्यवर्गीय जीवन, एक छोटी-सी वस्तु जिससे इतिहास ने उन्हें पूरी तरह वंचित कर दिया था और जिसके लिए वे उसे कभी माफ नहीं कर सकती थीं।'' ('दि शैडो लाइंस', पृ. 78)

आई. एलेन सेली अपने उपन्यास 'दि एवरेस्ट होटल' में यूँ तो एक रैखिक वृत्तान्त की शैली अपनाते हैं, लेकिन उन्होंने अपने उपन्यास को भारतीय मौसम के अनुकूल ग्रीष्म, वर्षा, पतझड़, हेमन्त, शिशिर व वसन्त में विभाजित करके अपने अध्यायों की शुरुआत क्रमशः जेठ, आषाढ़, क्वार, अगहन, पूस व फागुन महीनों से की है। उपन्यास के उपसंहार में इस प्रविधि को अपनाने के पीछे अपनी सोच का खुलासा करते हुए उपन्यासकार का कहना है कि उसने कालिदास के ऋतु संहार की पद्धति पर उपन्यास के अध्यायों का बँटवारा किया है लेकिन प्रेम की अभिव्यक्ति संस्कृत नाटकों की क्लासिकी परम्परा में न करके लोक शैली की बारामासी परम्परा को अपनाया है, जहाँ विरहिणी स्वर नारी का ही होता है। शैली की इस पारस्परिकता एवं कथ्य की आधुनिकता, जिसमें सीमेट्री, नन, होटल, एवरेस्ट, पर्वतारोहण, पर्यावरण एवं वरुणांचल आदि शामिल हैं, का विलयन सेली जिस कलात्मक गाम्भीर्य व मित मुहावरे में करते हैं, वह उसे प्रदर्शनप्रियता व ओरियंटलिज्म से बचाता है। उपन्यासकार ने सामाजिक व राजनीतिक हलचलों को व्यक्ति के मन-मस्तिष्क के उद्वेलनों के साथ जिस तरह एकाकार किया है, वह इस उपन्यास को विशिष्ट व महत्त्वपूर्ण बनाता है। बुकर पुरस्कार की दौड़ में इसका शामिल होना इसकी गुणवत्ता को ही रेखांकित करता है। सेली की सबसे बड़ी विशेषता भारतीय जन व परिवेश के प्रति उनकी गहरी आत्मीयता है। उनके औपन्यासिक संसार में आभिजात्य के साथ-साथ साधारण की भी प्रतिष्ठा है और पैरों के तले की जमीन का एहसास भी।

सबाल्टर्न स्पीक्स

यह वास्तव में विडम्बनापूर्ण है कि जिस भारतीय अंग्रेजी औपन्यासिक लेखन की शुरुआत मुल्कराज आनन्द के 'अनटचेबल' और 'कुली' तथा राजा राव के 'कंठपुरा' सरीखे प्रतिरोध का विमर्श तैयार करनेवाले उपन्यासों से हुई, उसी अंग्रेजी लेखन से प्रतिरोध का विमर्श एक लम्बे समय तक अनुपस्थित रहा है। नवें दशक और उसके बाद अंग्रेजी औपन्यासिक लेखन ज्यों-ज्यों वैश्विक हुआ, त्यों-त्यों प्रभुत्वकारी विमर्श के चलते प्रतिरोध का विमर्श व बहुजन समाज का जीवन हाशिए की वस्तु बनकर रह गया। अंग्रेजी लेखन के इस कुलीन तन्त्र को सबसे बड़ी चुनौती रोहिन्तान मिस्त्री ने अपने उपन्यासों 'सच ए लाँग जर्नी' (1991) एवं 'ए फाइन बैलेंस' (1993) से दी। कितना बड़ा विरोधाभास है कि जब उपमन्यु चटर्जी, राजकमल झा और पंकज मिश्रा सरीखे भारतीय समाज की मुख्यधारा से आए लेखक भारत में ही रहने के बावजूद भारतीय यथार्थ के प्रति विदेशी सैलानी दृष्टि अपनाते हैं, वहीं लगभग ढाई दशक से स्थायी रूप से कनाडावासी पारसी समुदाय के भारतीय मूल के लेखक रोहिन्तान मिस्त्री अंग्रेजी उपन्यास से लगभग बहिष्कृत निम्नवर्गीय भारतीय यथार्थ की पुनर्प्रतिष्ठा करते हैं। भारतीय अंग्रेजी उपन्यासों के बाजार प्रिय आभिजात्य लेखन से विमुख रोहिन्तान मिस्त्री का औपन्यासिक यथार्थ अंग्रेजी में भारतीय सबाल्टर्न की खोज है। रोहिन्तान सबाल्टर्न की खोज ही नहीं करते, बल्कि उसको वाणी भी देते हैं। इस दृष्टि से उनका उपन्यास 'ए फाइन बैलेंस' विशेष रूप से उल्लेखनीय है। मुल्कराज आनन्द के बाद सम्भवतः वे पहले भारतीय अंग्रेजी उपन्यासकार हैं, जिन्होंने दलित-बहुजन समाज, तलछट व अल्पसंख्यक समुदाय के लोगों को औपन्यासिक केन्द्रीयता प्रदान की है। इस अन्तर के साथ कि जहाँ मुल्कराज आनन्द को उनकी 'ब्लूम्सबरी इंटलेक्चुअल' की छवि से मुक्त करने के लिए गांधी जी का संरक्षण व मार्गदर्शन प्राप्त था, वहीं रोहिन्तान को इस मुक्ति की आवश्यकता नहीं है, क्योंकि वे अपनी औपन्यासिक कथा के लिए बहुजन का ही मुहावरा अपनाते हैं। पारसी विधवा दीना दलाल, दुखी चमार के बेटे ईश्वर व पौत्र ओमप्रकाश दर्जी तथा पारसी छात्र मानेक कोहला के चतुष्कोण पर टिकी इस औपन्यासिक कथा में गाँव से पलायन करते, बम्बई की झुग्गी-झोंपड़ियों में बसते-उजड़ते और फुटपाथ पर जीवन बिताते लोगों की संघर्ष गाथा है। यह भारतीय अंग्रेजी उपन्यास में नए यथार्थ की आमद है। आपात्काल से लेकर इन्दिरा गांधी की हत्या के बाद के सिख विरोधी दंगों तक विस्तृत इस उपन्यास का राजनीतिक समय इसे और भी अधिक प्रासंगिक और मूल्यवान बनाता है।

रोहिन्तान मिस्त्री भारतीय यथार्थ को वी.एस. नायपाल की तर्ज पर 'एन एरिया ऑफ डार्कनेस' के रूप में न प्रस्तुत करके मार्क टुली के 'हार्ट ऑफ इंडिया' की

सहृदय दृष्टि अपनाते हैं। भारतीय गरीबी और नंगेपन के विरुद्ध उपमन्यु चटर्जी सरीखों का आभिजात्य नकचढ़ापन न अपनाकर 'अग्ली इंडिया' में लेखकीय काया प्रवेश करते हैं। इसी का परिणाम है कि रेलवे लाइन के किनारे ऊकड़ूँ बैठे मल विसर्जन करते लोगों को देखकर उनका सौन्दर्य बोध आहत नहीं होता, बल्कि वे इस प्रसंग का उल्लेख इस कृत्य के लिए अभिशप्त लोगों के आक्रोश की अभिव्यक्ति के माध्यम से निम्न शब्दों में करते हैं—"उन हरामियों को देखो...लोगों को हगते इस तरह देखते हैं कि जैसे उनके आँतें ही नहीं हैं। लेंड़ का बाहर निकलना जैसे उन्हें कोई सरकस का करतब लगता हो।...मेरा बस चलता तो मैं झुककर इसे ही उनके चेहरों पर राकेट की तरह मारता। और इसे उन्हें खाने को देता क्योंकि उनकी इसमें बहुत दिलचस्पी है।...मुझे उनकी इस बेशर्मी पर बहुत गुस्सा आता है।" ('ए फाइन बैलेंस', पृ. 169-170) भारत के अशोभन पक्षों के प्रति उपभोक्तावादी दृष्टिकोण न अपनाकर भुक्तभोगी की जिस यातना व आक्रोश से रोहिन्तान मिस्त्री अपने पात्रों को गुजारते हैं, वही उन्हें भारतीय यथार्थ का दृष्टा लेखक बनाता है।

अनायास नहीं है कि 'ए फाइन बैलेंस' उपन्यास में 'इन ए विलेज बाई ए रिवर' शीर्षक से सत्तर पृष्ठों को अध्याय ग्रामीण पृष्ठभूमि में दलित यथार्थ का जो वृत्तान्त प्रस्तुत करता है, वह भारतीय अंग्रेजी औपन्यासिक लेखन में पहली बार है। हिन्दी में भी जगदीश चन्द्र के 'धरती धन न अपना' व 'नरक कुंड में वास' के अतिरिक्त यह किसी अन्य उपन्यास में इतनी सघनता के साथ नहीं उपस्थित है। चमारों द्वारा मरे ढोर उठाना, उनका मांस खाना, खाल निकालना, उनकी औरतों के दैहिक व शारीरिक श्रम का शोषण—उनका नंगा घुमाया जाना, बच्चे की परवरिश के लिए गायों के थनों से माँ द्वारा दूध की चोरी करना, मूँछों का मूड़ा जाना, हाथों का काटा जाना, पारम्परिक पेशे के बदलाव पर प्रताड़ित किया जाना, स्कूल में पढ़ाई से वंचित होना और अन्ततः गाँव छोड़कर शहर को पलायन करना और फिर शहर में यातना चक्र से गुजरना यह सब जिस प्रामाणिकता के साथ रोहिन्तान मिस्त्री अपने उपन्यास में प्रस्तुत करते हैं, उससे गायत्री चक्रवर्ती स्पाईवाक का यह प्रश्न अनुत्तरित नहीं रह जाता कि 'कैन सबाल्टर्न स्पीक?' रोहिन्तान का सबाल्टर्न मूक नहीं मुखर है, क्योंकि वे स्वयं को आभिजात्य मुक्ति करने में सफल होते हैं।

आभिजात्य दृष्टि से मुक्त न होने का ही परिणाम है कि विक्रम सेठ अपने उपन्यास 'ए सूटेबल ब्वाय' में प्रभुत्वकारी विमर्श को अपनाकर चमारों की बस्ती का वर्णन (पृ. 200-203) बाहरी निगाहों से करते हुए चमारों को शहरी लोगों के साथ मारपीट और दुर्व्यवहार करनेवाले असभ्य लालची लोगों की जमात के रूप में प्रस्तुत करते हैं। इसी दृष्टि-दोष के चलते विक्रम सेठ आजादी के प्रारम्भिक वर्षों के भारत

में एक रिक्शेवाले द्वारा कार के मालिक को डपटने व उससे पैसा ऐंठने व धमकाने के दृश्य (पृ. 199) का वर्णन कार मालिक की भयभीत और रिक्शेवाले की आक्रामक मुद्रा के रूप में करते हैं। उपमन्यु चटर्जी अपने उपन्यास 'इंग्लिश अगस्त' में यही दृष्टि अपनाते हुए दिल्ली के टैक्सी ड्राइवर को 'चम्बल का डकैत' (पृ. 145) के विशेषण से विभूषित करते हैं और अधिक किराया लेने से रोकने पर उसे अपनी पैंट की जिप खोलकर मुट्ठी में अपना अंग विशेष लेकर यह कहते दिखाते हैं कि "ये लो। सरकारी लोगों की मैं यही इज्जत करता हूँ।" (पृ. 146)

आभिजात्य वर्ग की कुलीन सुरक्षित दुनिया में भृत्य वर्ग की दुष्ट अवांछित उपस्थिति के इस चित्रण की अंग्रेजी परम्परा के विरुद्ध रोहिन्तान मिस्त्री अपना औपन्यासिक मुहावरा इन्हीं श्रमशील 'दरिद्र पृथ्वी पुत्रों' (रेचेड ऑफ दि अर्थ) के बीच से गढ़ते हैं। भारत की भिखारियों, कबाड़ियों, मदारियों, सपेरों, झुग्गी-झोंपड़ी व फुटपाथ पर रहनेवालों के देश की कुत्सित छवि के विरुद्ध वे इनके जीवन के अन्तरंग सार को जिस भीतरी व्यक्ति की आँखों से प्रस्तुत करते हैं, वह रोहिन्तान की अपनी मौलिकता है। आपातकाल की पृष्ठभूमि में बम्बई की सड़कों पर भिखमंगे शंकर की मृत्यु व शवयात्रा के जुलूस का वर्णन (पृ. 502-505) भारतीय उपन्यास के लिए नई कथावस्तु है। लेकिन न कहीं वे इसे मेलोड्रामा बनने देते हैं और न इसे छद्म प्रतिरोधी चेतना की नारेबाजी से लैस करते हैं।

रोहिन्तान मिस्त्री अपने इस उपन्यास में राजकमल झा के 'दि ब्लू बेडस्प्रेड' व निर्मल वर्मा के 'रात का रिपोर्टर' की तर्ज पर आपातकाल का अमूर्तन करने के बजाय इसे बेबस, वंचित व समाज से बहिष्कृत उन लोगों की त्रासदी के माध्यम से अभिव्यक्त करते हैं, जिनके लिए 'जीवन का हर दिन एक नहीं तो दूसरा आपातकाल है।" (पृ. 581) आपातकाल के उत्पीड़क उत्पीड़ितों का सलमान रुश्दी सरीखा 'मिडनाइट चिल्ड्रेन' का शिव व पार्वती सरीखा रूपक रचने के बजाय रोहिन्तान मिस्त्री दुखी चमार की सन्तानों की वह त्रासद गाथा रचते हैं, जिसमें 'सौन्दर्यीकरण' व 'नसबन्दी' की मुहिम के चलते उन्हें मेहनतकश से भिखारी बनने को विवश होना पड़ता है। पारसी विधवा दीना दलाल द्वारा भिखमंगे-द्वय चाचा-भतीजे ईश्वर व ओम प्रकाश को चुपके से खाना खिलाना और मानेक कोहला द्वारा खम्भे की ओट से उनके दुर्दिन का गवाह बनने का दृश्य वंचितों की मानवीयता व उपन्यासकार की दृष्टि सम्पन्नता का द्योतक है। महत्त्वपूर्ण यह भी है कि दीना दलाल के माध्यम से एक पारसी परिवार की आत्मनिर्भरता का संघर्ष, सामाजिक असुरक्षा और परनिर्भरता को औपन्यासिक केन्द्रीयता प्रदान करते हुए उपन्यासकार ने नारी-विमर्श का जो ठंडा मुहावरा गढ़ा है, वह कई घोषित नारीवादी उपन्यासों से कहीं अधिक विश्वस्त और प्रभावी है।

रोहिन्तान मिस्त्री की एक विशेषता यह भी है कि अपनी सम्पूर्ण औपन्यासिक कथा में राजनीतिक मुहावरा अपनाते हुए भी वे राजनीतिक नारेबाजी से बचते हैं, वे सलमान रुश्दी की तरह राजनीतिक टिप्पणियाँ न करके जीवन-दृश्यों के बीच से ही अपना राजनीतिक विमर्श तैयार करते हैं। उनके उपन्यास 'सच ए लाँग जर्नी' में भी यह दृष्टव्य है। भारत-पाक युद्ध और बांग्लादेश के उदय की पृष्ठभूमि में बम्बई के पारसी समुदाय के गुस्ताद नोबल के परिवार के इर्द-गिर्द रची-बुनी इस औपन्यासिक कथा में देशकाल की राजनीति का तापमान सघनता के साथ विन्यस्त है। हजरत बल कांड, गोवध आन्दोलन, शिव सेना का मोर्चा, रॉ की भूमिका, नागरवाला कांड आदि राजनीतिक घटनाएँ इस उपन्यास के सन्दर्भ बिन्दु हैं। राजनीति किस तरह दबे पाँव शान्त निर्द्वन्द्व जीवन जी रहे लोगों के जीवन को कोलाहल से भर देती है, गुस्ताद नोबल, डिंशा जी तथा मेजर बिलमोरिया सरीखे औपन्यासिक पात्र इसके उदाहरण हैं।

इस राजनीतिक समय में रोहिन्तान मिस्त्री जिस पारसी समुदाय की कथा कहते हैं, वह पियानो के संगीत पर झूमता व खुश होता समुदाय न होकर, ऐसे लोगों का समूह है, जिसके जीवन से पियानो का संगीत गायब हो चुका है। उपन्यास के पात्र मैल्काम की महत्त्वाकांक्षा संगीत से आजीविका कमाने की थी, "लेकिन इन दिनों पियानो रखना और सीखना किसके बस की बात थी? शरणार्थी टैक्स और न जाने क्या-क्या?" (पृ. 220) इसलिए मैल्काम को म्युनिसपैलिटी की नौकरी करनी पड़ी। पारसी समुदाय के जीवन के अन्तरंग पहलू, पारसियों के पूजा गृह, उनकी आराधना पद्धति, पारसी समुदाय में मृतक का अन्तिम संस्कार, चील व गिद्धों द्वारा शव का भोज आदि सरीखी स्थितियाँ पारिवारिक जीवन के राग-विराग में रच-पगकर जिस प्रामाणिकता के साथ उपन्यास में प्रस्तुत हुए हैं, वह सम्भवतः किसी उपन्यास में पहली बार है। पारसी समुदाय की अल्पसंख्यक नियति को रोहिन्तान इस राजनीतिक मुहावरे में प्रस्तुत करते हैं, "...शिव सेना की फासिस्ट राजनीति व मराठी भाषा की बकवास के चलते अल्पसंख्यकों का कोई भविष्य नहीं है। यहाँ भी अमेरिका में अश्वेतों सरीखा व्यवहार होने जा रहा है—गोरों की आधी कमाई के बराबर पैसा पाने के लिए उनसे दुगुना सामर्थ्यवान बनना पड़ेगा।" (पृ. 55) लेकिन रोहिन्तान की यह खूबी है कि वे अल्पसंख्यक समुदाय की कथा सामुदायिक संकीर्णता में न कहकर भारतीय समाज की सामूहिकता व सम्पूर्णता में कहते हैं, यही कारण है रोहिन्तान मिस्त्री के उपन्यासों का पारसी न उतना अजूबा है और न उतना बेगाना, जितना उन उपन्यासों के पात्र जो बहुसंख्यक समुदाय के होते हुए भी एकान्तिक व अरण्यवासी हैं। रोहिन्तान मिस्त्री की यही सामूहिकता, भारतीय जनजीवन में गहरी पैठ और राजनीतिक दृष्टि सम्पन्नता जहाँ उन्हें भारतीय अंग्रेजी उपन्यासकारों में

विशिष्ट व महत्त्वपूर्ण बनाती है, वहीं उन्हें उन सलमान रुश्दियों, उपमन्यु चटर्जियों व पंकज मिश्राओं की पाँत से बहिष्कृत करती है, जो इन दिनों भारतीय अंग्रेजी उपन्यास के अन्तर्राष्ट्रीय सौदागर व प्रचारक हैं।

यह सुखद है कि सलमान रुश्दी ने भारतीय यथार्थ के 'चटनीकरण' व राजनीति के कीचड़ में उत्तर-आधुनिकता का जो कमल खिलाया था, वह भारतीय अंग्रेजी उपन्यासकारों के बीच अब मुरझाने लगा है। अरुंधती राय ने जहाँ कलात्मक यथार्थवादी मुहावरे से उसकी काट की, वहीं रोहिन्तान मिस्त्री ने हाशिए के यथार्थ को केन्द्रीयता प्रदान करके इस भूमिका का निर्वाह किया। एक सीमा तक अमित चौधरी ने भी अपने उपन्यासों 'आफ्टरनून राग', 'फ्रीडम साँग' और 'ए न्यू वर्ल्ड' के द्वारा इसी परम्परा को सुदृढ़ किया है। इस सन्दर्भ में 1998 में प्रकाशित उनका उपन्यास 'फ्रीडम साँग' विशेष रूप से उल्लेखनीय है। उच्च मध्य वित्त बंगाली भद्र लोक की जिस कथा को इस उपन्यास की अन्तर्वस्तु बनाया गया है, वह वही आभिजात्य वर्ग है, जो पंकज मिश्रा, निर्मल वर्मा और कमोबेश राजकमल झा का है। लेकिन अन्तर मात्र इतना है कि औपन्यासिक दृष्टि के चलते 'फ्रीडम साँग' के पात्र अरण्यवासी नहीं हैं। कारण यह कि भद्रलोक की कथा कहते हुए भी उपन्यासकार भद्र दृष्टि न अपनाकर भद्र समाज के प्रति एक गहरी आलोचनात्मक दृष्टि अपनाता है, जिसके चलते इस भद्र समाज की दैनन्दिन जीवन की घटनाओं से अन्तःक्रिया उजागर होती है। रोहिन्तान मिस्त्री के उपन्यासों 'ए फाइन बैलेंस' व 'सच ए लाँग जर्नी' की ही तरह इस उपन्यास की पृष्ठभूमि में भी भारतीय समाज का एक निर्दिष्ट राजनीतिक समय है।

दिसम्बर 1992 में बाबरी मस्जिद का गिराया जाना 'फ्रीडम साँग' का अन्तर्सूत्र है। अमित चौधरी ने अत्यन्त शान्त व निरुद्वेग मुहावरे में बंगाली भद्र समाज के बीच घर कर रही साम्प्रदायिकता को खुकू व मिनी के बीच निम्न बातचीत के माध्यम से लांक्षित किया है–

"तुम्हारे खयाल से कब खत्म होगा यह सब?...कभी भी इनका तुष्टीकरण पूरा नहीं हो सकता...क्या हुआ अगर एक मस्जिद चली गई...सैकड़ों मन्दिर भी तो पहले ध्वस्त किए गए हैं...मस्जिद गिरते ही सरकार ने वायदा कर लिया कि इसे फिर से बनाएँगे...उन मन्दिरों को कौन बनाएगा?" (पृ. 84) उपन्यास के भद्र जनों में से एक शिव पुरकायस्थ इस सम्पूर्ण घटनाक्रम के प्रति वीतरागी रुख अपना लेते हैं। साम्प्रदायिक दंगों की आशंका में लगे कर्फ्यू के दौरान "उनकी रुचि न दंगों के बारे में बातचीत की थी और न इससे उपजे किसी गुस्से में वे साझीदार थे, उनकी रुचि इस दौरान पिछले एक सप्ताह के भीतर इकट्ठे हो गए 'स्टेट्समैन' की पुरानी प्रतियों के पढ़ने में थी।" (पृ. 110)

अमित चौधरी की विशेषता यह है कि वे आभिजात्य वर्ग की कथा कहनेवाले अन्य उपन्यासकारों की तरह स्वयं आभिजात्यवर्गीय रुख नहीं अपनाते बल्कि अपने पात्रों के माध्यम से अपने समय व समाज के बदलते मूल्यों व परिवर्तित राजनीतिक दृष्टि को रेखांकित करते हैं। पंकज मिश्रा और उपमन्यु चटर्जी की तरह वे राजनीतिक पात्रों के प्रति उपहास व निन्दात्मक रुख न अपनाकर उनका तटस्थ व वस्तुपरक चित्रण करते हैं। 'फ्रीडम साँग' के मार्क्सवादी कार्यकर्ता भास्कर द्वारा पार्टी अखबार 'गणशक्ति' के बेचे जाने के कारण उसकी शादी का टूटना, माँ द्वारा शादी को बेटे की पार्टी प्रतिबद्धता से विमुख करने का साधन मानना तथा पार्टी द्वारा थिएटर ग्रुप को दूसरे मोर्चे पर लगाना व आर्थिक उदारवाद के पक्ष में पार्टी का नीतिगत बदलाव आदि जिस तटस्थ राजनीतिक मुहावरे में उपन्यास में अभिव्यक्त हुए हैं, वह गहरे औपन्यासिक विवेक के बिना सम्भव नहीं हैं। यद्यपि इसके बावजूद अमित चौधरी उन अर्थों में राजनीतिक उपन्यासकार नहीं हैं, जिन अर्थों से सलमान रुश्दी। कारण यह कि अमित चौधरी रोहिन्तान मिस्त्री की ही तरह समाज के अन्तरंग को अनावृत्त करते हुए राजनीतिक सूत्रों को तलाशते हैं, जबकि सलमान रुश्दी राजनीतिक सूत्रों के सहारे समाज को गढ़ते हैं। यही कारण है कि अपनी अन्तिम परिणतियों में सलमान रुश्दी फैशनपरस्त राजनीतिक फतवेबाज के दर्जे से ऊपर नहीं उठ पाते जबकि रोहिन्तान मिस्त्री और अमित चौधरी प्रकट राजनीतिक मुद्रा अपनाए बिना भी अपने औपन्यासिक विमर्श को गहरी राजनीतिक अर्थ ध्वनियों से लैस करने में सफल होते हैं। स्वीकार करना होगा कि रोहिन्तान मिस्त्री और अमित चौधरी अपनी औपन्यासिक दृष्टि के साथ जिस सामाजिक विमर्श को रचनात्मक बनाते हैं, वह यथार्थवाद की देशज औपन्यासिक परम्परा विशेषकर हिन्दी उपन्यासों की यथार्थवादी परम्परा के अधिक सन्निकट है।

'ओरियंटलिज्म' का प्रत्याख्यान

यहाँ यह तथ्य विचारणीय है कि आखिर क्यों कनाडा और ब्रिटेन में लम्बे समय से प्रवास करने के बावजूद रोहिन्तान मिस्त्री और अमित चौधरी भारतीय यथार्थ की विश्वस्त औपन्यासिक पुनर्रचना करते हैं, जबकि भारत में ही रहकर पंकज मिश्रा और राजकमल झा सरीखे लेखक अपना विदेश गढ़ लेते हैं। निर्मल वर्मा, कृष्ण बलदेव वैद और महेन्द्र भल्ला तो हिन्दी में लिखते हुए भी देशज यथार्थ पर विदेशी दृष्टि का मुलम्मा चढ़ाते हैं। उपन्यासकारों के इस दृष्टिभेद को समझने के लिए 1997 में प्रकाशित तैंतीस वर्षीय ब्रिटिश युवा लेखक फिल व्हाईटेकर के उपन्यास 'इक्लिप्स ऑफ दि सन' की चर्चा यहाँ अत्यन्त प्रासंगिक है। यहाँ यह तथ्य उल्लेखनीय है कि फिल व्हाईटेकर ब्रिटेन में ही जन्मे, पले, बढ़े, डॉक्टरी शिक्षण प्राप्त ऐसे उपन्यासकार

हैं, जिनका भारत से कोई प्रत्यक्ष सम्पर्क कभी नहीं रहा, लेकिन जिन्होंने अपना पहला ही उपन्यास पूरी तरह भारतीय पृष्ठभूमि पर केन्द्रित किया है।

फिल व्हाइटेकर के इस उपन्यास की पृष्ठभूमि में 24 अक्टूबर, 1995 का 'सूर्यग्रहण' और मन्नू भंडारी का उपन्यास 'महाभोज' (दि ग्रेट फीस्ट) है। 'सूर्यग्रहण' और 'महाभोज' दोनों की अन्तर्वस्तु भारतीय अंग्रेजी उपन्यासों के फैशनपरस्त चलन के अनुकूल 'एग्जाटिक' सम्भावनाओं से परिपूर्ण है। लेकिन आश्चर्य की बात यह है कि उपन्यासकार ने अंग्रेजी उपन्यासों की 'एग्जाटिका' को ध्वस्त करते हुए इन दोनों का उपयोग परम्परा, अन्धविश्वास व अन्धधार्मिकता के विरुद्ध वैज्ञानिक चेतना व मुक्ति की चाहत के सशक्त कारक के रूप में जिस तरह किया है, सर्वथा मौलिक व नया है। भारतीय अंग्रेजी उपन्यासों के कथ्य में साहित्यिक व दार्शनिक पुस्तकों का उल्लेख नई बात नहीं है, लेकिन अंग्रेजी के किसी भारतीय उपन्यासकार ने आज तक हिन्दी के किसी उपन्यास का उल्लेख कभी नहीं किया। यहाँ तक कि अज्ञेय व निर्मल वर्मा भी अपने हिन्दी उपन्यासों में अंग्रेजी पुस्तकों की सूची पेश करते रहे हैं। लेकिन पहली बार अंग्रेजी में एक अंग्रेज लेखक द्वारा हिन्दी के उपन्यास 'महाभोज' और उसकी लेखिका का मात्र उल्लेख न होकर औपन्यासिक कथावस्तु में विन्यस्त किया जाना अंग्रेजी और हिन्दी दोनों ही उपन्यासों के लिए एक घटना है।

यह भी एक अजब विरोधाभास है कि आज जब भारत के कई अंग्रेजी उपन्यासकार बदले मुहावरे में नवउपनिवेशवाद और 'ओरियंटलिज्म' के विमर्श को वैश्विक बाजार में मुँहमाँगे दामों में बेच रहे हैं, तब एक अंग्रेज उपन्यासकार इस औपनिवेशिक और 'ओरियंटल' विमर्श का प्रत्याख्यान अपनी औपन्यासिक कृति द्वारा करे! सलमान रुश्दी से लेकर विक्रम चन्द्र, पंकज मिश्रा तथा उपमन्यु चटर्जी आदि शिव, पार्वती, गणेश की जिस धार्मिक छवि को सांस्कृतिक व जातीय प्रतीकों के रूप में अपने उपन्यासों में इस्तेमाल करते रहे हैं, उसी धार्मिक बिम्ब 'गणेश' को फिल व्हाईटेकर गणेश की मूर्ति को दूध पिलाने की घटना से जुड़े अन्धविश्वास के प्रतिकार के रूप में करते हैं। उपन्यास के मुख्य चरित्र राजेश देशपांडे को 'रैशनलिस्ट थिंकिंग इंडियन एसोसिएशन' के प्रवक्ता व वैज्ञानिक सोच से युक्त विज्ञान अध्यापक की भूमिका में ढालकर उपन्यासकार ने धार्मिक अन्धविश्वास में गले-गले डूबे भारत की अंग्रेजी औपन्यासिक छवि का प्रतिपक्ष प्रस्तुत किया है। पुस्तक प्रेमी राजेश देशपांडे की पुस्तक विरत राजेश के रूप में कॉमिक परिणति, अंग्रेजी अध्यापिका सरस्वती से उसका एकतरफा प्लेटोनिक लगाव व राजेश की पत्नी सुमिला का पुस्तक विरत घरेलू महिला से मन्नू भंडारी सरीखी लेखिका होने का महत्त्वाकांक्षी व्यक्तित्वान्तरण इस औपन्यासिक कथा के कुछ महत्त्वपूर्ण पहलू हैं।

यहाँ यह तथ्य भी उल्लेखनीय है कि फिल व्हाईटेकर अपने औपन्यासिक पाठ (टेक्स्ट) में 'महाभोज' उपन्यास की उपस्थिति हिन्दी के मात्र एक उपन्यास के रूप में न करके इसका सर्वथा नया भाष्य करते हैं। 'इक्लिप्स ऑफ दि सन' की सुमिला 'महाभोज' पढ़ते हुए सोचती हैं कि क्या उसके श्वसुर, जो आजादी के आन्दोलन के दौरान अंग्रेज सेना में कनिष्ठ अधिकारी थे, 'महाभोज' के निलम्बित सुपरिंटेंडेंट ऑफ पुलिस सक्सेना की तरह "कभी इस दुःस्वप्न से गुजरे होंगे कि अपने जीवन के ऐतिहासिक निर्णायक क्षण में सही निर्णय लेने में असमर्थ रहे थे।" (पृ. 205) 'महाभोज' पढ़ते हुए सुमिला के मन की "वे इच्छाएँ व महत्त्वाकांक्षाएँ जागृत हो रही थीं जिनकी गहरी नींद में किसी टेलीविजन कार्यक्रम द्वारा कोई बाधा नहीं उत्पन्न हुई थी। महिला द्वारा ही लिखित यह उपन्यास पुरुषों की दुनिया के कुत्सित यथार्थ की विडम्बनापूर्ण प्रस्तुति करता हुआ...सुमिला शिक्षित व तीन भाषाओं को फर्राटेदार ढंग से बोलनेवाली व दो भाषाओं में लिखने-पढ़ने में सक्षम...पढ़ाई के दौरान कक्षा में बिताए वर्ष, जाने कितनी परीक्षाओं का देना...किस काम का?" (पृ. 205) फिल व्हाईटेकर द्वारा 'महाभोज' के पाठ के दौरान अपनी औपन्यासिक पात्र सुमिला का यह व्यक्तित्वान्तरण 'महाभोज' का नया भाष्य है। 'महाभोज' की अकेली नारी पात्र रुकमा की सोच से सुमिला का एकीकरण और फिर यह मानसिक द्वन्द्व कि "रुकमा द्वारा बिसू की मौत का रहस्य न खोलना भले ही एक अर्थों में उसके लिए ठीक हो, लेकिन जिस काली अँधेरी दुनिया को मन्नू भंडारी ने सुमिला के लिए अनावृत्त किया था उसमें यह न्यायपूर्ण नहीं था।" (पृ. 183) महाभोज व उसकी लेखिका से प्रेरणा प्राप्त कर सुमिला के मन में लेखकीय महत्त्वाकांक्षा का जन्म एक ऐसा प्रच्छन्न नारी-विमर्श है, जो सम्भवतः मन्नू भंडारी के औपन्यासिक एजेंडा पर भी नहीं था। भारतीय यथार्थ व उपन्यास का यह मौलिक पाठ फिल व्हाईटेकर की औपन्यासिक उपस्थिति को महत्त्वपूर्ण बनाता है। इन्हीं सन्दर्भों में यह उपन्यास भारतीय अंग्रेजी उपन्यासकारों के लिए एक अनिवार्य औपन्यासिक पाठ भी है।

भारतीय नारी बनाम नारीवाद

औपन्यासिक पाठ के नए गवाक्षों को खोलता अंग्रेज उपन्यासकार द्वारा 'महाभोज' का यह नारीवादी 'मेटा नैरेटिव' सहज ही यह जिज्ञासा उत्पन्न करता है कि इधर भारतीय अंग्रेजी लेखिकाओं ने अपने औपन्यासिक कथ्य में नारीवादी विमर्श को किस रूप में प्रस्तुत किया है। इस बीच महिला अंग्रेजी उपन्यासकारों की जिन कृतियों की चर्चा रही है उनमें 'फास्टिंग फीस्टिंग' (अनिता देसाई), 'ए मैटर ऑफ टाइम व स्माल रेमिडीज' (शशि देशपांडे), 'टोड इन माई गार्डेन' (रुचिरा मुखर्जी), 'डिफिकल्ट डाटर्स'

(मंजू कपूर), 'दि बुक ऑफ शैडोज' (नमिता गोखले), 'व्हाट दि बाडी रिमेम्बर्स' (शौना सिंह बाल्डिवन) व 'स्मेल' (राधिका झा) प्रमुख हैं।

अनिता देसाई का उपन्यास 'फास्टिंग फीस्टिंग' वर्ष 1999 के बुकर पुरस्कार की दौड़ में शामिल होने के कारण विशेष रूप से चर्चित रहा। लेकिन सच यह है कि बावजूद सारी चर्चाओं के अनिता देसाई का यह उपन्यास उनके अपने ही 'क्लियर लाइट ऑफ दि डे', 'इन कस्टडी' व 'जर्नी टू इथाका' सरीखे पूर्व उपन्यासों को दुहराता-सा उनके अपने सुपरिचित औपन्यासिक मुहावरे में पुनः प्रस्तुत है। भारतीय यथार्थ को पश्चिमी दृष्टि से देखने की अपनी बाध्यता की क्षतिपूर्ति, वे अपने औपन्यासिक कथ्य को अमेरिका तक विस्तृत करके पूरा करती हैं। उपन्यास की मुख्य चरित्र उमा की त्रासदी इतनी अविश्वसनीय, कल्पित व पारम्परिक है कि लगता है कि भारतीय नारी-विमर्श पर अनिता देसाई की पकड़ काफी ढीली है। उच्च सम्पन्न उत्तर भारतीय परिवार में बेटी-बेटे के भेद को इन अतियों तक ले जाना यथार्थ नहीं लगता है कि बेटे को विदेश में पढ़ाने की लालसा की पूर्ति के लिए माता-पिता बेटी की पढ़ाई छुड़वाकर जैसे-तैसे उसकी दुगुनी उम्र के पूर्व विवाहित पति के साथ ब्याह दें। पति दहेज लेने के बाद उसे घर से निकाल दे और इलाहाबाद जैसे शहर की सिविल लाइंस में रहनेवाला अंग्रेजीदां जाना-माना वकील बेटी के पति के विरुद्ध बिना कोई कानूनी कार्रवाई किए उसे घर की सेवा-टहल के बदले दो जून की रोटी देने की उदारता का निर्वाह करता रहे। 'फास्टिंग' उमा की इस उत्पीड़ित वंचित नारी छवि को लेखिका अमेरिका में रह रहे भाई अरुण की उस 'फीस्टिंग' सुखी सम्पन्न छवि से प्रतिसन्तुलित करती है जो सर्वहारा स्त्री बनाम शक्ति सम्पन्न पुरुष का विमर्श प्रस्तुत करता है। पश्चिमी निगाहों से 'पूरब' के विमर्श में ढालते हुए जो नारी-विमर्श अनिता देसाई इस उपन्यास में प्रस्तुत करती हैं, वह हिन्दी के प्राथमिक और प्रारम्भिक उपन्यासों से भी पीछे है। 'गोदान' की मीनाक्षी ने तो अपने दुगुनी वय के ऐयाश पति की प्रताड़ना से आहत होकर हंटरों से उसकी पिटाई की थी और गुजारे की डिग्री भी पाई थी।

अभी हाल ही में प्रकाशित भारतीय लेखिकाओं के अंग्रेजी उपन्यासों को पढ़ते हुए यह तथ्य चौंकाता है कि इन उपन्यासों में नया नारी-विमर्श पूरी तरह अनुपस्थित है। रुचिरा मुखर्जी के उपन्यास 'टोड इन माई गार्डेन' की दमयन्ती और मेधा तथा मंजू कपूर के 'डिफिकल्ट डाटर्स' की वीरामती उस परावलम्बी लता की तरह व्यवहार करती हैं, जो बगल के किसी भी उपलब्ध मर्द रूपी झाड़-झंखाड़ का आश्रय तलाशती है। मेधा यह जानते हुए भी कि नीलू काका उसकी माँ के प्रेमी रहे हैं और विवाहित हैं, उनमें अपना प्रेमाश्रय ढूँढ़ लेती है। मंजू कपूर की वीरामती बगल में रह रहे विवाहित प्रोफेसर की दूसरी पत्नी के रूप में अपने अधिकार को मनवाने में ही अपनी

मुक्ति समझती है। ऑक्सफोर्ड में शिक्षित प्रोफ़ेसर हरीश जहाँ वीरामती को अपनी दूसरी पत्नी बनाकर यह अधिकार देता है, वहीं 'टोड इन माई गार्डेन' की दमयन्ती और मेधा दोनों को नारी मुक्ति की इस चाहत की पूर्ति ऑक्सफोर्ड से ही शिक्षा प्राप्त दूसरे युवक अश्विन द्वारा की जाती है।

प्रश्न यह है कि सदी के अन्त में भारतीय लेखिकाओं के इन अंग्रेजी उपन्यासों में स्वातन्त्र्यपूर्व एवं छठे-सातवें दशक का नारी-विमर्श प्रस्तुत कर भारतीय नारी की किस छवि को वैश्विक बनाया जा रहा है? आज के इन उपन्यासों में जिस दौर की कथा कही गई है, कमोबेश उसी दौर में कृष्णा सोबती हिन्दी में 'मित्रो मरजानी' सरीखे नारी-विमर्श को औपन्यासिक बना चुकी हैं। कहीं ऐसा तो नहीं कि आज जिस नारी-विमर्श के साथ हिन्दी लेखिकाएँ उपस्थित हैं, वह भारत की नई नारी का विमर्श होने के कारण अंग्रेजी लेखिकाओं के लिए त्याज्य हो क्योंकि न तो वह 'एग्जाटिक' है और न 'ईथनिक'। सम्भवतः यही कारण है कि भारतीय नारी की देह व कोख होने की नियति को पितृसत्तात्मक साँचे में पूरी तरह ढालने हेतु ही शौना सिंह बाल्डविन अपने उपन्यास 'व्हाट दि बाडी रिमेम्बर्स' में विभाजन काल के पंजाब को पृष्ठभूमि के लिए चुनती हैं। अंग्रेजी लेखिकाओं का यह नारीवाद 'ओरियंटलिज्म' का देशज तर्जुमा है। शशि देशपांडे अपने उपन्यास 'ए मैटर ऑफ टाइम' में इस 'ओरियंटलिज्म' से भिन्न नारी-विमर्श का जो देशज मुहावरा अपनाती हैं वह अधिक विश्वस्त व यथार्थपूर्ण है। पति गोपाल द्वारा घर त्यागने के बाद सुमी का व्यक्तित्वान्तरण इधर के बाजारोन्मुख अंग्रेजी उपन्यासों की उस स्त्री छवि से भिन्न है जो या तो उन्नीसवीं सदी के आगे नहीं जाती या शोभा डे की नायिकाओं से होड़ लेती है।

विचारणीय प्रश्न यह है कि जब हिन्दी में मृदुला गर्ग 'कठगुलाब' के माध्यम से नारी-विमर्श को 'कॉस्मोपॉलिटन' बना रही हैं, तब अंग्रेजी के साहित्यिक रूप से प्रतिष्ठित अधिकांश उपन्यासों में नारी की छवि प्रेमचन्द की 'निर्मला' से भी पीछे क्यों है? क्यों अभी भी अंग्रेजी में प्रभा खेतान के 'छिन्नमस्ता' सरीखा उपन्यास लिखा जाना शेष है? भारतीय अंग्रेजी उपन्यासों में आज नारी-विमर्श जिस बिन्दु पर ठहरा हुआ है वहाँ क्या 'इदन्नमम्' और 'चाक' (मैत्रेयी पुष्पा) की मन्दा और सारंग जैसे व्यक्तित्वसम्पन्न नारी-चरित्रों की कोई सम्भावना भी दिखती है?

कॉस्मोपॉलिटन अंग्रेजी व वर्नाकुलर हिन्दी

दरअसल सच यह है कि भारतीय अंग्रेजी औपन्यासिक लेखन की बाजारोन्मुखता उसे उस देशज यथार्थ से विमुख करती है, जो अभी भी हिन्दी व अन्य भारतीय भाषाओं के साहित्य में सुरक्षित है। अंग्रेजी के इस बाजारवाद की आहट अब हिन्दी

साहित्य की दहलीज पर भी दस्तक देने लगी है। शोभा डे, खुशवन्त सिंह और सुधीर कक्कड़ के अंग्रेजी के उन उपन्यासों का हिन्दी में प्रकाशन जिनकी अंग्रेजी में कोई प्रतिष्ठा नहीं है, हिन्दी में बाजारवाद के प्रारम्भिक संकेत हैं। रचनात्मक स्तर पर भी सुरेन्द्र वर्मा का उपन्यास 'दो मुर्दों के लिए गुलदस्ता', मनोहर श्याम जोशी का 'हमजाद' और कृष्ण बलदेव वैद का 'नर नारी' सरीखे उपन्यास इसी बाजारवाद की देन हैं।

यह वास्तव में गम्भीर चिन्ता का विषय है कि भारतीय अंग्रेजी लेखन की सेक्स और मिथकीय रूढ़ियाँ एवं अन्य नकारात्मक प्रवृत्तियों का प्रवेश हिन्दी साहित्य में अब होने लगा है, लेकिन हिन्दी के बेहतर और श्रेष्ठ साहित्य के कोई भी लक्षण भारतीय अंग्रेजी उपन्यासकारों के बहुसंख्यक वर्ग पर नहीं दीखते। आखिर क्यों भारतीय विकास की जो पारम्परिक अवधारणा 'डूब' और 'इदन्नमम्' उपन्यासों के विमर्श के माध्यम से प्रश्नों के घेरे में है, वह अंग्रेजी उपन्यासों की चिन्ता का विषय नहीं बनती? अंग्रेजी में 'वर्ड्स लाइक फ्रीडम' (सिद्धार्थ दुबे), 'एवरीबाडी लव्ज ए गुड ड्राउट' (पी. साईनाथ), 'हर्ट ऑफ इंडिया' (मार्क टुली), 'डोंट मैरी मी टू ए प्लाउमैन' (पैट्रिसिया जेफरी व रोजर जेफरी), 'सिटी ऑफ ज्वाय' (डामनिक लैपायर) सरीखी पुस्तकों में अभिव्यक्त भारतीय सामाजिक चिन्ताओं की कोई आहट अंग्रेजी के उपन्यासों में क्यों नहीं है?

हिन्दी और अन्य भारतीय भाषाओं के साहित्य के समृद्ध परिदृश्य के बावजूद यदि सलमान रुश्दी को देशज भाषाओं में लिखा जानेवाला साहित्य कमतर व घटिया लग रहा है तो इसके पीछे उनकी वह नकचढ़ी आभिजात्य वैश्विक दृष्टि है जो स्थानिकता का नकार करते हुए भारतीय मूल की समस्त भाषाओं को मैकाले की तर्ज पर 'वर्नाकुलर' करार देती है। संस्कृत और प्राकृत की तर्ज पर अंग्रेजी और 'वर्नाकुलर' की यह खाई ही भारतीय अंग्रेजी साहित्य के प्रभुत्ववादी विमर्श की वह सीमा रेखा तय करती है जहाँ 'वर्नाकुलर' बोलनेवालों का प्रवेश वर्जित है। 'वर्नाकुलर' बोलनेवालों के समाज को साहित्यिक केन्द्रीयता प्रदान करने के कारण ही अंग्रेजी में लिखने के बावजूद रोहिन्तान मिस्त्री सरीखे लेखक अंग्रेजी के प्रभुत्वकारी विमर्श से बहिष्कृत हैं; और हिन्दी में लिखने के बावजूद अंग्रेजीदां आभिजात्य वर्ग की कथा कहने के कारण निर्मल वर्मा अंग्रेजी के प्रभुत्वकारी विमर्श में प्रतिष्ठित हैं।

'इंडियन इंग्लिश नावेल' की भारतीय ग्रन्थि को तभी समझा जा सकता है जब वर्नाकुलर, नेटिव और भारतीय यथार्थ के सहमेल तथा आभिजात्य सौन्दर्य दृष्टि, एग्जाटिक और अंग्रेजी की दुरभिसन्धि को अलगाया जा सके। इसी साहित्यिक विवेक के चलते अंग्रेजी में लिखने के बावजूद सलमान रुश्दी और अरुंधती राय की भिन्न

साहित्यिक दृष्टियों की पहचान की जा सकती है और महाश्वेता देवी और निर्मल वर्मा के भिन्न सरोकारों की पड़ताल की जा सकती हैं। हिन्दी और अन्य भारतीय भाषाएँ अपने 'वर्नाकुलर' मिजाज के चलते सत्ता व बाजार के विरोध की स्वाभाविक भूमिका में स्वयमेव उपस्थित हैं। जरूरत है इन वर्नाकुलर भाषाओं से सत्ता-विमर्श को बहिष्कृत करने की और 'इंडियन इंग्लिश नावेल' को 'वर्नाकुलर' विषयवस्तु से समृद्ध करने की। देखना है कि अंग्रेजी व हिन्दी सहित अन्य भारतीय भाषाओं के लेखक में इस नई चुनौती का मुकाबला कैसे करेंगे!!!

●●●